"高等法律职业教育系列教材" 审定委员会

主　任：张文彪
副主任：万安中
委　员：（按姓氏笔画排序）
　　　　王　亮　刘晓辉　李　岚　李雪峰　陈晓明
　　　　周静茹　项　琼　曹秀谦　盛永彬　鲁新安

高等法律职业教育系列教材

GAODENGFALUZHIYEJIAOYUXILIEJIAOCAI

民法原理与实务（下）

MINFA YUANLI YU SHIWU

主 编◎邓 岩 熊小琼 副主编◎但小红

暨南大学出版社

JINAN UNIVERSITY PRESS

中国·广州

《民法原理与实务》（下）编委会

主　　编：邓　岩　熊小琼

副 主 编：但小红

参编人员：吴晓苹　唐　玲　欧　滔　唐金全

目 录
CONTENTS

总 序

高等法律教育职业化已成为社会的广泛共识。2008 年，由中央政法委等 15 部委联合启动的全国政法干警招录体制改革试点工作，更成为中国法律职业化教育发展的里程碑。这也必将带来高等法律职业教育人才培养机制的深层次变革。顺应时代法治发展需要，培养高素质、技能型的法律职业人才，是高等法律职业教育亟待破解的重大实践课题。

目前，受高等职业教育大势的牵引及拉动，我国高等法律职业教育开始了教育观念和人才培养模式的重塑。改革传统的理论灌输型学科教学模式，吸收、内化"校企合作、工学结合"的高等职业教育办学理念，从办学"基因"——专业建设、课程设置上"颠覆"教学模式："校警合作"办专业，以"工作过程导向"为基点，设计开发课程，探索出了富有成效的法律职业化教学之路。为积累教学经验、深化教学改革、凝塑教育成果，我们着手推出"基于工作过程导向系统化"的法律职业系列教材。

《国家中长期教育改革和发展规划纲要（2010—2020 年）》明确指出，高等教育要注重知行统一，坚持教育教学与生产劳动、社会实践相结合。该系列教材的一个重要出发点就是尝试为高等法律职业教育在"知"与"行"之间搭建平台，努力对法律教育如何职业化这一教育课题进行研究、破解。在编排形式上，打破了传统篇、章、节的体例，以司法行政工作的法律应用过程为学习单元来设计体例，以职业岗位的真实任务为基础，突出职业核心技能的培养；在内容设计上，改变传统历史、原则和概念的理论型解读，采取"教、学、练、训"一体化的编写模式。以案例等导出问题，根据内容设计相应的情境训练，将相关原理与实操训练有机地结合，围绕关键知识点引入相关实例，归纳总结理论、分析探寻解决问题的途径，充分展现法律职业活动的演进过程和法律的应用流程。

法律的生命不在于逻辑，而在于实践。法律职业化教育之舟只有航行于法律实践的海洋之上，才能激发出勃勃生机。在以高等职业教育实践性教学改革为平台进行法律职业化教育改革的路径探索过程中，有一个不容忽视的现实问题，高等职业教育人才培养模式主要适用于机械工程制造等以"物"作为工作对象的职业领域，而法律职业教育主要针对的是司法机关、行政机关等以"人"作为工作对象的职业领域，这就要求在法律职业教育中对高等职业教育人才培养模式进行"辩证"的吸纳与深化，而不是简单、盲目地照搬照抄。我们所培养的人才不应是"无生命"的执法机器，而是有法律智慧、正义良知、训练有素的有生命的法律职业人员。但愿这套系列教材能为我国高等法律职业化教育改革作出有益的探索，为法律职业人才的培养提供宝贵的经验借鉴。

2010 年 11 月 15 日

前　言

　　民法学是高职高专法律教育的一门重要主干课程。为适应培养职业技能型人才的客观需要，编写组依据《民法学》课程标准，遵循高职教育自身的认知规律，紧密联系司法实践和相关专业人才培养模式，以法律事务职业岗位（群）的实际工作过程为载体，以工作任务为导向，从培养学生的职业品格出发，以培养法律工作者的专业技能为落脚点，设置了突出法律工作职业岗位技能系统化的项目内容和课程体系。该教材编写体例融合了民法实务"教、学、做"的"工学结合"情境，以能力要求对应学习内容来设计教学过程，全面培养和训练法律工作者的职业岗位能力，充分体现了理论必需性、职业针对性的高职教育理念。

　　本教材内容分为五个学习单元，各学习单元根据知识目标和能力目标的培养要求，通过典型案例，导入该单元的基本理论和应会的工作任务，并通过情景训练形式，将民法理论与实操训练有机地结合起来，切实培养法律工作者的职业岗位能力。同时在每个单元设置了思考题，以启发和激励学生学习的主动性和积极性，检验学习效果。教材还特别设置了拓展阅读，以开阔学生视野并使学生能及时了解相关理论与实践成果。

　　该教材在编写上不仅能满足警官职业学院的教学需要，还可作为司法从业人员的培训教材以及其他类型的职业学校、高等专科、成人高等学校法学及相关专业的实用教材，也可供广大法律爱好者自学使用。

　　本教材由邓岩、熊小琼任主编，但小红任副主编，吴晓苹、唐玲、欧滔和唐金全参编。具体写作及分工如下（按撰写章节先后排序）：熊小琼：单元一之项目一、项目二、项目五；欧滔：单元一之项目三、项目四；但小红：单元二；唐玲：单元三；吴晓苹：单元四；邓岩：单元五之项目一至项目七、项目九至项目十一；唐金全：单元五之项目八。

　　在教材的立项、编写过程中，得到了广东司法警官职业学院教材编写委员会的大力支持和帮助，对具体编写工作给予了热情的指导并提出了宝贵建议。谨此表示由衷的感谢！为圆满完成教材的编写工作，作者参阅和借鉴了有关学者和相关部门的研究成果和文献资料，在此亦对他们表示诚挚的谢忱！

　　由于编著者水平有限，不足和缺陷在所难免，恳请读者多提宝贵意见，以便进一步提高教材质量，更好地为警官高等职业教育服务。

教材编写组

2013 年 6 月 2 日于广州

物　权

　　人类的生存和发展，离不开对资源的利用，也就是要以对各种物质资料的支配和利用为前提。然而物质有限，人类的需求无限，需求与供给之间的紧张关系必然会导致各种争端的发生。因此我们需要在法律上建立一套关于物的归属和利用的制度，以定分止争。《中华人民共和国物权法》（以下简称《物权法》）第 1 条规定："为了维护国家基本经济制度，维护社会主义市场经济秩序，明确物的归属，发挥物的效用，保护权利人的物权，根据宪法，制定本法。"这一条款阐述的就是物权法的立法目的和物权制度的基本功能和意义所在。

　　【知识目标】

　　理解物权的概念、特征与分类；掌握物权的效力、物权变动的公示要求；熟悉所有权、用益物权与担保物权的主要内容与相关法律规定。

　　【能力目标】

　　能够在实务中准确判断一个民事纠纷是否属于物权纠纷，属于何种物权纠纷，应当如何正确地解决纠纷。

项目一　物权概述

【引例】

　　引例 1：甲有祖传玉器一件，乙、丙均想要购买。甲先与乙达成协议以 5 万元价格出售予乙，双方约定次日交货。丙知晓后，当晚即携款至甲处，想要以 6 万元价格购买，甲欣然应允，并立即交货收款。乙因要求甲交付玉器不得而与甲发生纠纷。问：

　　（1）本案中存在几个法律关系？其各自的效力如何？

　　（2）玉器的所有权应归谁？为什么？

　　引例 2：张三因移民加拿大，故处理其在中国的财产。经友好协商，张三与李四于 7 月 6 日签署了财产转让协议，约定张三将自己的一栋房屋、一套家具及一辆轿车出售给李四，双方当天即办理了房屋、家具及车辆的交接手续。7 月 10 日，双方先后到房产登记机关、车辆登记机关申请办理房屋过户登记和车辆过户登记。7 月 30 日，两登记机关分别将有关登记事项记载于登记簿。9 月 4 日，该房屋因故被拆除，10 月 6 日，李四到登记机关办理了房屋注销登记。问：

（1）张三、李四之间的财产转让协议何时生效？

（2）李四何时取得房屋所有权，何时丧失房屋所有权？

（3）李四何时取得家具所有权？

（4）李四何时取得车辆所有权？

【基本理论】

一、物权的概念

物权是大陆法系国家民法中一个相当抽象的概念，具有鲜明的大陆法系特征，在英美法系中并不存在相对应的概念。我国在 1986 年制定的《中华人民共和国民法通则》（以下简称《民法通则》）中也没有规定物权制度，直至 2007 年 3 月 16 日我国《物权法》正式出台，物权的概念才得以确立并成为我国民法中一个十分重要的概念，它与债权一道共同构成了我国财产权体系的两大基石。

《物权法》第 2 条第 3 款采用概括加类型列举的方式对物权作出了一个立法定义："本法所称物权，是指权利人依法对特定的物享有直接支配和排他的权利，包括所有权、用益物权和担保物权。"故物权就是指权利主体直接支配特定之物并排除他人干涉的权利。

这一定义体现了物权具有如下几方面的特征：

第一，物权是绝对权。这是指物权的义务主体是权利人之外的不特定的一切人，因此物权也称对世权。物权的义务人所负的义务是消极义务，即只要不妨碍物权人行使权利即可。

第二，物权是支配权。这是指物权的权利人自己直接支配权利客体——物，不必依赖他人的帮助就能直接行使其权利，从而实现自己的利益。

第三，物权是排他权。由于物权为支配权，对同一标的物一般不能同时存在两个相同的支配力，所以物权具有排他性。换言之，在同一物上不能同时存在两个以上内容相抵触的物权。

第四，物权的内容是物权人享有物之利益。这是指物权人可以对物享有占有、使用、收益和处分中的一项或数项利益。换言之，物权人可以支配物的使用价值或交换价值或二者同时支配。

二、物权的客体

《物权法》第 2 条第 2 款规定："本法所称物，包括不动产和动产。法律规定权利作为物权客体的，依照其规定。"依此规定，作为物权法律关系客体的物原则上应该是有体物，也就是各种动产和不动产。同时根据该条第 3 款的规定，物权的客体还应当是特定的物。因为物权是直接支配权利客体并享受其利益的权利，如果客体不具体不特定，该种权利也就无从行使也无从保护。

物权的客体主要是有体物，但是在某些情况下，某些财产性的权利也可以成为物权的客体。如依《物权法》第 223 条的规定，注册商标专用权、专利权、著作权等知识产权中的财产权可以成为质权的客体。随着时代的发展，物权客体的内涵与外延也在扩大，比如说电力、热能、无线电频谱资源、网络虚拟财产等都已得到法律或司法实践的承认。但是目前这些仍属于例外情形，并不影响物权客体主要是特定有体物的规定。

需要注意的是，并非生活当中的一切有体物都可以成为物权的客体，作为物权客体的物必须具有如下特征：

首先，物必须存在于人身之外。人是享有独立人格的民事主体，其自身不能成为民事法律关系的客体，能作为民事法律关系客体的只能是存在于人身之外的物。

其次，物能够满足人们社会生活的需要。物只有具有一定的经济价值，能够满足人们的社会生活需要，人们才希望占有和使用它，才会为此而建立一定的法律关系。

再次，物能够为人力所实际控制或支配。只有能为人所控制或支配的物，人们才通过与其建立一定的民事法律关系对其进行处分，才能以物为客体建立各种权利义务关系。

最后，物还应该具有一定的稀缺性。稀缺性是指相对于人的需求而言，不能自由、免费且无条件地获取。如阳光和空气能满足人的需要，在通常情况下却不能成为民法中的物，原因在于它们是无限供给的，不具有稀缺性。

实践中常见的物的种类有：

1. 不动产与动产

所谓不动产，是指不能移动或一经移动即会损害其使用价值的物，如土地及地上的定着物；所谓动产，则指可以移动且不会损害其使用价值的物，如汽车。

2. 主物和从物

根据两个物在效用方面的关系，可将物分为主物和从物。所谓主物，是指具有主导地位并可独立发挥功能效用的物；所谓从物，指具有辅助主物的效用，且与主物属于同一主体，但并不属于主物成分的物品。如汽车与备胎之间就是主物与从物的关系。

3. 原物与孳息

原物指能产生收益的物，孳息指由原物孳生的收益。孳息分天然孳息和法定孳息，前者指依据物的自然属性而获得的收益，如母鸡所生的鸡蛋；后者指因法律关系所得的孳息，如存款所生的利息。

4. 特定物与不特定物

特定物是指具有天然的独特性或根据当事人意思具体指定的物，前者如徐悲鸿先生的奔马图；后者如商场中顾客挑选好的一件衣服。不特定物指当事人仅以种类、品质、数量等抽象地指定的物，如 10 斤泰国香米，1 部诺基亚 N90 手机。[①]

三、物权的效力

物权的效力是指法律赋予物权的强制性作用力与保障力，它反映着法律保障物权人能够对客体进行支配并排除他人干涉的程度和范围。物权因其种类不同所具有的效力也各不相同，但是，各类物权又具有共同的特性，我们此处将要介绍的就是它们共同的效力。通常认为物权具有如下三大效力：

1. 物权的排他效力

物权的排他效力是指在同一标的物上不允许有两种以上不相容的物权同时存在。

---

① 吴晓苹，但小红．民法原理与实务．广州：暨南大学出版社，2011.27.

具体表现在：

（1）同一标的物上，不得同时成立两个或两个以上的所有权。即遵从物权法"一物一权"的原则。

（2）同一标的物上，不得有两个或两个以上以占有为内容的定限物权共存。例如，在一块土地上，不能同时设立两个土地承包经营权或同时设立两个建设用地使用权，因为二者都包含占有土地的权利内容；而一物之上是可以共存两个以上抵押权的，因为抵押权不以占有抵押物为其权利内容。

（3）物权排他效力有强弱之分。排他性最强的是所有权，其次是以占有为内容的他物权，最弱的是不以占有标的物为内容的他物权。

2. 物权的优先效力

即同一标的物上有物权和债权同时存在时，物权优先于债权；同一标的物上存在两个或两个以上可相容的物权时，成立在先的物权优先于成立在后的物权。

（1）物权优先于债权的效力。存在于同一物上的物权和债权，无论成立顺序如何，物权均具有优先于债权的效力。因为物权在性质上是支配权，而债权在性质上属请求权，支配权的效力当然强于请求权。例如，在"一物二卖"的场合中，因交付或登记而先取得标的物所有权的人，其权利优先于未取得标的物所有权的债权人的权利（无论其债权发生在前或在后）。

物权优先于债权也有例外情形，《中华人民共和国合同法》（以下简称《合同法》）第 229 条规定："租赁物在租赁期内发生所有权变动的，不影响租赁合同的效力。"这就是所谓的"买卖不破租赁"原则，此时的债权就具有优先于物权的效力。

（2）物权相互之间的优先效力。当同一物上有多项可相容的物权并存时，应当根据物权设立的时间先后来确立优先的效力，但法律另有规定的除外。例如就同一物上设立了数个抵押权的，则先设立的抵押权可优于后发生的抵押权得以实现。

3. 物权的追及效力

物权的追及效力又称物权的追及权，是指无论物权的标的物流转到何人手上，只要其未合法地取得标的物的所有权，物权人均有权要求占有人返还原物。物权的追及效力是由其绝对性所决定的，因为物权的义务主体并不局限于与其有直接交易关系的特定人，而是不特定的一切人，因此它具有对物的追及效力。例如，甲有一辆自行车，存放在朋友乙家，乙擅自将车借给丙使用，车在丙的使用过程中又被丁偷走。那么甲作为自行车的所有权人，无论自行车在乙、丙、丁何人的手上，均可行使其追及权，要求他们返还原物。

但是物权的追及效力并不是绝对的，若第三人是善意有偿取得标的物的，即构成民法上的善意取得，则物权的追及效力被切断，第三人可以取得标的物的所有权，此时原物权人就只能通过其他途径来获得救济了。

四、物权的分类

（一）学理上的物权分类

1. 自物权和他物权

根据权利人与标的物关系的不同，物权可分为自物权和他物权。

自物权，即指权利人对自己所有的物依法进行全面支配的物权。"全面支配"是指既可以利用物的使用价值，又可以利用物的交换价值。只有所有权符合这一特征，自物权就是所有权。自物权因为是对物的最全面的支配的权利，故又称完全物权。

他物权，是指权利人在他人之物上享有的被限定于某一特定方面、某一特定期间的物权。它是在所有权权能与所有人发生分离的基础上产生，由非所有人对物享有的一定程度的支配权。具体包括用益物权和担保物权。因他物权的权利人只能在限定的范围内对标的物进行支配，故又称定限物权。

由于他物权是所有权人自愿地在自己的财产上设立的一种负担，使别人能够对自己的财产享有某些权利，故他物权的效力强于自物权，也就是定限物权的效力强于完全物权。

2. 用益物权和担保物权

根据设立目的的不同，物权可分为用益物权和担保物权。这是对他物权（定限物权）的进一步分类。

用益物权，是指以对标的物的使用和收益为目的而设立的他物权，如建设用地使用权、土地承包经营权、地役权等。担保物权是指为担保债权的实现而设立的他物权，如抵押权、质权等。换言之，用益物权支配的是他人之物的使用价值，而担保物权支配的是他人之物的交换价值。

3. 动产物权和不动产物权

根据物权标的物种类的不同，物权可分为动产物权和不动产物权。

动产物权是指以动产为标的物的物权。凡动产上存在的物权，如动产所有权、动产抵押权、动产质权、留置权等都为动产物权。不动产物权是指以不动产为标的物的物权，如不动产所有权、建设用地使用权、土地承包经营权等。

区分动产物权与不动产物权的主要标志在于它们的公示方法和权利变动要件。如原则上动产以占有为公示方法，而不动产以登记为公示方法。

4. 主物权和从物权

根据物权能否独立存在，物权可分为主物权与从物权。

主物权是指能够独立存在的物权，如所有权、建设用地使用权等。从物权则是指必须依附于权利人所享有的其他权利而存在的物权，如抵押权。抵押权人对债务人先享有了一个主债权，为了担保主债权得以实现而要求债务人提供抵押物，从而又对抵押物产生了抵押权。若主债权已经得到清偿，那么抵押权也会自动地跟随消灭。也就是说，从物权的命运（发生、变更、消灭）由主物权决定。

（二）物权法上的分类

《物权法》第5条规定："物权的种类和内容，由法律规定。"此条款即物权法定主义之规定。根据此原则，物权的种类和内容均应以法律规定为限，不允许当事人任意创设和约定。

我国《物权法》将物权分为所有权、用益物权和担保物权三大类型：

1. 所有权

所有权是指民事主体依法对自己的财产享有占有、使用、收益及处分的权利。所有权是最基本、最完整的一类物权，是他物权产生的基础。所有权具有绝对性、全面支配性、整体性、弹力性、排他性和恒久性等特征。

我国所有权的类型包括国家所有权、集体所有权和私人所有权三种。三者的区别主要在于权利的主体和客体的不同，例如以下财产只能作为国家所有权的客体：矿藏、水流、海域、无线电频谱资源、国防资产等。《物权法》第 4 条规定："国家、集体、私人的物权和其他权利人的物权受法律保护，任何单位和个人不得侵犯。"这一条款体现了《物权法》对不同类型财产所有权的平等保护原则。

2. 用益物权

用益物权属于他物权，是指民事主体对他人之物所享有的占有、使用和收益的排他性的权利。《物权法》上规定的用益物权包括建设用地使用权、土地承包经营权、宅基地使用权和地役权四种类型。

3. 担保物权

担保物权是与用益物权相对应的他物权。是指为了确保债权人债权的实现，在债务人或第三人的财产上设定的以支配该财产的交换价值为内容的权利。担保物权人（债权人）在债务人不履行到期债务或发生当事人约定的实现担保物权的情形时，将依法享有就担保财产优先受偿的权利。根据《物权法》的规定，担保物权包括抵押权、质权和留置权三种类型。

五、物权的变动

（一）物权变动的概念

物权变动是物权法律关系的发生、变更和消灭的总称。从权利主体的角度来说，就是物权的取得、变更和丧失。《物权法》第 2 章"物权的设立、变更、转让和消灭"对物权变动作了专门的规定。

1. 物权的发生

物权的发生是指某一主体取得对某物的物权，又称为物权的取得或物权的设立。物权的取得可分为原始取得与继受取得两种。

物权的原始取得又称物权的固有取得，是指民事主体不以他人的既存权利和意思表示为前提，而直接依据法律的规定取得物权，例如通过生产、收益、税收、没收等方式取得物权。原始取得并非继受他人的权利，故标的物上的一切负担均因原始取得而消灭。

物权的继受取得是指基于他人的既存权利和意思表示而取得物权，又称传来取得。继受取得一般是通过法律行为来取得物权，但又不只限于依法律行为取得。继受取得又可分为创设的继受取得和移转的继受取得。

（1）创设的继受取得是指在他人之物上面设定用益物权或担保物权。例如银行的债务人以其所有的房屋为其向银行的贷款提供担保，在办理了抵押登记手续之后，银行即取得了对该房屋的抵押权，该抵押权的取得就属于创设的继受取得。创设的继受取得，只适用于设定所有权之外的定限物权，所有权不可创设取得。

（2）移转的继受取得是指就他人的物权依原状移转而取得物权。例如通过买卖、互易、赠与、遗赠、继承等方式而取得某物的所有权。移转取得的物权与原物权人的物权内容是完全相同的。

2. 物权的变更

物权的变更有广义与狭义之分。广义的物权变更包括物权的主体变更、客体变更和内容变更。主体变更包括主体人数的变更和主体的更换。物权主体的变更，实质上是物权的取得与丧失的问题。物权法上的物权变更，一般是指物权的客体与内容的变更，即狭义的物权变更。物权的客体变更，是指物权的标的物在量上的增减。例如物权的标的物因添附而增加，或因部分损毁而减少。物权内容的变更为质的变更，是指物权权利内容的扩张或缩减、期限的延长或缩短。例如土地承包经营权期限的延长，又如动产抵押权因为登记而取得了对抗第三人的效力。

3. 物权的消灭

物权的消灭又称物权的终止或丧失，可分为绝对消灭与相对消灭。物权的绝对消灭是指不仅原权利人的物权消灭，而且其他人也不能取得该物权。导致物权绝对消灭的主要原因有标的物的灭失、抛弃、混同、权利存在的期间届满等。

抛弃，是指依物权人单方的意思表示而使物权归于消灭。抛弃的意思表示，一般应以一定的方式作出。例如，物权人要抛弃动产所有权的，只要放弃其对该动产的占有即可产生抛弃的效力；抛弃他物权的，应向因抛弃而直接受益者意思表示并交付该动产。抛弃不动产物权的，应向不动产登记机关意思表示，并办理注销登记方能产生抛弃的效力。[①]

混同，是指同一物之上所存在的两个以上的物权归于同一人的事实。例如，甲在其房屋上为乙设定了抵押权，后乙购买了该房屋而取得了所有权，则在该房之上存在的所有权与抵押权都归属于乙一人，乙的抵押权则因混同而消灭。[②]

物权的相对消灭是指物权与原权利主体分离，同时又与另一新的主体结合。对原权利人来说，为物权的消灭；对新权利人来说，则为物权的取得。所以物权的相对消灭从另一个角度来看，实际就是物权的继受取得。我们通常所说的物权消灭，是指物权的绝对消灭。

（二）物权变动的原因

在民法上，导致法律关系发生、变更或消灭的因素称为法律事实。导致物权法律关系变动的法律事实包括法律行为和法律行为以外的事实。

1. 法律行为

所谓法律行为，是指行为人以发生一定民事法律后果为目的，具有意思表示的合法行为，如买卖、赠与、互易、抛弃等。

2. 法律行为以外的其他事实

包括事件和事实行为，前者如法定期间的届满，后者如无主物的先占、遗失物的拾得等。

---

① 郭明瑞. 民法学. 北京：北京大学出版社，2001. 188.
② 例外情形见《最高人民法院关于适用〈中华人民共和国担保法〉若干问题的解释》第77条。

3. 某些公法上的原因

如因国家的征收行为或因人民法院、仲裁机构的法律文书而引起的物权变动。

以上三种原因中，法律行为是引起物权变动的最重要、最常见的原因。《物权法》第2章第1节"不动产登记"与第2节"动产交付"规范的都是因法律行为而引起的物权变动，第3节"其他规定"则是对因法律行为以外的原因而发生的物权变动进行了规范。

（三）物权变动的公示原则

物权具有绝对、排他的效力，故其变动必须具有从外部可以辨认的表征，方可透明其法律关系，减少交易成本，避免第三人遭受损害，保护交易安全。此种可由外部辨认的表征，即为物权变动的公示方法。[①]《物权法》第6条规定："不动产物权的设立、变更、转让和消灭，应当依照法律规定登记。动产物权的设立和转让，应当依照法律规定交付。"这一条款确立了我国物权变动的公示原则。

经过公示的物权就具有了公信力，也就是登记物权具有权利正确性的推定功能，即使其公示出来的权利状况与真实的权利状况不相符合，但第三人因为信赖该公示而进行的交易，也应受到法律的保护，这就是物权变动的公信原则。例如甲为了规避限购政策，跟乙约定好将其购买的房屋登记在乙的名下。后乙瞒着甲私自将该房屋出售给丙，丙在签订购房合同前曾到房屋登记主管部门查册，确认了乙为该房产的登记产权人，并且该房产无抵押无争议，便放心地缔约、付款并顺利地完成了过户。此时甲发现了乙擅自处分房产的行为，遂以乙无权处分该房为由要求撤销该交易。那么根据公信原则，乙虽然在法律上欠缺处分权，但基于不动产登记的公信力，丙仍然可以取得该房屋的所有权。《物权法》第106条关于善意取得的规定，体现了物权变动的公信原则。

1. 不动产物权变动之公示方法——登记

不动产登记，是指经权利人申请，由国家专职部门将有关申请人的不动产物权的事项记载于不动产登记簿的事实活动。《物权法》第9条规定："不动产物权的设立、变更、转让和消灭，经依法登记，发生效力；未经登记，不发生效力，但法律另有规定的除外。"可见我国关于不动产物权的登记，采取的是登记生效主义原则。如甲、乙买卖房屋，双方办理了房屋产权的过户登记，虽然甲未将房屋实际交付给乙，乙也未交付全部价款，但该房屋的所有权已经属于乙，而不再属于甲。

该条款中"法律另有规定的除外"，主要包括三个方面的内容：一是依法属于国家所有的自然资源，所有权可以不登记；二是《物权法》第2章第3节中规定的一些无需登记的特殊情况，主要是非依法律行为而发生的物权变动的情形；[②] 三是结合我国的实际情况，尤其是农村的实际情况，规定的一些不需要登记的不动产物权。如土地承包经营权、宅基地使用权、地役权等。

《物权法》对不动产登记的主要规定内容如下：

（1）登记机构。《物权法》规定不动产登记，由不动产所在地的登记机构办理。国

---

① 王泽鉴. 民法物权. 北京：北京大学出版社，2010. 71.
② 不需要登记的不动产物权：参见《物权法》第28～30条。

家对不动产实行统一登记制度。统一登记的范围、机构和办法，由法律及行政法规规定。①

（2）登记生效时间。《物权法》规定，不动产物权的设立、变更、转让和消灭，依照法律规定应当登记的，自记载于不动产登记簿时发生效力。

（3）登记簿与权属证书。《物权法》规定，不动产登记簿是物权归属和内容的根据。不动产登记簿由登记机构管理。不动产权属证书是权利人享有该不动产物权的证明。不动产权属证书记载的事项，应当与不动产登记簿一致，记载不一致的，除有证据证明不动产登记簿确有错误外，以不动产登记簿为准。

（4）登记资料的查询。《物权法》规定，权利人、利害关系人可以申请查询、复制登记资料，登记机构应当予以提供。不动产登记制度的目的在于向公众公示物权的状况，但是同时基于个人隐私的考虑，又将公示的对象限定为"权利人"和"利害关系人"，仅赋予这两类人查询权。②

（5）更正登记。《物权法》规定，权利人、利害关系人认为不动产登记簿记载的事项有误时，可以申请更正登记。不动产登记簿记载的权利人经书面同意更正或有证据证明登记确有错误的，登记机构应当予以更正。若权利人不同意，则说明当事人之间存在不动产权利归属的争议，须由司法机关来进行裁决。

（6）异议登记。《物权法》规定，不动产登记簿记载的权利人不同意更正的，利害关系人可以申请异议登记。登记机构应当予以登记，申请人在异议登记之日起15日内不起诉的，异议登记失效。因异议登记不当，造成权利人利益受损的，权利人可以向申请人请求损害赔偿。

异议登记是《物权法》新增加的一项登记制度，其法律效力是：不动产登记簿上所记载的权利失去权利正确性推定的效力，第三人不得主张依登记的公信力而受到保护。该制度的目的不在于阻止产权登记人处分不动产，而在于提醒第三人注意该房产的产权是存在争议的，以注意交易的风险。同时为了防止申请人滥用异议登记制度，本条款还规定，因异议登记不当，造成权利人利益受损的，权利人可向申请人请求损害赔偿。

（7）预告登记。《物权法》规定，当事人签订买卖房屋或其他不动产物权协议时，为保障将来实现物权，按照约定可以向登记机构申请预告登记。预告登记后，未经预告登记的权利人同意，处分该不动产的，不发生物权效力。预告登记后，债权消灭或自能够进行不动产登记之日起三个月内未申请登记的，预告登记失效。

预告登记是不动产登记的特殊类型。其他的不动产登记都是针对现实的不动产物权进行的，而预告登记所登记的不是不动产物权，而是目的在于将来发生不动产物权变动的债权。预告登记制度能够很好地防止开发商一房二卖行为的发生，保障买房人的合同债权得到实现，从而最终获得房屋的所有权。

单元 ◆ 物权

---

① 关于不动产登记的相关规定参见《土地管理法》第11条，《城市房地产管理法》第60~62条，《土地登记办法》和《房屋登记办法》。此外，根据《国务院机构改革和职能转变方案》，2014年6月底前我国将出台统一的《不动产登记条例》。

② 权利人指对登记的不动产享有所有权或他物权的人；而利害关系人指与登记的不动产有一定现实利益关系，并有可能因登记结果的变动而对其利益产生影响的人。

预告登记适用于不动产物权的协议，在我国主要适用于商品房预售。在商品房预售中，预售登记作出后，使期房买卖得到公示，这种期待权具有了对抗第三人的效力。也就是说，在办理了预售登记后，房屋所有人不得进行一房多卖，否则，其违反房屋预售登记内容作出的处分房屋所有权的行为无效。①

2. 动产物权变动之公示方法——交付

《物权法》第23条规定："动产物权的设立和转让，自交付时发生效力，但法律另有规定的除外。"据此规定，交付是动产物权变动的公示方法，即生效要件。

所谓交付就是转移占有，即将自己占有的物或权利凭证转移给其他人占有的行为。交付有现实交付与观念交付之分。所谓现实交付，指动产物权让与人，将其对于动产的现实的直接的占有移转给受让人；所谓观念交付，也称为拟制交付，是指动产占有在观念上的移转而非现实移转，即并没有将对物的控制权直接移转给受让人。为照顾在特殊情形下交易的便捷，法律准许以观念交付来代替现实交付。观念交付主要包括以下三种情形：

（1）简易交付。即出让人在转让动产物权之前，受让人已占有动产，则从移转标的物所有权的合同生效时起，视为交付。《物权法》第25条规定："动产物权设立和转让前，权利人已经依法占有该动产的，物权自法律行为生效时发生效力。"该条款中的"法律行为"，主要是指动产出让人与受让人订立动产转让的协议以及与质权人订立动产出质协议。

（2）占有改定。即出让人和受让人在转让动产物权时，当事人双方约定出让人仍将继续占有动产，而受让人因此取得对标的物的间接占有，以代替标的物的实际交付。《物权法》第27条规定："动产物权转让时，双方又约定由出让人继续占有该动产的，物权自该约定生效时发生效力。"

（3）指示交付。即当动产由第三人占有时，出让人将其对第三人的原物返还请求权转让给受让人，以代替现实的交付。《物权法》第26条规定："动产物权设立和转让前，第三人依法占有该动产的，负有交付义务的人可以通过转让请求第三人返还原物的权利代替交付。"

指示交付适用于动产物权的出让人对其所转让的标的物不享有物理意义上的直接占有和直接控制的可能，出让人无法通过现实交付的方式使得动产物权得以变动的情形。例如，甲将自己的自行车出租给乙使用，后甲又将该自行车出售给丙，由于租期未满，自行车尚由乙合法使用，此时甲可将自己享有的对乙的自行车返还请求权转让给丙以代替现实交付。《合同法》第80条规定，指示交付自出让人通知第三人起生效。

《物权法》第24条规定："船舶、航空器和机动车等物权的设立、变更、转让和消灭，未经登记，不得对抗善意第三人。"因此这三类特殊的动产如果仅仅完成了交付而没有登记的话，则物权变动的效力仅可对抗出让人，而不能对抗善意第三人，这是物权变动的登记对抗主义，有别于不动产变动的登记生效主义。

---

① 参见《城市商品房预售管理办法》第10条。

六、物权的保护

有权利，就应该有保障权利得以实现的相应措施，否则权利就会成为一句空话。《物权法》第 32 条规定："物权受到侵害的，权利人可以通过和解、调解、仲裁、诉讼等途径解决。"和解是当事人之间私了；调解是通过第三人调停解决纠纷；仲裁是当事人协议选择仲裁机构，由仲裁机构来解决争端；诉讼在此处主要是指提起民事诉讼。

根据《物权法》第 33～37 条的规定，物权受到侵害时，权利人可以行使以下请求权：

1. 确认物权的请求权

物权人在与他人就物权的归属、内容、范围等发生争议时，可以请求确认其权利。物权的确认是物权保护的前提，通说认为确认物权的请求权不受诉讼时效的限制。

2. 返还请求权

返还请求权是指物权人在其权利的标的物被他人非法侵占时，有请求返还的权利。此处的权利人既可以是所有权人，也可以是用益物权人或担保物权人。返还请求权的行使以原物仍然存在为前提。对于返还请求权是否应受诉讼时效限制，目前在理论和实务上仍存在争议。①

3. 排除妨害请求权

物权人在他人妨害其权利正常行使时，可以请求排除妨害。如未经同意在他人的土地上施工，在他人的建筑外墙上悬挂户外广告，在别人的院子堆放垃圾，在别人的车库停车等。排除妨害请求权的行使不受诉讼时效的限制。

4. 消除危险请求权

物权人在他人的行为或设施可能造成自己的权利标的物的损害时，可以请求消除危险。如因建房挖地基导致邻居的地基松动墙体开裂，则邻居有权要求建房人加固地基和房屋，以消除房屋倒塌的危险。消除危险请求权的行使不受诉讼时效的限制。

5. 恢复原状请求权

他人对于权利人的不动产或动产造成毁损的，权利人可以请求损害者对受损物进行修理、重做、更换或恢复原状。恢复原状请求权的行使不受诉讼时效的限制。

6. 损害赔偿请求权

损害赔偿请求权是指权利人的财产遭受他人的不法侵害，通过行使以上五种请求权仍不足以补偿物权人的损失时，权利人可以同时请求侵权人赔偿损失。

以上六种物权的民法保护方法中，前五种属于物权所独有的保护方法，亦称物权请求权或物上请求权，物上请求权既可以由物的直接占有人行使，亦可由物的间接占有人行使。第六种方法是所有的民事权利受到侵害时都可以行使的请求权，属债权请求权。以上几种请求权视情况可以多种同时使用，也可以只使用其中一种。

【引例分析】

引例 1：此案的考查点是物权的优先效力问题。

---

① 2004 年 12 月 20 日，"上海市高级人民法院关于当事人主张因无效合同产生的返还财产、损害赔偿请求权应如何适用诉讼时效、保证期间等问题的处理意见"认为，返还财产、损害赔偿请求权属于债权请求权范畴，应适用诉讼时效的规定。而梁慧星、陈华彬主编的《物权法》则采用本立场，认为返还请求权并不罹于消灭时效。

本案中甲的"一物二卖"行为，形成了甲与乙和甲与丙两个买卖合同关系。依照《合同法》第8条的规定，两份合同均应为有效合同。乙、丙对甲均享有合同债权。丙的债权因标的物玉器的交付而得以实现，从而转化为对玉器的所有权。即甲与丙的买卖合同关系消灭，丙对玉器的所有权关系产生。因此，虽然甲与乙之间的合同订立在先，甲与丙的合同订立在后，但乙对该玉器只享有合同请求权也就是债权，而丙对该玉器已经拥有了所有权，故根据物权优先于债权的原则，应优先保护丙对该玉器的所有权。乙不得以其债权发生在先为由而主张优先获得玉器。此时乙只能依《合同法》第107条的规定，要求甲承担相应的违约责任。

引例2：此案的考查点是物权变动的要件问题。

（1）根据我国《合同法》第32条的规定，张三、李四之间的财产转让协议应当自签署之日起生效，即7月6日起生效。

（2）依《物权法》第30条规定，李四应当自7月30日，即登记机关将有关登记事项记载于登记簿之日起取得房屋所有权，自9月4日，即该房屋因故被拆除之日起丧失房屋所有权。（《物权法》第30条 合法建造、拆除房屋等事实行为设立或者消灭物权的，自事实行为成就时发生效力。）

（3）李四于7月6日取得家具的所有权。依《物权法》第23条规定，动产所有权的转移以交付为标准。张三、李四于7月6日签订协议的当天办理了家具的交接手续，故家具的所有权于交付当天转移。

（4）李四于7月6日取得车辆所有权。依《物权法》第24条规定，船舶、航空器和机动车等物权的设立、变更、转让和消灭，未经登记，不得对抗善意第三人。因此，7月6日车辆交付时所有权已经转移，但尚未过户登记故不能对抗善意第三人。

【相关法律】

1.《民法通则》第71~83条；

2.《民法通则意见》第84~103条；

3.《物权法》第1~38条；

4.《合同法》第8、25、32、80、107、229条。

【思考与练习】

1. 什么是物权？物权具有哪些法律特征？

2. 物权具有哪些效力？

3. 什么是物上请求权？其特点是什么？

4. 简述物权变动的规则。

5. 案例分析：

（1）张某想要买二手房，但因为当时的楼市限购政策规定个人将购买不满五年的房屋对外销售时要交5.6%的营业税，而他看中的房子还差3个月就满5年。为规避这笔高额的税款，张某与卖家商议准备暂时不过户，只是签订买房合同并办理公证，张某预付9成房款，卖家交钥匙并把房产证交给张某保管。届证满五年后两人再一同去办理房产过户手续。问：

以上措施能否确保张某最后获得该房子的所有权？《物权法》上是否有相关规定可

适用于此种情形?

(2) 旭日公司分批向东升公司购买 A 型规格山地车,约定必须使用红星公司的 A 型轮胎,东升公司在第五批山地车交付后,发生财务困难,无力从红星公司购买 A 型轮胎来组合山地车。为了使东升公司能够如期交货,旭日公司向红星公司订购了 A 型轮胎一批,约定由红星公司直接交付给东升公司,旭日公司与东升公司约定将来交付的 A 型规格山地车的单价中不包括轮胎价格,红星公司将轮胎交付于东升公司后,因一场意外的火灾,该批轮胎全部被毁。问:

谁对这批轮胎享有所有权?该批轮胎的损失由谁承担?

(3) 甲乙兄弟二人共有一幢房屋,在办理房产登记时,乙恰巧在外工作,甲故意将房屋仅登记在自己一人名下,并以 50 万元的市场价将房屋卖给邻村不知情的丙。现乙回到家中,欲寻求法律上的救济。问:

①如果甲尚未将房屋卖给丙,乙该如何救济自己的权利?

②如果甲已将房屋卖给丙,并办理了产权过户登记,乙该如何救济自己的权利?

(4) 甲曾先后向乙、丙各借款 40 万和 50 万元,现甲无力偿还借款。甲名下的财产只有一套市值约 70 万元的房子。问:

①甲欠乙、丙的债务应如何清偿?

②若丙的 50 万元债权以房子设立了抵押,又应如何清偿?

③若乙、丙的债权都以甲的房子设立了抵押,则又应如何清偿?

项目二　所有权

【引例】

2009 年 6 月 12 日,大龙酒店因欠个体工商户甲、乙、丙的款项无力偿还,经协商,酒店将音响设备作价 6 万元,抵偿给甲、乙、丙三人。其中抵偿给甲 3 万元,乙 2 万元,丙 1 万元。甲、乙、丙均将欠条还给酒店,三人约定由甲实际保管该音响设备并联系买主。2009 年 10 月 4 日,甲打电话给乙,称丁要买该音响,价格 5 万元。乙表示不同意按此价格出售,同月 22 日,甲在未告知乙、丙的情况下将音响设备卖给了丁,所得价款自留 3 万元,剩余的 2 万元交给乙。丙得知后,向法院起诉,要求确认甲与丁之间的买卖合同无效。问:

(1) 本案存在哪些法律关系?为什么?

(2) 音响设备的所有权应当归谁?为什么?

(3) 对本案应如何处理?为什么?

【基本理论】

一、所有权概述

(一) 所有权的概念和特征

所有权是各国民法最为重要的概念之一,它在物权体系中居于核心地位,物权以所有权为基础，并在所有权之上构建起他物权。《物权法》第39条规定："所有权人对自己的不动产或者动产，依法享有占有、使用、收益和处分的权利。"该条款以列举式的方法给所有权作出定义，我们也可以用概括式的方法来定义：所有权是在法律规定的范围内，对所有物全面支配的物权。依此定义，所有权具有下列四种特性：

1. 全面性

所有权是最完全的物权，对物的使用价值和交换价值都可予以全面的支配。所有权人可以自由地对所有物进行各种利用和处置，只要不对他人造成损害，甚至可以对所有物加以毁损。而在所有权之外的其他物权，也就是定限物权，仅仅只能支配物的使用价值或交换价值。

2. 整体性

所有权不是占有、使用、收益、处分等各种权能在数量上的简单相加，而是一种浑然一体的权利。所有权不能在内容上加以分割，在所有物之上设定用益物权或担保物权，不是让与所有权的一部分，而是创设一个新的、独立的物权；所有权也不能在时间上加以分割，不存在此时段为我所有而彼时段为你所有的所有权（两人约定分时段利用某物，并不能在该物上发生两个所有权，而是两人共有一个所有权，发生的是共有关系）。

3. 弹力性

弹力性是指所有权的单一内容可以自由伸缩。即在所有权上设定用益物权或担保物权时，所有人对所有物的全面支配权因受到限制而缩减，而该限制解除时，所有人又恢复了对所有物的圆满支配状态。可见，所有权的弹力性是附随于所有权上设定的定限物权而产生的。如果所有权上没有定限物权的存在，就无所谓所有权的弹力性。①

4. 恒久性

所有权的恒久性又称为永久性或无期性。是指所有权因标的物的存在而永久存续，不得预定其存续期间，因此在法律上不存在因期限届满而导致所有权消灭的可能性。所有权的恒久性当然并不意味着所有权不会发生消灭，标的物的毁损、抛弃、取得失效等原因，都可以导致所有权的消灭。所有权的恒久性是所有权区别于他物权的又一重要标志。

（二）所有权的类型

根据不同的标准，所有权可以作不同的分类。根据所有权主体的不同，所有权可分为国家所有权、集体所有权和私人所有权；根据所有权主体数量的不同，所有权可分为单一所有权和共同所有权（即共有）；根据所有权客体的不同，所有权可分为动产所有权和不动产所有权。这里我们主要讲述所有权在主体上的分类。

1. 国家所有权

国家所有权是我国社会主义全民所有制在法律上的表现，是国家对国有财产的占有、使用、收益和处分的权利，是国家以民事主体的身份对依法归其所有的物所享有的所有权。

作为抽象的民事主体，国家所享有的所有权具有两个基本特点：一是国家本身并非终极的利益主体，国家所有权所体现的是全体国民的利益，因此国家应以有利于全

① 郭明瑞. 民法学. 北京：北京大学出版社，2001. 195.

民的方式来行使其所有权；二是作为一个抽象的法律构造物，国家必须借助具体的组织机构来行使其所有权。根据《物权法》第 45 条第 2 款的规定，除法律另有规定外，国有财产由国务院代表国家行使所有权。

国家所有权在民法上的一个重要意义在于某些财产只能专属于国家所有。根据《物权法》第 46、47、50 条的规定，专属于国家所有的财产有：矿藏、水流、海域；无线电频谱资源；国防资产。国家专属的特性实际上也就意味着流通的禁止，如根据《中华人民共和国野生动物保护法》（以下简称《野生动物保护法》）的规定，专属于国家所有的野生动物不可在私人之间进行自由买卖。

2. 集体所有权

集体所有权是公有制的另外一种法律形态。"集体"是一个很难从民法上加以定义的概念，它本身不一定构成一个法人。大致而言，集体指的是依某种特定标准（如村落、城镇街道等）而确定的人的集合体。所谓集体所有权，指的就是以各类集体作为物之所有人而形成的所有权形态。①

集体所有权具有如下特征：

（1）主体多元性。集体所有权的主体是为数众多的劳动群众集体组织，包括城镇集体组织和农村集体组织，其种类包括工业、农业、商业、手工业等各行各业的集体组织。

（2）客体相对广泛性。集体所有权的客体十分广泛，除了专属于国家的财产之外，其他财产均可以成为集体所有权的客体。根据《物权法》第 58 条的规定包括四类：法律规定属于集体所有的土地、森林、山岭、草原、荒地和滩涂；集体所有的建筑物、生产设施和农田水利设施；集体所有的教育、科学、文化、卫生、体育等设施；集体所有的其他不动产和动产。

（3）由集体组织直接行使。根据《物权法》第 60、61 条的规定，集体所有权分别由农民集体经济组织和城镇集体经济组织来行使。

《村民委员会组织法》第 24 条规定：涉及村民利益的下列事项，经村民会议讨论决定方可办理：（一）本村享有误工补贴的人员及补贴标准；（二）从村集体经济所得收益的使用；（三）本村公益事业的兴办和筹资筹劳方案及建设承包方案；（四）土地承包经营方案；（五）村集体经济项目的立项、承包方案；（六）宅基地的使用方案；（七）征地补偿费的使用、分配方案；（八）以借贷、租赁或者其他方式处分村集体财产；（九）村民会议认为应当由村民会议讨论决定的涉及村民利益的其他事项。

3. 私人所有权

《物权法》第 64 条规定："私人对其合法的收入、房屋、生活用品、生产工具、原材料等不动产和动产享有所有权。"此处的"私人"是和国家、集体相对应的物权主体，不但包括自然人，也包括非国有的法人和非法人组织，如个人独资企业、个人合伙企业、由个人或法人组建的有限责任公司或股份有限公司等。《物权法》还规定，私人合法的储蓄、投资及其收益受法律保护。国家依照法律规定保护私人的财产继承权

① 刘家安. 物权法论. 北京：中国政法大学出版社，2009. 94.

及其他合法权益。

私人所有权的客体小于国家所有权和集体所有权的客体，比如说私人不能拥有土地所有权。除法律规定专属于国家或集体所有的财产外，私人可享有对一切物的所有权。

（三）所有权的权能

所有权是所有人对所有物为全面支配的物权，而这种全面的支配必然要通过若干具体的行为方式表现出来。《民法通则》第 71 条和《物权法》第 39 条都明确规定了所有权人对自己的财产享有占有、使用、收益和处分的权利。这就说明，所有权具有四大权能：

1. 占有权能

占有，就是对物的实际管领或控制。占有权能是所有权的基本权能，是所有人行使支配权的基础和前提。在实际生活中，占有权能可与所有人发生分离，由非所有人占有。比如说所有人将所有物交由他人保管或将所有物出租给他人使用等，他人对物的占有为直接占有，所有人对物的占有为间接占有，间接占有人对直接占有人享有返还请求权。

2. 使用权能

使用，是指依物的性能或用途对物加以利用，以满足生产或生活的需要。所有权人通过对物的使用来发挥物的使用价值。使用是直接作用于所有物之上的权能，因此该权能的行使必须以占有权能的享有为前提。

跟占有权能一样，使用权能亦可与所有权人发生分离。由非所有人享有使用权能，只能是依法律的规定或者当事人的约定，而且只能按规定的用途来使用。例如所有权人将自己的房屋出租给他人使用，如约定为居住用途的，则承租人不可擅自改为其他用途。而所有权人对自己的物则可以任意使用，即使是不合理的破坏性使用，只要不违反法律或损害社会公共利益即可。

3. 收益权能

收益，是指通过对财产的占有、使用等方式取得的经济利益。收益包括孳息和利润两方面，孳息是指物在静止支配状态下产生的经济利益。如租金的收入，母鸡下的蛋等；利润是指把物投入生产和流通的过程所取得的经济利益。收益权能亦可与所有权人发生分离，如村集体将土地发包给村民，则村民取得该土地的收益权能。

4. 处分权能

处分是指依法对物进行处置，从而决定其命运的做法。处分权能是所有权的核心权能，通常只能由所有权人自己行使，非所有权人只能依法律规定或所有人的意思享有处分权能，例如抵押权人在债务人不清偿到期债务时，有权依法处分抵押物。

处分包括事实上的处分和法律上的处分。事实上的处分是指所有人把财产直接消耗在生活或生产活动中，如将木材加工成家具，把粮食吃掉，将房屋拆毁等。事实上的处分与使用权能有相同之处，二者都是实现物的使用价值的手段。二者的不同之处在于，使用是在不改变或毁损物的物理形态的情况下对物的利用，而事实上的处分则是完全地改变了物的物理形态。例如，同为房屋，人们如果长期居住，则为使用；而人们若将其拆除，则为事实上的处分。①

法律上的处分是指通过某种法律行为对财产进行处置，从而改变所有物的法律状态，如将所有物出租、出借、转让或赠与他人，在所有物上设定他物权，将所有物抛弃等。

现实生活中，所有权的各项权能经常与所有人发生分离，如将所有物交由他人保管，将所有物租赁给他人使用，将所有物抵押给他人等，而所有人并不因此丧失对标的物的所有权。相反，这正是所有人行使其所有权的表现，通过所有权权能的分离和回复来发挥财产的最大效益。

二、所有权的取得和消灭

（一）所有权取得的概述

所有权的取得，是指民事主体根据一定的法律事实取得某物的所有权，从而在该特定主体与他人之间发生以该物为客体的所有权法律关系。《民法通则》第 72 条规定："财产所有权的取得，不得违反法律规定。"《物权法》第 7 条规定："物权的取得和行使，应当遵守法律，尊重社会公德，不得损害公共利益和他人合法权益。"因此，合法性是取得财产所有权的基本前提和条件。除此之外，所有权的取得还必须遵守公序良俗原则，不得以侵害他人的合法权益为代价。

（二）所有权取得的方式

所有权取得的方式，在民法学理论上根据是否依据他人的所有权与意志，可分为原始取得和继受取得两类。继受取得主要是基于法律行为的取得，此类取得在前文关于物权的变动部分已作详细介绍，故此处我们重点介绍所有权的原始取得，即《物权法》第 9 章"所有权取得的特别规定"的相关内容。

1. 所有权的原始取得

所有权的原始取得，是指不以他人已有的所有权和所有人之意志为根据，直接依照法律规定，通过某种方式或行为取得物的所有权。从各国民法的规定以及民法理论上来看，所有权的原始取得方式主要包括以下几种：

（1）劳动生产取得。即人们运用工具通过体力或脑力的付出，对自然物进行改造、加工或利用原材料制造出具有使用价值和交换价值的产品。劳动生产是取得所有权的最基本、最重要的方式，如农民种植出粮食、蔬菜，工厂生产出各种产品。

（2）收取孳息取得。孳息相对于原物而言，是原物产出之收益。孳息分为天然孳息和法定孳息。前者是自然物依自然规律产生出来的新物，如母鸡所生的鸡蛋；后者是根据法律的规定，通过就原物实施一定法律行为而取得的由原物派生出来的收益，如房屋出租后所产生的租金，现金储蓄后所生的利息等。

一般情况下，物的所有人对物所产生的孳息拥有所有权。天然孳息在没有与原物分离之前，当原物所有权转移，原则上孳息的所有权也随之转移，当事人另有约定的除外。依照法律或合同规定，孳息也可以由非原物所有人享有所有权。对此，我国《物权法》第 116 条规定："天然孳息，由所有权人取得；既有所有权人又有用益物权人的，由用益物权人取得。当事人另有约定的，按照约定。法定孳息，当事人有约定

---

① 郭明瑞. 民法学. 北京：北京大学出版社, 2001. 200.

的，按照约定取得；没有约定或者约定不明确的，按照交易习惯取得。"

（3）国家强制取得。国家强制取得是指在法律规定的特定场合下，国家从社会公共利益出发，不顾及所有人的意志和权利，直接采取没收、征收、国有化或税收等强制手段取得所有权的方式。如《物权法》第42条第1款规定："为了公共利益需要，依照法律规定的权限和程序可以征收集体所有的土地和单位、个人的房屋及其他不动产。"

（4）无主物取得。无主物是指没有所有人或所有人不明的财产，主要包括所有人不明的遗失物、漂流物、埋藏物、隐藏物以及无人继承又无人受遗赠的财产。

遗失物是指他人不慎丧失占有的动产。《民法通则》第79条规定："拾得遗失物、漂流物或者失散的饲养动物，应当归还失主，因此而支出的费用由失主偿还。"《物权法》第109条规定："拾得遗失物，应当返还权利人。拾得人应当及时通知权利人领取，或者送交公安等有关部门。"该法同时规定，遗失物自发布招领公告之日起6个月内无人认领的，归国家所有。可见，依据我国现行法律规定，拾得遗失物必须返还失主（权利人），确实无人认领的，应由国家取得其所有权。

《物权法》第114条规定："拾得漂流物、发现埋藏物或者隐藏物的，参照拾得遗失物的有关规定。文物保护法等法律另有规定的，依照其规定。"漂流物，是指所有人不明，漂流于江、河、海、溪等之上的物品；埋藏物是有主物，只是所有人不明；隐藏物也是有主物，是指放置于隐蔽的场所，不易被发现的物。漂流物、埋藏物、隐藏物参照拾得遗失物的相关规定，自公安机关公告之日起6个月内无人认领的，应作为无主财产上缴财政，收归国有。当然，自然人、法人对于挖掘发现的埋藏物、隐藏物，如果能够证明属其所有，而且根据现行的法律、政策又可以归其所有的，则应当予以保护。

无人继承的财产是指自然人死亡后遗留下来的、无人继承且无人受遗赠的财产。《中华人民共和国继承法》（以下简称《继承法》）第32条对此对此作了明确规定："无人继承又无人受遗赠的遗产，归国家所有；死者生前是集体所有制组织成员的，归所在集体所有制组织所有。"所以城市里无人继承的财产，一般由国家取得所有权。

（5）添附取得。添附是指不同所有人的财产合并在一起，形成一种不能分离的财产。添附包括混合、附合和加工三种情况：①混合是指不同所有人的动产互相混杂，不能识别和分开，从而形成新的财产，如米与米混合，油跟油混合。②附和是指不同所有人的财产密切结合在一起，形成新的财产，虽尚能识别，但非经拆毁不能恢复原状。如承租人买来材料装修租住的房子，其瓷砖、油漆等材料已经跟房东的房子紧密结合，难以分离。③加工是指一方将他人的财产加工改造为具有更高价值的新的财产，如在他人的木材上雕刻而成的艺术品。

由于要使添附后的财产恢复原状，事实上已不可能或在经济上不合理，因此需要在法律上明确添附财产的归属。现代各国立法一般根据添附的事实，重新确定所有权的归属。《最高人民法院关于贯彻执行〈中华人民共和国民法通则〉若干问题的意见（试行）》（以下简称《民法通则意见》）第86条规定："非产权人在使用他人的财产上增添附属物，财产所有人同意增添，并就财产返还时附属物如何处理有约定的，按约定办理；没有约定又协商不成，能够拆除的，可以责令拆除；不能拆除的，也可以折价归财产所有人；造成财产所有人损失的，应当负赔偿责任。"《合同法》第223条也有相似规定:"承租人经出租人同意,可以对租赁物进行改善或者增设他物。承租人未经出租人同意,对租赁物进行改善或者增设他物的,出租人可以要求承租人恢复原状或者赔偿损失。"

2013年春节,44岁的桂某第一次在重庆大足县雍溪镇福星花园小区的新居里过新年,大年初四龙某却突然找上门,说这套新房是他一年前就已经购买了的。对方出示的合同上明确写着"D栋1单元4-1",桂某家门牌号又确实是4-1。桂某急忙找出合同,发现合同上写的是"D栋1单元4-2"!挂着4-2门牌的是桂某家对面的清水房,那套房连房门都没有。

难道是自己装修错了房子?桂某回忆,发现了其中的问题:自己当初来看房时,还没有门牌号。"我去年3月第一次来看房,4月1日签合同,一共来看了两次,开发商带我看的都是现在住的这套,这个门牌号是去年12月时,我房子都差不多要装好了才安上的。"桂某说。

桂某介绍,小区内装修错房子的情况并不少。记者找到福星花园售楼处。卖房给桂某的彭某承认,桂某家门外的门牌是去年12月才装上的。彭某说,装修错房子在小区内"确实出现了两三起"。桂某认为自己没有错,责任在开发商,并希望4-1号房真正的主人龙某能同意换房,但龙某不同意调换。①

(6)先占取得。先占是占有人以所有的意思,占有无主动产而取得所有权的法律事实。先占是针对无主物取得所有权的重要方式,世界上多数国家的民法对此都作出了规定。我国《民法通则》和《物权法》虽然没有对先占作出规定,但无论从理论还是实践上来看,我国都是承认先占制度的,如拾荒者可因先占而取得对废弃物的所有权,狩猎者可因先占而取得普通野生动物的所有权。

按照大多数国家的民法规定,先占的成立应具备下列三个条件:

①先占的标的物须为无主物。无主物包括两种:一是从来没有为任何人所有的物,如野生动植物等;二是曾有所有人但后被所有人抛弃的物,即废弃物。物是否无主,应依客观标准判断,而不以先占人的主观认识为准。例如,误以为他人的遗失物为被人抛弃的无主物而先占的,不能因此取得所有权。

②先占的无主财产须为动产。根据《物权法》的规定,不动产物权的取得以登记为原则,所以不动产不可能以先占的方式取得。

③先占人须以所有的意思占有无主财产。所谓所有的意思,是指先占人将占有的动产归于自己管领和支配的意识。

(7)善意取得。所谓善意取得,是指无权处分他人财产(包括动产与不动产)的占有人,将其占有的他人的财产转让给第三人,若受让人取得该财产时系出于善意而取得该财产的所有权,原财产所有人不得要求受让人返还。例如,甲将其自行车出借给乙,乙在占有自行车期间擅自将车卖给了不知情的丙,甲获知后遂向丙要求返还。此例中,乙擅自出卖自行车的行为属于无权处分,该行为依法应获得自行车所有人甲的追认才能有效;若甲不追认,则买卖行为无效,丙理应返还。但依善意取得的理论,

---

① 摘自新浪地产网,http://news.dichan.sina.com.cn/2013/02/21/653386.html。

丙在取得自行车时属善意，且已支付对价并占有了自行车，则构成了善意取得，从而获得了自行车的所有权，甲无权再追回，而只能向无权处分人乙要求赔偿损失。

善意取得是民法中的一项重要制度，涉及财产所有权的静态安全和财产交易的动态安全保护的优先与取舍。该制度对于保护善意取得财产的第三人的合法权益，维护交易活动的动态安全，具有重要的意义。在市场活动中，若要求每一个进入市场进行交易的民事主体，都对财产的来源情况进行详细考察，无疑会阻滞交易的进程，降低交易效率，提高交易成本，不利于信用经济的建立，也会从根本上破坏市场经济的存在基础。可见，善意取得制度虽然限制了所有权人的追及力，在一定程度上牺牲了原所有人的权利，但是它在保护交易安全，促进市场流通方面具有重要的作用。

根据《物权法》第 106 条的规定，善意取得应当具备以下五个条件：

①让与人为无处分权人。让与人虽为无处分权人，但通常具有可信赖的权利外观，即为动产的占有人或者不动产的登记权利人。若让与人缺乏基本的权利外观，则受让人无善意可言。

②标的物为依法可流通的动产或者不动产。在传统民法上，所谓善意取得，通常是指动产的善意取得。对于不动产，则依据不动产登记的公信力，由善意的受让人取得所有权。《物权法》第 106 条将不动产登记的公信力取得与动产的善意取得规定在同一条款中，从而使得对动产与不动产均可适用善意取得。

③受让人取得财产时出于善意。所谓善意，是指受让人不知让与人为无权处分人，且已经尽了应有的谨慎义务。

④受让人支付了合理对价。即受让人必须是有偿取得标的物，而且以合理的价格有偿取得，若价格过低通常也是认定受让人非善意的标准。

⑤受让人取得财产满足了物权变动公示原则的要求。即所有权的取得应登记的，已完成了登记；无需登记的，已完成了交付。

夫妻二人闹离婚，妻子卢某因丈夫金某瞒着自己将购买时价值 1 260 多万港元的别墅以不到人民币 300 万元的价格贱卖而将其告上法院，请求法院认定该房屋买卖合同无效。

2002 年初，广州市东山区人民法院作出一审判决：金某买卖房屋合同无效。宣判后，金某不服，上诉于广州市中级人民法院。2003 年 6 月 15 日，广州市中级人民法院对该案作出维持东山区人民法院原判的终审判决。

广州中院认为：讼争的别墅是卢某与金某在夫妻关系存续期间购买的，属于夫妻共同所有的财产。因该房屋价值较大，对该房屋的处理，会对夫妻权益构成较大影响。因此，该房屋的处理不属于最高人民法院在适用婚姻法若干问题解释中所规定的："因日常生活需要而处理夫妻共同财产的，任何一方有权决定"。市中院还认为，某公司购买金某、卢某在二沙岛共有的别墅明显低于市场价格，不符合"善意取得"的构成要件。一审法院认为金某与某公司的别墅买卖合同无效的判决是正确的，应予以维持。①

（8）时效取得。时效取得是指财产的占有人以所有的意思（即以所有人的名义）

---

① 摘引自：新快报. 2004 – 07 – 07.

善意、公开、和平且持续地占有他人财产达到法定期间，即可依法取得对该项财产所有权的法律制度。例如，基于某种原因，甲将乙的某项财产当作自己的财产进行占有、使用，而乙对此不闻不问，这种状况持续到一定期间，甲就可依法取得对该项财产的所有权。

法律规定时效取得的原因在于：一定的事实状态持续了一定的时间后，即便其与法律上的真实权利归属状况不符，也会形成与之相适应的稳定的社会关系。具体到物权来讲，非财产所有人以自己所有的意思对他人的财物善意、公开且持续地占有一定时间后，必然会产生一定程度的社会信赖关系。根据这种信赖而产生了合同、租赁、合伙、继承等社会关系，法律则应当维护这种社会关系的稳定性。时效取得制度的规定，使实际占有人取得了该实体权利，从而维护了多年来以此事实状态为基础形成的其他法律关系，也利于社会经济秩序的稳定和交易安全。

目前各国法律普遍都规定了时效取得制度，而我国包括《民法通则》和《物权法》在内的民事立法尚未确立时效取得制度。但在 2002 年起草的《民法典草案》中采纳了大多数学者的观点，规定了时效取得制度。该草案将动产的取得时效规定为 2 年，不动产为 5 年，较各国的立法体例和专家建议的期间要短。

2. 所有权的继受取得

所有权的继受取得，是指主要以民事法律行为取得物之所有权的方式。继受取得的方式主要有买卖、赠与、互易、继承、遗赠等方式。因在《民法》的其他子部门法如《合同法》、《继承法》等对这些取得方式有专门、详细的阐述，本节只作简要介绍。

（1）买卖。买卖是一方出让标的物所有权以换取价款，他方以支付价款为对价换取标的物所有权的双方民事法律行为。买卖是商品交换的典型法律形式，财产所有权的转让主要依赖于买卖。因此，买卖是所有权继受取得的最主要方式。

（2）赠与。赠与是一方无偿转让财产所有权给另一方的双方法律行为。赠与虽不是商品的交换形式，但是随着商品经济的发展，人的社会意识及社会责任感的加强，赠与的社会作用日益得到充分发挥，成为解决救灾、救济等社会问题及发展社会公益事业的重要手段。在这种发展趋势下，赠与不仅是公民个人继受取得财产所有权的方法，而且也日渐成为国家、社会公益团体继受取得财产所有权的重要方法。

（3）互易。互易是以物易物的双方民事法律行为，是互相继受对方财产所有权的方法。互易是最古老的商品交换形式，在货币出现以前，商品交换唯有通过互易的方式进行。货币产生以后，互易在商品交换中的地位虽日渐为买卖所取代，但其至今仍为商品交换的一种形式，不仅在国内商品交换中经常使用，在国际商品交换中亦经常采用，特别是对缺乏硬通货的国家，换货贸易具有重要的意义。因此，互易也是继受取得财产所有权的重要方法。

（4）继承与遗赠。公民死亡后，其遗产依法转归法定继承人、遗嘱继承人和遗赠受领人所有。这些人取得遗产所有权，是以死者生前的财产所有权为根据的。遗嘱继承人和遗赠受领人取得遗产所有权还体现了死者生前的意志。因此，继承与遗赠是继受取得财产所有权的方法。

（5）其他继受取得方法。如通过完成一定工作，提供一定劳务，转让智力成果等方式取得财产所有权，也都属于继受取得。

（三）所有权的消灭

所有权的消灭，是指因某种法律事实致使所有权人丧失其所有权。按照学界普遍认为，所有权的消灭可以分为两种：一是所有权的绝对消灭，主要是所有物本身的灭失；另一种是所有权的相对消灭，主要是所有人失去对物的占有与支配但原物尚存的情形。具体说来，所有权消灭的原因包括：

1. 所有权客体的消灭

所有权的法律关系以特定的物为客体，没有客体物，即谈不上所有权；反之，所有权客体灭失，则所有权也随之消灭。如一杯奶茶被饮用，一部笔记本电脑被洪水冲走等，都是因为消费、消耗或不可抗力导致所有权客体不复存在，从而产生所有权绝对消灭的后果。

2. 所有权主体的消灭

所有权除了客体要件之外，还必须为特定权利主体所享有。当主体资格消灭时，所有权也即告消灭。如公司破产、自然人死亡等，因权利主体资格已经消灭，其财产依法定程序转移他人所有，因此所有权也归于消灭。

3. 所有权的抛弃

抛弃是依所有权人单方面的意思表示而使所有权归于消灭，是所有权人行使其处分权能的一种表现，如丢弃用过的考试辅导用书。但若抛弃不动产的，则应向不动产登记机构办理注销登记方能产生抛弃的效力。

4. 所有权的转让

在所有权的积极权能中，处分权能是核心。所有权人可以通过法律行为让与所有权，导致所有权在特定权利主体上发生消灭的结果。换言之，所有权转让是所有权人对其所有物行使处分权的一种结果。如买卖、赠与等转让行为，其结果是出让人的所有权消灭，而受让人的所有权产生，这是所有权的相对消灭。

5. 所有权的强制消灭

所有权被国家依法通过征收、没收、拍卖、罚款等强制手段，导致所有权消灭，但此时会产生新的所有权，故也属于所有权的相对消灭。

三、共有

（一）共有的概念和特征

1. 概念

共有是指某项财产由两个或两个以上的民事主体共同享有所有权的法律状态。共有是一个所有权由多个权利主体共同享有，而非一物之上存在多个所有权。在共有关系中，共享所有权的人称为共有人，共有的标的物称为共有物或共有财产，共享的所有权称为共有权，共有人之间因财产共有形成的权利和义务关系，称为共有关系。

一个人享有物的所有权乃社会生活的常态，也是所有权在法律上的基本形态。但是，或者是基于当事人的意思，或者是由于法律调整社会生活的需要，也有必要承认两个以上的民事主体对同一物共同拥有所有权的状态。如两人合伙开饭店，那么饭店经营中所形成的财产就由两人共同享有。

2. 特征

共有作为所有权中的一项特殊制度，具有如下法律特征：

（1）权利主体为两个或两个以上，即多人共享一个所有权。共有人对外共同作为一个主体发生各种民事法律关系。

（2）权利客体为某一项特定的财产，包括单一物、合成物和集合物。

（3）权利的内容具有双重性，即各个共有人之间的内部关系和共有人与第三人之间的外部关系。

（4）共有的形式分为按份共有和共同共有。按份共有人按照各自的份额比例对共有物享有权利，共同共有人对共有物不分比例、平等地享有权利。

（二）按份共有

1. 概念和特征

按份共有是指共有人按照确定的份额对共有财产享有权利、承担义务的一种共有关系。《物权法》第94条规定："按份共有人对共有的不动产或者动产按照其份额享有所有权。"

按份共有的特征：

（1）按份共有人按照各自的份额对共有物享有权利和承担义务。

（2）按份共有人的权利义务涉及共有物的全部。即权利义务抽象地存在于整个共有物之上，而不是具体的、特定的某个部分。

（3）按份共有人的共有份额可以分出、转让和继承。

物权法上对于共有的规定有两个重要的推定：一是在共有的性质不明时，一般推定为按份共有。《物权法》第103条规定："共有人对共有的不动产或者动产没有约定为按份共有或者共同共有，或者约定不明确的，除共有人具有家庭关系等外，视为按份共有。"二是在共有的份额不明时的推定。《物权法》第104条规定："按份共有人对共有的不动产或者动产享有的份额，没有约定或约定不明确的，按照出资额确定；不能确定出资额的，视为等额享有。"即共有份额的确定有约定从约定，无约定按出资，出资不明则推定为等额。

2. 按份共有的内部关系

（1）共有物的占有、使用和收益。《物权法》第96条规定："共有人按照约定管理共有的不动产或者动产；没有约定或者约定不明确的，各共有人都有管理的权利和义务。"如甲、乙二人共同出资购买一辆客车跑运输，双方约定好甲负责车辆的驾驶、维修和保养，乙负责招集乘客、卖票和清洁卫生。但由于同一个物客观上有时不可能被两个人同时占有和使用，故对共有物如何进行占有、使用和收益，共有人往往采用如下方法来进行约定：一是由各共有人对共有物分部分或者分时间使用；二是将共有物交个别共有人使用，其他共有人获得补偿；三是将共有物出租，收益按份额统一分配。

（2）共有物的处分。《物权法》第97条规定："处分共有的不动产或者动产以及对共有的不动产或者动产作重大修缮的，应当经全体共同共有人同意，但共有人之间另有约定的除外。"要注意的是，此处的三分之二指的是在共有关系中的权利份额，而不是共有人人数的多少。比如，甲乙丙丁四人共同出资购买一台笔记本电脑共同使用。其中甲出资70%，如果要处置这台笔记本电脑，则只要甲一个人就可以说了算，其他三人持不同意见也毫无影响。这与有限责任公司的控股股东的原理相近。

（3）共有份额的处分。《物权法》第101条规定："按份共有人可以转让其享有的共有的不动产或者动产份额。其他共有人在同等条件下享有优先购买的权利。"从物权效力的角度看，按份共有人的优先购买权属于物权优先效力的具体体现。

（4）共有物的分割。《物权法》第99条规定："共有人约定不得分割共有的不动产或者动产，以维持共有关系的，应当按照约定，但共有人有重大理由需要分割的，可以请求分割；没有约定或者约定不明确的，按份共有人可以随时请求分割，共同共有人在共有的基础，丧失或者有重大理由需要分割时可以请求分割。因分割对其他共有人造成损害的，应当给予赔偿。"可见《物权法》对按份共有采用分割自由的原则，在无特别约定的情况下，各共有人均有权要求终止共有关系，并分割共有物。

共有人对共有物可采用实物分割、变价分割或折价分割的分割办法。实物分割，是将实物直接分为若干份额，由当事人分别享有。但如甲、乙二人共有的是一头耕牛，则对于活的耕牛一般不能作实物分割，因为它会影响共有物的价值。那么甲、乙就可采用变价分割的办法，即将耕牛变卖，对所得价款按份额分割。或者由甲、乙中的一人获得耕牛，对另一人应得份额折价给予补偿。

3. 按份共有的外部关系

在共有人内部基于共有物所存在的权利和应负担的义务，都是按照比例分享和分担。但是共有人对外，其权利义务是一个整体，即共有人作为一个所有权的整体在与他人发生民事法律关系时，他们之间的权利和义务是连带权利和连带义务关系。《物权法》第102条规定："因共有的不动产或者动产产生的债权债务，在对外关系上，共有人享有连带债权、承担连带债务，但法律另有规定或者第三人知道共有人不具有连带债权债务关系的除外；在共有人内部关系上，除共有人另有约定外，按份共有人按照份额享有债权、承担债务，共同共有人共同享有债权、承担债务。偿还债务超过自己应当承担份额的按份共有人，有权向其他共有人追偿。"

（三）共同共有

1. 概念和特征

共同共有是指共有人基于共同关系，对共有物不分份额地享有权利和承担义务的共有形式。《物权法》第95条对共同共有的界定是："共同共有人对共有的不动产或者动产共同享有所有权。"

共同共有具有如下特征：

（1）共同共有根据某种共同关系而产生，以该关系的存在为前提。所谓共同关系，是指构成共同共有基础的法律关系，如婚姻关系、家庭关系、继承关系等。

（2）共同共有不分份额，一旦划分份额，则共同共有关系结束。如离婚后夫妻共同财产的分割。

（3）各共有人平等地享受权利和承担义务，无份额之分。这也是共同共有与按份共有的主要区别所在。

2. 共同共有的内部关系

（1）共同共有人的权利体现为对共有物享有平等的占有、使用、收益和处分的权利。

（2）共同共有人的义务体现在对共同共有物承担平等的义务。《物权法》第98条规定："对共有物的管理费用以及其他负担，有约定的，按照约定；没有约定或者约定不明确的，按份共有人按照其份额负担，共同共有人共同负担。"

（3）共有关系存续期间，各共有人不得请求分割共有物。只有在共有的基础丧失或者有重大理由需要分割时才可以请求分割。

《最高人民法院关于适用〈中华人民共和国婚姻法〉若干问题的解释（三）》（以下简称《婚姻法司法解释（三）》）第4条：婚姻关系存续期间，夫妻一方请求分割共同财产的，人民法院不予支持，但有下列重大理由且不损害债权人利益的除外：

（一）一方有隐藏、转移、变卖、毁损、挥霍夫妻共同财产或者伪造夫妻共同债务等严重损害夫妻共同财产利益行为的；

（二）一方负有法定扶养义务的人患重大疾病需要医治，另一方不同意支付相关医疗费用的。

（4）对共有物的处分，应当得到全体共有人的同意。《物权法》第97条规定："处分共有的不动产或者动产以及对共有的不动产或者动产作重大修缮的，应当经全体共同共有人同意，但共有人之间另有约定的除外。"

3. 共同共有的外部关系

共同共有在外部关系上与按份共有并无不同，共有人对外，其权利和义务是一个整体。共同共有人因共有财产而与第三人发生的关系为连带债权和连带债务关系。比如甲、乙共有的一匹马踢伤他人，花去医药费3 000元，则甲、乙对受害者的3 000元损失应当承担连带赔偿责任。

4. 共同共有的类型

构成共同共有基础的共同关系主要包括婚姻关系、家庭关系、继承关系等，相应地，共同共有也主要包括这些类型：

（1）夫妻共同共有。我国《婚姻法》规定夫妻在婚姻关系存续期间所得的财产，属于夫妻共同共有，夫妻双方另有约定或法律另有规定的除外。婚姻关系存续期间，对于夫妻共有的财产，夫妻双方平等地享有权利。原则上，非经对方的同意，任何一方不得单独处置夫妻共有财产。只有在离婚时，双方才可要求分割共有财产，同时夫妻共有关系结束。[①] 但这一规定如前所述已有所突破。

（2）家庭共同共有。家庭共同共有，指家庭成员在家庭共同生活关系存续期间，因共同创造、共同所得的财产而发生的共有形式。家庭共有财产的主体是指对家庭共有财产形成作出过贡献的家庭成员。家庭共同共有主要存在于一些子女已经成年并有经济收入但仍与父母共同生活的情形。

（3）遗产的共同共有。这是指在被继承人死亡后，遗产分割前，各继承人基于继承遗产而发生的共有关系。

（4）同居期间财产的共同共有。《婚姻法司法解释（一）》第15条规定："被宣告无效或被撤销的婚姻，当事人同居期间所得的财产，按共同共有处理。但有证据证明

---

① 过去，无论是我国的法律规定，还是司法实践，对夫妻共有财产的分割，均要求只能在婚姻关系终止时才能进行。自2011年8月13日实施的《最高人民法院关于适用〈中华人民共和国婚姻法〉若干问题的解释（三）》对此作出了重大突破，确立了特殊情况下的婚内分割财产制度。案例参见：重庆首例婚内分割共同财产案. 法律教育网，http://www.chinalawedu.com/lvshi/xixiangyang/5_41760.shtm.

为当事人一方所有的除外。"

5. 共同共有财产的分割

共同共有财产的分割是指共有关系终止时，依照共有人的协议或法律的规定将共有财产分割给当事人各自所有的行为。即使是共同共有，在分割时，也要"按份"进行分割。分割的方法与按份所有的财产分割一样，包括实物分割、变价分割与作价分割。

6. 共同共有应注意的问题

（1）对共同共有财产的处理必须取得全体共有人的一致同意。这一点应与按份共有有所区别。这是因为，共同共有人在共同关系存续期间是无法确定各自份额的，因此也就不可能按照份额的三分之二的决定权决定。

（2）共同共有关系存续期间，各共有人不能要求分出自己的份额，当然也不能出售自己的份额，更不存在优先购买权。但是一旦共同共有关系解体，共同共有物分割后，共有人出卖自己分得的部分，如果该部分与其他原共有人分得的部分属于一个整体或者配套使用的，其他原共有人就有权主张优先购买。[①]

（四）准共有

共有是所有权的特殊形态，但数人共享一项物权的，并不局限于所有权。《物权法》第 105 条规定："两个以上单位、个人共同享有用益物权、担保物权的，参照本章规定。"此乃理论界所称的"准共有"，即指两个以上的权利主体共同享有所有权以外的财产权，包括他物权、知识产权、债权等。

四、相邻关系

（一）概念和特征

1. 概念

相邻关系是指两个或两个以上相互毗邻的不动产所有人或使用人，在行使不动产的所有权或使用权时，相互之间应当给予便利或者接受限制而发生的权利义务关系。简言之，就是不动产的相邻各方因行使不动产的所有权或者使用权而发生的权利义务关系。

在相邻关系中，一方享有的权利称为相邻权，但相邻权不是一项独立的物权，它是对不动产所有权和使用权的扩张和延伸，是行使不动产所有权或使用权所必需的，相邻权在性质上仍属于所有权的范畴。

2. 特征

相邻关系具有如下特征：

（1）相邻关系的主体是两个以上的不动产所有人或使用人。如果相邻不动产属于一个所有人或使用人则不发生相邻关系问题。

（2）相邻关系是因不动产的毗邻关系而产生的。所谓毗邻关系，是指不动产互相连接或邻近。如张某耕种的土地在山头，李某耕种的土地在山腰，王某耕种的土地在山脚。张某堵住了自然流水，使王某的稻田缺水，张某耕种的土地虽然与王某耕种的土地不相接，但是相邻近，二者构成相邻关系，王某可以主张相邻权。

---

① 参见《民法通则意见》第 92 条。

（3）相邻关系的主要内容是相邻一方有权要求他方提供必要的便利，他方应给予必要的便利。这里的必要便利是一种最低标准的便利，即如果不给予这种便利的话，相邻方的不动产权利则无法实现。

（4）相邻关系的客体是行使不动产所有权或使用权所获得的利益。

（5）相邻关系的产生具有法定性。

（二）相邻关系的种类

现实生活中的不动产相邻关系非常的复杂多样，一般而言，主要包括以下基本类型：

1. 相邻用水、排水关系

《物权法》第86条规定："不动产权利人应当为相邻权利人用水、排水提供必要的便利。对自然流水的利用，应当在不动产的相邻权利人之间合理分配。对自然流水的排放，应当尊重自然流向。"[①]

（1）相邻用水关系。在我国，水资源属于国家所有，相邻各方均有使用的权利。因此，相邻人应当保持水的自然流向，在需要改变流向并影响相邻他方用水时，应征得他方同意，并对由此造成的损失给予适当的赔偿。

水流经过地的所有人或使用人，均应遵循"由近及远，由高至低"的原则依次用水。一方擅自改变、堵截或独占自然水流，影响他方正常的生产和生活的，他方有权请求排除妨碍，若造成他方损害的，应负责赔偿损失。

（2）相邻排水关系。高地所有人或使用人有向低地排水的权利。但低地所有人或使用人对高地的排水所承担的义务，则因排放的水是自然流水或人工流水的不同而有所不同。对自然流水，低处的土地所有人或使用人有承水的义务。而对于人工流水，低地所有人或使用人没有承水义务，只有过水义务，即允许流水通过的义务。高处土地所有人或使用人必须采取适当措施，将其人工流水安全通过低地，直达江河或公共排水系统。排放人工流水给他人造成损害危险的，受害方有权请求停止侵害、消除危险及赔偿损失。

（3）相邻滴水关系。屋檐滴水不属于自然流水，修建房屋时应注意不得将屋檐滴水排向邻人屋面，以防对邻人房屋造成侵害。因屋檐滴水造成邻人损害的，受害人有权请求排除妨碍、赔偿损失。

2. 相邻土地利用关系

（1）相邻土地通行关系。《物权法》第87条规定："不动产权利人对相邻权利人因通行等必须利用其土地的，应当提供必要的便利。"一方必须在相邻一方使用的土地上通行的，应当予以准许；因此造成损失的，应当给予适当补偿。

被相邻土地包围以致与公用道路隔离的土地所有人或使用人，有权通行邻地以直达公用道路。通行人在选择道路时，应当选择最必要、损失最少的路线，如只需小道即可，就不得开辟大道；可以在荒地上开辟道路的，就不得在耕地上开辟。并且，对邻地享有通行权的人，应当依法赔偿邻人遭受的相应损失。对于历史上形成的通道，土地所有人或使用人无权任意堵塞或改道，因堵塞而影响他人生产、生活，且他人要

---

① 典型案例参见"杨某与王某相邻用水、排水纠纷上诉案"（山东青岛市中级人民法院【2011】青民五终字第405号民事判决书）。

求排除妨碍或恢复原状的，应当予以支持。但有条件另开通道的，也可以另开通道。

（2）相邻土地占用关系。相邻一方因修建施工临时占用他方使用的土地，占用的一方如未按照双方约定的范围、用途和期限使用的，应当责令其及时清理现场、排除妨碍、恢复原状和赔偿损失。

（3）相邻管线铺设关系。《物权法》第88条规定："不动产权利人因建造、修缮建筑物以及铺设电线、电缆、水管、暖气和煤气管线等必须利用相邻土地、建筑物的，该土地、建筑物的权利人应当提供必要的便利。"

设置管线一方应当选择对邻人损害最小的线路和方法，因此造成邻人损失的，应给予赔偿。《物权法》第92条规定："不动产权利人因用水、排水、通行、铺设管线等利用相邻不动产的，应当尽量避免对相邻的不动产权利人造成损害；造成损害的，应当给予赔偿。"

3. 相邻地界关系

（1）相邻界标关系。相邻不动产权利人可以共同或单方在土地边界修建分界墙、分界篱、分界沟或设施分界石等界标。共同修建的，为双方共有，并由相邻双方共同维护；单方修建的，为修建方所有，且应当在自己土地的一侧进行，不得越界而侵犯另一方土地。相邻土地的边界线上的竹木、分界墙、分界沟、分界篱以及其他设施，如因所有权或使用权不明发生争执并无法查证的，应推定为相邻各方的共有财产，有关权利义务关系依据按份共有的原则确定。

《民法通则意见》第96条规定："因土地、山岭、森林、草原、荒地、滩涂、水面等自然资源的所有权或使用权发生权属争议的，应当由有关行政部门处理，对行政处理不服的，当事人可以依据有关法律和行政法规的规定，向人民法院提起诉讼；因侵权纠纷起诉的，人民法院可以直接受理。"

（2）相邻建筑关系。相邻各方修建建筑物时，应与地界保持适当距离，不得紧贴边界，更不准越界侵占对方的土地。对于越界建筑物，相邻另一方有权提出停止侵害、恢复原状、赔偿损失的请求，如果相邻人明知对方越界修建而不提出异议的，在建筑完工后则不能请求停止侵害、恢复原状，只能要求赔偿损失。相邻双方还可采用协商方式，就越界的建筑物由土地权益人给予购买，或就越界的土地使用由建筑物的所有权人进行租赁，在一般情况下对方不得拒绝。

（3）相邻竹木种植关系。《民法通则意见》第103条规定："相邻一方在自己使用的土地上挖水沟、水池、地窖等或者种植的竹木根枝伸延危及另一方建筑物的安全和正常使用的，应当分别情况，责令其消除危险，恢复原状，赔偿损失。"对于相邻他方土地的竹木根枝超越地界，并影响自己对土地的使用，如妨碍自己土地的庄稼采光等，相邻人有权请求相邻他方除去越界的竹木根枝。如果他方经过请求仍不予除去，相邻人可自行将其除去。当然，越界竹木根枝如对相邻人的财产使用并无影响，则相邻人无权请求除去。

4. 相邻建筑物通风、采光和日照关系

《物权法》第89条规定："建造建筑物，不得违反国家有关工程建设标准，妨碍相邻建筑物的通风、采光和日照。"相邻各方修建房屋或其他建筑物时，相互间应当保持适当距离，不得妨碍邻居的通风、采光和日照。相邻一方违反有关规定修建建筑物，影响他人通风、采光和日照的，受害人有权要求其停止侵害、恢复原状和赔偿损失。

2005 年，南京玄武区的采菊东篱项目开始建设，随着施工进程的推进，隔壁樱海公寓的部分住户感觉到阳光越来越少，他们试图阻止施工，但开发商以通过规划审批为由不予理睬。最终，有两名业主提起诉讼。2007 年 1 月，南京玄武区人民法院判决开发商分别赔偿两位阳光被遮挡的居民 1 万元和 8 000 元。在通风、采光和日照相邻关系的纠纷中，是否构成侵权，要以国家相关工程建设标准、相关规定为据。由建设部发布、于 2006 年 3 月 1 日开始实施的《住宅建筑规范》中规定，位于第Ⅰ、Ⅱ、Ⅲ、Ⅳ气候区的大城市，住宅建筑日照要求不少于 2 小时。①

5. 相邻环保关系

相邻一方在修建厕所、粪池、污水池或堆放腐朽物、有毒物、恶臭物、垃圾等的时候，应当与邻人生活居住的建筑物保持一定的距离，或采取相应的防范措施，防止污染。相邻各方不得制造噪音、喧嚣、震动等妨碍邻人的生产和生活。如果放散的音响和震动已损害邻人的，应及时处理，消除损害。对一些轻微的、正常的音响和震动，相邻他方则应给予谅解。对噪音、震动污染严重的单位，应按环境保护法和有关规定，采取措施加以治理。

《物权法》第 90 条规定："不动产权利人不得违反国家规定弃置固体废物，排放大气污染物、水污染物、噪声、光、电磁波辐射等有害物质。"此规定列举的侵害学理上称为"不可量物侵害"。相邻各方可能产生有害气体的设施，应与邻人的生产、生活建筑物保持安全距离，并应采取预防和应急措施。企业和事业单位排放废水、废渣、废气须遵守国家规定的排放标准，如果因排放"三废"影响邻人的生产、生活，损害邻人健康的，邻人有权请求环境保护机关和有关部门依法处理，受到损害的，有权要求赔偿。

6. 相邻防险关系

《物权法》第 91 条规定："不动产权利人挖掘土地、建造建筑物、铺设管线以及安装设备等，不得危及相邻不动产的安全。"相邻一方在自己的土地上挖水沟、水池、地窖、水井和地基等时，应注意对方房屋、地基以及其他建筑物的安全。一方的建筑物有倒塌的危险，严重威胁邻人的人身、财产安全时，邻人有权请求采取措施排除危险来源，消除危险。放置或使用易燃、易爆或剧毒物品，必须严格按有关法规办理，并应当与邻人的建筑物保持适当的距离，或采取必要的防范措施，以免邻人遭受人身和财产损失。因此造成损害的，应赔偿邻人的损失。相邻一方种植的竹木根枝延伸，危及另一方建筑物的安全和正常使用的，应当分别情况，责令竹木种植人消除危险、恢复原状和赔偿损失。

三、相邻关系的处理原则

在实际生活中，相邻各方因相邻不动产权利的行使必然会发生这样或那样的关系，如果处理不好，就会发生矛盾，产生纠纷，影响正常的社会秩序。因此，应当按照法律关于相邻关系的原则和各项具体规定妥善、正确地处理相邻关系。《物权法》第 84

---

① 摘自中金在线网：http://news.cnfol.com/071006/101，1281，3398707，00.shtml。

条规定："不动产的相邻权利人应当按照有利生产、方便生活、团结互助、公平合理的原则，正确处理相邻关系。"《物权法》第85条规定："法律、法规对处理相邻关系有规定的，依照其规定；法律、法规没有规定的，可以按照当地习惯。"由此我们可以总结出，相邻关系的处理应当遵循如下三大原则：

1. 有利生产，方便生活

相邻关系是人们在生产、生活中对于相互毗邻的不动产的占有、使用、收益、处分而发生的权利义务关系，直接关系到人们的生产和生活的正常进行。因此，处理相邻关系应当以有利生产、方便生活为原则。例如，甲、乙、丙三个承包经营人承包的土地相互毗连，其土地都是长期依靠同一条小溪灌溉，甲承包的土地处于小溪的上游，乙承包的土地处于中游，丙承包的土地处于下游。由于天旱水源不足，小溪的水源不能满足土地灌溉的需要。这时，甲或乙都不能截断溪流仅供自己的土地灌溉，而是要正确处理用水相邻关系，把有限的水用于三人最需要、经济效益最大的地块，以减少不必要的损失，发挥最大的经济效益，促进生产的发展。

2. 团结互助，公平合理

相邻人应当协商解决相邻纠纷，应当互谅互让、尊重对方的权益；不能只顾自己的利益而无视邻人的合法权益。例如，在乙必须通过甲的土地才能从公用通道到达乙的土地时，甲应当允许。再如，低地的所有人或使用人对于高地的自然流水应当允许流往自己的土地，不得堵截，使高地遭受损失。一方权利的延伸和另一方权利的限制都必须在合理、必要的限度内；并且要求各方在享受权利的同时，应承担一定的义务。例如，相邻一方因架设电线或埋设电缆、管道必须使用他方的土地，他方应当允许，但使用的一方应当选择在危害最小的地点和方法安设，对所占用的土地和施工造成的损失给予补偿，并且应于事后清理现场。

3. 尊重历史和习惯

相邻关系也许是除了血缘关系之外最古老的一种社会关系，几千年来，人们对不动产尤其是土地的利用早已形成了各种的当地习惯，有些沉淀至今。这些习惯，有效地调整着当地的相邻关系。例如某些地方的农村有着"右边的房屋不能高过左边的房屋，前面的房屋不能高过后面的房屋"的传统建筑民俗；而在另一些地方的农村则有着"最东头一家拥有东山墙和西山墙，其他住户均是有西山墙无东山墙"的习惯。《民法通则意见》规定，对于一方所有的或者使用的建筑物范围内由历史形成的必经通道，所有权人或者使用权人不得将其堵塞，就是尊重历史和习惯的体现。在民俗习惯不与现行法律产生严重冲突的情况下，依民俗习惯处理相邻关系的纠纷更易得到当事人的理解和配合。

五、建筑物区分所有权

（一）概述

依物权法的"一物一权"原则，所有权的客体应为一个单一的独立物。因此对于建筑物而言，传统上是以每一栋独立的建筑物作为权利客体的。然而，随着人类城市化的进程，城市人口不断集中，城市土地资源越来越紧张，加上建筑材料和建筑技术的飞速发展，使得城市里面的高层建筑越来越多，并且在一栋建筑内分割出许许多多功能独立的单元，容纳众多家庭居住或众多组织办公。此时，如果仍以整栋建筑作为一个所有权的对象，则很难界定各个单元使用者的权利内容及他们相互之间的关系。由此便产生了这样一种需要：将整栋建筑物区分为若干个部分，并将每个部分都登记为一个所有权的客体，这样就产生了建筑物区分所有权。可见建筑物区分所有权实际上是现代社会发展的产物，是现代民法对传统民法的"一物一权"原则的突破。

所谓建筑物区分所有权，是指数人区分一建筑物所有时，各区分所有人对其专有部分享有单独的所有权，对建筑物的公共部分享有共有权，对整个建筑物的公共事务享有管理权的一种复合性物权。《物权法》第70条规定："业主对建筑物内的住宅、经营性用房等专有部分享有所有权，对专有部分以外的共有部分享有共有和共同管理的权利。"也就是说建筑物区分所有权是一个集专有权、共有权和管理权三位于一体的权利，这也是它与其他物权的不同之处。

《民法通则》中并没有规定建筑物区分所有权，但在2007年通过的《物权法》的第六章规定了"业主的建筑物区分所有权"，对建筑物区分所有权作出了基本的规范。2009年最高人民法院对建筑物区分所有权当中存在的一些不容易操作的问题专门作出了司法解释，即《最高人民法院关于审理建筑物区分所有权纠纷案件具体应用法律若干问题的解释》（以下简称《建筑物区分所有权司法解释》）。

建筑物区分所有权与其他不动产所有权相比，具有以下法律特征：

1. 权利主体身份的多重性

由于建筑物区分所有权包含了专有权、共有权和成员权三部分，因此建筑物区分所有权的主体集所有权、共有权及成员权三种身份于一体。即建筑物区分所有权在主体身份上具有多重性，权利主体既是所有人身份，又是共有人身份，同时还是管理人身份，这与一般不动产所有权有明显区别。

2. 权利客体上的整体性

建筑物区分所有权的客体包括建筑物的专有部分和共有部分。表面上看来，建筑物区分所有权的各组成权利都有各自的客体，但是在实质上来说，建筑物区分所有权是建立在整体建筑物上面的一种所有权形式，并非专有权、共有权和管理权三种权利的简单相加，而是一个不可分割的有机整体，这是由建筑物区分所有权的性质决定的。因此，建筑物区分所有权在权利客体上具有整体性。

3. 权利内容上的复杂性

建筑物区分所有权是由对专有部分的专有权、共有部分的共有权及成员权三部分组成的一个有机整体，表现出权利内容的复合性。而一般的不动产所有权则是单一的，不包括共有权及成员权。在这三项权利要素中，专有权是核心，共有权和成员权依赖于专有权而存在，是为专有权服务的。

（二）专有权

1. 专有权的含义

《物权法》第71条规定："业主对其建筑物专有部分享有占有、使用、收益和处分的权利。业主行使权利不得危及建筑物的安全，不得损害其他业主的合法权益。"故专有权就是指建筑物区分所有人对其专有部分所享有的占有、使用、收益和处分的权利，它是建筑物区分所有权中的核心要素。

2. 专有权的客体

专有权的客体即区分所有建筑物的专有部分，是指在构造上能够明确区分，具有排他性且可独立使用的建筑物部分。一栋建筑物，若无构造上的独立性和使用上的独立性，则只能成为单独所有权或者共有所有权的客体，而不能成立建筑物区分所有权。

关于专有部分的具体范围，按照我国现行的房屋面积测绘规范，就是指房屋的套内建筑面积，其界定方法是计算至各套之间的分隔墙和套与公共建筑空间的分隔墙以及外墙等共有墙的中心点，即均按墙体水平投影面积的一半计入套内墙体面积。[①]

3. 专有权的内容

（1）专有权人的权利。专有部分作为所有人享有单独所有权的部分，在内容上与一般的不动产所有权基本相同。即权利人对建筑物内属于自己所有的住宅、经营性用房等专有部分可以直接占有、使用，实现居住或者经营的目的；也可以依法出租、出借、获取收益或增进与他人感情；还可以用来抵押贷款或出售给他人。根据《物权法》的规定，业主转让建筑物的住宅、经营性用房时，其对共有部分享有的共有权和共同管理权一并转让。

（2）专有权人的义务。第一，尊重建筑物区分所有权的性质以及建筑物专有部分的自身性质和用途，按照本来的用途使用专有部分，不得擅自改变本来用途，如不能擅自"住改商"。[②] 第二，正当维修和改良的义务，即专有权人如果对专有部分进行维修和改良，必须遵守有关的法律法规，如不得擅自改变建筑主体和承重结构，不得破坏建筑物安全及外观，不能妨碍建筑物整体的正常使用等。

（三）共有权

1. 共有权的含义

建筑物区分所有人的共有权，是指建筑物区分所有人依照法律、法规或者管理规约的规定，对建筑物的共有部分所享有的占有、使用、收益和处分的权利。具体说来，即每个业主对专有部分以外的走廊、楼梯、过道、电梯、外墙面、水箱、水电气管线等共有部分，对物业管理用房、绿地、道路、公用设施等共有部分享有占有、使用、收益或处分的权利。具体如何行使这些权利，还需根据《物权法》及相关法律、法规和管理规约的规定。

2. 共有权的客体

建筑物区分所有人的共有权客体，是区分所有建筑物的共有部分。所谓共有部分，包括两大个部分：一是房屋建筑面积中所分摊的共有建筑面积部分。如走廊、楼梯、过道、电梯等；二是依物权法属于业主的共有部分。如《物权法》第73条规定："建筑区划内的道路，属于业主共有，但属于城镇公共道路的除外。建筑区划内的绿地，属于业主共有，但属于城镇公共绿地或者明示属于个人的除外。建筑区划内的其他公共场所、公用设施和物业服务用房，属于业主共有。"

2005年建设部《房产测量规范》（中华人民共和国国家标准 GB/T17986-2005）

[①] 建设部《房产测量规范》（国标 GB/T17986-2005）B1.3 套内墙体面积：套内墙体面积是套内使用空间周围的维护或承重墙体或其他承重支撑体所占的面积，其中各套之间的分隔墙和套与公共建筑空间的分隔墙以及外墙（包括山墙）等共有墙，均按水平投影面积的一半计入套内墙体面积。套内自有墙体按水平投影面积全部计入套内墙体面积。

[②] 《物权法》第77条规定："业主不得违反法律、法规以及管理规约，将住宅改变为经营性用房。业主将住宅改变为经营性用房的，除遵守法律、法规以及管理规约外，应当经有利害关系的业主同意。"

共有建筑面积的内容包括：电梯井、管道井、楼梯间、垃圾道、变电室、设备间、公共门厅、过道、地下室、值班警卫室等，以及为整幢服务的公共用房和管理用房的建筑面积，以水平投影面积计算。共有建筑面积还包括套与公共建筑之间的分隔墙，以及外墙（包括山墙）水平投影面积一半的建筑面积。独立使用的地下室、车棚、车库、为多幢服务的警卫室、管理用房以及作为人防工程的地下室都不计入共有建筑面积。

2009年《最高人民法院关于审理建筑物区分所有权纠纷案件具体应用法律若干问题的解释》

第三条 除法律、行政法规规定的共有部分外，建筑区划内的以下部分，也应当认定为物权法第六章所称的共有部分：

（一）建筑物的基础、承重结构、外墙、屋顶等基本结构部分，通道、楼梯、大堂等公共通行部分，消防、公共照明等附属设施、设备，避难层、设备层或设备间等结构部分；

（二）其他不属于业主专有部分，也不属于市政公用部分或其他权利人所有的场所及设施等。

3. 共有权的内容

建筑物区分所有人共有权的内容包括共有权人的权利和义务两部分。

（1）共有权人的权利。共有权人的权利实际上就是建筑物区分所有人的共有权利。归纳起来，区分所有人对共有部分享有以下四项权利：第一，共用部分的使用权。各区分所有人对整个建筑物的共用设施部分，都有按照该设施的作用和性能进行使用的权利，该使用权原则上不因单独所有权的大小而有大小之别，例如乘坐电梯、经过走廊、上下楼梯等；第二，共有部分的收益权。各区分所有人按其单独所有权占整个建筑的比例，对建筑物的共用部分所生的利益享有收益权；第三，共有部分改良的权利。在不违反建筑法、城市规划法、环境保护法等公法强制性规定的前提下，各区分所有权人可以通过按一定的方式行使共同意志，对建筑物的共用部分进行修缮改良；第四，共有部分排除妨害的权利。第三人或某个区分所有人在对建筑物的共用部分使用时违反通常的使用方法或损坏共用部分或对他人的共有权形成妨碍时，任何区分所有人均有权制止、排除妨害。[①]

（2）共有权人的义务。共有权人的义务归纳起来有如下五方面：第一，依共用部分本来的用途和通常的使用方法进行使用；第二，各区分所有人对共用的门厅、屋顶、楼道、楼梯、地基等共有、共用的部分应共同合理使用，任何一方不得多占、独占，各所有人另有约定的除外；第三，未经其他所有人的同意或所有人会议决议通过，不得改变共有部分的外形或结构；第四，各所有人以及全体区分所有人使用共用部分不得违反法律的强制性规定；第五，分担建筑物共用部分的管理、维护和修缮费用。分担的原则是在该共用部分所涉及的使用范围内，由该范围的各区分所有人按其专有部分在该范围内所占的比例分担。

---

① 石春玲. 物权法原理. 北京：中国政法大学出版社，2008. 183.

（四）成员权

1. 成员权的含义

建筑物区分所有人的成员权，亦称为业主的管理权，是指业主基于在一栋建筑物的构造、权利归属及使用上的不可分离的共同关系而产生的、作为建筑物的一个团体组织成员所享有的权利和承担的义务。《物权法》第70条规定："业主对建筑物内的住宅、经营性用房等专有部分享有所有权，对专有部分以外的共有部分享有共有和共同管理的权利。"可见，《物权法》确立的建筑物区分所有权是包括管理权在内的"三元论"建筑物区分所有权，即除了专有权和共有权之外，还包括管理权，即成员权。

2. 成员权的内容

成员权的内容，即业主作为成员权人所享有的权利和承担的义务。

（1）业主的权利。按照《物权法》的规定，归纳起来，业主主要享有以下权利：

第一，设立业主大会和选举业主委员会的权利。《物权法》第75条规定："业主可以设立业主大会，选举业主委员会。地方人民政府有关部门应当对设立业主大会和选举业主委员会给予指导和协助。"

第二，重大事项表决权。根据《物权法》第76条的规定，下列事项由业主共同决定：①制定和修改业主大会议事规则；②制定和修改建筑物及其附属设施的管理规约；③选举业主委员会或者更换业主委员会成员；④选聘和解聘物业服务企业或者其他管理人；⑤筹集和使用建筑物及其附属设施的维修资金；⑥改建、重建建筑物及其附属设施；⑦有关共有和共同管理权利的其他重大事项。其中，决定第⑤和第⑥项应当经专有部分占建筑物总面积的三分之二以上的业主且占总人数三分之二以上的业主同意。决定其他事项，应当经专有部分占建筑总面积过半数的业主且占总人数过半数的业主同意。

第三，请求权。业主管理权中的请求权包括撤销业主大会或业主委员会决定的请求权、共有资金分配请求权、建筑物收益分配请求权以及诉讼请求权。《物权法》规定，业主大会或业主委员会作出的决定若侵害业主合法权益的，受侵害的业主可以请求人民法院予以撤销。建筑物以及附属设施的费用分摊、收益分配等事项，有约定的，按照约定；没有约定或约定不明确的，按照业主专有部分占建筑物总面积的比例确定。此外，业主对侵害自己合法权益的行为，可以依法向人民法院提起诉讼。

第四，其他管理权。主要包括知情权、自主管理权、委托管理权、更换管理人权和监督权等。《物权法》规定，建筑物及其附属设施的维修资金的筹集、使用情况应当公布。业主可以自行管理建筑物及其附属设施，也可以委托物业服务企业或其他管理人管理。对建设单位聘请的物业服务企业或其他管理人，业主有权依法更换。物业服务企业或其他管理人根据业主的委托管理建筑区划内的建筑物及其附属设施，并接受业主的监督。

（2）业主的义务。业主作为成员权人，在享有上述权利的同时，亦须承担下列义务：

第一，遵守法律、法规和管理规约的义务。《物权法》规定，业主应当遵守法律、法规以及管理规约。不得进行任意弃置垃圾、排放污染物或制造噪声、违反规定饲养动物、违章搭建、侵占通道、拒付物业费等损害他人合法权益的行为。《物权法》还规定，业主不得违反法律、法规以及管理规约，将住宅改变为经营性用房。业主将住宅改变为经营性用房的，除遵守法律、法规以及管理规约外，应当经有利害关系的业主同意。

第二，执行业主大会或者业主委员会决定的义务。《物权法》规定，业主大会或者业主委员会的决定，对业主具有约束力。

第三，其他义务。如服从管理人管理的义务，支付共同费用的义务等。

【引例分析】

本案例考查点是按份共有法律关系与善意取得制度。

（1）本案中存在两个法律关系。一是甲、乙、丙对音响的按份共有关系；二是甲与丁之间的音响买卖合同关系。

（2）音响设备的所有权应当归丁。因为甲的行为虽然构成无权处分，但丁对音响的共有情况并不知情，属于善意第三人，并且音箱已交付给丁，完全符合了善意取得的构成要件，因此丁可以取得音响设备的所有权。

（3）本案的正确处理方法是：音响的 5 万元价款乙得 2 万元，丙 1 万元，甲得剩余的 2 万元，即甲的债权不能完全获得清偿。因为甲作为无权处分人，要承担其无权处分行为所带来的损失。

【相关法律】

1. 《民法通则》第 71～83 条；
2. 《民法通则意见》第 84～103 条；
3. 《物权法》第 39～116 条。

【思考与练习】

1. 所有权在物权体系中居于何种地位？
2. 简述先占取得的构成要件。
3. 简述善意取得的构成要件。
4. 案例分析：

（1）甲乙丙三村分别按 20%、30%、50% 的比例共同投资兴建一座水库，蓄水量 10 万立方米，约定用水量按投资比例分配。某年夏天，丙村与丁村约定当年 7 月中旬丙村从自己的用水量中向丁村供应灌溉用水 1 万立方米，丁村支付价款 1 万元。供水时，水渠流经戊村，戊村将水全部截流灌溉本村农田。丁村因未及时得到供水，致秧苗损失 5 000 元。丁村以为丙村故意不给供水，遂派村民将水库堤坝挖一缺口放水，堤坝因此受损，需花 2 万余元方可修复。因缺口较大，水下泻造成甲村鱼塘中鱼苗损失 2 000 元。由于发生了上述情形，乙村欲将其 30% 的份额转让给庚村。问：

①本案涉及哪些民事法律关系？

②丙村与丁村之间的约定是否有效？为什么？

③丁村的秧苗损失可向谁索赔？为什么？

④对于堤坝毁坏谁可以作为原告起诉？为什么？

⑤甲村鱼苗损失应由谁赔偿？为什么？

⑥如果同时乙村也向甲村鱼塘排放污水，致鱼苗损失 3 000 元，乙村与丁村是否构

成共同侵权?

⑦乙村如欲将其30%的份额转让给庚村，乙村应履行何种义务？甲、丙享有何种权利？

⑧乙村转让份额后，合伙对外欠债1万元，甲乙丙庚村承担何种责任？

（2）2005年2月，龚女士一家花了50余万元购买了位于上海市南汇区惠南镇城东路759号弄康达公寓的一套房子。随后，龚女士又支付了3.3万元向房产商购买了一个小区汽车停车位以及一间地下自行车库。2006年5月19日，在办理了房屋交接手续后龚女士一家获得了该位使用权。但在2007年9月，龚女士将公寓开发商——上海某房地产开发有限公司告上了法庭。理由是根据相关规定，自己向该公司购买的地面汽车停车位和地下自行车车库属于小区公共配套设施，应归全体业主共有，所以该公司无权销售停车位和车库使用权。龚女士一家要求该公司返还购买钱款，并支付因此产生的430元利息。

问：本案应如何处理？

（3）甲将自己的两头黄牛卖给了某肉联加工厂乙，并口头约定：由乙将牛宰杀后，按净得的牛肉以每斤18元的价格进行结算；牛头、牛皮、牛下水抵作屠宰费归乙。宰杀后乙在其中一头牛的下水中发现牛黄50克，乙将牛黄卖出得款5 000元。甲得知后，向乙索要该5 000元，被乙拒绝。甲遂向法院起诉，要求确认对牛黄的所有权，并要求乙返还卖得牛黄所得的5 000元。

问：本案应如何处理？

项目三　用益物权

【引例】

引例1：城郊某村将靠近河边的200亩荒滩，通过公开发布和协商的方式以每年每亩300元的标准承包给城里人张某从事种养殖业和旅游的综合开发，承包期为30年，双方依法签订了合同并办理了相关手续。经营3年之后，张某因资金紧张，准备向银行申请贷款，并以该土地承包经营权进行抵押。但张某随后在一次车祸中死亡，于是村委会便以承包人死亡为由提出收回该片土地的承包经营权另行发包。对此，张某的女儿小张提出异议，认为承包期还没有满，自己有权继续经营。问：

（1）土地的承包经营权是否能抵押？

（2）小张有没有权利继承其父亲的土地承包经营权？

引例2：某甲房地产开发公司拍得某市区河畔一块土地，准备以"观景"为理念设计并建造一所高层观景商品住宅楼。但该地前面有一平房制衣厂，为了该住宅楼业主能在房间里欣赏河畔风景，双方约定：制衣厂在30年内不得在该土地上兴建三层高以上建筑；作为补偿，甲每年向制衣厂支付20万元。三年后，制衣厂将该土地使用权转让给乙公司，乙公司在该土地上动工修建高层电梯公寓。甲公司得知后，便要求乙公司立即停止兴建。但遭到拒绝，甲于是向法院提起诉讼，请求法院判决乙公司停止施工并同时要求制衣厂承担违约责任。问：

（1）甲公司和制衣厂之间的地役权合同是否生效？

（2）该地役权合同能否约束乙公司？

【基本理论】

一、概述

（一）概念

所有权制度、用益物权制度和担保物权制度，三者共同构成物权制度的三大支柱。其中用益物权是为了发挥物的使用价值而设立的一种他物权（或称限制物权），即物的拥有者自己不使用，而让他人利用，以收其利益（对价）。无其物者以支付代价来利用他人之物，而不必取得其所有权。简言之，用益物权具有调剂"所有"与"利用"的机能。使物的利用关系物权化，巩固当事人之间的法律关系，得以对抗第三人，此为用益物权在法律结构上异于债权的特色。①

根据《物权法》的相关规定，我们可将用益物权定义为：权利人对他人之物享有的以占有、使用和收益为目的的物权。这一概念包括以下三层含义：

1. "他人之物"中的他人，是指用益物权以外的人

《物权法》第 117 条强调用益物权的客体为他人"所有"的不动产或者动产。换言之，这里的他人应当限于所有权人，但是在理解上应当更为宽泛。我们认为，这里的"他人"是指用益物权人以外的人，而并不以作为用益物权客体的所有权人为限。这些"他人"既可能是对物享有所有权的人，也可能是对物享有用益物权的人。例如，农村土地承包经营权人、建设用地使用权人可以在土地上为他人（甚至包括土地的所有权人）设定地役权。因此，用益物权也可能是在他人享有用益物权的物上设定。

2. 他人之物，主要是指他人的不动产

我国《物权法》第 117 条规定："用益物权人对他人所有的不动产或者动产，依法享有占有、使用和收益的权利"，该条款明确地将用益物权的客体界定为不动产与动产。但应当注意，由于我国《物权法》奉行物权法定原则，物权的种类及内容必须由物权法或者其他相关法律作出明文规定，禁止行为人任意创设与法律规定不同种类和内容的物权。目前，《物权法》第三编明文规定的用益物权种类分别为：土地承包经营权、建设用地使用权、宅基地使用权和地役权四种，并没有规定在动产上设立的用益物权类型，其他相关的法律中，也没有出现动产用益物权的具体类型。因此《物权法》第 117 条允许动产作为用益物权的客体，实际上是为将来物权类型的发展留有余地，在法律没有特别规定之前，不应以动产作为用益物权的客体。

3. 用益物权的内容为占有、使用和收益

占有，是指对物的实际管领和控制。用益物权作为一种特定范围内的支配权，它必然以物在实体上的有形支配，即实体占有为必要。此种占有既可以是直接占有，也可以是间接占有。例如土地承包经营权人将其土地转包，此时，土地承包经营权人对标的物乃间接占有而非直接占有；使用，是指依物的自然属性、法定用途或者约定的方式，对物进行实际上的利用；收益则是指收取或获得物的孳息，包括天然孳息和法

---

① 王泽鉴. 民法物权·用益物权·占有（第 2 册）. 北京：中国政法大学出版社，2001.10.

定孳息。

（二）特征

作为物权体系的重要组成部分，用益物权具备物权的一般特征，同时还具有自身的特性，主要有以下三个方面的特征：

1. 用益物权是由所有权派生的物权

所有权是权利人对自己的不动产或动产依法享有占有、使用、收益和处分的权利，包括在自己的财产上设立用益物权或担保物权的权利。用益物权则是在他人所有的财产上设立的权利，即对他人的财产享有占有、使用和收益的权利。因此，用益物权被作为"他物权"，以区别于所有权的"自物权"。

2. 用益物权是受限制的物权

相对于所有权而言，用益物权是不全面的、受一定限制的物权。因此，用益物权属于"定限物权"，以区别于所有权的"完全物权"。用益物权的限制性表现为：用益物权只具有所有权权能的一部分，其权利人享有的是对财产占有、使用和收益的权利，且用益物权人必须根据法律的规定及合同的约定正确行使权利。

3. 用益物权是一项独立的物权

用益物权虽由所有权派生，以所有权为权源，但用益物权一经设立，便具有独立于所有权而存在的特性。所有权人对物的支配力受到约束，对物占有、使用和收益的权能由用益物权人行使，所有权人不得干涉。所有权人不得随意收回其财产，不得妨碍用益物权人依法行使权利。同时，用益物权的义务人包括任何第三人，用益物权人可以对抗所有第三人的侵害。因此，用益物权是一项独立的物权。

（三）用益物权的体系

根据《物权法》的规定，我国的用益物权体系总体上由两部分构成：

1. 一般用益物权

《物权法》规定了四种一般用益物权，即土地承包经营权、建设用地使用权、宅基地使用权和地役权。

2. 特别法上的用益物权

《物权法》第122、123条分别确认了海域使用权、探矿权、采矿权、取水权、养殖权和捕捞权的用益物权性质。这些用益物权，分别适用《中华人民共和国矿产资源法》、《中华人民共和国水法》、《中华人民共和国海域使用管理法》等特别法。

二、土地承包经营权

（一）概念和特征

《物权法》第125条规定："土地承包经营权人依法对其承包经营的耕地、林地、草地等享有占有、使用和收益的权利，有权从事种植业、林业、畜牧业等农业生产。"据此，所谓土地承包经营权，是指自然人、法人或其他组织，对农村建设用地之外的土地通过农业生产的方式加以利用的物权。[①]

从现行立法的规定和我国农村土地制度改革的方向来看，此种权利具有下列特征：

---

① 王利明，程啸，尹飞等.中国物权法教程.北京：人民法院出版社，2007.297.

1. 主体主要为农村集体经济组织的成员

农村土地承包一般采取农村集体经济组织内部的家庭承包方式，即以户为单位进行承包。每个农村集体经济组织的成员，无论男女长幼，都享有土地承包权。此外，荒山、荒丘、荒沟、荒滩等农村土地（简称"四荒"地）可以采取招标、拍卖、公开协商等方式承包，即农村集体经济组织成员之外的自然人以及法人和其他组织也有权承包。

2. 客体是集体所有或国家所有的农用地

《中华人民共和国农村土地承包法》（以下简称《农村土地承包法》）第2条规定："本法所称农村土地，是指农民集体所有和国家所有依法由农民集体使用的耕地、林地、草地，以及其他依法用于农业的土地。"

3. 内容是通过农业生产的方式对土地加以利用

土地承包经营权人应当通过农业生产的方式对其土地加以利用。所谓农业，依据《中华人民共和国农业法》的界定，是指种植业、林业、畜牧业和渔业等产业。因此，权利人对土地的支配方式，体现为在土地上进行农业生产，即进行耕作、造林、畜牧、养殖等。这也是土地承包经营权与建设用地使用权的根本区别所在。当然，在进行农业生产过程中，也不排除建造一定的建筑物、构筑物，如看果园的简易房，农田水利设施等，此种建造本质上是附属、辅助于农业生产的，土地承包经营权人进行此种建造行为，并未超出土地承包经营权的内容。

（二）土地承包经营权的取得

依《物权法》第127、133条，《农村土地承包法》）第50条的规定，可将土地承包经营权的取得方式分为依法律行为取得和依法律行为之外的原因取得。

1. 依法律行为取得

（1）农村土地承包经营权的设定。土地承包经营权作为一项重要的用益物权，其设立是通过土地承包经营权合同来设定的。根据《农村土地承包法》第3条第2款的规定，我国的农村土地承包经营权分为家庭承包和以其他方式承包两种类型。家庭承包与以招标、拍卖、公开协商等方式进行的承包，都应当签订承包合同。承包合同自成立之日起生效，承包方于合同生效时取得土地承包经营权。县级以上地方人民政府应当向土地承包经营权人发放土地承包经营权证或林权证等证书，并登记造册，确认土地承包经营权。

（2）土地承包经营权的流转。土地承包经营权的流转是指用益物权人通过转包、出租、互换、转让等方式从原土地承包经营权人处获得用益物权。《农村土地承包法》第38条规定："土地承包经营权采取互换、转让方式流转，当事人要求登记的，应当向县级以上地方人民政府申请登记。未经登记，不得对抗善意第三人。"

2. 依法律行为以外的原因取得土地承包经营权

依法律行为以外的原因取得土地承包经营权，主要是指继承。家庭承包方式的农村土地承包经营权，其承包方是本集体经济组织的农户，其本质特征是以本集体经济组织内部的农户家庭为单位实行农村土地承包经营。因此，这种形式的农村土地承包经营权只能属于农户家庭，而不可能属于某一个家庭成员。根据《继承法》第3条的规定，遗产是公民死亡时遗留的个人合法财产。农村土地承包经营权不属于个人财产，故不发生继承问题。当承包农地的农户家庭中的一人或几人死亡，承包经营仍然是以户为单位，承包地仍由该农户的其他家庭成员继续承包经营；当承包经营农户家庭的成员全部死亡，由于承包经营权的取得是以集体成员权为基础的，该土地承包经营权归于消灭，农地应收归农村集体经济组织另行分配，不能由该农户家庭成员的继承人继续承包经营。

家庭承包中的林地承包和针对"四荒"地的以其他方式的承包，由于土地性质特殊，投资周期长、见效慢且收益期间长，为维护承包合同的长期稳定性，保护承包方的利益，维护社会稳定，根据《农村土地承包法》第 31 条、《最高人民法院关于审理涉及农村土地承包纠纷案件适用法律问题的解释》第 25 条的规定，林地承包人死亡，其继承人可以取得土地承包经营权。

> 原告李甲与被告李乙是姐弟关系。1998 年 2 月 13 日，原告父亲李某将其承包的农田 3.08 亩转包给同村村民芮某经营，因李某不识字，转包合同由李乙代签。后李某于 2004 年去世，李乙将该 3.08 亩土地全部据为己有。原告曾多次与李乙协商，李乙均不同意返还。原告请求判令原告对该 3.08 亩土地中的 1.54 亩土地享有继承权，判令被告向原告交付该部分土地。
>
> 法院判决认为：李某虽是原告李甲和被告李乙的父亲，但李甲、李乙均已在婚后组成了各自的家庭。农村土地实行第二轮家庭承包经营时，李某家庭、李甲家庭、李乙家庭均各自取得了土地承包经营权及相应的土地承包经营权证书，至此，李甲、李乙已不属于李某土地承包户的成员，而是各自独立的三个土地承包户。而李某夫妇均已去世，该承包户已无继续承包人，故李某去世后遗留的 3.08 亩土地的承包经营权应由该土地的发包人予以收回。

（三）土地承包经营权的内容

1. 土地承包经营权人的权利和义务

（1）土地承包经营权人的主要权利：①占有、使用承包地的权利；②享有收获物所有权的权利；③自主经营的权利；④依法流转土地承包经营权的权利；⑤承包地被依法征收时获得足额补偿的权利；⑥对提高土地生产能力投入时，享有补偿的权利；⑦依法请求延长土地承包经营权存续期限的权利；⑧依法解除承包合同、终止土地承包经营权的权利；⑨自愿交回承包地的权利。

在上述的权利中，土地承包经营权人的流转权尤为重要。土地承包经营权的依法流转可以采取以下五种方式：转包、出租、互换、转让和入股。而对于通过招标、拍卖、公开协商等方式取得的荒山、荒沟、荒丘、荒滩等农村土地承包经营权，根据《农村土地承包法》第 49 条和《物权法》第 180 条第 3 款的规定，承包经营权人有权将其承包经营权进行抵押。对"四荒"地的承包经营权的抵押还要受到《中华人民共和国担保法》（以下简称《担保法》）的调整，即需要取得发包方的同意及在土地管理部门进行登记。

出租，是指承包方将部分或全部土地承包经营权以一定期限租赁给他人从事农业生产经营。出租后原土地承包关系不变，原承包方继续履行原土地承包合同规定的权利和义务；转让，是对农村土地承包经营权进行法律处分最彻底的方式，是指土地承包经营权人将其拥有的未到期的土地承包经营权移转给他人的行为。土地承包经营权的转让导致了原承包经营权人的承包经营权的消灭和受让人的土地承包经营权的产生；互换，是土地承包经营权人将自己的土地承包经营权交给他人行使，自己行使从他人处换来的土地承包经营权。互换一般只限于在集体经济组织内部进行，互换所导致的物权法效果是两个土地承包经营权的权利人发生变动。《物权法》第129条规定："土地承包经营权人将土地承包经营权互换、转让，当事人要求登记的，应当向县级以上地方人民政府申请土地承包经营权登记；未经登记，不得对抗第三人。"转包，是一种产生时间最早的土地承包经营权流转方式，也是现实中农村土地承包经营权流转的最重要形式之一。转包最初发生在集体经济组织成员之间，后来也主要被界定为发生在集体经济组织成员之间的农村土地承包经营权的流转方式。

（2）土地承包经营权人的义务：①维持土地的农业用途，不得用于非农建设；②依法保护和合理利用土地，不得给土地造成永久性损害。

2. 发包人的权利和义务

（1）发包人的权利：①监督承包方依照承包合同约定的用途合理利用和保护土地；②制止承包方损害承包地和农业资源的行为；③依法收回发包土地的权利。

（2）发包人的义务：①维护承包方的土地承包经营权，不得非法变更、解除承包合同；②尊重承包方的生产经营自主权，不得干涉承包方依法进行正常的生产经营活动。

（四）土地承包经营权的消灭

1. 因土地承包经营权期限届满而消灭

土地承包经营权是一种有期限的用益物权，在约定或法定的使用期限届满时，土地承包经营权归于消灭。但是《物权法》第126条第2款规定："承包期届满，由土地承包经营权人按照国家有关规定继续承包。"因此，承包期限届满并不必然导致土地承包经营权的消灭。

2. 因农村土地承包经营权收回而消灭

《物权法》规定原则上不允许发包人在承包期内收回承包地，但存在例外情况，《农村土地承包法》第26条第3款规定："承包期内，承包方全家迁入设区的市，转为非农业户口的，应当将承包的耕地和草地交回发包方。承包方不交回的，发包方可以收回承包的耕地和草地。"另外《中华人民共和国土地管理法》第37条第3款规定："承包耕地的单位或个人连续两年弃耕抛荒的，原发包单位应终止承包合同，收回发包的耕地。"

3. 因土地承包经营权人自愿交回承包地而消灭

《农村土地承包法》第29条规定："承包期内，承包方可以自愿将承包地交回发包方。承包方自愿交回承包地的，应当提前半年以书面形式通知发包方。承包方在承包期内交回承包地的，在承包期内不得再要求承包土地。"

4. 因土地的灭失而消灭

土地承包经营权人行使其权利，从事农业生产时，以占有土地为前提。当设立承包经营权的土地灭失时，土地承包经营权随之消灭；土地虽未灭失，但因其性质改变而不能再为农业目的使用时，土地承包经营权也消灭。

5. 因承包地被征收而消灭

在国家为了公共目的的需要对承包地进行征收时，土地承包经营权消灭。所谓征收是指出于公共利益目的，国家依照法定程序强制获得他人不动产物权并给予合理补偿的行为。

三、建设用地使用权

（一）建设用地使用权的概念与特征

建设用地使用权是指自然人、法人或其他组织依法享有的在国家所有的土地上建造建筑物、构筑物及其附属设施的权利。《物权法》第135条规定："建设用地使用权人依法对国家所有的土地享有占有、使用和收益的权利，有权利用该土地建造建筑物、构筑物及其附属设施。"

建设用地使用权具有以下法律特征：

1. 主体十分广泛

我国建设用地使用权的主体是除国家以外的其他民事主体，即自然人、法人或其他组织都可以依法取得建设用地使用权。

2. 客体是国家所有的土地

根据《物权法》第135条的规定，建设用地使用权只能在国有土地上设立。依我国现行法律规定，集体所有的土地，只有经过国家征收，转化为国有土地以后才能设立建设用地使用权。至于在集体建设用地上兴办乡镇企业、村民建造住宅、村内建设公共设施等，则不属于《物权法》第12章所规定的建设用地使用权的范畴。

3. 建设用地使用权可以在土地的地表、地上或地下分别设立

《物权法》第136条规定："建设用地使用权可以在土地的地表、地上或者地下分别设立。新设立的建设用地使用权，不得损害已设立的用益物权。"现代建筑技术可以支持对地表、地下和地上的同时开发利用。如地表可建建筑物，地上可建高架桥，地下可建地铁、隧道、地下停车场等。

4. 内容为建造和保有建筑物、构筑物及其附属设施

建设用地使用权是以建造和保有建筑物、构筑物及其附属设施为目的的权利。其中，建筑物特指人可以在其中进行生活或生产经营活动的房屋或其他场所，如住宅、办公楼、厂房等；构筑物是指人不能在其中进行生活或生产经营活动的物体，如道路、桥梁、隧道等；附属设施，依具体情况，指建筑物、构筑物所附属的园林、草坪等。

5. 是一种典型的限制物权

建设用地使用权以占有国有土地为前提，以对他人的土地进行使用、收益为目的。建设用地使用权一方面受到法律和土地所有权人的限制，例如不得处分，不得永久设立，以及在土地使用用途和费用上受所有权人意思约束；另一方面该权利又对所有权人进行了限制，约束了所有权人对土地的实际支配，故建设用地使用权是一种典型的限制物权。

（二）建设用地使用权的取得

从各国或地区的立法来看，对于建设用地使用权的取得，通常有以下两种方式：其一，通过法律行为取得，主要指通过合同的方式取得，即由土地所有权人与土地使用人之间订立合同设定建设用地使用权，并且建设用地使用权的设定应采用书面形式并经登记。其二，通过法律行为以外的方式取得，包括因时效取得、继承取得和依据法律规定取得。我国《物权法》规定，设立建设用地使用权的方式通常包括两种：建

设用地使用权的出让与划拨。

1. 出让取得

建设用地使用权出让，是指国家将建设用地使用权在一定年限内出让给土地使用者，由土地使用者向国家支付出让金的行为。目前我国建设用地使用权的出让方式有四种：招标、拍卖、挂牌和协议出让。《中华人民共和国城市房地产管理法》第13条的规定："土地使用权出让，可以采取拍卖、招标或者双方协议的方式。商业、旅游、娱乐和豪华住宅用地，有条件的，必须采取拍卖、招标方式；没有条件，不能采取拍卖、招标方式的，可以采取双方协议的方式。"

招标出让，是指出让人发布招标公告，邀请特定或不特定的公民、法人和其他组织参加建设用地使用权投标，根据投标结果确定土地使用者的行为。

拍卖出让，是指出让人发布拍卖公告，由竞买人在指定时间、地点进行公开竞价，根据出价结果确定土地使用者的行为。

挂牌出让，是指出让人发布挂牌公告，按公告规定的期限将拟出让宗地的交易条件并在指定的土地交易场所挂牌公布，接受竞买人的报价申请并更新挂牌价格，根据挂牌期限截止时的出价结果确定土地使用者的行为。

协议出让，是指出让人与受让人就出让建设用地使用权的有关事项，如出让土地面积、年限、用途、出让金数额等内容进行协商，意思表示一致，并签订建设用地使用权出让协议的行为。

以上出让方式分别适用于不同的范围，协议出让方式只用于商业、旅游、娱乐、商品住宅等各类经营性用途以外的用地，而且同一宗地只有一个意向用地者的情况下才可适用。这是由于协议出让方式将其他潜在竞争者排除在外，交易环节不公开不透明，缺乏监督，容易形成"暗箱操作"，导致种种权力寻租现象，国有土地价值被人为低估，造成国有资产流失。

《物权法》第139条规定："设立建设用地使用权的，应当向登记机构申请建设用地使用权登记。建设用地使用权自登记时设立。登记机构应当向建设用地使用权人发放建设用地使用权证书。"可见，在建设用地使用权的设定方面，我国采用了严格的登记生效主义。

2. 划拨取得

建设用地使用权划拨，是指土地使用人经县级以上人民政府依法批准，在缴纳补偿安置等费用后取得或无偿取得没有使用权期限限制的建设用地使用权。与建设用地使用权出让相比，建设用地使用权划拨具有如下特征：

（1）划拨是一种行政行为。一方主体为土地行政机关，另一方为行政相对人，双方之间形成行政法律关系，处于管理和被管理的地位，双方地位不平等。

（2）划拨是一种无偿法律行为，不以支付对价为条件。尽管在土地原有使用人的情况下，用地人要对原用地人进行安置补偿，但这不是取得划拨土地的对价。且还有大量的划拨土地无须支付补偿即可拨付给使用人使用。

（3）用途的限定性。划拨方式设立使用权只有在符合法律规定的条件下方可适用，主要用于国家机关、军事机关和基础设施项目等社会公益项目建设。

（4）划拨的效果是创设用益物权。划拨本身是行政行为，但这种行政行为的后果却是建设用地使用权的设立，尽管以划拨方式设立的建设用地使用权受到法律更大的限制，但它依然是一种独立的民事权利。

（三）建设用地使用权的内容

1. 建设用地使用权人的权利

（1）占有、使用土地的权利。任何用益物权都是以占有为前提的物权，建设用地使用权也不例外。建设用地使用权人对于土地的占有属于有权占有，同时也适用占有的法律保护。使用土地权利，是指建设用地使用权人可以依照法律规定和出让合同约定的用途对建设用地进行以建造和保有建筑物、构造物以及其他工作设施为目的而进行使用和收益。

（2）处分建设用地使用权的权利，包括转让、互换、出资、赠与或抵押等。

①转让，是指权利人将建设用地使用权以合同方式移转给他人，由转让人向受让人收取转让金的法律行为。因取得方式不同，建设用地使用权的转让适用不同的规则：

以出让方式获得的建设用地使用权，必须符合下列条件方可转让：第一，按照出让合同约定已经支付全部出让金，并取得建设用地使用权证书；第二，按照出让合同约定进行投资开发，属于房屋建设工程的，完成开发投资总额的25%以上，属于成片开发土地的，形成工业用地或其他建设用地条件。转让房地产时房屋已经建成的，还应当持有房屋所有权证书。建设用地使用权转让后也有限制条件：一是新的受让人不得改变出让合同所载明的权利和义务；二是建设用地使用权转让时，地上建筑物、其他附着物所有权随之转让；三是转让的建设用地使用权的使用年限为出让合同规定的使用年限减去原土地使用者已使用年限的剩余年限。

以划拨方式取得的建设用地使用权的转让不同于以出让方式取得的建设用地使用权的转让，划拨建设用地使用权一般是基于公益目的，无偿或低偿获得的，如果允许划拨土地使用权任意转让，国家采用划拨方式供应土地的公益目的就会落空。而且，划拨土地不加限制进入市场交易，会严重冲击土地一级市场和二级市场，因此我国法律一般不允许划拨土地使用权转让。但考虑到我国现阶段还有大量历史遗留的划拨土地用于非公益目的，为鼓励符合条件的划拨土地转为出让土地，促进其合理流动，我国法律对符合一定条件的划拨土地使用权作出了允许转让的规定。

②互换，以互换的方式转让建设用地使用权的，对价不是价金，而是其他财产或特定的财产权益。建设用地使用权人将建设用地使用权移转给受让人，以此取得受让人提供的其他财产或特定财产权益。

③出资，介于买卖和交换之间，既类似买卖，因为将土地使用权来作价，所作之价如同买卖的价金；又类似交换，因为土地使用权被用来入股，所得股如同其他财产或特定财产权益。

④赠与，是建设用地使用权人将其土地使用权无偿移转给受赠人的法律行为。

⑤抵押，指建设用地使用权人在不转移土地占有的情况下，将建设用地使用权作为债权的担保，当债务人不履行债务时，债权人有权依法就该建设用地使用权所得的价款优先受偿。抵押人和抵押权人应签订书面抵押合同，并在土地登记机关办理抵押权登记。以划拨方式取得的建设用地使用权的抵押的条件和转让相同，需经有关行政机关批准。

（3）附属行为。建设用地使用权人可以在其地基范围内进行非保存建筑物或其他工作物的附属行为，如修筑围墙、种植花木、养殖等。

（4）取得地上建筑物或其他工作物的补偿。《物权法》第148条规定："建设用地使用权期间届满前，因公共利益需要提前收回该土地的，应当依照本法第四十二条的规定对该土地上的房屋及其他不动产给予补偿，并退还相应的出让金。"

2. 建设用地使用权人的义务

（1）合理使用土地。建设用地使用权人必须按照出让合同规定的方式对土地加以利用，未经有关主管机关许可不得改变土地用途，否则国家可以无偿收回土地使用权。

（2）不得闲置土地。按国土部《闲置土地处置办法》规定：1年内未开发的闲置土地收取不高于土地出让金20%的闲置金；连续2年闲置土地的无偿收回土地。

（四）建设用地使用权的消灭

建设用地使用权作为一种物权，可因物权消灭的一般原因而归于消灭，如灭失、征收、抛弃等。此外，还因一些特殊原因而消灭，现分述如下：

1. 使用权存续期限届满

建设用地使用权属于有期物权，期限届满时，如果使用权人没有申请续展，或者申请续展没有获得批准的，建设用地使用权终止，土地所有人重新获得对土地的圆满支配权，重新享有占用、使用、收益、处分等全部权能。《物权法》第149条规定："住宅建设用地使用权期间届满的，自动续期。非住宅建设用地使用权期间届满后的续期，依照法律规定办理。该土地上的房屋及其他不动产的归属，有约定的，按照约定；没有约定或者约定不明确的，依照法律、行政法规的规定办理。"

2. 国家收回使用权

《物权法》第148条规定："建设用地使用权期间届满前，因公共利益需要提前收回该土地的，应当依照本法第四十二条的规定对该土地上的房屋及其他不动产给予补偿，并退还相应的出让金。"通过划拨方式取得建设用地使用权的，由于取得的无偿性，国家可以随时收回，不予补偿。需要明确的是，这种无偿指的是对建设用地使用权不予补偿，而对其地上建筑物、其他附着物，收回时应当根据实际情况给予适当补偿。通过出让方式取得建设用地使用权的，根据收回原因的不同，可分为两种情形：一是符合法定收回的条件，如使用权人未经批准擅自改变用途、长期闲置土地等违法行为的，可以收回建设用地使用权；二是因土地使用者不履行建设用地使用权出让合同而收回土地使用权。

3. 土地灭失

土地灭失是指由于自然原因造成原土地性质的彻底改变或原土地面貌的彻底改变，诸如因地震、火山爆发、水灾、地面塌陷等自然灾害导致土地实际使用价值消失，致使土地使用者无法按照合同约定或批准文件规定的用途利用土地，从而终止建设用地使用权。

4. 使用权人死亡无人继承

当建设用地使用权人为公民时，其死亡后建设用地使用权应由其继承人继承，若没有继承人，建设用地使用权灭失，由国家收回土地。

5. 没收

法院或有权行政机关，基于司法权或行政权，可以对违法当事人作出没收财产的处罚。如果当事人拥有以出让方式获得的建设用地使用权，可以对该建设用地使用权进行没收，剥夺原权利人享有的建设用地使用权，导致其建设用地使用权终止。

四、宅基地使用权

（一）宅基地使用权的概念和特征

《物权法》第152条规定："宅基地使用权人依法对集体所有的土地享有占有和使用的权利，有权依法利用该土地建造住宅及其附属设施。"由此可见，宅基地使用权是指自然人依法对集体所有的土地享有占有和通过建造房屋及其他附属设施等方式予以使用的权利。

宅基地使用权具有如下特征：

1. 权利主体的特定性

宅基地使用权的主体只能是农村集体经济组织的成员，只有集体经济组织内的成员和农户才有资格向其所在的集体经济组织申请农村宅基地使用权。城镇非农业户口的居民以及集体经济组织以外的人一般不能申请宅基地使用权。

2. 权利客体的特定性

宅基地使用权的客体限于集体所有的土地，国有土地上不得设立宅基地使用权。

3. 权利内容的特定性

宅基地使用权的内容限于建造、保有住宅及其附属设施。即村民可建造住房以及与住房的居住生活有关的其他建筑物和设施，如厨房、厕所、院墙、储藏室等。

4. 权利取得的无偿性

宅基地使用权具有较强的身份属性，同时具有社会保障和社会福利的性质。使用权人无需支付相应的对价就可以获得本集体组织所分配的宅基地使用权。但是，宅基地使用权必须办理法定的申请程序，经过有关部门的批准后方可取得。

5. 权利的无期性

当农村村民在取得农村宅基地使用权后可以世代使用，并且这种使用是受法律保护的，任何单位和个人不得随意侵犯，且宅基地上的房屋消灭后，使用权人对宅基地的使用权仍然存在，可以重新建造房屋。

（二）宅基地使用权的取得

根据我国相关法律的规定，宅基地使用权的取得方式可分为三类：

1. 申请取得

申请取得是宅基地使用权的设立方式。申请农村宅基地使用权的主体必须是农村村民，而且必须以户的名义申请，一户只能申请一处。申请宅基地使用权需遵循下列规则：

（1）申请人存在合理的住房需求。即申请人没有宅基地，或因结婚等原因原有的宅基地不能满足需要。

（2）不存在法律规定的禁止申请事由。《土地管理法》第62条第4款规定："农村村民出卖、出租住房后，再申请宅基地的，不予批准。"

（3）应当符合城乡土地利用总体规划。《土地管理法》规定，宅基地的面积不得超过省、自治区或直辖市规定的用地标准。

（4）须经法定程序。农村村民使用宅基地应当先向村农业集体经济组织或者村民委员会提出申请，经村民代表会或村民大会讨论通过后，报人民政府批准。其中，使用原有宅基地、村内空闲地和其他土地的，经乡人民政府审核，由县级人民政府批准，如占用农用地的，按照农用地转用的有关规定报有审批权的县级以上人民政府批准。经过有批准权的人民政府批准后，核发证书，登记造册，确认宅基地使用权。

应当注意，《物权法》并未明确规定宅基地使用权采用登记生效主义还是登记对抗主义，通说认为应采用登记对抗主义。

2. 让与取得

宅基地使用权可以基于合同行为而获得。但应当注意，根据现行法律和国家规定，宅基地使用权不能单独转让，只是基于"地随房走"的原则，可随地上房屋的转让和赠与一并被转让和赠与，但其接受主体仅限于符合申请取得宅基地使用权条件的本集体经济组织成员，禁止农村居民与城镇居民之间进行宅基地使用权的转让。

3. 继承取得

宅基地使用权作为一项特殊的用益物权，不能作为遗产继承。但根据"地随房走"的原则，继承人对宅基地上所建造房屋的继承也将导致对宅基地使用权的继承。

（三）宅基地使用权的内容

1. 使用权人的主要权利

宅基地使用权人的主要权利有：

（1）筑宅权。即在依法取得的宅基地上建造住宅，包括房屋和其他附属物，并取得对住宅的完全所有权。

（2）转让权。如前文所述，允许同村村民之间进行宅基地的转让，转让时必须同时具备以下条件：①转让人拥有两处以上的农村住房（含宅基地）；②转让人与受让人为同一集体经济组织内部的成员；③受让人没有住房和宅基地，且符合宅基地使用权分配条件；④转让行为须征得本集体经济组织同意；⑤宅基地使用权不得单独转让，必须与合法建造的住房一并转让。

（3）种植权。即在宅基地空闲处从事种植并收益的权利，宅基地使用权人在庭院、房前屋后种植树木、花草等收益归使用权人所有。

（四）宅基地使用权的消灭

宅基地使用权的消灭，有下列四种原因：

1. 宅基地的收回和调整

土地所有权人根据城镇或乡村的发展规划，可以收回或调整宅基地。土地所有权人收回宅基地的，应当另行批准相应的宅基地使用权，以保证居民生活需要。

2. 宅基地的征收

国家为了公共利益的需要，可以征收宅基地，并就宅基地上的建筑物给予相应的补偿。

3. 宅基地使用权的抛弃

宅基地使用权虽经审批取得，仍属于一种民事权利，权利人有权抛弃宅基地使用权。但抛弃者，不得再申请新的宅基地使用权。

4. 宅基地的灭失

作为宅基地使用权客体的土地，如果发生灭失，则宅基地使用权丧失了存在的基础，应归于消灭。原宅基地使用权人有权重新申请获得宅基地使用权。

此外应注意，已经登记宅基地使用权消灭的，应当及时办理注销登记。

五、地役权

（一）地役权的概述

1. 地役权的概念

《物权法》第 156 条规定："地役权人有权按照合同约定，利用他人的不动产，以提高自己的不动产的效益。前款所称他人的不动产为供役地，自己的不动产为需役地。"可见，所谓地役权，是指不动产所有人或使用人为了提高自己不动产权的利用效益，而利用他人不动产的权利。此概念包括以下四个方面内容：

（1）地役权的客体为他人的不动产。作为地役权客体的不动产应当以土地和建筑物为限。地役权的发生在于因不动产的利用而发生的利益关系问题，诸如土地利用、用水排水、通风采光、眺望等问题。此外，当地役权的客体为土地时，不限于地表，也可以是地下或地上空间。

（2）这里所谓利用他人的不动产，包括他人所有的不动产也包括他人拥有用益物权的不动产。在我国，由于土地的所有权归国家或集体所有，所以我国的地役权主要是建立在他人拥有用益物权的土地之上。

（3）地役权不以占有他人土地内容为目的，而只是要求对方应尽某种容忍或不作为义务。设立地役权的目的是为了利用供役地，以增加需役地的效益。这里的"利用"并不以实际占有供役地为要件，不是为了在供役地上取得收益，而是在供役地上设置一定的负担，对供役地人使用权设立限制。

（4）地役权的内容较广泛。凡是能提高需役地效益的，只要不违反法律的强制性规定和公序良俗的原则，均可由需役地人和供役地人根据具体情况进行约定。一般认为需役地的"效益"不仅包括生活上的便利、经营上的利益，如在供役地上通行、取水、排水、铺设管线等，也包括为扩大需役地的视野而设定的眺望地役权等其他精神利益。

2. 地役权的特征

（1）地役权具有从属性。地役权从属性主要体现在三个方面：①地役权必须与需役地所有权或使用权一同转移，不能与需役地分离而让与，即地役权人不得自己保留需役地所有权或使用权，而单将地役权让与他人，不得自己保留地役权而将需役地所有权或使用权让与他人，也不得以需役地所有权或使用权与地役权分别让与两个人。②地役权不得与需役地分离而为其他权利的标的。如果在需役地上设定其他权利，则地役权亦包括在内。如《物权法》第 165 条规定："地役权不得单独抵押。土地承包经营权、建设用地使用权等抵押的，在实现抵押权时，地役权一并转让。"③地役权的期限不得超过土地承包经营权、建设用地使用权等用益物权的剩余期限。

（2）地役权具有不可分性。这是指地役权的取得、丧失均为全部的，不得分割为数部分或仅有一部分而存在。地役权的不可分性，包括发生上的不可分性、消灭上的不可分性以及享有或负担上的不可分性。需役地如经分割，地役权在分割后的地块利益仍然存续。例如，甲地在乙地有通行地役权，后来甲地分割为丙、丁两地，则丙、丁两地的所有人或使用人仍得各自从乙地通行。供役地如经分割，则地役权原则上仍继续存在于分割后的各部分之上。

3. 地役权与相邻关系

相邻关系是指不动产的相邻各方因行使所有权或使用权而发生的权利义务关系，它不是一种单独的物权，而是相邻方所有权的延伸和扩展，是所有权权能的体现。地役权和相邻关系主要有以下五个区别：

（1）两者的设立方式不同。相邻关系的种类和范围，都必须由法律予以明文规定，当事人不得随意创制。较之于相邻关系，地役权制度具有较大的任意性。

（2）两者受到损害后的救济请求权不同。相邻关系受到侵害后，不能直接以相邻关系为基础提起损害赔偿诉讼，而应该提起所有权的行使受到妨害的诉讼。地役权受到损害之后，受害人可以直接提起地役权受损害的请求诉讼。

（3）两者提供便利的内容也有不同。地役权的设立是为了所有权人的权利得到更好的行使，是一个比较高的标准。而相邻关系的规定是为了调和不同所有权人之间的权利，对他们的各自权利给予一定的限制，使得大家共同方便使用，这是为了达到使用的最低标准。

（4）相邻关系通常都发生在相互毗邻的不动产之上，而地役权则不要求相互毗邻，甚至相隔很远的土地之间都可以通过协议来得到更有效的利用和经营。

（5）二者在有无对价上不同。当事人在相邻关系中只要不给相邻人造成损失，通常是无偿的；地役权的目的是在他人不动产上设置负担，以提高自己的不动产利用价值。其设立既可以是有偿的，也可以是无偿的，取决于双方的合意。

（二）地役权的取得

1. 基于法律行为而取得

地役权作为意定物权必须由当事人以法律行为的方式来进行设立，而设立地役权涉及双方当事人的利益，所以应当以书面合同的方式来进行设定。设定地役权合同的主要条款包括：①当事人的姓名或名称和住所；②供役地和需役地的位置；③利用目的和方法；④利用期限。地役权的期限由当事人约定，但不得超过土地承包经营权、建设用地使用权等用益物权的剩余期限；⑤费用及其支付方式；⑥解决争议的方法。地役权自合同生效时设立，但是未经登记的不得对抗善意第三人。

此外地役权还可通过转让取得。由于地役权的从属性，地役权不得单独转让，但是转让需役地权利的，地役权一并转让，受让人因此取得地役权。

2. 基于法律行为以外的原因而取得

（1）时效取得。地役权为财产权，理论上可依时效取得，并为各国民法普遍承认。但注意，目前我国《物权法》未规定取得时效制度。

（2）继承。地役权因继承而取得。一般认为，继承开始时，继承人便取得被继承人的地役权。但应注意由于地役权具有从属性，所以在继承时，只能随同需役地权利一并由继承人继承。

（三）地役权的内容

1. 地役权人的权利

（1）对供役地的使用权。地役权人有权依据地役权设立的目的与范围使用供役地。对供役地的利用方式因地役权的类型而有所不同，有的为取水、有的为通行、有的为铺设电缆、有的为禁止供役地所有人建筑高层建筑物等。地役权具有兼容性，同一标的物上可以容纳多项地役权。但是，如果同一供役地上设定的多项地役权的内容有冲突，则应当根据先来后到的原则，按照设定顺序来依次行使。

（2）有权为必要的附属行为。地役权人为了行使其地役权所必须实施的行为，即使没有在地役权合同中规定，地役权人仍然可以实施。例如为了行使在供役地上取水的地役权，地役权人可以在供役地上设置水井等取水装置。

（3）有权行使基于地役权的物权请求权。即可以行使停止侵害、排除妨碍等物上请求权。

2. 地役权人的义务

（1）支付地役权费用的义务。地役权的设定，既可无偿，亦可有偿。在有偿设定的情况下，支付对价是地役权存在的基础，也是供役地人负容忍及不作为义务的交换条件。地役权人应按双方约定支付相应的对价，以补偿供役地人因此所受限制，维持双方利益的平衡。

（2）补偿义务。地役权人对供役地的使用应当选择损害最小的地点及方法。地役权人因其行使地役权的行为对供役地造成变动、损害的，应当在事后恢复原状并补偿损害。

（3）维护设置的义务。地役权人为行使地役权而在供役地修建设施的，如电线、管道、道路，应当注意维修，以免供役地人因其设施损坏而受到损害。

3. 供役地人的权利

（1）设置使用权。供役地所有人有权为了自己的利益使用地役权人所设的装置，其前提是不妨碍地役权人的使用并支付适当的使用费。

（2）供役地使用场所与方法的变更请求权。地役权的行使限于供役地的一部分者，所有人认为该部分的使用对其有特殊不便时，得请求将地役权的行使迁移于其他适于地役权人利益的处所，迁移费用应由所有人负担。

（3）对价请求权。地役权的设定，如为有偿而有支付对价的约定时，供役地所有人有请求地役权人支付对价的权利。

4. 供役地人的义务

供役地所有人的义务只有容忍地役权人对土地的利用一项。此种容忍义务，在积极地役权中，表现为供役地人有容忍地役权人在其土地上从事一定行为的义务。例如，在引水地役权中负有容许地役权人在自己土地上设置水渠或水管的义务。在消极地役权中，供役地人的容忍义务则体现在不在其土地上进行一定利用行为的义务。例如，眺望地役权中负有不得在供役地上建造超过一定高度的房屋的义务。

（四）地役权的消灭

地役权是一种不动产物权，则不动产物权的一般消灭原因，当然适用于地役权。以下是地役权消灭的三项特殊原因：

1. 供役地权利人在符合法定条件时解除地役权合同

地役权人有下列情形之一的，供役地权利人有权解除地役权合同，地役权消灭：①违反法律规定或者合同约定，滥用地役的。②在有偿地役权合同履行中，需役地一方当事人按照地役权合同约定的数额和时间向供役地一方支付费用是其应当履行的合同义务。若经过权利人在合理期间两次催告仍不履行支付费用的义务，则供役地一方当事人可以解除地役权关系。

2. 存续期间的届满或其他预定事由的发生

如果地役权设有期限的，那么期限届满的地役权归于消灭；设定地役权的合同若附有解除条件的，条件成立时地役权也归于消灭。

3. 供役地被征收

供役地被征收的，供役地人对土地的所有权消灭，在土地之上的地役权自然也归于消灭。

地役权消灭以后，如果地役权的设立已经办理了登记，当事人应当及时办理注销登记，地役权人负有协助办理注销登记的义务。地役权人占有供役地的，应恢复原状，返还土地。关于供役地上设置的工作物（如引水管线），应类推适用关于建设用地使用权的规定，即其权利消灭时，地役权人可以收回，但应恢复土地原状。供役地所有人以时价购买其设置的工作物时，地役权人不得拒绝。

【引例分析】

引例1：（1）根据《物权法》的规定，无论家庭承包还是其他方式承包的土地承包经营权，均是可以依法流转的，但通过抵押方式来进行流转却不是都适用的。《物权法》和《农村土地承包法》禁止家庭取得的耕地、林地、草地等承包经营权抵押。但是，在本案中张某取得的是荒滩的土地承包经营权，《物权法》第133条规定："通过招标、拍卖、公开协商等方式承包荒地等农村土地，依照农村土地承包法等法律或国务院的有关规定，其土地承包经营权可以转让、入股、抵押或者以其他方式流转。"该条规定不仅仅适用于荒地，也适用于荒滩、荒沟和荒山的土地承包经营权。因此张某将该荒滩的土地承包经营权进行抵押是可以进行的，是合法有效的。

（2）《物权法》第133条规定："通过招标、拍卖、公开协商等方式承包荒地等农村土地，依照农村土地承包法等法律或国务院的有关规定，其土地承包经营权可以转让、入股、抵押或者以其他方式流转"。虽然在该条中没有明确指出以"其他方式"流转是否包括继承的方式，但《农村土地承包法》第50条规定："土地承包经营权通过招标、拍卖、公开协商等方式取得的，该承包人死亡，其应得的承包收益，依照继承法的规定继承；在承包期内，其继承人可以继续承包。"因此，张某通过公开协商的方式取得土地承包经营权，其继承人是可以继续承包的，村委会要求收回张某的土地承包经营权的理由不成立。

引例2：（1）《物权法》第158条规定："地役权自地役权合同生效时设立。当事人要求登记的，可以向登记机构申请地役权登记；未经登记，不得对抗善意第三人。"该条例明确规定，地役权自合同生效时设立，是否登记不影响地役权的设立，未登记只是不能对抗善意第三人而已。本案中，甲公司与制衣厂之间的约定符合《物权法》第156条的规定："地役权人有权按照合同约定利用他人的不动产，以提高自己的不动产的效益。前款所称他人的不动产为供役地，自己的不动产为需役地。"《物权法》第159条规定："供役地权利人应当按照合同约定，允许地役权人利用其土地，不得妨害地役权人行使权利。"所以甲公司与制衣厂之间设立了地役权，制衣厂违反合同的约定，理应承担违约责任。

（2）甲公司与制衣厂之间的地役权合同没有到登记机构登记，不能对抗善意的第三人乙公司。作为受让供役地的乙公司没有义务遵守地役权合同的约定，乙公司可以在不妨碍相邻权人的相邻权的情况下任意使用该土地,包括修建高层电梯公寓。所以,本案甲公司无权要求乙公司停止施工。

【相关法律】

1. 《物权法》第 117 ~ 169 条;
2. 《农村土地承包法》;
3. 《土地管理法》(2005 年第二次修正)第 11 ~ 15 条,第 36、37 条;
4. 《房地产管理法》第 7 ~ 23 条;
5. 《土地管理法实施条例》;
6. 《最高人民法院关于审理涉及国有土地使用权合同纠纷案件适用法律问题的解释》(法释〔2005〕5 号)。

【思考与练习】

1. 甲以现金出资,乙以建设用地使用权出资,共同开办了一酒店。酒店办成后,乙并未将建设用地使用权办理登记过户手续将其权利转移给酒店,反而擅自将建设用地使用权转移给丙,并办理了过户登记手续。丙受让建设用地使用权后,在酒店周围建造了一些设施,妨碍了酒店的正常经营。同时,酒店因急需资金要向银行借款,而丙不同意以其土地使用权抵押,致使酒店不能借款。

根据上述案例,回答如下问题:

(1) 甲和乙合资开办酒店的行为的法律性质是什么?
(2) 乙与丙签订的建设用地使用权的合同有效吗?丙能够取得建设用地使用权吗?
(3) 酒店如何维护自己的权益?

2. 原告某甲、被告某乙、第三人某丙均系河南省睢县某乡农民。1998 年,某甲、某乙、某丙达成口头换地协议:某甲将自己的一块耕地换给某丙耕种,某丙将自己的一块耕地换给某乙耕种,某乙将自己的一块耕地换给某甲耕种。事后三人按口头协议内容订立了书面协议,因某乙外出打工,未在该书面协议上签字,在村干部和某乙之妻在场的情况下,三家对土地进行了丈量交换。某乙打工回来后亦未对该换地行为反悔。三家按照协议对所换土地耕种了 6 年。2004 年种麦时,某乙将换给某甲的土地强行耕种。某甲遂向睢县人民法院诉请某乙停止对换给自己的耕地停止侵害。

问:原、被告的换地行为是否有效?

项目四　担保物权

【引例】

甲有限公司为开发某一项目,拟斥资 5 000 万元购买专利,采购设备兴建厂房等,为此需向银行贷款 1 000 万元,遂与乙银行达成协议,由该银行提供贷款,借款期限为 1 年,甲公司以一栋办公楼(价值 900 万元)和两辆加长奔驰轿车(价值 200 万元)设定抵押,均办理了抵押登记。1 年后,由于市场竞争激烈,开发产品市场需求冷淡而损失惨重，甲公司无力偿还乙银行的贷款。乙银行拟行使抵押权，经查，该办公楼有一层已于半年前出租给丙公司，租期2年；轿车之一已经准备出卖给丁，双发签订了买卖合同，尚未办理过户登记手续，但车已经交付丁使用；轿车之二因某次董事长驾车外出，被违章驾驶的戊的卡车撞击损毁，正在索赔中，估计可获得保险金60万元。

（1）本案中，甲公司与乙银行间的抵押是否有效？为什么？

（2）本案应如何处理？为什么？

【基本理论】

一、担保物权概述

（一）担保物权的概念

所谓担保物权，是指为了担保债权人债权的实现，而以债务人或第三人的特定物提供担保，当债务人不履行债务时，债权人有权就该担保物通过法定途径拍卖、变卖或折价所获得的价款优先受偿的权利。其含义可以从以下三个方面来理解：

1. 担保物权以担保主债权的实现为目的

担保物权的设立，是为了保证主债债务的履行，使得债权人对于担保财产享有优先受偿权，所以它是对主债权效力的加强和补充。在整个物权体系中，担保物权与用益物权相对应，二者同属于他物权。不同的是，用益物权所要解决的是所有权与使用权相分离的问题，担保物权所要解决的是所有权和处分权相分离的问题。用益物权设定于他人之物的使用价值上，担保物权设定于他人之物的交换价值上。用益物权人通过用益物权对他人之物加以利用，以满足自己的各种利益。担保物权人通过担保物权对他人之物加以处分，以确保自己的债权得以实现。

2. 担保物权是在债务人或第三人的特定财产上设定的权利

担保物权必须存在于债务人或第三人的物或权利上。由于物权是权利人依法对特定的物享有直接支配和排他的权利，所以担保物权的客体即担保财产必须是既存的、特定的。有些担保物权在设定时，客体虽不特定，但是实现该担保物权时也必须特定。例如，动产浮动抵押权设定时，其客体并不特定，包括抵押人现有的和将有的动产，但是实现抵押权时该抵押财产必须特定。

3. 担保物权以支配担保物的价值为内容

担保物权属于物权一种，所不同的是，一般物权以对标的物实体的占有、使用、收益、处分为目的；而担保物权则以标的物的价值确保债权的清偿为目的，以就标的物取得一定的价值为内容。

（二）担保物权的特征

根据《物权法》的规定以及传统的物权理论，对担保物权的特征可以概括为如下四点：

1. 从属性

担保物权的一个重要特点就是其附随于主债权债务关系，没有主债权债务关系的存在，担保关系也就没有了存在以及实现的可能和价值。这种附随性体现在以下四个方面：

（1）设立上的从属性。体现主债权债务关系的主要是主债权债务合同，体现担保关系的主要是担保合同。担保合同关系必须以主债权债务合同关系的存在为前提。从这个意义上讲，担保合同是主债权债务合同的从合同。

（2）转让上的从属性。《物权法》第 192 条规定："抵押权不得与债权分离而单独转让或者作为其他债权的担保。债权转让的，担保该债权的抵押权一并转让，但法律另有规定或者当事人另有约定的除外。"

（3）效力上的从属性。《物权法》第 172 条第 1 款规定："设立担保物权，应当依照本法和其他法律的规定订立担保合同。担保合同是主债权债务合同的从合同。主债权债务合同无效，担保合同无效，但法律另有规定的除外。"但应当注意，担保合同随主债权债务合同无效而无效只是一般规则并不是绝对的，在法律另有规定的情况下，担保合同可以作为独立合同存在，不受主债权债务合同效力的影响。例如，在最高额抵押权中，最高额抵押合同就具有相对的独立性。在连续的交易关系中，其中一笔债权债务无效，并不影响整个最高额抵押合同的效力。

（4）消灭上的从属性。根据《物权法》第 177 条规定，主债权消灭则担保物权消灭。

2. 不可分性

债权人得就担保物的全部行使其权利。这体现在：债权一部分消灭，如清偿、让与，债权人仍就未清偿债权部分对担保物全部行使权利；担保物一部分灭失，残存部分仍担保债权全部；分期履行的债权，已届履行期的部分未履行时，债权人就全部担保物有优先受偿权。担保物权设定后，担保物价格上涨，债务人就无权要求减少担保物；反之，担保物的价值因不可归责于抵押人、质押人的原因减少的，担保人无义务提供补充担保。

3. 优先性

优先受偿性是担保物权的最主要效力。优先受偿是指在债务人到期不清偿债务或出现当事人约定的实现担保物权的情形时，债权人可以对担保财产进行折价或拍卖、变卖担保财产，以所得的价款优先实现自己的债权。担保物权的优先受偿性主要体现在两方面：一是优先于其他不享有担保物权的普通债权；二是优先于其他物权，如后顺位的担保物权。但需要注意的是，担保物权的优先受偿性并不是绝对的，如果《物权法》或者其他法律有特别的规定，担保物权的优先受偿效力会受到影响，如我国《海商法》规定，船舶优先权人优先于担保物权人受偿。

4. 物上代位性

债权人设立担保物权并不以使用担保财产为目的，而是以取得该财产的交换价值为目的，因此，担保财产即使灭失、毁损，但代替该财产的交换价值还存在的，担保物权的效力仍存在，但此时担保物权的效力转移到了该代替物上。这就是担保物权的物上代位性。对此，《物权法》第 174 条明确规定："担保期间，担保财产毁损、灭失或者被征收等，担保物权人可以就获得的保险金、赔偿金或者补偿金等优先受偿。被担保债权的履行期未届满的，也可以提存该保险金、赔偿金或者补偿金等。"

甲向乙借款 20 万元，提供自己一间价值 8 万元的房屋和一辆价值 15 万元的汽车作抵押，并办理了抵押登记。不料，在办完抵押登记回来的路上，甲驾驶汽车被一辆违规行驶的汽车撞伤，汽车也被撞坏，经估价，该车还值 3 万元，根据保险合同，保险公司赔偿甲 10 万元。那么，根据民法原理和相关法律分析：甲、乙之间的汽车抵押效力如何？对保险赔偿金 10 万元应当如何处理？

（三）担保物权的适用范围

我国《物权法》第 171 条第 1 款规定："债权人在借贷、买卖等民事活动中，为保障实现其债权，需要担保的，可以依照本法和其他法律的规定设立担保物权。"可知担保物权主要适用于借贷、买卖等民事活动中发生的债权债务关系。但应当注意，可以设定担保物权的民事活动并不仅限于这两种民事活动。在其他民事活动中，如货物运输、加工承揽、无因管理、补偿贸易等都可以设定担保物权，因侵权行为产生的损害赔偿的债务也可设定担保物权。

（四）担保物权的担保范围

《物权法》第 173 条规定："担保物权的担保范围包括主债权及其利息、违约金、损害赔偿金、保管担保财产和实现担保物权的费用。当事人另有约定的，按照约定。"这里的主债权就是使担保物权得以成立的原本债权；主债权的利息既包括当事人的约定利息，也包括法定利息。如果当事人对违约金有所约定，违约金也应属担保物权的担保范围。损害赔偿金主要是针对合同债务人因不履行或不完全履行债务所给债权人带来的经济利益上的损害的赔偿款项。

二、抵押权

（一）抵押权的概念与特征

抵押权是自罗马法以来近现代各国民法上最重要的担保物权制度，素有"担保之王"之称。由于各国立法对抵押的理解不尽相同，对于抵押权概念的界定也存在很大差别。我国《物权法》第 179 条将抵押权定义为："为担保债务的履行，债务人或者第三人不转移财产的占有，将该财产抵押给债权人的，债务人不履行到期债务或者发生当事人约定的实现抵押权的情形，债权人有权就该财产优先受偿。"根据上述概念，抵押权包括以下三个特征：

1. 抵押权是担保物权

抵押权是抵押权人对于抵押物直接享有的权利，可以对抗物的所有人和第三人，其实质内容在于取得抵押物的交换价值。抵押权对物的支配，实际上是对物的交换价值的支配。这种支配表现在债务人不履行债务时，抵押权人可依自己的意思，无须债务人意思或行为的介入，即可就抵押物变价后的价值优先受偿，即使抵押人转让抵押物的所有权，抵押权也不会因此而受影响。由于抵押权人对标的物享有变价权和优先受偿权，因此其具有典型的担保物权的基本构造。

2. 抵押权是存在于债务人或第三人特定财产上的物权

可设定抵押的财产包括不动产、动产以及不动产用益物权，其范围极为广泛。

3. 抵押权是不移转标的物占有的物权

抵押权的核心内容在于取得抵押物的交换价值，以该交换价值担保债的履行，而不在于取得或限制物的使用价值。因此，抵押权的设定与存续，无需移转标的物的占有。抵押人设定抵押权后，仍然可以使用、收益抵押物，并可依法处分抵押物。这是抵押权与其他担保物权如质权、留置权的本质区别。

4. 抵押权是就抵押物优先变价受偿的物权

抵押权的优先受偿性表现在以下三个方面：①与债务人的其他普通债权人相比，抵押权人就抵押物卖得的价金有优先受偿的权利；②在同一标的物上存在数个抵押权时，顺序在先的抵押权人有优先于后次序抵押权人就抵押物所卖得价金受清偿的权利；③在债务人受破产宣告时，成立在前的抵押权人有别除权，仍可以从抵押物所卖得的价金中优先受偿。

某房地产开发公司在某市的郊区购买到一块土地用于商品房的开发，该公司为了融资需要以该土地使用权抵押，遂向该市甲银行贷款 800 万元，该块土地使用权经评估为 1 000 万元，双方在登记机关办理了登记。在登记时，注明抵押期限为 1 年。该公司在该土地上建造了一栋商品楼后，又以该楼向该市乙银行借款 2 000 万元，期限为 1 年，该楼经评估为 2 500 万元，双方办理了房屋他项权利登记手续。因为该公司拖欠他人的债务，被数个债权人起诉，要求执行该商品楼。甲银行申请法院实现其抵押权，乙银行也要求优先受偿，该楼被法院委托的拍卖公司进行了拍卖。

问：如何分配该楼的价款？

（二）抵押权的取得

1. 依法律行为而取得抵押权

基于法律行为而取得的抵押权，学说上称为约定抵押或意定抵押权。包括抵押权的设定与抵押权的转让两种情形：

（1）抵押权的设定，是指债权人与债务人之间通过抵押合同来设定抵押权。通过抵押合同取得抵押权需以下三个条件：

①抵押合同。抵押合同必须以书面要式行为订立。抵押合同内容包括：被担保的主债权的种类和数额；债务人履行债务的期限；抵押物的名称、数量、质量、状况、所在地、所有权权属或使用权权属；抵押担保的范围；当事人认为需要约定的其他事项。抵押合同不完全具备上述内容的，当事人可以补正。但应注意《物权法》第 186 条的规定："抵押权人在债务履行期届满前，不得与抵押人约定债务人不履行到期债务时抵押财产归债权人所有。"即流质禁止条款。

②依法可抵押的财产。《物权法》第 180、184 条，既规定了可以抵押的财产，又规定了不得抵押的具体内容。依法可以抵押的财产有：建筑物和其他土地附着物；建设用地使用权；以招标、拍卖、公开协商等方式取得的荒地等土地承包经营权；生产设备、原材料、半成品、产品；正在建造的建筑物、船舶、航空器；交通运输工具；法律、行政法规未禁止抵押的其他财产。依法不得抵押的财产有：土地所有权；耕地、宅基地、自留地、自留山等集体所有的土地使用权。学校、幼儿园、医院等以公益为目的的事业单位、社会团体的教育设施、医疗卫生设施和其他社会公益设施；所有权、使用权不明或有争议的财产；依法被查封、扣押或监管的财产；以法定程序确认为违法、违章的建筑物；法律、行政法规规定不得抵押的其他财产。

③登记。对抵押权的设立，我国采用以登记生效主义为主，以登记对抗主义为辅的原则。《物权法》规定，以建筑物和其他土地附着物、建设用地使用权、以招标、拍卖、公开协商等方式取得的荒地等土地承包经营权以及正在建造的建筑物进行担保的，

抵押权从登记时设立；以生产设备、原材料、半成品、产品；正在建造的船舶、航空器；交通运输工具；其他法律、行政法规未禁止抵押的动产抵押的，抵押权自抵押合同生效时设立，但未经登记，不得对抗善意第三人。

（2）抵押权的转让。因抵押权让与而取得抵押权为继受取得方式。依多数国家民法的规定，因受让而取得抵押权时，须进行登记，非经登记，不产生取得抵押权的效力。同时，因抵押权为从属于债权的权利，故让与有抵押权担保的债权时，即使未标明连同抵押权一并让与，受让人也因此而一并取得抵押权，通常也须经过登记，方产生取得抵押权的效力。

2. 依法律行为以外原因取得

具体包括以下三类：

（1）依法律规定而取得抵押权。依照法律规定取得的抵押权，称为法定抵押权，不须登记，即生抵押权取得的效力。但法定抵押权仅限于个别情形，非有法律的明文规定，不得发生，依法律规定而发生的物权，不经占有或登记即直接发生效力。例如，《物权法》第182条规定："以建筑物抵押的，该建筑物占用范围内的建设用地使用权一并抵押。以建设用地使用权抵押的，该土地上的建筑物一并抵押。抵押人未依照前款规定一并抵押的，未抵押的财产视为一并抵押。"再如，建筑承包人可以根据我国《合同法》第286条的规定直接取得建筑工程的法定抵押权。

（2）继承。抵押权为非专属性财产权，自然可以成为继承的标的，在被继承人死亡时，被继承人的抵押权也应连同债权一并由继承人继承，且不经变更登记即可取得。但继承人转让抵押权的，须经登记方可生效。

（3）善意取得制度。《物权法》106条规定："无处分权人将不动产或者动产转让给受让人的，所有权人有权追回；除法律另有规定外。""当事人善意取得其他物权的，参照前两款规定。"因此抵押权也可适用于善意取得制度。

（三）抵押权的内容

1. 抵押权人的权利

（1）抵押权的保全权。《物权法》第193条规定："抵押人的行为足以使抵押财产价值减少的，抵押权人有权要求抵押人停止其行为。抵押财产价值减少的，抵押权人有权要求恢复抵押财产的价值，或者提供与减少的价值相应的担保。抵押人不恢复抵押财产的价值也不提供担保的，抵押权人有权要求债务人提前清偿债务。"

（2）抵押权的处分权。抵押权可以转让或作为其他债权的担保，但不得与债权分离而单独转让，法律另有规定或当事人另有约定的除外。

（3）优先受偿权。抵押权的优先受偿权表现在四个方面：①一般情况下，抵押权人优先于普通债权人受偿；②抵押物被其他债权人申请查封、扣押等保全措施或申请执行的，不影响抵押权人的优先受偿；③抵押人破产时，抵押权优于抵押人的一切债权，抵押权人有别除权；④顺序在先的抵押权优于顺序在后的抵押权。

（4）对被法院扣押后的抵押物之孳息的收取权。《物权法》第197条规定："债务人不履行到期债务或者发生当事人约定的实现抵押权的情形，致使抵押财产被人民法院依法扣押的，自扣押之日起抵押权人有权收取该抵押财产的天然孳息或者法定孳息，但抵押权人未通知应当清偿法定孳息的义务人的除外。前款规定的孳息应当先充抵收取孳息的费用。"

2. 抵押人的权利

（1）占有、使用和收益的权利。抵押人在其财产设定抵押后，仍享有对抵押物进行占有、使用和收益的权利。

（2）处分权。处分权内容包括：①抵押物的转让。《物权法》第 191 条规定："抵押期间，抵押人经抵押权人同意转让抵押财产的，应当将转让所得的价款向抵押权人提前清偿债务或者提存。转让的价款超过债权数额的部分归抵押人所有，不足部分由债务人清偿。抵押期间，抵押人未经抵押权人同意，不得转让抵押财产，但受让人代为清偿债务消灭抵押权的除外。"②就标的物再次设定抵押权或者质权等担保物权。即在不动产之上仍可以设定第二、第三顺序的抵押权。就动产之上除了可以设定第二、第三顺位的抵押权之外还可以设定动产质权。

（3）出租抵押财产的权利。《物权法》第 190 条规定："订立抵押合同前抵押财产已出租的，原租赁关系不受该抵押权的影响。抵押权设立后抵押财产出租的，该租赁关系不得对抗已登记的抵押权。"本条规定了两种情况：一是将已出租的财产抵押。在这种情况下，承租人可以继续使用租赁物，即使实现抵押权，将抵押财产转让给债权人或第三人，抵押人与承租人之间原有的租赁关系仍未终止，承租人可以继续享有租赁权；二是将已抵押的财产出租。由于抵押权成立在先，其应当优先于租赁权，租赁权不能对抗抵押权，抵押实现时租赁权应终止。

（四）抵押权的行使

1. 抵押权实现的要件

抵押权实现是一种附条件的法律行为，因此，只有当所附条件成就时，才可为之。抵押权的实现，必须具备以下要件：①须抵押权有效存在。②须债务已届清偿期，债务人未清偿债务或发生了当事人约定的实现抵押权的情形。但应注意履行期限没有届满仍可以实行抵押权的几种情形：债务人被人民法院裁定受理破产案件；抵押人故意毁损或减少抵押物的价值；抵押人应另行提供担保而予以拒绝；债务人明确表示或以自己的行为表明不履行债务；发生当事人约定的实现抵押权的情形等。③在主债权诉讼时效期间内行使。《物权法》第 202 条规定："抵押权人应当在主债权诉讼时效期间行使抵押权；未行使的，人民法院不予保护。"这一规定与最高人民法院《担保法解释》的规定不同，应当注意。

2. 抵押权实现的方式

抵押权人可以与抵押人就如何处理抵押财产进行协商，如果双方达成协议，就可按照协议的方式实现抵押权。《物权法》195 条第 1 款提供了三种抵押财产的处理方式供抵押权人与抵押人协议时选择，即折价、拍卖和变卖。抵押财产折价或者变卖的，应当参照市场价格。应当注意抵押权人与抵押人协议处理抵押财产时，可能涉及抵押人的其他债权人的利益，如果抵押财产折价过低或拍卖、变卖的价格远低于市场价格，如一套抵押住房的市场价格为 100 万元，抵押权人与抵押人却仅以 50 万元的价格协议变卖，在该抵押权人就变卖所得价款优先受偿后，可供后顺位的抵押权人以及其他债权人实现其债权的数额就会大大减少，从而损害他们的利益。为保障其他债权人的利益，《物权法》第 195 条规定："抵押权人与抵押人的协议损害其他债权人利益的，其他债权人可以在知道或者应当知道撤销事由之日起一年内请求人民法院撤销该协议。"

3. 抵押权实现的程序

《物权法》第 195 条第 2 款规定："抵押权人与抵押人未就抵押权实现方式达成协议的，抵押权人可以请求人民法院拍卖、变卖抵押财产。"抵押权人与抵押人未就实现抵押权达成协议，主要有两种情形：一是双方就债务履行期届满债权未受清偿的事实没有异议，只是就采用何种方式来处理抵押财产的问题达不成一致意见；二是双方在债务是否已经履行以及抵押权本身的问题上存在争议，如双方对抵押合同的有关条款或者抵押权的效力问题存在争议。对于第一种情形，即抵押权人与抵押人仅就抵押权实现方式未达成协议的，为简化抵押权的实现程序，本条规定，抵押权人可直接请求人民法院拍卖、变卖抵押财产。对于第二种情形，抵押权人仍应当采取向人民法院提起诉讼的方式解决。

（五）最高额抵押

最高额抵押是随着社会经济生活的发展而形成的，设立最高额抵押以后，合同双方当事人不必再为每一笔交易再去办理抵押、登记等相关手续，即可为债权人的债权提供担保，为交易提供方便，这样无疑可以节省大量的人力、财力和物力，大大提高了交易的效率。

1. 最高额抵押权的概念

最高额抵押权又称限定额抵押权，是指对于债权人一定范围内的不特定而连续发生的债权预定一个限额，并由债务人或第三人提供抵押财产予以担保而设定的一种特殊抵押权。

2. 最高额抵押权的设定

（1）订立书面合同。除应具备普通抵押合同应具备的一般条款之外，最高额抵押合同还应具备一些特殊规定：一是抵押权所担保的债权范围和最高限额。未订明此种事项的，不能成立最高额抵押权；二是决算期，即确定计算抵押权所担保的债权实际数额的日期。当事人在合同中未约定决算期，如果最高额抵押合同中订有存续期间并已经登记的，此项期间届满之时即为决算期。如果抵押合同登记的存续期间过长，当事人均有权提出确定合理的决算期。

（2）登记。最高额抵押权须办理登记后才设立。

3. 最高额抵押权的效力

（1）最高额抵押所担保的主债权转让的效力。《物权法》第 204 条规定："最高额抵押担保的债权确定前，部分债权转让的，最高额抵押权不得转让，但当事人另有约定的除外。"该条明确了债权确定之前，最高额抵押权独立于其所担保的债权的原则，并增加了一个但书规定，即当事人另有约定时，债权虽未确定，但是主债权转让，最高额抵押权亦随之转让。当事人的约定主要有以下两种情形：一是部分债权转让的，抵押权也部分转让，原最高额抵押所担保的债权额随之相应减少。在这种情况下，转让的抵押权需要重新作抵押登记，原最高额抵押权需要作变更登记；二是部分债权转让的，全部抵押权随之转让。未转让的部分债权成为无担保债权。

（2）最高额抵押权的变更。最高额抵押担保的债权确定前，抵押权人与抵押人可以通过协议变更债权确定的期间、债权范围以及最高债权额，但变更的内容不得对其他抵押权人产生不利影响。

（3）抵押权人实现最高额抵押权时，如果实际发生的债权余额高于最高限额的，以最高限额为限，超过部分不具有优先受偿的效力；若实际发生的债权余额低于最高限额，以实际发生的债权余额为限对抵押物优先受偿。

4. 最高额抵押权的实现

最高额抵押权的实现必须具备两个条件：一是抵押权担保的债权数额已确定；二是债权已到履行期。故当事人除规定决算期外，还应当规定债的履行期限。但就最高额抵押而言，债权数额的确定是其中的主要问题。《物权法》第206条规定，抵押权人的债权在下列情况下确定：①约定的债权确定期间届满；②没有约定债权确定期间或者约定不明确，抵押权人或者抵押人自最高额抵押设立之日起满二年后请求确定债权；③新的债权不可能发生；④抵押财产被查封、扣押；⑤债务人、抵押人被宣告破产或被撤销；⑥法律规定债权确定的其他情形。

（六）浮动抵押

1. 动产浮动抵押的概念与特征

动产浮动抵押，是指财产抵押给债权人后，抵押财产处于变动之中，只有当约定的条件发生时抵押财产才被固定，并用来清偿被担保的债权。动产浮动抵押创设于19世纪的英国，是英国衡平法上的一项担保制度。动产浮动抵押具有以下特征：

（1）抵押主体的限定性。动产浮动抵押在英国法上限于公司法人；日本法将其限定为股份有限公司；美国法相对宽泛，既可以是公司又可以是合伙、个人；我国物权法将其限定为企业、个体工商户及农业生产经营者。

（2）抵押财产的集合性。通常包括公司的不动产、动产和无形资产以及公司对外享有的各项财产权利。《物权法》规定的动产浮动抵押的财产仅限于现有或将有的生产设备、原材料、半成品及产品，不含不动产和商业信誉等。

（3）浮动财产的浮动性。①抵押财产不特定，既可以包括抵押人现有的财产，也包括其将来取得的财产。②抵押财产形态经常变化。③抵押财产并非永远浮动，最终也会确定下来，在封押时确定。

（4）抵押性质的转化性。动产浮动抵押中的抵押财产于债务人不履行到期债务或当事人约定的实行抵押权的情形时发生封押，封押之后财产固定。

2. 动产浮动抵押的设立

依《物权法》第181、189条的规定，动产浮动抵押的抵押人和抵押权人应签订书面抵押合同，抵押权自抵押合同生效时设立。动产浮动抵押登记机关为抵押人住所地的工商行政管理部门。

3. 动产浮动抵押的效力

（1）动产浮动抵押的效力范围。动产浮动抵押设立后，在约定的封押条件成立之前，抵押人在其营业范围内，可以自由处分其抵押财产。但若抵押人为逃避债务而处分抵押财产，抵押权人可请求撤销该处分行为。

（2）动产浮动抵押封押后的效力。动产浮动抵押财产固定后，抵押的效力不仅及于封押时抵押人所有的财产，而且及于封押后抵押人所取得的财产，抵押人对于抵押财产不得再自行处分。

三、质权

(一) 质权的概念

根据《物权法》第 208 条的规定，并结合《物权法》第 17 章第 2 节的内容，质权是指质权人为担保其债权而占有由债务人或者第三人移交的动产或可让与的财产权利，在债务已届清偿期未受清偿时，能够以该动产或者可让与的财产权利折价或者以拍卖、变卖的价款优先受偿的权利。

在质权的法律关系中，享有质权的债权人称为质权人，将动产或可让与的财产权利转移给质权人占有并以其作为债的担保的债务人或第三人，称为出质人。出质人转移给质权人占有并以其作为债权担保的动产或可让与财产权利，称为质物或质押标的。

(二) 质权的特点

（1）质权具有一切担保物权具有的共同特性，即具有从属性、不可分性和物上代位性。

（2）质权的标的是动产和可转让的权利，不动产不能设定质权，质权因此分为动产质权和权利质权。

（3）质权是移转质物占有的担保物权。动产质权以占有标的物为成立要件，权利质权一般登记成立。

(三) 动产质权

甲为电脑销售商，因临时出国，将尚未出售的一批电脑委托好友乙暂时保管。乙因经商急需而向丙借款，丙要求提供担保，乙遂将甲的电脑出质于丙。丙将该电脑委托于丁保管，费用 1 000 元。后甲发现此事，遂引起纠纷。问：

①丙对该电脑是否享有质权？为什么？

②保管费 1 000 元由谁承担？为什么？

1. 动产质权的概念

动产质权是指债务人或第三人将其动产移交债权人占有，将该动产作为债权的担保。债务人不履行债务时，债权人有权依照有关法律的规定以该动产折价或以拍卖、变卖该动产的价款优先受偿。根据此概念，动产质权的质物为动产，该动产一般应符合以下条件：①须为特定的动产。种类物、可代替物只能在特定化后才能作为质物，例如金钱。《担保法司法解释》第 85 条规定："债务人或者第三人将其金钱以特户、封金、保证金等形式特定化后，移交债权人占有作为债权的担保，债务人不履行债务时，债权人可以以该金钱优先受偿。"即金钱通过包封等方式特定化时成为"独立物"，可作为质物。否则，金钱自交付与质权人时，其所有权也转归质权人，不符合动产质权的性质，因而不得作为质物。②须具有让与性。性质上不能让与的财产，或虽从其性质上可让与但法律禁止流通的财产，不能为动产质权的标的物。这是因为动产质权为变价权，以不能让与的动产为质物的，质权人无法实现其权利，不能以质物的变价受偿。

2. 动产质权的取得

（1）基于法律行为而取得。

①动产质权的设定。动产质权设定是最为常见的动产质权发生原因。动产质权的

设定需有物权合意、转移占有以及有效的主债权存在。

根据《物权法》第210条规定，设立质权，当事人应当采取书面形式订立质权合同。质押合同的内容一般包括：被担保的主债权的种类、数额；债务人履行债务的期限；质押财产的名称、数量、质量和状况；质押担保的范围；质押财产交会的时间。同时，《物权法》第211条规定，质权人在债务履行期届满前，不得与出质人约定债务人不履行到期债务时质押财产归债权人所有。

质权自出质人交付质押财产时设立。交付包括现实交付、指示交付和简易交付，但不包括占有改定。此外质权人曾经占有质物又返还给出质人的，质权不得对抗第三人。

②动产质权的让与。动产质权并非专属性的担保物权，可通过让与方式取得。但由于动产质权具有从属性，它是为担保债权而存在的，不能与其所担保的主债权相分离，故动产质权应与所担保的债权一并让与。也就是说，债权让与时，动产质权原则上也随同转移于受让人，受让人也因此而取得质权。

（2）基于法律行为以外的原因取得。

①动产质权的善意取得。出质人以自己没有权利处分的第三人财产来设定的质权，这时质权人就处于善意取得占有质物。承认质权的善意取得，有助于维护动产占有的公信力，有利于促进质权的鼓励交易、保障交易安全的社会功能的实现。对此，我国《担保法》司法解释中规定："出质人以其不具有所有权但合法占有的动产出质的，不知出质人无权处分的质权人行使质权后，因此而给动产所有人造成损失的，由出质人承担赔偿责任。"

②因继承而取得。动产质权系财产权，自然可以依继承方式而取得。即在质权人死亡时，其继承人可以依继承法的规定而取得该质权，且不以继承人是否知其事实或是否占有质物为必要。

3. 动产质权的效力

（1）质权人的权利。

①占有质物，质权人有权在债权受清偿前占有质物。对质物的占有，既是质权的成立要件，也是质权的存续要件，质权人有权在债权受清偿前占有质物，并以质物的全部行使其权利。因不可归责于质权人的事由而丧失对质物的占有的，质权人可以向不当占有人请求停止侵害、恢复原状或返还质物。

②收取孳息。孳息包括法定孳息与自然孳息。《物权法》第213条规定："质权人有权收取质押财产的孳息，但合同另有约定的除外。前款规定的孳息应当先充抵收取孳息的费用。"据此条规定可知，质权人能否收取孳息有两种情况：一是如果当事人在合同中明确约定质权人无权收取质物所产生的孳息，则质权人不能收取质物孳息作为债权的担保；二是如果当事人对质权人能否收取孳息没有约定或约定不明的，质权人有权依照本条的规定收取质物所产生的孳息。依法收取的孳息首先应当充抵收取孳息的费用，然后充抵主债权的利息和主债权。

③转质。《物权法》第217条规定："质权人在质权存续期间，未经出质人同意转质，造成质押财产毁损、灭失的，应当向出质人承担赔偿责任。"据此规定可知转质应经出质人同意。

④处分质物并就其价金优先受偿。债务履行期届满，质权人未受清偿的，可以与

出质人协议以质物折价，也可以依法拍卖、变卖质物。质物折价或拍卖、变卖以后，其价款超过债权数额的部分归出质人所有，不足部分由债务人清偿。在质物灭失、毁损或被征用的情况下，抵押权人可以就该质物的保险金、赔偿金或补偿金优先受偿。如果质物灭失、毁损或被征用时，质权所担保的债权又未届清偿期的，质权人可以请求法院对保险金、赔偿金或补偿金等采取保全措施。

⑤费用支付请求权。质权人有请求出质人支付保管标的物费用的权利。

⑥保全质权的权利。因不能归责于质权人的事由可能使质押财产毁损或价值明显减少，足以危害质权人权利的，质权人有权要求出质人提供相应的担保；出质人不提供的，质权人可以拍卖、变卖质押财产，并与出质人通过协议将拍卖、变卖所得的价款提前清偿债务或提存。

（2）质权人的义务。

①保管标的物。质权人占有质物，自然应负保管义务。《物权法》第215条规定："质权人负有妥善保管质押财产的义务；因保管不善致使质押财产毁损、灭失的，应当承担赔偿责任。"所谓妥善保管，即以善良管理人的注意义务加以保管。善良管理人的注意，是指依照一般交易上的观念，认为有相当的知识经验及诚意的人所具有的注意，即以一种善良的心和应当具备的知识来保管质物。

②不作为的义务。质权人在质权存续期间，未经出质人同意，擅自使用、处分质押财产，给出质人造成损害的，应当承担赔偿责任。质权人的行为可能使质押财产毁损、灭失的，出质人可以要求质权人将质押财产提存，或要求提前清偿债务并返还质押财产。

③返还质物的义务。债务人履行债务或出质人提前清偿所担保的债权的，质权人应当返还质押财产。

（3）出质人的权利。

①出质人在质权人因保管不善致使质物毁损灭失时，有权要求质权人承担民事责任。

②质权人不能妥善保管质物可能致使其灭失或毁损的，出质人可以要求质权人将质物提存，或要求提前清偿债权而返还质物。将质物提存的，质物提存费用由质权人负担；出质人提前清偿债权的，应当扣除未到期部分的利息。

③债务履行期届满，债务人履行债务的，或出质人提前清偿所担保的债权的，出质人有权要求质权人返还质物。

（4）出质人的义务。

①损害赔偿义务。动产质权关系中，出质人对于因质物隐有瑕疵所生的损害负有赔偿责任；在质物的明显瑕疵致质权人于损害时，亦同。不过在后者，该损害赔偿债权属于普通债权，非属质权担保的范围。

②偿还必要费用的义务。出质人对于质权人因保管质物所支出的必要费用，负有偿还义务。

4. 动产质权的实现

（1）质权实现的条件：①须质权有效存在；②被质权担保的债权已届清偿期而未受清偿。

（2）质权实现的方法：质物的折价受偿、拍卖或变卖。

5. 动产质权的消灭.

动产质权因下列原因而消灭：①被担保债权的消灭；②动产质权的实行；③质物的灭失；④质物占有的丧失且不能恢复；⑤质权的抛弃和质物的返还。

（四）权利质权

1. 权利质权的概念

权利质权是指以所有权、用益物权以外的可让与的财产权利为标的而设定的质权。例如，债务人或第三人以应收账款设定的质权。

2. 权利质权的特征

（1）权利质权的标的是所有权、用益物权以外的可让与的财产权利。《物权法》第223条规定："债务人或者第三人有权处分的下列权利可以出质：汇票、支票、本票；债券、存款单；仓单、提单；可以转让的基金份额、股权；可以转让的注册商标专用权、专利权、著作权等知识产权中的财产权；应收账款；法律、行政法规规定可以出质的其他财产权利。"

（2）权利质权以交付权利凭证或登记为公示方法。

（3）权利质权是一种特殊的质权形式。

3. 权利质权的设定

（1）证券质权的设定。《物权法》第224条规定："以汇票、支票、本票、债券、存款单、仓单、提单出质的，当事人应当订立书面合同。质权自权利凭证交付质权人时设立；没有权利凭证的，质权自有关部门办理出质登记时设立。"

汇票、支票、本票、债券、存款单、仓单及提单的兑现日期或提货日期先于主债权到期的，质权人可以兑现或提货，并与出质人协议将兑现的价款或提取的货物提前清偿债务或提存。

（2）可以转让的基金份额、股权质权的设定。以基金份额、股权出质的，当事人应当订立书面合同。以基金份额、证券登记结算机构登记的股权出质的，质权自证券登记结算机构办理出质登记时设立；以其他股权出质的，质权自工商行政管理部门办理出质登记时设立。

基金份额、股权出质后，不得转让，但经出质人与质权人协商同意的除外。出质人转让基金份额、股权所得的价款，应当向质权人提前清偿债务或提存。

（3）知识产权质权的设定。以注册商标专用权、专利权、著作权等知识产权中的财产权出质的，当事人应当订立书面合同。质权自有关主管部门办理出质登记时设立。

知识产权中的财产权出质后，出质人不得转让或许可他人使用，但经出质人与质权人协商同意的除外。出质人转让或许可他人使用出质的知识产权中的财产权所得的价款，应当向质权人提前清偿债务或提存。

（4）应收账款质权。以应收账款出质的，当事人应当订立书面合同。质权自信贷征信机构办理出质登记时设立。应收账款出质后，不得转让，但经出质人与质权人协商同意的除外。出质人转让应收账款所得的价款，应当向质权人提前清偿债务或提存。

四、留置权

（一）留置权的概念

留置权，是指依照法律的规定，债权人在债务人不履行债务时，有权对其合法占有的债务人的动产予以留置，并以该动产折价或以拍卖、变卖该动产的价款优先受偿的权利。在留置权法律关系中，债权人为留置权人，被留置的动产为留置物，留置物的所有权人或合法占有并将其转移给债权人的人为债务人。

（二）留置权的特征

1. 留置权是法定担保物权

留置权是法定担保物权，因此优先于抵押权、质权等意定担保物权而实现。法定性，是指法律规定了留置权发生的要件，至于当事人是否适用留置权，则不加限制。《担保法》第84条规定："因保管合同、运输合同、加工承揽合同发生的债权，债务人不履行债务的，债权人有留置权。"但应注意，当事人可预先约定排除留置权条款的适用。

2. 留置权具有牵连性

《物权法》第231条规定："债权人留置的动产，应当与债权属于同一法律关系，但企业之间留置的除外。"即债权人基于一定的债权债务关系而占有债务人的动产，该动产与债权债务关系属于同一法律关系，在该债务到期而债务人未履行债务时，债权人得以继续扣留和占有债务人的动产。

3. 留置权是动产担保物权

《物权法》第232条规定："法律规定或者当事人约定不得留置的动产，不得留置。"在本条中对留置权的适用范围作出限制，规定了不得留置的两种情形。只要不属于这两种情形，又符合留置权成立的条件，均可成立留置权。留置权属于法定担保物权，法律之所以允许当事人通过约定加以排除，主要是由于留置权的目的是基于公平原则，为了保护债权人的利益，担保债权的实现，并未涉及公共利益或其他第三人的利益，如果债权人基于意思自治而自愿放弃这一权利，法律自然无需干涉。

4. 留置权是发生二次效力的担保物权

留置权人留置标的物后不得直接处分标的物，必须先定期催告，只有债务人逾期仍不履行债务时，方可对处分标的物所得价款进行优先受偿。

（三）留置权的取得

1. 积极要件

留置权取得的积极要件，是留置权的取得所应具有的事实。这主要有以下三项：

（1）须债权人占有债务人的动产。留置权的目的在于担保债的履行，因此享有留置权的应当是债权人，且须债权人合法占有债务人的财产，其占有方式是直接占有、间接占有均可。债权人合法占有债务人交付的动产时，不知道债务人无处分该动产的权利，债权人仍可以依法享有留置权。

（2）须债权已届清偿期。债权人虽占有债务人的动产，但在债权尚未届清偿期时，亦不发生债务人不履行债务的问题，不发生留置权。只有在债权已届清偿期，债务人仍不履行债务时，债权人方可留置债务人的动产。

（3）须债权的发生与该动产属同一法律关系。同一法律关系是指债权与债权人所负的动产返还义务系基于同一法律关系。债权是因该动产而产生的费用偿还请求权或因该动产而产生的损害赔偿请求权。同时，由于在商业实践中，企业之间相互交易频繁，彼此追求交易效率，讲究商业信用，如果严格要求留置财产必须与债权的发生具有同一法律关系，则有悖交易迅捷和交易安全原则。因此，《物权法》同时规定，企业之间留置的财产可以不与债权属于同一法律关系。

2. 消极要件

留置权取得的消极要件是指阻止留置权发生的情形或因素，也称留置权成立的限制。其要件有以下三项：

（1）须留置财产与对方交付财产前或交付财产时所为指示不相抵触。留置权系法定担保物权，当事人不得随意设立，但可依当事人合意排除留置权的适用。

（2）须留置债务人财产不违反公共秩序或善良风俗，此条为民事活动应遵循的一般原则。

（3）须留置财产与债权人所承担义务不相抵触。如果债权人在合同中的义务即是交付标的物，则债权人不得以债务人不履行义务为由行使留置权，否则与其所承担义务的本旨相违背。

3. 留置权的善意取得

留置权的善意取得是指在留置担保中，债权人合法占有债务人交付的动产时，不知道债务人无处分该动产的权利，债权人仍可对该动产行使留置权。在留置关系中，当债务人将其占有的动产交付给债权人时，双方是为了履行合同，债权人往往对留置物付出的为劳务，其没有必要也不可能审查债务人交付的动产是否属于自己所有。根据债务人动产占有的公信力，根据民法的诚信原则和公平原则，债权人对其善意取得的不属于债务人所有的物享有留置权。

（四）留置权的效力

1. 留置权人的权利

留置权一经成立，债权人就成为留置权人，依法对留置物和债务人享有权利。留置权人的权利是留置权效力的最直接体现，是债权人得以实现其债权的根本保证。留置权人的权利主要包括以下四项：

（1）占有权。留置权以债权人占有债务人的财产为法定成立条件，因而，留置权一经成立，留置权人就当然享有继续占有留置物的权利。留置物的占有权是留置权物权性的具体表现。

（2）留置物孳息的收取权。留置权人在占有留置物期间，对留置物所生之自然孳息和法定孳息有权收取。这种孳息收取权是基于留置权效力产生的，而非基于占有的效力。所以，留置权人只能收取孳息，而不能取得孳息的所有权。留置权人收取孳息后，对于孳息成立的孳息留置权，与原物成立的留置权一样，具有担保作用，可以用于优先抵偿债权。

（3）必要费用的偿还请求权。留置权人以善良管理人的注意保管留置物所支出的费用，有权向留置物的所有人要求偿还。因为，留置权人是为保管留置物而支出必要费用的，其受益者为留置物的所有人，即债务人。

（4）优先受偿权。依《物权法》的规定，债务人到期不履行债务，经债权人催告，在合理期限内仍不履行债务的，债权人有权依法变卖留置物，以变卖财产所得的价款优先受偿。优先受偿权的受偿范围包括：原债权、利息、违约金、保管留置物的必要费用、行使留置权的费用等。如果留置物价值大于受偿范围，其剩余部分应返还债务人，留置物价值小于受偿范围，剩余的债权无优先受偿的效力。

2. 留置权人的义务

（1）妥善保管留置物，不得擅自使用、出租或处分。留置权人因对留置物享有占有权而负有妥善保管留置物的义务，原则上，留置权人对留置物只能占有、扣留，而不能使用。但是在下列两种情况下，留置权人可以使用留置物：第一，留置权人经债务人同意，有权使用留置物。这种使用是经所有人同意的合法使用，留置权人当然取得使用权，受法律保护。第二，为保管上的需要，于必要范围内留置权人有权使用留置物。如适当地运用机器，开动车辆，以防止生锈，即为必要使用。对于留置物保管上的必要使用，无须经债务人同意，不构成对债务人所有权的侵犯。

（2）返还留置物。在留置权所担保的债权消灭，或债权虽未消灭，债务人另行提供担保时，债权人应当返还留置物给债务人。

3. 留置物所有人的权利

（1）损害赔偿请求权。当留置权人未尽善良管理人的注意义务而致留置物毁损、灭失时，留置物所有权人有权请求留置权人承担赔偿责任。

（2）留置财产返还请求权。在留置权消灭时，留置物所有权人有权请求留置权人返还留置物。

4. 留置物所有权人的义务

（1）返还保管费用的义务。当留置权人因保管留置物而支付了必要的保管费用时，留置物所有人应当承担返还该费用的义务。

（2）损害赔偿义务。如果因留置物的隐匿瑕疵而致留置权人损害时，应当准用动产质权中关于因质物隐匿瑕疵而致质权人损害时的规定，即将该损害纳入留置权担保的债权范围。

（五）留置权的实现

1. 留置权实现的要件

《物权法》第236条规定："留置权人与债务人应当约定留置财产后的债务履行期间；没有约定或者约定不明确的，留置权人应当给债务人两个月以上履行债务的期间，但鲜活易腐等不易保管的动产除外。债务人逾期未履行的，留置权人可以与债务人协议以留置财产折价，也可以就拍卖、变卖留置财产所得的价款优先受偿。"根据此规定，留置权的实现须符合以下三个要件：

（1）须债务人不履行债务超过一定期限。此期限一般由当事人自行约定，但当事人约定的期限不得少于2个月，如少于2个月，则应延长为2个月。当事人在合同中事先未约定期限的，债权人留置财产后应当确定期限，具体期限由债权人确定，但最短不得少于2个月。

（2）通知债务人在确定的期限内履行其债务。债权人未通知债务人时，不得实现其留置权。

（3）债务人在确定的期限内仍不履行其债务，且又未提供其他债务担保的。当然，如债务人在确定的期限内履行了债务或提供了新的担保，则留置权归于消灭。

2. 留置权的实现方式

实现留置权的方式，指依何种手段实现留置权。按照《物权法》第236、237条的规定，在我国留置权的实现方法可归纳为折价与出卖两种。其中，出卖又包括拍卖与普通买卖。

折价，指由留置权人取得留置物的所有权，而以其价值抵销所担保的债权。至于具体采取何种方法实现留置权，则一般由留置权人与债务人协商确定，协商不成时，留置权人有权依法拍卖留置物。

3. 抵押权、质权和留置权重叠时的优先受偿问题

关于抵押权、质权、留置权重叠时的优先受偿问题，《物权法》第239条规定："同一动产上已设立抵押权或者质权，该动产又被留置的，留置权人优先受偿。"

（六）留置权的消灭

《物权法》规定的留置权，既有物权性，又有担保性，因此物权的一般消灭原因（如标的物灭失、混同和放弃等）与担保物权的一般消灭原因（如主债权消灭、担保物权的实行等）对于留置权均可适用。以下仅说明留置权消灭的特殊原因：提出担保、丧失对留置物的占有及债权清偿期的延缓。

1. 提出担保

在留置权关系中，债权人留置债务人的动产，旨在对债务人造成心理压迫，而促使其从速清偿债务。因此，如债务人为了清偿债务，而提出了相当的担保时，该担保由于为留置物的代替物，债权人的留置权因此随同消灭（《物权法》第240条）。一般认为，通过提出担保而消灭留置权，须具备两项要件：

（1）须另提担保。因担保有人的担保与物的担保两种，债务人所提供的担保是否限于物的担保，各国的规定未尽一致。德国民法采用肯定主义，认为债务人提供的担保应限于物的担保。不过，多数国家的民法规定，人的担保与物的担保均可。

（2）提出的担保原则上须与留置物的价额相当。是否相当，应先由留置权人自主决定。

2. 留置物占有的灭失

物权的留置权的成立和持续以占有留置物为要件，故留置物占有的丧失，为物权的留置权消灭的特殊原因。需注意的是，若留置权人非依自己的意愿暂时丧失对留置财产占有的，留置权消灭，但这种消灭并不是终局性的消灭，留置权人可以依占有的返还原物之诉要求非法占有人返还留置物而重新获得留置权。

【引例分析】

（1）有效。依《物权法》第180、187、188条的规定可知，房屋抵押权自登记时设立，汽车作为运输工具设立抵押的，经登记可以对抗善意第三人。

（2）根据《物权法》第174、190、191条的规定，已经登记的抵押权可以对抗在后的承租人，而担保财产在担保期间灭失的，担保物权人可就获得的保险金优先受偿。乙银行可以就办公楼行使抵押权，抵押权实现后，可以对抗丙公司的租赁权。乙银行可以就已出卖的轿车行驶抵押权，对已损毁的汽车主张物上代位权。

【相关法律】

1. 《物权法》第170~240条；

2. 《担保法》第33~88条；

3. 《最高人民法院关于适用〈中华人民共和国担保法〉若干问题的解释》。

【思考与练习】

案例分析:

1. 冯某是养鸡专业户,为改建鸡舍和引进良种需资金20万元。冯某向陈某借款10万元,以自己的一套价值10万元的音响设备作抵押,双方立有抵押字据,但未办理登记。冯某又向朱某借款10万元,又以该设备质押,双方立有质押字据,并将设备交付朱某占有。冯某得款后,改造了鸡舍,且与县良种站签订了良种鸡引进合同。合同约定良种鸡款共计2万元,冯某预付定金4千元,违约金按合同总额的10%计算,冯某以销售肉鸡的款项偿还良种站的货款。合同没有明确约定合同的履行地点。后县良种站将良种鸡送交冯某,要求冯某支付运费,冯某拒绝支付。因发生不可抗力事件,冯某预计的收入落空,遂因不能及时偿还借款和支付货款而与陈某、朱某及县良种站发生纠纷。诉至法院后,法院查证上述事实后又查明:朱某在占有该设备期间,不慎将该设备损坏,送蒋某处修理。朱某无力交付修理费1万元,该设备现已被蒋某留置。问:

(1)冯某与陈某之间的抵押关系是否有效?为什么?

(2)冯某与朱某之间的质押关系是否有效?为什么?

(3)朱某与蒋某之间是何种法律关系?

(4)对该音响设备陈某要求行使抵押权,蒋某要求行使留置权,应由谁优先行使其权利?为什么?

(5)冯某无力支付县良种站的货款,合同中规定的定金条款和违约金条款可否同时适用?为什么?

(6)县良种站要求冯某支付送鸡运费,该请求应否支持?为什么?

(7)冯某对县良种站提出不可抗力的免责抗辩,能否成立?为什么?

2. 甲与乙是生意上的合作关系,甲长期向乙供货。2007年10月3日,甲因资金周转不灵,遂分别以其价值800万元的临街铺面8间和其机器设备、生产资料等抵押给银行,经过评估,银行借款1 200万元给甲。同时,甲又通过乙认识了丙,丙答应借款200万元给甲,但要求乙做保证人,乙应允。但到签订合同时,乙反悔,不愿意在合同上作为保证人签字,丙非常气愤,但由于各种手续已经办好,就默认了此事实,并当场要求乙不提供保证可以,甲事后需另行提供担保。请就本案案情分析:

(1)甲向银行设定的为何种担保权利?

(2)甲将机器设备抵押给银行后,可否将设备租赁给他人?

(3)假如甲不能按时返还丙的借款,乙是否需要承担保证责任?

(4)假如甲后来将自己的一辆轿车出质给丙作为担保,约定如果甲不能还款,车将归丙所有。甲为该车购买了保险。双方于10月20日签订质押合同,甲于10月23日将轿车交付给丙,那么,甲、丙之间的质押合同何时生效?质押权何时设立?甲和丙所签的质押合同是否有瑕疵?

(5)假如在机器设备抵押期间,因雷电导致厂房起火,机器设备毁损,那么银行是否有权要求甲另行提供担保?

(6)第(4)题中,假如甲向丙提供质押的轿车被盗,那么丙的质权是否随之丧失?

项目五　占有

【引例】

甲在生前借用乙的自行车，未及返还，甲即去世。其继承人丙对甲遗留的自行车是他人的财产并不知情，遂将其作为遗产继承，并在上下班或业余时间使用。一年后，乙要求丙返还自行车，并赔偿因其使用给自行车造成的磨损，丙表示拒绝。

问：丙是否应赔偿因其使用给自行车造成的磨损？

【基本理论】

一、概述

占有的概念起源于罗马法，并为现代各国民法所确认。一般认为，占有是指民事主体对物在事实上的管领和控制，是主体对于物基于占有的意思进行控制的事实状态。

关于占有的性质在学说上有不同的观点，即：事实说、权利说和权能说。目前通说为事实说，即：占有是对物的一种事实上的支配手段，这种状态可能来源于合法的权利，也可能是占有人通过非法手段而取得对某物的占有。但这种事实上的支配状态本身就构成了一种重要的法律地位。《物权法》在我国立法史上第一次对"占有"作出了比较系统的规定，虽然该法并未对占有的概念进行直接界定，但其立场显然也认为占有是一种法律事实，而非权利。

占有作为一项物权法上的制度，具有下列特征：①占有以物为客体。占有的客体必须是有体物，包括动产和不动产，无体物或权利之上不能成立占有。②占有为对于物有事实上的管领力。占有属于人对物的关系，此种关系表现为人对物有事实上的管领力。③占有为一种事实状态。如前所述，通说认为占有是一种事实。

按照不同的标准，可以对占有进行不同的分类。在民法理论上，常见的占有分类主要有以下类型：

1. 有权占有与无权占有

根据占有是否依据本权而发生，可以把占有分为有权占有与无权占有。有权占有即指有本权的占有。本权既可以是物权如所有权、用益物权等；也可以是债权，如租赁权等。无权占有是指无本权的占有，又称非法占有，是指非依合法原因而取得的占有，如侵占他人财产、偷盗他人财产等。

区分有权占有与无权占有的意义在于：无权占有人在本权人请求返还原物时，有返还的义务。而有权占有人则可以拒绝包括所有人在内的本权人的返还请求权。

2. 善意占有与恶意占有

这是根据占有人主观上的心理状态对无权占有的进一步分类。善意占有是指占有人不知或不应当知道其无占有的权利而进行的占有，如误以为他人遗失之物为抛弃物的占有。恶意占有是占有人知道或应当知道其无占有的权利而进行的占有。如小偷对盗窃之物的占有，或者以极低的价格购买所得之物（对物的正当性应有合理的怀疑）。

善意占有与恶意占有区别的意义在于：①能否适用于善意取得制度；②取得时效时间不同。如台湾地区民法典中，不动产取得时效为 20 年，但如果占有人善意无过失，期限为 10 年。③占有人返还责任、占有人收益取得权、占有人费用偿还请求权等不同。[①]

3. 自主占有与他主占有

依据占有人的意思可以将占有分为自主占有与他主占有。自主占有是指占有人主观上以自己所有的意思而进行的占有，如拾得人以据为己有的意思占有遗失物。他主占有是指主观上不以所有的意思而进行的占有，如保管人的占有、承租人的占有等。

区别自主占有与他主占有的意义在于：取得时效中的占有须为自主占有；先占取得的要件应当是自主占有。

4. 直接占有与间接占有

以占有人是否在事实上控制物为标准可以将占有分为直接占有与间接占有。直接占有是指在事实上对物进行控制。间接占有是指基于一定法律关系，对于事实上占有物的人（即直接占有人）有返还请求权，因而间接对物管领的占有。例如质权人、承租人及保管人基于质权、租赁、保管法律关系占有标的物的，是直接占有人，而享有返还请求权的出质人、出租人和寄托人为间接占有人。

承认间接占有亦为占有的一种形式，使占有趋于观念化，为替代现实交付的"占有改定"提供了基础。

5. 和平占有与强暴占有

依占有手段的不同，占有可以分为和平占有与强暴占有。和平占有是指不以法律禁止的手段取得和维持，如通过拾得遗失物而占有他人之物；强暴占有是指以法律禁止的手段为占有，如抢夺他人财物占有。

区分和平占有与强暴占有的意义在于：取得时效中的占有须为和平占有。

6. 公然占有与隐秘占有

依占有的方法为标准，可将占有分为公然占有与隐秘占有。对于物的占有，不故意以避免他人发现的方法为之，为公然占有，反之则为隐秘占有。二者区分的意义在于：取得时效中的占有须为公然占有。

二、占有的效力

（一）权利推定效力

由于通常情形下占有人即为物的合法权利人，因此为了保护交易安全，法律推定物的占有人为物的合法权利人，占有人在占有物上行使某种权利，法律即推定其具有该项合法的权利。第三人主张占有人不是物的合法权利人须负举证责任。这一效力恰与动产物权以占有为其公示方式相吻合。例如，某台电脑的占有人以所有人的名义行使权利时，我们就推定其享有所有权，以承租人的名义行使权利时，我们就推定其合法享有租赁权。

注意，对于不动产而言，登记的效力强于占有的效力，即法律推定登记名义人为不动产的合法权利人，而不是推定占有人为合法权利人，但若该不动产未进行登记则

---

① 李绍章. 民法案例教程. 北京：法律出版社，2006. 163.

推定占有人为其合法权利人。

法律之所以赋予占有以权利推定效力，其理由主要有以下四点：

1. 保护占有背后的权利

因外表的现象与实质的内容，通常是八九不离十，占有某物者大多有其本权，具有权利存在的盖然性，权利的推定因此具有保护占有背后的权利的作用。

2. 维持社会秩序

占有的权利推定可以免除举证责任的困难，易于排除侵害，维持财产秩序。我们所穿的衣服，所戴的手表，所驾驶的汽车等，若不能推定为我们所有，则他人将任意争执，诉讼不断，危害社会秩序。

3. 促进交易安全

占有的权利，既受推定，产生公信力，使善意信赖占有而进行交易的人可以受到保护，有利于交易的安全。

4. 符合经济原则

权利的推定，不仅有助于保护本权、避免争议、维护社会秩序及促进交易安全，而且也可以减少诉讼，节省资源，发挥物尽其用的作用。①

（二）事实推定效力

占有的状态存在多种事实，不同状态的占有效力不同，如果要占有人对占有的各种状态一一予以证明，不仅难以操作，而且与法律将占有与本权分离进行独立保护以维持社会秩序的目的相悖。因此，许多国家的法律一般都确认占有具有占有状态事实推定的效力。归纳各国民法的规定，这一效力的基本内容是：①当占有人的占有状态为自主占有和他主占有不明确时，推定为自主占有；②占有人为善意占有和恶意占有不明确时，推定为善意占有；③占有人的占有是否存在强暴、隐秘占有不明确时，推定为和平、公平占有；④占有人的占有是否持续不明确时，只要能证明前后两时占有者，推定在其期间内为不间断占有。

（三）保护效力

占有作为一种事实状态，体现了既存的社会财产现状。为维护财产秩序，无论占有是否合法，均不受他人侵害，这是一般公共利益和社会秩序的要求。法律对占有的一般保护，并不是为了寻求对真正的权利人的保护，而是为了制止暴行，维持秩序，即使占有与真正的权利相抵触，是非法占有，也必须由合法占有人依法主张权利，而不能再通过非法行为予以任意剥夺。因此法律对占有的一般保护，既包括对有权占有人以完全的保护，也包括对无权占有人以必要的保护。

占有的一般保护效力体现在两个方面：

1. 占有人的自力救济权

自力救济权包括自力防御权和自力取回权两个方面。前者指占有人对于他人侵夺或妨害占有的行为，有权以自己的力量在正当的限度内进行防御，以维护自己的占有状态。后者指占有物被他人不法侵夺的，占有人可以及时以自己的力量从侵权人处取回。自力防御是对占有的消极维护，而自力取回则是对占有的积极维护。

---

① 梁慧星，陈华彬. 物权法（第5版）. 北京：法律出版社，2010. 402.

2. 占有人的物上请求权

《物权法》第 245 条规定："占有的不动产或者动产被侵占的，占有人有权请求返还原物；对妨害占有的行为，占有人有权请求排除妨害或者消除危险；因侵占或者妨害造成损害的，占有人有权请求损害赔偿。"该条确认了占有人的三种请求权：占有物返还请求权；占有妨害排除请求权；占有妨害防止请求权。该条同时规定占有人返还原物的请求权，自侵占发生之日起一年内未行使的，该请求权消灭。这说明占有保护请求权与物权请求权的性质有所不同，占有人的权利较弱，法律给予的是一种临时性的保护措施。

（四）无权占有的效力

无权占有的占有人通常不得对抗财产的合法权利人。但无权占有中依善意占有和恶意占有的不同，在原权利人与占有人之间的利益分配与保护方面有所不同。

1. 善意占有的效力

善意占有效力的内容有：

（1）动产的善意取得效力。即受让人从无处分权人处受让动产时，如受让人为善意，即使让与人无让与的权利，在一定条件下，受让人也能取得动产的所有权，从而可拒绝向原所有人返还财产。

（2）善意占有人因完成取得时效，而取得所有权或其他物权。目前我国法律尚不承认取得时效制度。

（3）善意占有人的费用求偿权。《物权法》第 243 条规定："不动产或者动产被占有人占有的，权利人可以请求返还原物及其孳息，但应当支付善意占有人因维护该不动产或者动产支出的必要费用。"

（4）善意占有人对占有物的使用权利。依《物权法》第 242 条的规定，占有人可以使用占有物。

（5）善意占有人赔偿责任的限制。《物权法》第 244 条规定，善意占有人对不可归责于自己的事由致使占有物丧失或毁损的，对于物的权利人不负赔偿责任。但善意占有人应当将因毁损、灭失取得的保险金、赔偿金或者补偿金等返还给权利人。

2. 恶意占有的效力

恶意占有人除不具有以上善意占有人的权利之外，依《物权法》的规定，还应当赔偿因占有物毁损、灭失而给物的权利人带来的损失。

三、占有的取得与消灭

（一）占有的取得

占有的取得，以是否需要依赖他人既存的占有为依据，可以区分为占有的原始取得与继受取得。

占有的原始取得，是指非基于他人既存之占有而取得的占有。例如，拾得遗失物、无主物的先占、因盗窃而占有他人之物，因暴力行为而占有他人之物等。占有的原始取得是典型的事实行为，既不要求行为具有合法性，也不要求占有人具有行为能力。

占有的继受取得，是指基于他人既存占有而取得的占有。包括以下两种情形：

1. 占有的移转

所谓占有的移转，是指占有人以法律行为将其占有物交付给他人，从而使他人取得占有。如依买卖合同、质权合同、租赁合同、借用合同、保管合同、加工承揽合同等法律行为，将物的占有转移给他人。

2. 占有的继承

所谓占有的继承，是指因继承的原因而取得占有。在继承开始后，继承人当然地取得对继承标的物的占有，既不以其知道继承事实的发生为必要，也不须在事实上取得对物的管领力。

占有的继受取得的意义主要在于：占有人可以将自己的占有与前占有人的占有相合并而为主张。例如，主张自己的占有与前占有人的占有相加后完成了取得时效从而取得标的物所有权。

（二）占有的变更

占有的变更，是指占有的存续过程中占有状态发生的变化。主要包括以下三种情形：

1. 他主占有变更为自主占有

他主占有与自主占有具有不同的法律效力，例如，只有自主占有人才能主张时效取得。如果占有人的占有在开始时是他主占有，中途转变为自主占有，则可以从转变之日起计算取得时效。

2. 善意占有变更为恶意占有

善意占有与恶意占有的区分，对于占有人与返还请求权人之间在费用求偿及损害赔偿等方面的效力具有重要的意义。占有人开始时不知其占有为无权占有的，乃善意占有；但在知道其占有为无权占有后，仍拒不向权利人返还的，其占有就转化为恶意占有。

3. 有权占有变更为无权占有

有权占有与无权占有区分的意义在于，占有人能否对抗权利人的返还请求权。例如，承租人在租赁期间的占有为有权占有，可对抗出租人的返还请求权，但若其在租赁期结束后拒不返还租赁物，则其占有就从有权占有变更为无权占有。

（三）占有的消灭

占有的消灭，是指占有人丧失了对物的事实上的管领和控制。占有消灭的原因主要有：

1. 因占有人的意思而消灭

如占有人可抛弃对动产的占有，也可移转对标的物的占有。如果占有人仅仅移转直接占有，如出租人将标的物交付承租人使用，则其并不丧失占有，而仅是将其占有的形态转变为间接占有。

2. 非因占有人的意思而消灭

占有人对物的管领力也可能由于占有人意志以外的原因而丧失。如占有物被盗、被抢或遗失。

3. 因其他原因而消灭

如占有物本身毁损、灭失的，占有亦归于消灭。

【引例分析】

本案涉及占有人返还自行车时，是否对占有期间占有物的损失进行赔偿的问题。

在分析占有人是否对占有期间占有物损失进行赔偿时，我们首先要判断占有人是善意占有还是恶意占有。

本案中，丙通过继承拥有自行车，并在上下班或业余时间使用，丙对其父甲的自行车实属乙所有确是一无所知的，依此可推知丙为善意占有人。但当权利人乙明确告知丙，自行车属于乙并要求丙返还，丙拒绝返还时，此时丙从善意占有人变更为恶意占有人。

对于乙主张的自行车磨损损失，《物权法》242 条规定："占有人因使用占有的不动产或者动产，致使该不动产或者动产受到损害的，恶意占有人应当承担赔偿责任。"根据该条规定，本案中的丙在乙没有明示其为自行车所有人并要求返还自行车前属于善意占有人，就其使用乙的自行车给自行车造成的磨损，无需向乙承担赔偿责任；但在乙向丙要求返还原物时，丙就从善意占有人转化为恶意占有人，从乙主张权利那刻开始，丙就应对占有物的磨损向乙承担赔偿责任。

【相关法律】

《物权法》第 241～245 条。

【思考与练习】

1. 《物权法》为什么要对"占有"单独作出规定？
2. 占有的保护效力体现在哪几个方面？

【拓展阅读】

1. 王利明，尹飞，程啸. 中国物权法教程. 北京：人民法院出版社，2007.
2. 梁慧星，陈华彬. 物权法. 北京：法律出版社，2003.
3. 史尚宽. 物权法论. 北京：中国政法大学出版社，2000.
4. 郭明瑞. 物权法案例教程. 北京：中国知识产权出版社，2004.
5. 张岚. 律师房地产业务实战百事通. 北京：机械工业出版社，2004.
6. 何欣荣. 物业纠纷典型案例评析. 北京：法律出版社，2006.
7. 黄松有. 《中华人民共和国物权法》条文理解与适用. 北京：人民法院出版社，2007.
8. 刘家安. 物权法论. 北京：中国政法大学出版社，2009.

物权实训

【情境设计】

李某即将出国进修，遂将其所在单位甲公司配给自己使用的一台笔记本电脑以 5 000元的价格卖给邻居赵某。但由于李某离出国还有一个星期，有一些资料要整理，需要使用电脑，于是在卖给赵某时又与赵某签订了一个借用协议，注明该笔记本电脑已卖给赵某，但暂借给李某使用一个星期。在借用电脑期间，李某开始办理离职手续，此时甲公司告知李某，公司给他配备的笔记本电脑他只有使用权，所有权仍属公司，如果李某不归还该笔记本电脑，将要按原价 12 000 元偿付给公司。李某表示愿意退还笔记本电脑。之后，李某将电脑交还给公司并办理了有关手续。事后，李某告知赵某笔记本电脑只是公司配给他使用的，现已被公司收回及告知赵某电脑被收回的原因，并提出他愿意退还赵某 5 000 元。但赵某并不同意，并将李某、甲公司告上法庭，要求归还笔记本电脑。

【工作任务】

1. 掌握动产物权变动的方式。

2. 掌握善意取得制度的适用条件。

【实训步骤】

步骤 1. 分析动产交付的方式有哪些？

步骤 2. 分析善意取得制度是否适用于动产交付的所有方式？

步骤 3. 分析谁是笔记本电脑的所有权人？

债 权

◆

债无论因何原因发生，本质上都是人与人之间所产生的请求与被请求的权利义务关系。债权是民事主体所享有的一项重要的财产权。我国现行民事法律中并无独立的债法，但在《民法通则》第五章"民事权利"中有专节的债权规定，而且我国有单行的《合同法》、《侵权责任法》，分别对合同之债、侵权行为之债作了具体规定。本单元内容将涉及债的构成，引起债发生的法律事实，债的履行，债的担保，债的转移和消灭等。

【知识目标】

正确理解民法上债的概念、特征及构成，掌握民法中关于债的一般法律规定，掌握引起债发生的根据，债的效力、履行及担保，熟悉债的转移和消灭。

【能力目标】

通过本单元的学习，能在实务中准确判断并分析当事人之间的债权关系因何而发生，当事人享有哪些债权、承担哪些债务，正确应用相关法律规定解决处理有关债的不履行、担保、转移等方面的纠纷。

项目一　债的概述

【引例】

被告胡某有一块约 210 平方米的地皮，经报批在此兴建一栋五层的宿舍楼。原告周某与被告胡某签订了一份《集资房合同协议》，双方约定：该楼东面第二层为周某购买的集资房，单价 420 元/平方米；动工前周某先付押金 2 000 元，完工再付 2 万元，余款在验收完及拿到房产证时付清。协议签订后，周某按照约定陆续付给胡某房款和交易税共 33 923.50 元。房屋建成后，周某对其购买的房屋进行了装修，并搬进居住。周某搬进后，向胡某要求办理此房的房产证，此时胡某才向周某出示了该房产的抵押登记证，并告诉周某，其已与另一被告潘某一同去房地产管理部门，将原告所购的房以潘某的姓名办理了房产证，潘某拿到房产证后，随即用此房作抵押在县株溪信用社办理了房产抵押贷款，让周某去找潘某要房产证。周某在拿不到房产证的情况下，向县人民法院起诉称：其按照协议约定交纳了集资款，并搬进了该房屋居住，但被告胡某却将该套房屋的产权证办给了被告潘某。要求法院确认该房屋的产权归属其所有。[①] 问：

（1）原告与被告胡某之间成立的是什么民事法律关系？其内容如何？

（2）原告对该讼争房屋享有的是什么权利？

（3）原告的诉讼请求能否得到支持？

【基本理论】

一、什么是债

（一）概念

民法上所称的"债"不同于日常生活中的"债"。日常生活的"债"一般是指人与人之间为相互扶助而借出或借进金钱的关系。如甲向乙借300元，第二天归还，对乙而言，甲是"借债"和"还债"。通常所说"欠债还钱"、"负债累累"都是指欠钱而言。而民法上所说的"债"，并不仅仅局限于金钱之债，还包括提供劳务、交付财物、转移权利等为标的的债。而且，民法所称的"债"不单单指债务，同时包括债权。

《民法通则》第84条对债作了定义性规定："债是按照合同的约定或者依照法律的规定，在当事人之间产生的特定的权利义务关系。享有权利的人是债权人，负担义务的人是债务人。债权人有权要求债务人按照合同的约定或者法律的规定履行义务。"

（二）特征

债与物权关系都属于财产关系，有诸多相似之处，但与物权关系中的所有权关系相比较，债主要有以下特征：

1. 债调整的是动态的财产关系

所谓动态的财产关系，就是财产由一个主体转移给另一个主体的财产流转关系。如甲将自己的电视机以500元卖给乙，甲得到500元价款，乙得到电视机，该买卖合同所生的债的关系中，两项财产（电视机、500元价款）在买卖双方之间发生了转移，这就是一个动态的财产关系。所有权关系调整的是静态的财产关系，即财产的归属、支配关系，如甲对其房子享有所有权，则甲有权对房子进行占有、使用、收益和处分。所有权是财产流转关系发生的前提和结果，债则是财产流转关系的法律表现形式。

2. 债是相对的法律关系

债只能发生在特定的当事人之间，即其权利主体（债权人）和义务主体（债务人）都是特定的。因此，在买卖合同之债中，买受人只能向出卖人主张权利，即使买卖的标的物被第三人非法占有，买受人也只能请求出卖人交付，而不能向第三人主张权利。而所有权关系是绝对法律关系，其权利主体（所有人）是特定的，义务主体则是不特定的任何人，因此所有人有权向任何侵犯其权利的人主张权利。

3. 债的客体是特定的行为

债是以特定行为（给付）为客体的法律关系，如交付财产、提供劳务等，而所有权关系的客体则是特定的物。

---

① 徐海燕. 债权法案例选评. 北京：对外经济贸易大学出版社，2006.2.

4. 债的发生根据具有多样性

债的发生根据具有多样性的特征。债可以因合同、无因管理等合法行为而发生，也可以因侵权、缔约过失等不法行为而发生，还可以因不当得利的事件而发生。所有权关系的取得必须有合法根据，不能基于违法行为而取得财产所有权。

5. 债权是请求权

债的关系中，债权是请求权，债权人权利的实现必须借助于债务人积极履行债务的行为，如买卖合同中买方取得标的物所有权的权利必须借助于卖方交付标的物的行为才能实现，卖方得到标的物价款的权利也必须借助于买方支付价款的行为才能实现。所有权是支配权，在法律规定的范围内，所有人可凭自己的意志对物进行直接占有、使用、收益和处分，而无须借助义务主体的行为。

6. 债的关系具有平等性和相容性

债的关系具有平等性和相容性的特点。在同一物之上成立的数个债，无论成立的时间先后，彼此之间是完全平等和相容的。而在一个物之上，只能存在一个所有权关系，亦即物权具有排它性。

二、债的构成

债是一种民事法律关系，所以，债的构成必须具备法律关系构成的三个要素——主体、内容和客体。

（一）主体

债的主体指参与债的法律关系的当事人，即债权人和债务人，享有权利的是债权人，承担义务的是债务人。

在合同之债中，主体的身份多是双重的，因为在合同之债中，当事人双方既享有权利，同时承担义务。如买卖合同，买受人享有取得标的物所有权的权利，但同时要承担支付价款的义务；出卖人享有取得价款的权利，但同时承担交付标的物的义务，从其享有权利的角度而言，其是债权人，而从其承担义务的角度而言，又是债务人。

债权人和债务人可以是一人，也可以是多人，但必须是特定的人。

（二）内容

债的内容是指主体所享有的权利和承担的义务，即债权和债务。债权和债务相互依存，有债权必有债务，有债务必有债权，二者共同构成债的内容。

债权是债权人享有的请求债务人为一定给付的权利。债权具有如下特征：第一，债权是请求权，即债权人请求债务人为一定行为或不为一定行为的权利。债权人权利的实现必须依赖债务人的行为，以买卖合同债中的买方为例，买方享有取得标的物的权利，该项权利就是买方在买卖合同债中享有的债权，该债权如果没有卖方履行交付标的物义务的行为，根本无从实现；第二，债权是相对权，即债权人只能向债务人主张权利，要求其为或不为一定行为；第三，债权具有期限性，不能永久存在。如合同债中，均规定有债务履行期限（即债权实现的期限），期限届满，债务人依约履行义务，债权消灭；期限届满，债务人未履行债务，债权依然存在，但受诉讼时效期限的限制，时效届满，该债权即丧失法院的强制保护；第四，债权无排他性，即在同一标的物上可以存在两个以上内容完全相同的债权，如一物数卖，在该特定标的物上成立的数个买卖合同，虽然只有其中一个债权能够实现，但并不因此导致其他买卖合同债权的无效，其他债权依然有效，只是不能实现时，债权人可主张违约损害赔偿；第五，债权具有平等性，即数个债权人对同一债务人先后发生数个债权时，各个债权的效力是完全平等的。当债务人因资不抵债而进入破产程序时，破产财产不足以清偿全部债务，各债权人只能按比例平等受偿，因为普通债权彼此之间是完全平等的。

债务是债务人对债权人应负担的为特定行为的义务。债务具有如下特征：第一，债务具有特定性。债务内容是特定的行为，一经依法成立，非依法律规定或当事人约定，不得随意变更；第二，债务具有期限性。即债务不能永久存在，而且不能延续到债务人的继承人；第三，债务具有积极性。即任何债务首先表现为积极行为，因为只有债务人实施提供一定劳务或交付一定财物等积极行为才能满足债权人的利益需求；第四，债务具有强制性。这是以责任作为保障的。债务人不履行债务，须承担相应的民事责任，从而使债务具有法律约束力和强制性。

（三）客体

债的客体是指债权债务所指向的对象。债权人有请求债务人为特定行为的权利，债务人有履行特定行为的义务。双方所针对的这种特定行为就是债的关系的客体，即给付行为。给付行为的具体内容可以是交付财物，提供一定的劳务，完成一定的工作并交付工作成果，转移权利等。

三、债的分类

（一）法定之债和意定之债

根据债的发生及其内容是否由当事人自由决定，债可分为法定之债和意定之债。

法定之债，指债的发生及其内容由法律明确加以规定。包括两层含义：其一，债的发生由法律直接规定，不以当事人的意思为转移，即便当事人没有发生债的意思，或事先约定不发生此种债的关系，此种债的关系仍然发生。如甲为了报复乙而将乙狠狠揍了一顿，致乙损失医药费 8 000 元、误工工资 3 000 元，合计 11 000 元，甲在对乙实施侵权行为前根本没有在两者之间产生债的关系的意思和目的，但侵权行为实施后，按照法律规定，确实在甲乙之间产生了侵权损害赔偿的债的关系。其二，债的内容由法律直接规定，当依法律规定原因发生债时，当事人之间的债权债务的内容按照法律的规定确定。如上述侵权行为之债，其内容也由法律明确规定。《侵权责任法》第 16 条规定："侵害他人造成人身损害的，应当赔偿医疗费、护理费、交通费等为治疗和康复支出的合理费用，以及因误工减少的收入。造成残疾的，还应当赔偿残疾生活辅助具费和残疾赔偿金。造成死亡的，还应当赔偿丧葬费和死亡赔偿金。"故侵权行为人甲应当赔偿乙的 11 000 元损失。侵权行为之债的发生及内容均由法律明确规定，因此侵权行为之债是法定之债。此外，不当得利之债、无因管理之债、缔约过失之债也均属法定之债。

意定之债，指债的发生及其内容是由当事人依其自由意思决定的债。当事人遵从自己的意思发生意定之债，既可以依照自己的意思自由选择对方当事人，选择债的种类、形式，确定债的内容、履行方式及不履行债的责任，也可以依照自己的意思约定适用的法律，但当事人在依自由意思决定债的发生和内容时，不得违反法律的强行性规定和社会的善良风俗。合同之债是典型的意定之债，其发生和内容都必须由双方当事人在平等自愿的基础上通过协商达成意思表示的一致，否则合同不能成立，但是如合同违反法律的强行性规定，则合同虽成立却不能发生法律效力。

（二）主债和从债

在两个并存的、相互关联的债中，按照其相互间的效力，可分为主债和从债。

主债，指在两个并存的债中，居于主导地位，能够决定债的命运的债；从债，指在两个并存的债中，效力居于从属地位的债。主债和从债是彼此相对而言的，需要两个有关联性的债并存。主债是从债发生的根据，从债的效力取决于主债，当主债不成立、无效或被撤销时，从债即失去存在的依据，当主债因清偿消灭时，从债也随之消灭。如甲向乙银行按揭贷款100万元购买商品房，则甲与乙银行之间存在两个合同之债：一是甲乙之间的借款合同之债；二是甲乙之间的抵押合同之债。抵押合同之债是为了担保借款合同之债的履行，二者是并存的，具有关联性，其中居于主导地位的是借款合同之债，为主债；抵押合同之债居于从属地位，为从债。当借款合同不成立或无效时，抵押合同也不发生法律效力；当甲向银行清偿全部借款本金及利息后，主债消灭，从债抵押合同也随之消灭。

（三）特定之债和种类之债

在以交付财物为给付行为的债中，依照债务人给付的标的物是特定物还是种类物，可将债分为特定之债和种类之债。

特定之债，是指债务人给付的标的物是特定物的债。如甲将祖传的一副吴道子的真迹，以50万元价格卖给乙，因该买卖合同之债中给付的标的物是特定物，则甲乙之间的买卖合同之债是特定之债。特定之债的标的物可以在债成立时即已特定，也可以在债履行时，经当事人具体确定而特定，因此，即便在当事人成立债时，债的标的物尚未确定，只要在债履行之前得到确定，该种债仍然是特定之债。

种类之债，指债务人给付的标的物是种类物的债。种类之债的标的物因其是种类物而具有可替代性，在债权成立时，当事人只需确定种类物的质量和数量，无须将其从其他部分中独立出来，仅在履行债务之时，债务人才将债所规定的部分从其他部分中分离出来。在日常生活中，买卖合同之债、消费借贷合同之债等大多数都以种类物为标的物，均属种类之债。

（四）简单之债和选择之债

按照债的履行标的是否可以由当事人选择确定，债可以分为简单之债和选择之债。

简单之债，指以确定的一种给付为履行标的的债。简单之债可因合同而发生，也可因法律规定而发生。在简单之债中，债权人只能请求债务人就该确定标的履行债务，债务人也只能按该确定标的履行债务，双方当事人均无选择的余地。实践中的大多数债都是简单之债。

选择之债，指债成立时债的履行标的有数种，可由当事人选定一种为给付的债。选择之债通常因合同而发生，其数个履行标的的内容是不同的，可涉及债的履行的各个方面：或是给付行为种类的不同，如交付财物或提供劳务；或是给付的标的物不同，如给付空调或冰箱；或是给付手段不同，如现金支付或银行转账；或是履行期限的不同；或是履行地点的不同，如本地交付或异地交付；或是履行方式的不同，如一次性履行或分次分批履行。除法律另有规定或当事人另有约定外，选择之债中履行标的的选择权一般归债务人。

（五）按份之债和连带之债

债的关系按照主体人数，可分为单一之债和多数人之债。在多数人之债中，按照多数主体相互间的权利义务关系，可分为按份之债和连带之债。

按份之债，指以同一可分的给付为履行标的，各债权人按照确定的份额分享债权，各债务人按照确定的份额分担债务的多数人之债，前者为按份债权，后者为按份债务。《民法通则》第86条规定："债权人为二人以上的，按照确定的份额分享权利。债务人为二人以上的，按照确定的份额分担义务。"对按份债权和按份债务而言，就某一债权人或债务人所为而发生的事项，仅对该债权人或债务人发生效力，不对整个债的关系发生效力。因此，按份债权的各债权人只能就自己的债权份额请求债务人为自己给付，债权人受领的给付超过其份额，除非可被认为是代其他债权人接受给付，否则，就其超过部分构成不当得利。按份债务的各债务人只对自己分担的债务额负责清偿，债权人无权请求债务人清偿全部债务。

连带之债，指以同一给付为履行标的，各债权人均得请求债务人履行全部债务，或各债务人均有履行全部债务的义务的多数人之债，前者为连带债权，后者为连带债务。《民法通则》第87条规定："债权人或者债务人一方人数为二人以上的，依照法律的规定或者当事人的约定，享有连带权利的每个债权人，都有权要求债务人履行义务；负有连带义务的每个债务人，都负有清偿全部债务的义务，履行了义务的人，有权要求其他负有连带义务的人偿付他应当承担的份额。"据此规定，连带之债可因法律规定而发生，也可因合同而发生。连带之债的债权人之间或债务人之间具有连带关系，对数个债权人或债务人中某一人所发生的非个人利益的事项，对其他债权人或债务人产生同样的效力。从外部而言，连带债权的各债权人均有权向债务人请求为全部给付，某一债权人受领了债务人的全部给付，其他债权人的债权同归消灭；连带债务的各债务人均承担履行全部债务的义务，连带债务因一个或数个债务人履行全部给付而消灭，其他债务人对债权人不再承担给付义务。从内部而言，连带债权人受领的给付超过其应享有的债权份额，应按债权人之间确定的债权比例交还给其他债权人，其他债权人也有权要求受领给付的债权人予以返还；连带债务人履行债务超过其应承担的份额，有权向其他债务人追偿。

【引例分析】

引例中原告的诉求能否得到法院支持，首先得正确认定原被告之间的民事法律关系的性质。原告周某与被告胡某之间因《集资房合同协议》成立的是债的关系，在该合同债中，原告周某享有取得合同所约定的集资房所有权的权利，承担支付房款的义务；被告胡某享有取得房屋价款的权利，承担交付房屋并转移房屋所有权于周某的义务。被告胡某在集资房建成后，按照合同约定将房屋交付给原告周某使用，但并没有办理产权登记手续，因此原告周某虽已占有该房屋，但并未得到该房屋的所有权，因为不动产物权的公示方法是登记而非占有。基于以上分析，原告周某与被告胡某签订的《集资房合同协议》虽合法有效，但原告基于该合同仅享有债权，其并未取得争议房屋的所有权，债权是请求权、相对权。被告胡某不履行转移房屋所有权的合同义务，能够继续履行的，原告周某可以要求法院强制被告胡某履行；不能履行的，原告周某只能请求法院判令被告胡某承担合同责任，而不能要求法院确认其对该争议房屋的所有权。因本案中的争议房屋已由另一被告潘某取得所有权，被告胡某陷入履行不能，因此原告周某只能要求被告胡某承担履行不能的合同责任，其要求法院确认该房屋的产权归其所有的诉讼请求不应获得支持。

【相关法律】

1. 《民法通则》第35条第2款、第84、86、87、119条；
2. 《侵权责任法》第16条。

【思考与练习】

1. 请结合自身经历谈谈你对民法债的理解。
2. 债的内容是什么？有何特征？

项目二 债的发生

【引例】

某日，董某骑自行车到百货大楼买衣服时，顺手将自行车放在百货大楼右侧的广告牌下。该处明显设置有"不得停放自行车"的告示牌。方某是该处负责存放自行车的人员，每次存车费一元。当他发现该车后，便将该车推到自己的存车处存放。约一小时后，董某从百货大楼出来，发现自己的自行车不见了，便四处寻找，找到方某询问，方某告知该车已被他推到存车处看管，董某表示感谢，并交了一元钱看车费。当方某带董某前去取车时，发现该车丢失，无从查找。董某要求方某赔偿，方某认为自己未受委托看管，且是被他人偷盗，与自己无关，因此只愿意退回一元的看车费。董某将方某诉至法院。①

问：方某应否赔偿董某的损失？

【基本理论】

上述引例涉及债的发生根据问题。债是一种民事法律关系，因而其发生必然需要一定的民事法律事实。能够引起债发生的民事法律事实主要有合同、不当得利、无因管理、侵权行为和缔约过失行为。

一、合同

（一）什么是合同

《合同法》第2条规定："合同是平等主体的自然人、法人和其他组织之间设立、变更、终止民事权利和义务关系的协议。"由此规定可知：①合同是当事人之间的协

---

① 王利明. 中国民法案例与学理研究（债权篇）. 北京：法律出版社，1998. 94.

议，即两个以上的当事人之间必须具有订立合同的意思表示且该意思表示必须达成一致。②合同是平等主体之间的协议。因合同所生的债属于民事法律关系，民事法律关系的主体都是平等主体，因此参与合同关系的当事人其主体地位应完全平等，不允许任何一方将自己的意志强加给另一方当事人。③合同是平等主体为取得民事法律后果的协议。合同当事人通过合同要达到以下三种民事法律后果：创设某种债权债务关系、变更某种债权债务关系或消灭某种债权债务关系。

合同依法成立并生效后会在当事人之间产生债权债务关系，因此，合同是债的发生根据之一，且是最主要的发生根据。基于合同所产生的债，称为合同之债。

（二）合同的成立

合同的成立，是指订约当事人就合同的主要条款达成合意即意思表示一致的状态。合同成立是当事人协商的结果，双方的权利义务以静态协议的形式得以确定。合同成立需要具备以下要件：

1. 两个以上的当事人

合同是一种协议，因此其成立应有两个以上的当事人，这是合同成立对当事人的要求。《合同法》第 2 条规定，缔约的当事人可以是自然人、法人或其他组织。

2. 当事人对合同的主要条款达成合意

合同的主要条款是合同成立所应具备的条款，欠缺主要条款则导致合同不成立。我国《合同法》对合同的主要条款作了一般包括的规定，但并不是每个合同都必须包括的主要条款，合同的主要条款因合同性质不同而有所不同。只要合同当事人就合同的主要条款达成意思表示一致，合同就可以成立，至于当事人的意思表示是否真实，涉及的则是合同的效力问题。

3. 必须经过要约和承诺阶段

要约和承诺是合同成立必须具备的两个阶段。如果合同只有要约，而没有经过承诺，则合同不可能成立。如甲向某书店乙去函，询问该书店有无关于司法考试的参考资料，乙收到函后立即向甲邮寄了 5 本司法考试资料，共 120 元，甲认为该书不符合其需要，拒绝接受，双方为此发生争议。分析该案，甲向乙去函询问有关司法考试的资料，属于要约邀请，而乙向甲邮寄资料的行为属于要约，因该书不符合甲的需要，甲拒绝收货，则甲对乙的行为要约并未作出承诺。因为甲乙双方并未完成合同成立所需的要约和承诺阶段，故该案中的买卖合同并未成立，甲有权拒绝接受书籍并拒付书款。

由于合同的性质和内容不同，许多合同的成立除需具备上述一般要件外，还需具备其特定的成立要件。例如，对实践合同来说，应以标的物的实际交付作为合同成立的特殊要件；而对于要式合同来说，则应采用特定的形式合同才能成立。

（三）合同的效力

合同的效力，指依法成立的合同在当事人之间产生一定的法律拘束力。合同依法成立生效后，就成为当事人履行债务、实现债权的依据，也是合同发生纠纷时，人民法院、仲裁机关解决当事人之间纠纷的依据。

合同有效成立后，原则上只对合同当事人产生法律效力，即合同的权利受法律保护，义务则具有了强制性，债务人应当按照合同的约定和法律的规定履行义务，否则就要承担违约责任，这是合同相对性规则的体现；但在例外情况下，合同也对合同当事人以外的第三人产生法律效力，如债的保全中的代位权和撤销权。

当事人之间成立的合同要发生法律效力，必须具备相应的生效条件，具体包括：

1. 行为人具有相应的民事行为能力

合同是以当事人的意思表示为基础的，并且以产生一定的法律效果为目的，故行为人必须具备正确理解自己行为性质和后果、独立表达自己意思的能力，也就是说必须具备与订立某项合同相应的民事行为能力。

2. 意思表示真实

意思表示真实是指表意人的表示行为应当真实地反映其内心的效果意思。合同是当事人之间的合意，而当事人的意思表示能否产生法律效力，则取决于这种意思表示是否与行为人的真实意思相符合。

3. 不违反法律或者社会公共利益

合同不违反法律是指合同不得违反法律的强行性规定，而非所有法律规定，因为《民法》、《合同法》中有很多任意性规范，而对于任意性规范，当事人是可以通过约定将其加以排除的；出于维护社会公共利益的需要，合同要发生法律效力，也不得违反社会公共利益。

在特殊情况下，一些合同的生效还需要具备特殊的生效要件。如附生效条件或生效期限的合同，自条件成就时或期限届至时合同才生效。而对于法律、行政法规规定应当办理批准或登记等手续才能生效的合同，则需要按照法律、行政法规的规定办理批准、登记等手续，才能生效。

若合同欠缺上述生效要件，其结果是该合同可能是无效合同、可撤销合同或效力待定合同。

2000年9月，潘某去美国进修，离开前，将住房钥匙留给了好友张某，告知张某可以住在家中并帮忙照看家中物品。后来张某在潘某家中举行生日庆祝会，参加庆祝的严某在潘某家中发现一批精致的汽车模型，共6个，身为车迷的严某十分喜爱，于是缠着张某将这些模型卖给自己，因为模型是潘某的，张某不敢擅自作主，通过网上查询得知这种模型每个售价都在2 000元以上，为使严某放弃收购念头，遂报价每个2 500元，没想到严某当即表示接受，张某无奈，只好以15 000元的价格将整套模型卖给了严某，款项一直保存，想等潘某回国后找适当时机说明。2001年7月，潘某回国，发现自己珍藏的汽车模型不见了，遂找张某询问，张某如实相告，并将15 000元如数交与潘某，潘某听后不置可否，但收下了全部金额，并拿出1 200元给张某作为酬谢。后来，严某到外地出差，在一家工艺品商店发现与自己所购买的模型型号完全相同的商品售价仅10 000元左右，后又得知该模型是潘某所有，于是要求向张某退还模型。张某表示该笔金额已经全部交给潘某，无法退款。严某遂向法院起诉，要求确认该合同无效。①

问：该合同纠纷如何处理？

---

① 徐海燕. 债权法案例选评. 北京：对外经济贸易大学出版社，2006. 108.

二、侵权行为

（一）什么是侵权行为

侵权行为是指行为人由于过错而侵害他人人身、财产和其他合法权益，依法应承担民事责任的不法行为，以及依照法律特殊规定应当承担民事责任的其他侵害行为。侵害他人权益的一方为侵权人，权益受侵害的一方是受害人，侵权行为人和受害人之间因侵权行为产生损害赔偿的债的关系，侵权行为人是债务人，受害人是债权人，侵权行为人应当赔偿受害人因侵权行为遭受的损失。如甲因与乙有矛盾，将乙揍了一顿，导致乙的胳膊被打断，花去医药费6 000元，损失误工工资4 000元，甲侵害了乙的健康权，甲是侵权行为人，乙是受害人，甲乙之间因侵权行为产生了损害赔偿的债的关系，甲应赔偿乙的损失共计1万元。

侵权行为之债是除合同之债以外的另一类较为常见的债，它由非法行为引起，依法律规定而产生，以损害赔偿为主要内容。

（二）侵权行为之债的构成要件

除法律有特别规定外，侵权责任的归责原则适用的是过错责任原则，由此决定侵权行为之债的构成需具备侵权行为、损害事实、因果关系和主观过错四个要件，该四个要件的具体内容在单元五侵权责任之项目二中有详细讲述，此处略过。

（三）侵权行为之债的内容

侵权责任是一种损害赔偿责任，因此侵权行为之债的全部内容就是赔偿损失，侵权行为人是债务人，受害人是债权人，侵权行为人应赔偿受害人因侵权行为所受的损失，该种损失既包括财产损失，也包括精神损害。根据《侵权责任法》的规定，侵害他人并造成人身损害的，应当赔偿医疗费、护理费、交通费等为治疗和康复支出的合理费用，以及因误工减少的收入；造成残疾的，还应当赔偿残疾生活辅助具费和残疾赔偿金；造成死亡的，还应当赔偿丧葬费和死亡赔偿金。侵害他人财产的，财产损失按照损失发生时的市场价格或者其他方式计算。侵害他人人身权益，造成他人严重精神损害的，被侵权人可以请求精神损害赔偿。

三、不当得利

（一）什么是不当得利

所谓不当得利，是指没有合法根据，一方获得利益而使他人受到损失的法律事实。获得不当利益的人叫得利人或受益人，受到损失的人叫受损人。受损人有权要求得利人归还所获得的不当利益，得利人应承担该种偿还责任，受损人和得利人之间因此产生的债权债务关系，即称为不当得利之债。

不当得利从性质上讲属于民事法律事实中事件的范畴，而引起该不当得利事实的发生原因，可以是行为（可以是受损人自己的行为，也可以是第三人的行为），也可以是事件。前者如，甲应付乙价款77元，甲支付100元，乙应找回23元，但因为失误而找了33元，甲因此获得了10元的不当利益，此不当得利是因为受损人自己的过失行为而导致的；后者如，因天气原因，甲池塘的鱼跃入了乙的池塘，共计14条，乙获得了14条鱼的不当利益，此不当得利因事件而引起。

（二）不当得利的构成要件

2000年9月25日，刘某将2 000元人民币存入信用社。信用社为其出具储蓄存单，载明存入金额（大写）人民币贰万元整。同年10月18日，刘某将20 000元全部提前支取。2001年9月，信用社在核对账目时发现差款1.8万元，要求刘某予以返还。刘某不从，信用社遂诉至法院。①

问：刘某应否给信用社返还1.8万元？

不当得利的构成须具备以下四个要件：

1. 须一方获得利益

所谓一方获得利益，是指因一定的事实，使当事人在财产上获得利益，至于当事人获得利益的原因和方法则无关紧要。利益的获得，包括积极增加和消极增加。积极增加指财产总额增加，即财产权利的增强和财产义务的消灭。如因为银行工作人员的失误，本应入甲账户的钱却入了乙的账户，乙获得利益即属于积极增加；消极增加是指财产总额应该减少而未减少，如本应支出的费用而没有支出，本应负担的债务而不再负担。在前述案例中，刘某的财产从2 000元增加到20 000元，属利益的积极增加，刘某获得了1.8万元的利益。

2. 须他方受有损失

受有损失，是指因一定的事实导致财产总额减少，包括积极减少和消极减少。积极减少指财产总额减少，如因银行工作人员失误，本应从甲账户中扣款10 000元却从乙的账户中扣除了，乙的财产总额积极减少；消极减少指财产总额应该增加却未增加，如本应入甲账户的钱入了乙的账户，甲的财产应增加却未增加，即属于消极减少。在前述案例中，信用社的财产总额减少了1.8万元，属财产的积极减少。

3. 取得利益与受有损失之间须有因果关系

不当得利的因果关系，只是基于某种共同性原因同时发生一方取得利益和他方受有损失这两个结果，从这两个结果之间关系来看，客观上具有因果关系，一方取得利益造成了他方受到损失。前述案例中，刘某取得1.8万元利益造成了信用社1.8万元的损失。

4. 须无合法根据

所谓无合法根据，是指给付财产的行为，不是由于给付人自己的意思或法律上的原因。受益人获得利益，如果有法律上的正当原因，则法律予以保护，当然没有要求受益人返还利益于受损人之理。只有获得利益与受有损失均无法律上的原因，而后才能产生不当得利的问题。前述案例中，刘某的得利无合法根据。

具备上述四个要件，一般均可成立不当得利之债。但下列情形除外，在下列情形中，受损人不得要求得利人返还：第一，履行道德上的义务而为的给付。例如被收养的子女对其生父母支付赡养费。第二，为履行未到期的债务而交付财产。未到期的债务，债务人享有履行期限尚未届至的抗辩权，但债务人自愿放弃自己的期限利益，提前清偿债务，为法律所允许。第三，明知无给付义务而交付财产。如诉讼时效届满的

---

① 徐海燕. 债权法案例选评. 北京：对外经济贸易大学出版社，2006.26.

债务，债务人可拒绝给付，但如债务人明知仍然给付，则推定其放弃自己的时效利益。第四，因不法原因而为的给付。如因赌博、贿赂而交付财产，该财产应予没收。

（三）不当得利之债的内容

不当得利在受益人和受损人之间产生债的关系，受益人是债务人，受损人是债权人。不当得利的受损人有权要求受益人返还不当利益，包括原物、孳息、价金和使用原物所产生的其他利益。实践中，受益人在返还不当利益时，因其主观状态的不同，返还责任也有区别。

1. 对善意的受益人可要求其返还现存利益

所谓善意，是指受益人获得利益时，不知道自己取得利益无合法根据。受益人返还的利益仅以现存利益为限，如利益不存在，受益人不负返还义务；受益人受有的利益大于受损人的损失时，其返还的利益范围以受损人受到的损失为准。

2. 对自始恶意的受益人，可要求其返还全部利益

自始恶意是指受益人取得利益时明知无合法根据，不论所受利益是否存在，恶意受益人一概要将所受利益返还，该利益不存在时，不得免除或减轻返还义务。

3. 善意受益人向恶意受益人转变

如果受益人取得利益时为善意，但事后为恶意，要求其返还的利益以恶意开始时的利益范围为准。

4. 第三人取得不当利益

不当利益为第三人合法取得的，第三人无返还义务，第三人为恶意的则应当返还。

杨某开办一家奶牛场，饲养数十头奶牛。某日，其中一头奶牛患病，病因不明，医治无效，骨瘦如柴，既无法产奶，又有传染其他奶牛造成更大损失的可能，杨某遂用车将该牛拉到野外丢弃。次日，农民唐某发现该牛，见牛气息奄奄，不忍其在野外饿死，便将牛牵回家中，精心调治，不出三个月，该牛竟病状全消，健壮如初。后杨某得知该消息，认为自己是牛的主人，理所当然可以将该牛领回，遂找到唐某，要求其将牛归还，遭唐某拒绝。杨某提出可以给唐某结算治疗费用，唐某仍然拒绝。杨某遂诉至法院，要求唐某返还不当得利。①

问：唐某和杨某之间是否成立不当得利之债？唐某是否应返还该牛？

（四）不当得利和侵权行为的区别

不当得利和侵权行为都是引起债发生的原因，就其本身性质而言，都不合法，而且在不当得利和侵权行为中都有一方损失的存在，但二者有着本质区别：①不当得利事实的出现可因受害人自己的过错造成，而侵权行为法律事实的出现则是侵权人的过错造成的；②不当得利中的受损只针对财产性利益，侵权行为所侵害的既包括财产权，也包括人身权；③不当得利之债的构成要件中必须有一方获得利益，而在侵权行为中，侵权行为人只是使他方财产或人身受到损害，但自己并未从中获得利益；④侵权行为之债中的因果关系是指侵权行为与损害事实之间有引起和被引起的客观联系，而不当得利之债中的因果关系，只是基于某种共同性原因同时发生一方获得利益和他方受有

---

① 王利明. 中国民法案例与学理研究（债权篇）. 北京：法律出版社，1998. 121.

损失这两个结果；⑤不当得利之债的内容是返还不当得利，其目的是维护社会公平，因为任何人都没有理由保有无合法根据使他人受到损失而获得的利益，侵权行为之债的内容主要是赔偿损失，其目的是补偿受害人因被侵权所遭受的损失，使权利回复到未受侵害的圆满状态。

四、无因管理

（1）某甲上班途中被某乙骑自行车撞倒摔伤，乙跑掉，某丙恰好路过，见状即将甲送往医院治疗，丙交付给医院各种费用计 1 000 元。甲经治疗清醒后，丙让甲返还垫付的款项，甲向丙表示感谢，但提出自己没钱返还给丙，丙应向乙要钱，因该费用是因乙的行为造成的损失。其后，丙诉至法庭，请求甲偿还 1 000 元。

（2）王某 16 岁，为某中学高一学生。某日，王某于晚自习后放学回家途中，见一孩童（5 岁）在路边因迷路不能回家而哭泣，王某问清情况后，即乘出租车将该儿童送回家，花去车费 40 元。王某向该儿童的父亲张某提出，让张某返还其已付的车费 40 元，并支付其回家的车费 40 元。①

（一）什么是无因管理

无因管理，指没有法定或约定的义务，为避免他人利益受损失而进行管理或服务的法律事实。对他人事务进行管理和提供服务的一方称为管理人，其事务受管理的一方称为本人。因本人一般从管理人的管理或服务中受益，所以又称为受益人。管理人有权要求本人偿付因管理或服务而支出的必要费用及所受损失，本人应对管理人承担上述责任，管理人和本人之间因此而产生的债权债务关系，即称为无因管理之债。

（二）无因管理成立的条件②

一般而言，无因管理行为的成立需具备以下三个要件：

1. 管理人需对他人事务进行管理

管理事务包括处理、管理、保存、改良及提供各种服务和帮助等。管理人在管理事务中必须明确认识到，他所管理的事务是他人的事务，而非自己的事务。例如上述案例（1）中某丙将受伤的某甲送往医院救治的行为，案例（2）中王某将迷路的小孩送回家的行为均属于为他人提供服务。

管理人管理的事务必须是他人的事务，判断管理的事务是否属于他人的事务，应当从主客观两方面分析。一般而言，是否属于他人事务，从客观即可判断，如上述两个案例，从客观上均可判断出管理人管理的是他人的事务，但对于案例（1）而言，该"他人"到底是某乙还是某甲，就需要从管理人某丙的主观意思来判断，从案例情况看，某丙将某甲送往医院救治，是为了某甲的利益，其管理的是甲的事务；如果某丙是某乙的朋友，它因担心某乙承担更重的责任而将某甲送往医院救治，则此时某丙管理的就是某乙的事务。一般认为，对下列事务的管理均不能成立无因管理：①违法行为和违背社会公德的行为，如主动为他人看管的物品为赃物；②不足以发生民事法律

① 王利明. 中国民法案例与学理研究（债权篇）. 北京：法律出版社，1998. 95.
② 王利明. 中国民法案例与学理研究（债权篇）. 北京：法律出版社，1998. 97～102.

后果的纯粹道义上、宗教上或其他的一般生活事务，如代他人接待朋友；③单纯的工作行为；④须经本人授权方得管理的行为，如放弃继承、公司股东的投票等。

管理行为从性质上讲，属于事实行为而非法律行为，因为管理人在对他人事务实施管理或服务行为的时候，并不需要意思表示的核心要素，管理人为他人管理事务的意思也无须表示出来，其只要有为他人谋利益的意思即可。因此，无因管理行为并不要求管理人具有相应的民事行为能力，而只要求管理人有相应的认知能力即可。如上述案例（2）中，王某虽为限制民事行为能力人，但其已具备送迷路小孩回家的认知能力，因此王某的行为可成立无因管理之债。

2. 管理人具有为他人利益进行管理的意思

这是无因管理成立的主观要件，也是无因管理制度的目的所在。"为他人利益进行管理"，既包括通过管理人的行为使本人取得一定利益，也包括因管理人的行为使本人避免一定损失。是否属"为他人利益"，应从管理动机和管理效果两个方面考察：

（1）管理人在对他人事务实施管理时，其动机是为了避免他人利益遭受损失，管理人须意识到自己是在为他人利益进行管理或服务，如案例（1）中的某丙将某甲送往医院救治是为了避免某甲因抢救不及时而遭受更大损害，案例（2）中王某送迷路的小孩回家是为了避免小孩走失和其家人着急不安等；

（2）管理人因管理或服务所取得的利益应归于本人，而非属于自己。但应当注意的是，管理人实施管理或服务行为最终是否达到了效果，即管理的最终结果是否有利于本人，是否使本人利益免受损失，应属于无因管理的效力问题，而并不影响无因管理的成立。

该条件并不要求管理人须有为他人利益的明确表示，也不要求管理人有专为他人谋利益的目的，只要管理行为在客观上是为避免他人利益遭受损失，即可成立无因管理。须注意的是，管理人在为他人利益管理他人事务中，因其管理行为自己也受益的，并不影响无因管理的成立，换言之，管理人在为他人利益进行管理的同时也可以有为自己利益管理的意思。如上述案例（2）中，王某搭乘出租车送迷路小孩回家，王某自己也受乘出租车的利益，但这并不影响其行为构成无因管理。

3. 管理人没有法定或约定的义务

无因管理的"无因"，就是没有法律上的原因、根据。此处的法律根据指管理的义务，包括法定义务和约定义务。法定义务既包括因民法上的直接规定而产生的义务，也包括因其他法律的直接规定而产生的义务，如上述案例（1）中，如果是某乙将受伤的某甲送往医院救治，就不能成立无因管理，因为某乙将某甲撞伤，其就产生救治某甲的法定义务；上述案例（2）中，如果是警察送迷路小孩回家，则属履行法定职责，也不能成立无因管理。约定义务，是指基于管理人与本人之间的约定而发生的义务。判断管理人有无管理的义务，应以管理人管理事务当时的客观情况为标准，而不能以管理人的主观认识或管理后的情况为标准。

（三）无因管理之债的内容

管理人的行为只要符合上述三个要件，则构成无因管理行为，在管理人和本人之间产生无因管理之债，在该种债的关系中，管理人不仅享有权利，而且承担义务。

1. 管理人的义务

无因管理的管理人本无管理本人事务的义务，但一旦着手管理，就必须管好，这是其法定义务。具体如下：

（1）适当的管理义务。这一义务要求管理人在进行管理或服务时，应符合以下要求：第一，应不违背本人的意思进行管理，即应依本人明示的或可推知的意思进行管理，但如果本人的意思与社会公德相冲突时，则不受该要求的限制，即管理人所管理的义务如果是本人应尽的法定义务或公益义务，或是为避免社会公共利益遭受损害的，则不受本人意思的限制；第二，应依有利于本人的方法进行管理，是否有利于本人应以客观上能否避免本人利益受损失为标准；第三，应根据本人利益的需要进行继续管理，如果本人未进行管理之前而停止管理对本人并无损害，可以停止管理。如管理人未尽适当管理义务而致本人利益受损，则发生债务不履行的法律后果，管理人应依法承担相应的民事赔偿责任。

（2）通知的义务。管理人进行管理后，应将管理的事实通知本人，但该义务以有可能和有必要为前提。如管理人不知本人是谁，或不知本人的住址或因其他原因无法通知，则不负通知义务；如果本人已知管理开始的事实，则不负通知义务。

（3）报告和结算的义务。无因管理所得的利益最终是归属于本人的，因而管理人应及时将管理的情况报告给本人，并将管理所取得的利益转归本人。

2. 管理人的权利

管理人为避免本人利益受损而管理本人事务，管理无报酬，管理所得利益应归还本人，且在管理过程中还应承担适当管理义务、通知义务和报告结算义务。因此，应赋予管理人相应的权利，以体现权利义务相一致。具体如下：

（1）必要费用的求偿权。管理人为本人管理事务，不得要求支付报酬，但有权要求本人偿付因管理而支付的必要费用。《民法通则》第93条规定："没有法定或者约定的义务，为避免他人利益受损失进行管理或者服务的，有权要求受益人偿付由此而支出的必要费用。"《民法通则意见》第132条规定："民法通则第九十三条规定的管理人或者服务人可以要求受益人偿付的必要费用，包括在管理或者服务活动中直接支出的费用，以及在该活动中受到的实际损失。"因此，该必要费用包括两部分，一是管理人的直接支出；二是管理人的实际损失。如因帮邻居修缮房屋而购买原材料支出1 000元，请了两天假，损失误工工资200元，前者为直接支出，后者为实际损失，可要求本人偿付。

（2）债务代偿请求权。管理人为本人管理事务而负担债务的，可以请求本人代位清偿。如帮邻居修缮房屋而雇请工人，对工人支付工资的债务，管理人有权请求本人直接代为清偿。

（四）无因管理与相关制度的区别

1. 无因管理与不当得利的区别

无因管理之债和不当得利之债都属法定之债，因此其构成均需符合法定的条件，在某些情况下，无因管理可能成为不当得利之债的原因，如管理人拒绝转移利益归本人，此时符合不当得利之债的构成要件。两者的区别在于：无因管理属于事实行为，管理人的意志内容对无因管理的成立具有意义，其是否有为他人利益管理的意思是能否成立无因管理的必要条件；不当得利属于事件，不论当事人的意志内容如何，均不会影响不当得利的成立。

2. 无因管理与无权代理的区别

无因管理行为中，管理人在为本人利益进行管理或服务时是没有合法根据的，无权代理人在以本人名义实施民事行为时同样也没有合法根据，这是两种行为的共同之处，二者的区别在于：①行为人是否以本人名义实施相应的行为。管理人在进行管理或服务时，是以自己的名义进行的；而无权代理人在实施民事行为时，是以本人名义进行的。②行为性质不同。管理人从事的管理行为从性质上讲是一种事实行为，因此管理人并无民事行为能力的要求；无权代理人代为实施的是民事行为，因此代理人有行为能力的要求。③行为后果不同。无因管理行为实施后，在管理人和本人之间形成无因管理之债，管理人应负适当管理业务，并应将管理所得利益归于本人；无权代理行为发生后，如构成表见代理，则无权代理行为有效，法律后果由本人承受，如不构成表见代理，则该行为属效力待定的民事行为，其有效与否关键看本人是否追认，本人追认则行为有效，本人和无权代理人之间产生代理关系，本人拒绝追认，则无权代理人实施的民事行为自始无效。

3. 无因管理与防止侵害行为的区别

张某与范某各自养的狗相遇，在田某的农田里互相撕咬，田里庄稼被两只狗践踏，损失很大。方某路过此地，见状很生气，拿起树条打狗，其中范某的狗窜起，咬伤方某的右手拇指，花费医药费 800 元。方某起诉，要求田某、范某赔偿损失。

问：方某的行为是防止侵害行为还是无因管理行为，如何适用法律？

《民法通则》第 109 条规定了防止侵害行为："因防止、制止国家的、集体的财产或者他人的财产、人身遭受侵害而使自己受到损害的，由侵害人承担赔偿责任，受益人也可以给予适当的补偿。"

防止侵害行为和无因管理行为很相似，其共同点为：①行为人都是既没有事先受委托，又没有法定义务的人，其行为都体现助人为乐的高尚精神；②行为人都是为维护他人利益而非自己利益去实施必要行为；③行为人都为此而使自己的利益受到损失，表现为身体的损害或财产的损失，并最终可以以货币计算。

但防止侵害行为和无因管理行为，所产生的是两种不同的权利义务关系，二者适用的法律是不同的，其区别在于：①防止侵害行为发生的前提是"侵害"，这种侵害应当是现实的、正在进行的；无因管理发生的前提条件是本人对自己的事务或财物一时失去控制、不能进行管理，有可能出现利益丧失的危险。②防止侵害行为的法律关系，多数具有三种主体，即防止侵害行为人、侵害人和受益人；无因管理之债的关系中，只有管理人和本人（受益人）两种主体，而没有侵害人。③在防止侵害行为中，赔偿责任由侵害人承担，受益人不承担赔偿责任，受益人只在没有侵害行为人时承担适当的补偿责任；而在无因管理中，受益人必须承担管理人为管理而支出的必要费用。④在防止侵害行为中，防止侵害行为人应受到损害，其损害是因侵害行为而引起的；无因管理中管理人的损失是因为管理而支出的必要费用。①

①　王利明. 中国民法案例与学理研究（债权篇）. 北京：法律出版社，1998. 112～113.

五、缔约过失

缔结合同的当事人在进入缔约磋商阶段后，基于诚实信用原则，产生了特定的信赖关系，一方合理地信赖另一方是为了缔约而与自己磋商，并会在缔约过程中尽保密、通知、保护等义务，此时，如果一方当事人违背诚实信用原则的要求，则难免会给缔约对方造成信赖利益的损失，为保护缔约过程当事人合理的信赖关系，法律规定了缔约过失责任。

（一）什么是缔约过失

缔约过失，是指当事人在缔约过程中具有过失，从而导致合同不成立、无效或被撤销，致使他方当事人受到损害的情况。缔约过失责任产生后，缔约过失方负有向受害一方赔偿的义务，受害一方享有请求缔约过失方赔偿的权利，两者之间形成损害赔偿的债的关系。

（二）缔约过失之债的构成要件

缔约过失之债的成立，须具备如下要件：

1. 须缔约一方当事人在缔结合同的过程中有违反先合同义务的缔约过失行为

缔约过失责任是违反先合同义务而产生的损害赔偿责任，因此，它只能发生在缔结合同的过程中，而不能发生在合同有效成立之后，如果合同已经成立并生效，当事人之间产生了合同义务，任何一方违反合同义务，应承担的是违约责任而非缔约过失责任。所以，只有在合同尚未有效成立，或虽然成立但被确认无效或被撤销时，才适用缔约过失责任。

依诚实信用原则的要求，缔约当事人在缔结合同的过程中应向对方负告知、说明、协作、照顾、忠实、保密、保护等先合同义务，先合同义务是一种法定义务，是法律为维护交易安全和保护缔约当事人各方的利益而赋予当事人的义务，先合同义务无须当事人约定设立，也不允许当事人约定排除。根据《合同法》第42、43条的规定，缔约方违反先合同义务的缔约过失行为主要有以下四种：①假借订立合同，恶意进行磋商。即当事人根本没有订约的目的，缔约磋商只是假象，仅仅是假借订立合同而损害对方当事人或他人的利益。②故意隐瞒与订立合同有关的重要事实或者提供虚假情况。指当事人违反如实告知义务，如财产状况和履约能力的告知义务、瑕疵告知义务、性能和使用方法的告知义务等，实施欺诈行为而使相对人受到损失。③泄露或不正当使用在订立合同中知悉的商业秘密，给对方造成损失。如将商业秘密透露给他人；未经权利人授权而使用其商业秘密；非法允许他人使用商业秘密或将商业秘密转让给他人等。④其他违背诚实信用原则的行为。如要约人违反有效要约，缔约方违反订约意向书、备忘录等初步协议而拒绝缔约，因缔约一方的过错而致合同无效或被撤销等。

2. 缔约对方当事人须有信赖利益的损失

缔约过失责任是一种损害赔偿责任，其全部内容就是赔偿损失。因此，只有一方当事人因缔约过失方的缔约过失行为受有信赖利益的损失时，才会在两者之间产生损害赔偿的债的关系。否则，即使一方当事人有违反先合同义务的行为，但另一方未受有损失的，也不发生缔约过失责任。

信赖利益是指由于合同一方当事人先前的予信行为（一方当事人针对另一方当事

人作出的某种将导致该相对人产生合理信赖的行为）导致对方当事人产生合理的信赖，因法律承认并保护这一信赖而获得的有利状态。

信赖利益损失是指合同一方当事人因信赖合同的成立和有效，但由于合同不成立或无效的结果所蒙受的损失利益。

对信赖利益的侵害并不表现为相对人对信赖人的利益的直接侵害，而是信赖人自己因为信赖而使自己的利益状态发生改变的行为，但是由于该行为没有得到其赋予信赖的相对人的恰当的尊重而变得毫无意义，或对自己的财产状态产生消极的影响。

3. 损失和缔约过失行为之间存在因果关系

缔约对方当事人信赖利益的损失是因为缔约过失方的缔约过失行为造成的，二者之间必须存在因果关系，如果损失并非缔约过失行为所导致，则缔约过失方不承担该种责任。

4. 违反先合同义务的一方当事人须有主观过错

缔约过失责任是一种过错责任。违反先合同义务的一方当事人主观上有过错是其承担缔约过失责任的主观要件。如果缔约过程中发生的损失是受害人自身过错、不可抗力等原因造成的，则违反先合同义务的一方也不承担缔约过失责任。

2002年5月23日，河南天冠乡供销社同甘肃关北农业物资公司达成意向性协议：关北公司向供销社出售优质 B09 型复合化肥 200 吨，每吨价格 2 000 元，双方约定 10 天内签订书面合同。

关北公司的竞争对手关南公司得知该情况后，于 2002 年 5 月 25 日向天冠乡供销社发出传真："我司现有大量优质 B09 型复合化肥存货，如贵方愿意购买，我司愿以每吨 1750 元的价格出售，有意请速回复。"但事实上关南公司根本没有任何该种化肥的库存。供销社收到传真后，对新价格非常满意，于 5 月 27 日以传真回复合同文本，注明："本供销社愿意依你方提出的价格购买 200 吨，如贵方有意请在合同上签字，签字后合同即告成立。"关南公司接到回复后置之不理，因为其根本目的在于搅黄关北公司与供销社的大额交易。在供销社的不断催促下，关南公司于 2002 年 9 月 5 日才作出回复："非常抱歉，我公司由于内部审核人员误将 B06 型化肥当作 B09 型化肥，致使贵方发生误会，特此说明，望见谅。"

关北公司迟迟不见供销社方面签订书面合同，后来才知道关南公司从中作梗，于是在 2002 年 9 月 7 日直接通过铁路向供销社发送了全部货物。供销社于 9 月 10 日收到货物后，经表面检查数量无差错，便接收了全部货物，并回复称一个月内电汇全部货款。后因发现化肥过期失效而发生纠纷，供销社诉至法院，要求其承担违约责任；在得知了关南公司的行径后，供销社又将关南公司告上法院，要求其承担缔约过失赔偿责任。[①]

问：关南公司是否应向河南天冠乡供销社承担缔约过失责任？

---

① 徐海燕. 债权法案例选评. 北京：对外经济贸易大学出版社，2006. 170.

分析

如前所述，缔约过失责任的构成须符合四个要件：一是缔约过失行为；二是信赖利益的损失；三是二者之间的因果关系；四是主观过错。本案中，关南公司为搅黄天冠供销社和关北公司的合同，故意隐瞒其根本没有 B09 型复合化肥存货的事实，向供销社发出虚假的要约，对于供销社的要约回复，关南公司直到 9 月 5 日才作出回复，并谎称对标的物型号发生错误，关南公司在与供销社缔结合同的过程中违反了依诚实信用原则而产生的先合同义务，具有主观恶意，其行为显属缔约过失行为；但需注意的是，关南公司的此缔约过失行为并没有搅黄天冠供销社和关北公司的合同，更为重要的是，没有证据显示关南公司的行为给天冠供销社造成了任何信赖利益的损失，虽然关北公司提供的货物存在质量问题，给天冠供销社造成了损失，但这与关南公司的缔约过失行为并无因果关系。该案中，缔约过失责任构成的要件并未完全符合，因此不产生缔约过失责任，关南公司不承担缔约过失责任。

（三）缔约过失之债的内容

缔约过失行为造成的是对方当事人的信赖利益损失，因此缔约过失之债的全部内容就是赔偿损失。缔约过失方是缔约过失之债中的债务人，缔约对方当事人是债权人，缔约过失方应赔偿缔约对方当事人因此而遭受的损失。

该损失的赔偿范围限于信赖利益损失，分为直接损失和间接损失。

1. 直接损失

直接损失是指当事人因为信赖合同的成立和生效所实际支出的各种费用，主要包括：①因信赖对方要约的有效而与对方联系、赴实地考察以及检查标的物所支出的合理费用；②因信赖对方将要缔约，为缔约做各种准备所支出的合理费用；③为谈判所支出的劳务费用；④为支出上述费用所损失的利益。[①] 直接损失应当由缔约过失的行为人承担赔偿责任。

2. 间接损失

间接损失是指缔约一方因另一方的过错而导致合同不能成立，从而丧失商机，亦即丧失与他人的缔约机会等导致的损失。只有与缔约过失行为有直接因果关系的间接损失才能够得到赔偿。例如甲在乙、丙两个供货人中选择了与乙缔约，但由于乙的过错导致合同最终不能成立生效，甲只能转而与丙缔约以取得货物，此时货物价格已比甲最初可选与丙缔约时上涨，甲不得不接受此价格，前后两个价格之间的差价即是由于乙的缔约过失而给甲造成的间接损失。

应当注意的是，对于信赖利益的赔偿应以不超过履行利益为限。因为履行利益是合同目的完全实现时可以获得的利益，是缔约双方追求的最高目标，而就信赖利益而言，当事人仅能信赖合同能够得以成立生效，不能信赖合同必定可以得到履行，所以，信赖利益的赔偿范围应当小于履行利益。

在以上五种债中，合同之债属于意定之债，侵权行为之债、不当得利之债、无因管理之债及缔约过失之债均属于法定之债，而在这四种法定之债中，无因管理之债是因为合法的事实行为而引起，侵权行为之债、缔约过失之债是因为不法行为而引起，

---

① 王利明．合同法新问题研究．北京：中国社会科学出版社，2003．154．

不当得利之债则是基于当事人之间的利益发生不当变动的法律事实（事件）而发生。

【引例分析】

本案涉及的是无因管理的效力问题。首先，方某为董某保管自行车的行为符合无因管理的构成要件，两人之间成立了无因管理之债。第一，方某对董某的事务进行了管理，董某的自行车随便停放，方某将自行车推到存车处保管，属于对董某事务的管理；第二，方某具有为董某利益管理的主观动机，同时亦出于公益目的，自行车乱停乱放，可能会丢失，可能会被罚款，还影响公共场所的秩序，方某对董某自行车进行保管，主要是基于董某的利益，同时亦出于公益的目的；第三，方某对董某自行车的保管，既没有法定义务，也没有约定的义务。因此方某的行为构成无因管理，方某与董某之间产生无因管理之债，方某是管理人，董某是本人（受益人）。方某作为管理人，不仅享有权利，也承担适当管理、通知、报告结算义务，而在此无因管理之债中，管理人方某疏于管理中的保管义务，造成了董某的损失，自行车在存车处被偷了。方某作为管理人未尽到适当的管理义务而致本人利益受损，发生债务不履行的法律后果，管理人方某应依法对董某承担相应的民事赔偿责任。

【相关法律】

1.《中华人民共和国民法通则》第85、92、93条；

2.《最高人民法院关于贯彻执行〈中华人民共和国民法通则〉若干问题的意见》第131、132条；

3.《中华人民共和国合同法》第2、13、42、43、44条；

4.《侵权责任法》第16、19、22条。

【思考与练习】

1. 养马专业户邓某发现路边有一匹无人看管的马，就把马带回家。回家后到处打听都没有发现附近有谁丢了马，于是就将该马与自己的马一起饲养，没过几天，马配了种，怀上了小马驹。不久，邻村的何某找到邓某，说明是自己丢了马，经确认丢失的母马确实为何某所有。何某要求把马领走，但邓某认为母马可以领走，但母马产下的马驹应归自己所有，因为是由于自己的精心饲养和照料才使母马怀上马驹，但何某认为自己的母马生下的马驹理所当然属于自己所有，双方争执不下。① 问：

（1）邓某照料马的行为属于什么行为？

（2）邓某要求日后产的马驹归自己所有的主张能否成立？为什么？

（3）假如在邓某照料马时，马突然发狂，踢伤邓某，邓某为此支付医药费200元，由谁负担？

（4）假如在邓某照料马期间，马突然遭雷击死亡，几天后何某找到邓某赔偿，如何处理？

2. 2000年5月，浙江省某集团公司对刚建造的华文大厦裙楼承包经营权举行招标。杭州某餐饮有限公司以200万元投标额中标。6月8日，双方正式签订了承包经营

---

① 案例引自中律网。

合同，双方邀请律师在场见证。由于签约单位名称与中标的某有限公司不符，集团公司负责人要求延期签字盖章，待董事会讨论再决定。同年8月，集团公司决定再次召开承包经营权招标会，宁波另一家餐饮管理公司以188万元中标。集团公司当即通知该餐饮管理公司十天后正式签订书面合同，并交纳首期承包费100万元。中标次日，该管理公司为了按时交纳承包费，向自己托管经营的一酒店公司借款100万元，并约定借款年利率为12%。中标后第十天，原告（宁波另一家餐饮公司）持100万商业汇票到被告（某集团公司）单位准备签订书面合同并交纳承包款。被告拒绝接收该款，并告知原告，被告已于两天前与原中标的餐饮有限公司正式签约。双方经过交涉达不成一致意见。原告认为，被告的毁标行为不仅导致原告的经济损失，而且侮辱原告的人格，被告应承担原告借款利息12万元、投标和订约直接损失1万元，同时承担原告的精神损失5万元。被告则认为，合同尚未订立，虽然有道德上的责任，但并不需要承担经济赔偿责任。[①]

问：被告应否承担赔偿责任？

项目三 债的履行

【引例】

某水泥厂和某建筑公司在头年底签订了一份水泥的购销合同，合同约定：来年一年，水泥厂向建筑公司供应水泥1 200吨，分四次交付，每次300吨，水泥每吨为400元，货款每半年结清一次。2月，水泥厂向建筑公司发送了第一批水泥后，一直未再发货，建筑公司多次发函电要求其发送第二批水泥，均未果。6月，建筑公司按合同约定结清上半年的货款，仍要求对方发货，但水泥厂仍然没有答复。建筑公司只能购买400吨高价水泥，单价为600元。10月，水泥厂连续发送了两批水泥，建筑公司的库存量只有400吨，于是当即通知水泥厂暂缓发送最后一批水泥，但水泥厂在11月初仍然将最后一批水泥发运至建筑公司，建筑公司因仓库已满，未接受该批水泥，该批水泥就堆放在火车站的露天站场，当时正逢雨季，该批水泥遭损。后双方因货款结算发生纠纷，水泥厂诉诸法院，要求建筑公司支付货款，建筑公司反诉，要求水泥厂赔偿自己购买高价水泥的损失。

问：该纠纷如何处理？

【基本理论】

一、什么是债的履行

债的履行，指债务人按照法律的规定或合同的约定，全面、适当地完成自己所负义务的行为。首先，债的履行是债务人应为的特定行为。如前所述，债务是债务人对债权人所负的特定行为的义务，该义务表现为特定行为，因此履行债务就是债务人应

---

① 案例引自找法网。

为的特定行为。其次，债的履行需要债权人予以协助。债的履行是实现债权的手段，因为债权和债务是相对的，债权要获得实现，不仅要求债务人按照法律规定或合同约定为特定行为，同时需要债权人的协助行为，如果只有债务人的履行，而没有债权人的接受履行，债的目的就不能实现。最后，债的履行是债消灭的原因。债务人全面、适当地履行了债务，该履行行为将导致债的消灭，因此债的履行是引起债消灭的自然原因，从这个角度而言，债的履行又被称为债的清偿。

二、债的履行原则

债履行的原则，是指债务人在履行债务过程中所应遵循的基本准则。这些原则是贯穿在债履行全过程中的具有指导意义的行为准则，是债务人履行债务的基本依据。债的履行原则包括：

1. 全面履行原则

全面履行原则，又称为适当履行原则，指当事人应当按照法律规定或合同的约定，全面、适当地履行自己的债务。具体而言，全面履行原则包括以下三个方面的内容：

（1）债务人应正确履行债务，即债务人要按照债规定的时间、地点、方式、标的、质量、数量等履行自己的债务。

（2）债务人应全面履行债务，即债务人要履行全部债务。

（3）债务人应亲自履行合同，但法律另有规定或当事人另有约定的除外。

2. 诚实信用原则

诚实信用原则被称为私法活动的"帝王"原则。在债的履行中，诚实信用原则要求债务人对履行债务应抱有善良愿望和真诚努力，债权人应尽积极的协助履行义务。具体表现在两个方面：首先，对债务人而言，在债的履行中要尽到因诚实信用原则而产生的附随义务。附随义务主要有两种功能：一是辅助功能，即促进实现主给付义务，使债权人的给付利益获得最大可能的满足；二是保护功能，即维护债权人的人身或财产利益，主要包括通知、保密、告知等义务。其次，对债权人而言，应负协助履行义务，具体包括：①及时受领的义务，当债务人的履行符合适当履行原则时，债权人应及时受领，从而使债因履行而消灭；②防损扩大义务，当债务人存在不适当履行行为导致债权人受有损失时，债权人应积极采取措施防止损失的扩大，如未尽到防损扩大义务的，则无权就扩大的损失要求债务人赔偿；③在债的履行中，对损失的发生，债权人也有过错的，应依其过错大小合理分担损失。

全面履行原则旨在严格要求债务人全面、适当地履行合同义务，保证债权人利益的实现；诚实信用原则旨在不影响当事人利益的情况下，要求当事人本着互相配合、互相谅解、为对方利益考虑的态度来履行债务或接受履行。

三、债的履行规则

债的履行规则是法律关于履行主体、履行标的、履行期限、履行地点、履行方式等方面的具体要求。当债的内容明确具体时，履行规则较易确定，当事人能够全面履行债务。但是如果债的内容有所欠缺或不明确，将导致债难以履行。因此，法律确定了一些债履行的规则。具体规则如下：

1. 履行主体

债的履行主体是指履行债务和接受履行的人。通常情况下，债权人和债务人是债履行的主体，因为债的目的要获得实现，债务人必须向债权人履行债务，债权人必须接受债务人的履行，此时，债才会因清偿而消灭。但是，在某些情况下，债也可以由第三人代为履行。第三人代为履行包括第三人代债务人履行债务和第三人代债权人接受履行两种情况。第三人成为履行主体，应注意以下三点：其一，在第三人代债务人履行债务时，该债务必须是债务人可以不亲自履行的债务，而非法律规定或当事人约定必须由债务人亲自履行的债务；其二，在第三人代债权人接受履行时，不得因此增加债务人的履行费用；其三，第三人仅是履行主体，而非债的当事人，因此第三人履行合同的法律后果应由债的当事人承受。

2. 履行标的

履行标的是指债务人应履行的内容，因债的关系的不同而存在差异，包括交付实物、支付货币、提供劳务、完成工作等。债务人应当按照债规定的标的来履行债务。

（1）债务人以交付实物履行债务的，履行标的应符合法律规定或当事人约定的数量、质量。第一，履行标的的数量，应按照法定或约定的计量方法确定。对于履行标的的数量，债务人原则上应全部履行，而不应部分履行。但在不损害债权人利益的情况下，也允许部分履行。《合同法》第72条规定："债权人可以拒绝债务人部分履行债务，但部分履行不损害债权人利益的除外。债务人部分履行债务给债权人增加的费用，由债务人负担。"无论是全部履行或部分履行，如果债权人同意接受债务人以某种其他标的代替原有的履行标的，债务人也可以代替履行，即代物清偿。第二，履行标的的质量，应按照法律规定或者当事人约定的质量标准履行。当事人就质量标准没有约定或约定不明确的，根据我国《合同法》第61、62条的规定，首先由当事人协议补充；不能达成协议的，按照合同有关条款或者交易习惯确定；仍不能确定的，则按照国家标准、行业标准履行；没有国家标准、行业标准的，按照通常标准或者符合合同目的的特定标准履行。

（2）债务人以支付货币履行债务的，当事人应按照债规定的支付方法支付价款或报酬。当事人就价款或报酬没有约定或约定不明确的，根据我国《合同法》第61、62条的规定，首先由当事人协议补充；不能达成协议的，按照合同有关条款或交易习惯确定；仍不能确定的，按照订立合同时履行地的市场价格履行；依法应当执行政府定价或政府指导价的，按照规定履行。

3. 履行期限

履行期限是债务人履行债务和债权人接受履行的时间。债的履行期限应根据法律的规定与合同的约定加以确定。履行期限明确的，当事人应按确定的期限履行；履行期限不明确的，根据《合同法》第61、62条的规定，首先由当事人协议补充；不能达成协议的，按照合同有关条款或者交易习惯确定；仍不能确定的，则债务人可以随时履行，债权人也可以随时要求履行，但应当给对方必要的准备时间。

4. 履行地点

履行地点是债务人履行债务和债权人接受履行的地方，其关系到履行费用由谁承担及合同纠纷的管辖。履行地点有明确规定的，应按规定的地点履行。如果履行地点不明确，根据《合同法》第61、62条的规定，首先由当事人协议补充；不能达成协议的，按照合同有关条款或者交易习惯确定；仍不能确定的，则给付货币的，在接受货币一方所在地履行；交付不动产的，在不动产所在地履行；其他标的，在履行债务一方所在地履行。

5. 履行方式

履行方式是债务人履行债务的方法。例如，标的物的交付方法、工作成果的交付方法、运输方法、价款或报酬的支付方法等。履行方式不明确的，根据我国《合同法》第61、62条的规定，首先由当事人协议补充；不能达成协议的，按照合同有关条款或交易习惯确定；仍不能确定的，则按照有利于实现合同目的的方式履行。

6. 履行费用

履行费用是指债务人履行合同所支出的费用。履行费用不明确的，根据我国《合同法》第61、62条的规定，由当事人协议补充确定；不能达成协议的，按照合同有关条款或交易习惯确定；仍不能确定的，则由履行债务的一方负担。

四、债的不履行

债的不履行，是指债的当事人未依法律规定或当事人约定履行其债务，可分为债的不履行和不适当履行，具体包括履行不能、拒绝履行、迟延履行、瑕疵履行和债权人受领迟延等各种形态。

（一）债的不履行

债的不履行指债务人根本没有履行债务。包括履行不能和拒绝履行。

1. 履行不能

履行不能指债务人不能履行债务。导致履行不能的原因有可归责于债务人的事由和不可归责于债务人的事由。不同原因引起履行不能的法律后果有所不同：

（1）如果履行不能因可归责于债务人的事由引起，则发生如下法律后果：①债务人免除债务履行。如全部不能，则全部免除，部分不能，则部分免除，但部分履行对债权人无益时，债权人可拒绝部分履行。②合同之债中，债权人有权解除合同。③债务人应就履行不能对债权人承担赔偿责任。

（2）如果履行不能因不可归责于债务人的原因引起，则发生如下法律后果：①债务人免除债务履行。如全部不能，则全部免除，部分不能，则部分免除。②引起履行不能的事由发生后，债务人对第三人享有损害赔偿请求权或保险金赔付请求权的，则债权人可请求债务人让与该赔偿请求权，如债务人已从第三人处得到赔偿，则债权人有权请求债务人交付受领的赔偿物。③双务合同之债，债权人免除对待给付义务。

2. 拒绝履行

拒绝履行指债务人能履行而拒不履行。构成拒绝履行，必须符合三个条件：第一，债务人的债务能够履行，如债务已实际不能履行，则当属履行不能的情形；第二，债务人拒绝履行；第三，必须是债务人的不履行行为违法，如债务人拒绝履行是行使双务合同履行中的抗辩权，则虽符合前述两个条件，但并不构成违约。债务人于履行期限届至后拒绝履行，则债权人可申请强制履行，并要求债务人承担债不履行的责任；债务人于履行期限届至前拒绝履行，则构成预期违约，依照《合同法》第94、108条的规定，债权人有权要求解除合同，或在履行期限届满前就要求债务人承担违约责任。但需注意的是，当债务人拒绝履行后，债权人按照债履行中的诚实信用原则，负有防损扩大的义务，债权人应积极采取措施避免损失的扩大，否则无权就扩大的损失要求债务人赔偿。

（二）债的不适当履行

债的不适当履行，又称瑕疵履行，指债务人有履行行为，但其履行不符合法律的规定或合同的约定。主要包括迟延履行、其他不适当履行和受领迟延。

1. 迟延履行

迟延履行指债务人在履行期限届满后，能履行债务而没有履行。迟延履行是债务人在履行期限上的不适当履行。构成迟延履行需符合以下条件：①有效债务的存在，因为只有合法有效的债权债务关系才受到法律保护；②履行期限届满；③债务能够履行，如债务已不能履行，则构成履行不能；④因可归责于债务人的事由而不履行；⑤债务人无正当理由，如债务人不履行是行使双务合同中履行抗辩权，则不构成履行迟延。

迟延履行发生以下法律后果：①债权人有权要求迟延履行方继续履行债务；②债权人有权请求迟延履行方赔偿自己因其迟延履行所遭受的损失；③合同之债中，如果迟延履行方继续履行合同义务，对合同相对方已失去意义，则合同相对方有权解除合同并要求其赔偿损失；④在迟延履行期间，标的物发生意外灭失的，由迟延履行方承担该损失责任。

履行期限上的不适当还包括提前履行，提前履行是否构成不适当履行，关键看履行期限是为谁的利益而设。履行期限为债务人利益而设，则提前履行可视为债务人放弃自己的期限利益，提前履行不构成不适当履行，债权人不得拒绝，如甲向乙借 1 万元，约定年底归还，后甲于 9 月份提前还款给乙，则乙应接受履行；如履行期限为债权人利益或双方利益而设，则提前履行必须征得债权人同意，否则债权人有权拒绝接受履行。对此，我国《合同法》第 71 条也有明确规定："债权人可以拒绝债务人提前履行债务，但提前履行不损害债权人利益的除外。债务人提前履行债务给债权人增加的费用，由债务人负担。"

2. 其他不适当履行

其他不适当履行，是指债务人的履行有瑕疵即没有按照合同的约定或法律的规定履行债务或给债权人造成履行利益之外的其他利益受到损害的情形。前者如数量不足、质量不符合法定或约定的标准、包装不符合规范、交付的地点、方式不符合要求等。后者又称加害给付，如买卖合同中因为卖方交付的标的物有质量瑕疵而导致买方的人身利益受到伤害，在合同之债中，加害给付的法律后果是违约责任和侵权责任的竞合，债权人享有选择权，可要求瑕疵履行方承担违约责任或侵权的民事责任。

3. 受领迟延

受领迟延是指债权人没有及时接受债务人的给付。通常认为，受领不是债权人的债务，但按照诚实信用原则的要求，债权人的受领是对债务人履行的协助，因为如没有债权人的受领，则债权债务关系不能因履行而消灭。债权人受领迟延也构成对义务的违反，应承担相应的民事责任。

【引例分析】

本案中，建筑公司和水泥厂之间的纠纷产生的根本原因在于双方签订的水泥购销合同对交付水泥的履行时间约定不明。对于履行时间约定不明的，《合同法》规定了三种补救措施：第一，事后的补充协议，建筑公司和水泥厂并未就四批水泥的具体履行时间达成补充协议；第二，按照合同的其他条款和交易习惯确定，依此规定仍无法确定本案中水泥的具体交付时间；第三，债权人可以随时要求债务人履行，债务人也可以随时向债权人履行，但应当给对方必要的准备时间。依此规定，建筑公司作为债权人，可以随时要求水泥厂发运水泥，只需给水泥厂必要的准备时间即可，建筑公司在2月份收到第一批水泥后，数次发函电要求水泥厂发货，并在6月份按合同约定结清上半年的货款，同时又要求发货，3个月的准备时间足够充分，而水泥厂却一直未发货给建筑公司，致使建筑公司只能购买高价水泥，水泥厂未按照法律规定履行债务，故应赔偿建筑公司的损失。

依上述合同法规定，水泥厂作为债务人也可以随时履行交付水泥的债务，但也需给建筑公司必要的准备时间，水泥厂在10月份连续向建筑公司发运两批水泥共600吨，而建筑公司的库存量仅400吨，在建筑公司要求暂缓发送时，水泥厂却置之不理，在11月初把最后一批水泥300吨也发运至建筑公司，水泥厂的随时履行并没有给债权人建筑公司必要的准备时间，所以应对第四批水泥的损失承担责任；建筑公司作为债权人，对于水泥厂的不适当履行，有权拒绝受领，但按照诚实信用原则的要求，建筑公司在拒绝受领的同时，应对第四批水泥进行妥善的保管，而不能任由其堆放在火车站的露天站场遭受雨淋，因此对第四批水泥的损失，建筑公司也应承担部分责任。

【相关法律】

《中华人民共和国合同法》第60、61、62、64、65、71、72、94、108、122条。

【思考与练习】

1. 2000年6月28日，海南省某热带水果进出口公司与某市水果批发站订立了一份香蕉买卖合同。合同约定由水果批发站于2002年8月15日向进出口公司提供香蕉100吨供出口俄罗斯。合同约定由出卖人代办托运，保证货物在8月15日之前到达该市港口。合同还明确约定了香蕉的品质，进出口公司在提货后3个月电汇货款给水果批发站。2000年8月10日，水果批发站按正常船期将100吨香蕉装上货船，运往指定港口。但途中遇到热带风暴，未能及时到达港口。水果批发站当即函告进出口公司，但进出口公司未予理睬。货到港口后，承运人通知进出口公司提货，并将提货单交给进出口公司。此时已是8月18日。进出口公司认为水果批发站违约在先，故持提货单后未到港口提货。承运人只好将香蕉卸载在码头，进出口公司也未以任何形式通知水果批发站。8月28日，水果批发站询问货款情况，才知道货物已存放港口达10日之久，于是派人前往码头，发现香蕉已大面积的发黑霉烂。水果批发站和进出口公司发生纠纷，诉至法院。①

问：该纠纷如何处理？

2. 2000年6月23日，深圳市某集团公司下属商贸中心与广州市某电器公司签订了一份彩电买卖合同。约定：电器公司在2000年10月底前，向商贸中心的业务单位深圳

① 徐海燕. 债权法案例选评. 北京：对外经济贸易大学出版社，2006.129.

市某贸易公司交付某品牌的彩色电视机（29英寸）500台，电器公司负责送货，单价每台4 500元，共计价款225万元，经贸易公司验收后，由商贸中心和电器公司结清货款。商贸中心先支付30万元定金。合同签订后，电器公司又与美国一公司签订了彩电买卖合同。为了完成外汇任务，电器公司在收到美国公司货款后，即交付2 000台彩电。2000年9月10日，电器公司向贸易公司运送了350台彩电，还差150台，商贸中心和贸易公司多次催要货物，电器公司要求变更合同数量为350台，商贸中心不同意。同时，商贸中心拒付货款。贸易公司以违约为由将电器公司诉至法院，电器公司提出反诉，要求商贸中心和贸易公司支付350台彩电的价款。①

问：该合同纠纷如何处理？

项目四　债的担保

【引例】

1999年1月29日，案外人易某给原告张某出具了一份内容为"今欠河南省夏邑县张某现金30 400元，从1998年9月开始按2分计息，尽快给予解决。湖北荆襄磷化集团公司，易某，1999年1月29日"的欠条。2000年7月1日，张某与易某及被告刘某和程某达成一个书面协议，约定："易某所欠张某的30 400元债务，于协议的当日先给付1万元，余下所欠现金，务必在2000年9月份全部结清。如不付清，担保人刘某和程某承担清偿责任。"当日，易某向张某归还了1万元本金。此后，易某、刘某、程某均未再履行还款义务。易某也在此后离开夏邑县去向不明。原告张某向法院起诉称：被告刘某、程某担保债务20 400元，到期后不还，请求二被告归还所欠本金及利息（按月息2分计算）。被告刘某、程某答辩称：其保证系一般保证，原告的起诉违反法律规定，请求依法驳回原告的诉讼请求。② 问：

（1）被告应否承担保证责任？其承担的保证责任是一般保证还是连带责任保证？

（2）原告起诉是否合法？

【基本理论】

债的担保可分为一般担保和特殊担保。债的一般担保，也称债的保全，是指债务人必须以其全部财产作为履行债务的总担保。债的保全不是特别针对某一项债务，而是面向债务人成立的全部债务。为确保债务人用其全部财产作为其履行债务的总担保，《合同法》规定了债的保全制度，赋予债权人两种权利——代位权和撤销权。但是债的保全并不能确实保障债权的实现。首先，普通债权并不具有成立时间上的优先性。对于同一债务人而言，可能会同时并存同一内容或不同内容的数个债权，可能发生负债超过其财产总额的情况；而所有普通债权都处于平等地位，并无成立时间上的优先性。因此，如果债务人的财产不足以清偿总债务时，各债权人只能按债权比例获得清偿，

① 徐海燕. 债权法案例选评. 北京：对外经济贸易大学出版社，2006. 126.

② 徐海燕. 债权法案例选评. 北京：对外经济贸易大学出版社，2006. 133.

而可能得不到完全清偿。如甲公司资不抵债，进入破产还债程序，破产财产最后剩100万元，其分别欠乙、丙、丁各50万元、50万元、100万元，100万元的破产资产不足以清偿200万元的债务，因为债权的平等性，则债权人乙、丙、丁只能按债权比例各获得25万元、25万元、50万元的清偿，债权是无法全部实现的。其次，债权不具有追及性。当债务人让与自己的财产于他人时，该部分财产即失去一般担保的性质，因而可能发生债务人以让与财产的行为而损害债权人的结果。即使债务人在债务成立时有充分的财产负担债务，但因债务人可随时增加债务额，又可随时让与财产于他人，因此债权人仍有债权得不到完全清偿的危险。债权人为避免债权不能完全获得全部实现的危险，还必须依靠特殊担保来保障自己的债权。

一、债的保全

（一）代位权

孙某与他人合伙经营服装批发生意，急需资金。2000年3月12日，孙某向许某借款15 000元，借期6个月，月息为银行贷款利息的2.5倍，至2000年9月12日本息一起还清，孙某写了借据。后孙某生意失败，到了还款期，其无力偿还对许某的欠款。

某日，许某向孙某催款，双方僵持。此时，私营企业主姜某来找孙某，孙某急忙给姜某使眼色，姜某不解其意，张口说要还钱，孙某赶紧把话题岔开，将姜某打发走。许某事后得知，孙某在数年前曾借给姜某1万元作为经营资金，于去年到期，现在本息已达2万余元。孙某却认为即使收回这2万元，大部分也要用以还债，就暂不要求清偿。许某向法院起诉，请求姜某向自己清偿债务。[①] 问：

（1）许某有无权利要求姜某清偿债务？

（2）孙某在本案中的地位如何？

（3）姜某应向许某清偿多大范围的债务？

1. 代位权的概念

债权人的代位权，指因债务人怠于行使其到期债权，对债权人造成损害的，债权人可以向人民法院请求以自己的名义代位行使债务人的债权的权利。代位权涉及三方当事人，即债权人、债务人和次债务人（债务人的债务人）。通过行使代位权，债权人可以越过原债务人，以原告名义直接起诉次债务人，直接获得清偿。因此，代位权对解决三角债、连还债，减轻当事人的诉讼负担，维护债权人的利益，维护交易安全，有重要意义。

2. 代位权的构成要件

代位权的行使应具备如下条件：

（1）债权人对债务人的债权合法，且已届清偿期。债权人对债务人的债权合法是指债权人与债务人之间必须有合法的债权债务关系的存在，这是代位权存在的前提。不论债的发生原因如何，合同之债、不当得利之债、侵权之债、无因管理之债等，只要债权合法且已届清偿期即可。

---

① 徐海燕. 债权法案例选评. 北京：对外经济贸易大学出版社，2006. 143.

（2）债务人怠于行使其到期债权，对债权人造成损害。根据《合同法》司法解释的规定，所谓"债务人怠于行使其到期债权，对债权人造成损害的"，是指债务人不履行其对债权人的到期债务，又不以诉讼方式或仲裁方式向其债务人主张其享有的具有金钱给付内容的到期债权，致使债权人的到期债权未能实现。

（3）债务人的债权不是专属于债务人自身的债权。对于专属于债务人自身的债权，债权人不得行使代位权。专属于债务人自身的债权是指与债务人的身份和基本生活需要紧密相连的债权，主要是指"基于扶养关系、赡养关系、继承关系产生的给付请求权和劳动报酬、退休金、养老金、抚恤金、安置费、人寿保险、人身伤害赔偿请求权等权利。"

在前述案例中，债权人许某对债务人孙某享有的 15 000 元本金及利息的债权，是双方在 2000 年 3 月 12 日因借贷合同而产生的合法债权，且该债权的清偿期 2000 年 9 月 12 日已经届至，而债务人孙某并未清偿该债务；债务人孙某对次债务人姜某则享有本息达 20 000 元的债权，该债权并非专属于债务人孙某自身的债权，且早已到期，但债务人孙某都未积极行使该债权，即便是次债务人姜某主动清偿该债务，孙某也暂未接受履行，孙某怠于行使该到期债权的行为导致其没有能力清偿对债权人许某的债务，对债权人许某造成了损害。因此，债权人许某享有代位权，其有权代债务人孙某的位要求次债务人姜某清偿债务。

3. 代位权的行使

代位权的行使必须通过诉讼的方式进行，即债权人只能向人民法院提出代位权之诉。在代位权诉讼中，债权人是原告，被告是次债务人，债务人是诉讼中的第三人。当两个或两个以上的债权人以同一次债务人为被告提起代位权诉讼的，人民法院应当合并审理。代位权的行使范围以债务人对次债务人的债权为限，如债权人行使代位权的请求数额超过债务人所负债务数额或超过次债务人对债务人所负债务数额的，对超出部分人民法院不予支持。经人民法院审理代位权成立的，由次债务人向债权人履行清偿义务，债权人与债务人、债务人与次债务人之间相应的债权债务关系消灭；诉讼费用由次债务人负担，从实现的债权中优先支付。

在前述案例中，债权人许某享有代位权，该权利的行使必须通过诉讼行使，债权人许某在代位权诉讼中的身份是原告，次债务人姜某的身份是被告，债务人孙某的身份是第三人，许某提起代位权诉讼，其要求次债务人姜某偿还的债务不得超过其对孙某所享有的债权数额，更不能超过姜某对孙某所欠的债务数额。

（二）撤销权

李某于 1999 年开办了一家烟酒批发部，从 2000 年 2 月到 2001 年 8 月间，批发部一共向上海市某糖烟酒公司进了 5 批货，其中赊购货物价款达 23 万元；李某与该糖烟酒公司进行交涉，同意于 2001 年 12 月底前付清货款。

2002 年 1 月，公司见李某仍没有支付货款，派人多次催款，李某称目前无钱可还。到了 2002 年 2 月，由于经营不善，批发部停业注销，李某唯一的财产就是一套住房，价值 31 万元。为避免将此房抵债，李某将房屋以 5 万元的超低价卖给前妻余某，并办理过户手续。实际上，该房仍然由李某居住，余某对李某的情况完全清楚。公司知道情况后，向法院请求撤销李某与余某的房屋买卖合同。李某辩称，其与余某的房屋买卖合同，意思表示真实，合同合法有效；而且房屋已过户，已归余某所有，公司的诉讼请求不能成立。[①]

问：公司的诉讼请求能否得到法院的支持？

1. 撤销权的概念

债权人的撤销权是指因债务人不当减少其财产，对债权人造成损害的，债权人可以请求人民法院撤销债务人的行为的权利。撤销权在性质上属形成权，一旦债权人的撤销权成立，其结果就是债务人所实施的不当减少财产的行为自始无效。

值得注意的是，债的保全制度中的撤销权与可撤销民事行为中一方当事人所享有的撤销权是不同的，两者在性质上存在根本的区别：

（1）两者是民法上两种不同的制度，分别属于债的保全制度与民事行为效力制度。民法规定可撤销民事行为的根本目的是贯彻意思自治原则，使撤销权人可以对意思表示不真实的民事行为请求撤销，从而维护当事人的意志自治。而保全制度中的撤销权是为了保护债权人的利益，防止因债务人的财产不当减少对债权人造成损害，而赋予债权人保全其债权的一种方式。

（2）两者撤销的对象是不同的。可撤销民事行为中的撤销权针对的是当事人之间成立的意思表示不真实的民事行为，也就是说撤销权人请求撤销的是自己参与的民事行为。债的保全制度中的撤销权针对的是债务人与第三人之间实施的有害于债权人权利实现的转让财产的行为，也就是说旨在撤销债务人与第三人之间的民事行为，将对第三人发生效力。

（3）从权利存续的期间来看，法律规定两种撤销权存在的除斥期间有所不同。可撤销民事行为中的撤销权自撤销权人知道或应当知道撤销事由之日起一年内行使。债的保全制度中的撤销权有一年和五年的除斥期间规定，一年自债权人知道或应当知道撤销事由之日起计算，五年自债务人的行为发生之日起计算。

2. 撤销权的构成条件

撤销权的行使应具备如下条件：

（1）债权人对债务人享有合法债权。债权人与债务人之间必须有合法的债权债务关系的存在，这是撤销权存在的前提。不论债的发生原因如何，合同之债、不当得利之债、侵权之债、无因管理之债等，只要债权合法即可。

（2）债务人实施了处分财产的行为，对债权人造成损害。债务人的财产是债权人债权得以实现的保证，债务人实施了处分财产的行为，使其财产减少，导致其不足以清偿对债权人的债务，则损害到债权人的债权，此时债权人才能行使撤销权。

债务人实施的对债权人造成损害的处分财产行为，主要有以下三种：

其一，债务人放弃到期债权，对债权人造成损害。

债务人对他人享有的债权到期后，债务人明确表示免除其债务人的债务，可能是部分免除，也可能是全部免除。根据《合同法》司法解释的规定，债务人放弃未到期的债权、或放弃债权担保、或恶意延长到期债权的履行期，只要对债权人造成损害的，债权人也可以行使撤销权。

---

① 徐海燕. 债权法案例选评. 北京：对外经济贸易大学出版社，2006. 136.

其二，债务人无偿转让财产，对债权人造成损害。

无偿转让财产，这主要是指债务人将财产赠与他人，从而对债权人造成损害。至于债务人无偿向他人提供劳务的行为，一般不会减少债务人的财产给债权人造成损害，只是债务人的财产没有增加，因此，债权人不能要求撤销。

其三，债务人以明显不合理的低价转让财产或以明显不合理的高价收购财产，对债权人造成损害，并且受让人知道该情形。

债务人以明显不合理的低价转让财产或以明显不合理的高价收购财产的，其结果都势必会造成债务人财产的减少，损害到债权人的债权。所谓"不合理的低价"和"不合理的高价"，在司法实践中的认定标准为：债务人以达不到交易时交易地的指导价或者市场交易价百分之七十的价格转让财产的，一般视为明显不合理的低价；债务人以高于当地指导价或市场交易价百分之三十的价格收购他人财产，视为明显不合理的高价。与前两种可撤销的债务人处分财产行为所不同的是，在债务人低价转让或高价收购的行为中，第三人取得相应财产毕竟是有偿取得，所以债权人请求撤销该行为，还必须要求第三人知道该情形，即第三人具有恶意，主观上有过错。这是为了保护善意第三人的利益，维护交易的安全及秩序。司法实践中，只要债权人能够举证证明第三人知道交易是以明显不合理的价格达成的，便可以认为第三人具有恶意。至于第三人是否具有故意损害债权人的意图，在认定第三人的恶意时不必考虑。因为如果要求债权人举证证明第三人在交易时知道债务人所实施的处分行为有害于债权人的债权，甚至有害于某一个特定的债权人的债权，这对债权人来说几乎是不可能的。

在前述案例中，债权人糖烟酒公司对债务人李某享有23万元的合法到期债权，债务人李某为逃避履行该债务，将自己的唯一财产——价值31万元的房子以5万元的不合理低价转让给其前妻余某，且第三人余某对李某的情形都清楚，可以认定第三人余某为恶意，该低价转让财产的行为导致李某没有能力清偿对糖烟酒公司的债务，对债权人造成损害，符合撤销权成立的条件，因此，债权人糖烟酒公司有权请求撤销该低价转让房子的行为。该行为一经撤销自始无效，第三人余某应将房子还给李某。

3. 撤销权的行使

撤销权的行使必须由享有撤销权的债权人以自己的名义，向人民法院提起诉讼，请求人民法院撤销债务人不当处分财产的行为。撤销权诉讼中的原告是债权人，如果债权人为多数人，可以共同行使撤销权，被告为债务人，受益人或受让人只能作为诉讼中的第三人。

债权人提起撤销权诉讼，其诉讼请求的范围以债权人的债权为限，即债权人请求撤销的数额须与其债权数额大致相当，对超出债权保全的必要的部分，不应发生效力，但如果债务人的处分行为是不可分的行为，则不在此列。如上述案例，债务人李某实施的转让房屋行为涉及的财产数额虽然超过债权人糖烟酒公司的债权数额，但因该房屋处分行为是不可分的，所以债权人糖烟酒公司在行使撤销权时，可对该行为申请撤销，而不受数额限制。

债权人行使撤销权所产生的必要费用，如诉讼费、律师代理费、差旅费等，由债务人负担；第三人有过错的，应当适当分担。

经人民法院审理撤销权成立的，则依法撤销债务人处分财产的行为，该行为自始无效。行为无效，则第三人应将取得的利益返还给债务人，使债务人的财产得以回归。

《合同法》第 75 条规定：“撤销权应在除斥期间内行使，该除斥期间为自债权人知道或者应当知道撤销事由之日起一年内，但自债务人的行为发生之日起五年内没有行使撤销权的，该撤销权消灭。”

（三）代位权与撤销权的区别

代位权与撤销权是债的保全制度中债权人享有的权利，其作用都在于保障债务人用自己的全部财产对外清偿债务，从而能对债权人的债权起到一般担保的作用。二者的区别在于：其一，两种权利行使的直接目的有所不同。代位权行使旨在保持债务人的责任财产；撤销权行使则旨在恢复债务人的责任财产。其二，两种权利行使针对的行为性质不同。代位权针对的是债务人怠于行使到期债权的行为，该行为属于消极的不作为；撤销权针对的是债务人不当处分财产的行为，该行为是积极的作为。其三，权利行使的效果归属不同。代位权行使的效果直接归属于债权人，如代位权成立，则次债务人直接向债权人清偿债务；而撤销权行使的效果是归属于债务人，撤销权成立则行为无效，第三人向债务人返还财产。

二、债的特殊担保

如前所述，债的保全只能保障债务人以自己的全部财产清偿债务，并不能确保债权人债权的完全实现，因此债权人要保障自己的债权获得完全实现，还应设立特殊担保。债的特殊担保，是指法律为保证特定债权人利益的实现而特别规定的以第三人的信用或以特定财产保障债务人履行债务、债权人实现权利的制度。债的特殊担保方式有保证、定金、抵押和质押、留置，其中保证属于人的担保，定金属于金钱担保，抵押、质押和留置属于物的担保，三种物的担保方式在物权单元已做讲解，该单元我们仅介绍保证和定金。

（一）保证

1. 概念

保证，是指保证人和债权人约定，当债务人不履行或不能履行其债务时，由保证人按照约定履行债务或承担责任的担保方式。保证涉及三方当事人，即债权人、债务人和保证人，与此对应，有三重法律关系存在。第一，债权人与债务人之间存在的主债关系，债务人在债务到期后应向债权人清偿债务；第二，保证人与债权人之间的从债关系，主债务到期，债务人不履行或不能履行时，保证人应向债权人承担保证责任；第三，保证人与债务人之间的委托保证关系，保证人受债务人委托对主债务的履行承担保证责任，该关系的有效与否，对保证不发生影响，因为保证的设定和存在具有无因性。如保证人受债务人欺骗而承保，保证人仍应向债权人承担保证责任。

保证具有以下法律性质：

（1）从属性。保证合同从属于所担保的主债关系，具体表现在以下四个方面：其一，成立上的从属性，保证以债权人和债务人之间的主债成立为前提；其二，范围上的从属性，保证的范围原则上与主债务相同，不得大于主债务；其三，转移上的从属性，当主债债权发生转移时，保证人的保证债务随之转移而向新债权人履行；其四，消灭上的从属性，主债的债务消灭时，保证债务也随之消灭，例如，主债务因债务人适当履行而消灭时，保证人的保证债务也随之消灭。

（2）独立性。保证债务虽从属于主债债务，但并非主债债务的一部分，而是一个独立的债务。

（3）补充性或连带性。《中华人民共和国担保法》（以下简称《担保法》）规定，保证分为一般保证和连带责任保证。在一般保证中，先由主债务人履行其债务，只有在对其财产强制执行而无效果时才由保证人承担保证责任，也就是说，在主合同纠纷未经审判或仲裁，并就主债务人的财产依法强制执行无效果前，保证人对债权人可拒绝承担保证责任，这是补充性的保证；在连带责任保证中，不存在上述履行的前后限制，主债务人不履行债务时，债权人可以请求主债务人履行债务，也可以请求保证人在其保证范围内承担保证责任，这是连带性的保证。

2. 保证的设立

（1）保证人。保证人为债务人向债权人提供保证，目的在于保证债权能够得到实现，因此，保证人的主体资格，应具备以下两个条件：

其一，保证人必须具有承担担保责任的民事行为能力。

因为保证合同是一种民事法律行为，行为人当然需要具备相应的民事行为能力。对自然人而言，只有完全民事行为能力人才能担任保证人。对法人和非法人组织而言，担任保证人也必须具备相应的民事行为能力。根据《担保法》及其司法解释的规定，下列组织不得作为保证人：①国家机关，但经国务院批准为使用外国政府或国际经济组织贷款进行转贷的除外。如外国政府贷款的转贷，就要求借款单位提供省、直辖市、自治区或计划单列市计委的还款担保。②学校、幼儿园、医院等以公益为目的的事业单位、社会团体。但司法实践中，从事经营活动的事业单位、社会团体为保证人的，如无其他导致保证合同无效的情况，其所签订的保证合同应当认定为有效。③企业法人的分支机构、职能部门。但企业法人的分支机构有法人书面授权的，可以在授权范围内提供保证，否则保证合同无效。

其二，保证人应具有代为清偿能力。

所谓代为清偿能力，是指保证人依保证合同约定代为履行债务或承担赔偿责任的能力。《担保法》第7条规定："具有代为清偿能力的法人、其他组织或者公民，可以作保证人。"对于可作为保证人的"其他组织"，最高人民法院在《担保法解释》中的第15条规定了五种类型：依法登记领取营业执照的独资企业、合伙企业；依法登记领取营业执照的联营企业；依法登记领取营业执照的中外合作经营企业；经民政部门核准登记的社会团体；经核准登记领取营业执照的乡镇、街道、村办企业。需要注意的是，司法实践中，不具有完全代偿能力的法人、其他组织或自然人，以保证人身份订立保证合同后，又以自己没有代偿能力要求免除保证责任的，人民法院是不予支持的。

保证人没有人数的限制，数个保证人担保同一债权的，为共同保证。共同保证人应当按照保证合同约定的保证份额，承担保证责任；没有约定保证份额的，保证人承担连带责任。

（2）保证的方式。保证的方式，指保证人对债权人承担保证责任的方式，分为一般保证和连带责任保证。一般保证，指保证人和债权人在保证合同中约定，在债务人不能履行债务时，由保证人承担保证责任的保证方式。连带责任保证，指保证人和债权人在保证合同中约定保证人与债务人对债务承担连带责任的保证方式。

一般保证和连带责任保证之间最大的区别就在于一般保证的保证人享有先诉抗辩权。先诉抗辩权，是指当债权人要求保证人承担保证责任时，保证人有权要求债权人先就债务人的财产申请强制执行，只有在法院对债务人的财产强制执行后仍不能使债权人的债权达到满足时，保证人才履行保证债务。《担保法》第17条对先诉抗辩权作了明确规定："一般保证的保证人在主合同纠纷未经审判或者仲裁，并就债务人的财产依法强制执行仍不能履行债务前，对债权人可以拒绝承担担保责任。"而在连带责任保证中，在债务人未履行到期债务时，债权人可以选择要求债务人履行债务，也可以直接要求保证人履行保证责任。

但在下列情形下，一般保证人不得行使先诉抗辩权：第一，债务人住所变更，致使债权人要求其履行债务发生重大困难的；第二，法院受理债务人破产案件，中止执行程序的；第三，保证人明示放弃先诉抗辩权的。

（3）保证合同。

保证合同，是指保证人与债权人订立的，在主债务人不履行其债务时由保证人承担保证债务（保证责任）的协议。保证合同为单务、无偿、诺成、要式合同。保证合同应当采取书面形式，司法实践中以下情形应认定保证合同成立：其一，保证人以书面形式向债权人表示，当被保证人不履行债务时，由其代为履行或承担连带责任并为债权人接受，保证合同成立。其二，保证人在债权人与被保证人签订的订有保证条款的主合同上，以保证人的身份签字或盖章；或主合同中虽没有保证条款，但保证人在主合同上以保证人的身份签字或盖章的，视为保证合同成立。

保证合同应当包括以下内容：

第一，被保证的主债权种类与数额。被保证的主债权种类，如借款合同中的还本付息债权、买卖合同中的请求交付标的物或支付价款的债权等均属此类。被担保的债权，可以是已经发生的债权，也可以是将来发生的债权。如最高额保证，保证人和债权人协议在最高债权额限度内就一定期间连续发生的借款合同或某项商品交易合同订立一个保证合同，此时保证合同中约定的被保证的主债权是将来才会发生的债权。

第二，债务人履行债务的期限。债务人履行债务的期限是衡量债务人是否违约的标准之一，也是保证人是否实际承担保证责任的因素之一，因而应该明确规定。可以是期日，也可以是期间。

第三，保证的方式。不同的保证方式对当事人的利益有较大影响，因此保证合同的双方当事人应在保证合同中明确约定保证的方式，没有约定或约定不明确的，依《担保法》规定，应按连带责任保证承担保证责任。

第四，保证担保的范围。保证担保的范围，亦即保证责任的范围。保证合同当事人可遵从意思自治对保证担保的范围进行约定，基于保证的从属性，约定的保证担保的范围不得超出主债务的数额，否则，超出部分无效。如可以单就本金债权为保证，不保证利息；也可以仅就债权的一部分设定保证；还可以只保证缔结保证合同时已存在的债权，而不涉及后扩张的部分。在当事人未约定保证担保的范围时，依《担保法》第21条的规定，包括主债权及利息、违约金、损害赔偿金和实现债权的费用。

第五，保证期间。保证期间为保证责任的存续期间，事关保证人与债权人之间的债权债务能否行使或履行，也是确定保证债务与诉讼时效关系的依据，因而保证合同应明确规定。保证期间由保证人和债权人在保证合同中约定，无约定的，依《担保法》规定为主债务履行期届满之日起6个月。在一般保证情况下，保证期间内，债权人未对债务人提起诉讼或申请仲裁的保证人免除保证责任；债权人已提起诉讼或申请仲裁的，保证期间适用诉讼时效中断的规定。在连带责任保证情况下，保证期间内，债权人未要求保证人承担保证责任的，保证人免除保证责任。

司法实践中，对保证期间的确定和计算应注意以下方面：其一，保证合同约定的保证期间早于或等于主债务履行期间的，视为没有约定，保证期间为主债务履行期满之日起6个月；其二，保证合同约定保证人承担保证责任直至主债务本息还清时为止等类似内容的，视为约定不明，保证期间为主债务履行期届满之日起2年；其三，主合同对主债务履行期限没有约定或约定不明的，保证期间自债权人要求债务人履行义务的宽限期届满之日起计算。

第六，双方认为需要约定的其他事项。如赔偿损失的范围及计算方法，是否设立反担保等。

保证合同若不完全具备上述条款，可以补正。

3. 保证的效力

林某拟从某财务公司处借款100万元，请甲酒店、乙商行两家企业共同作保。在合同书中甲酒店和乙商行负责人均声称："若林某不能还款，愿代为履行"，并签字盖章。后林某到期无力还债，财务公司鉴于林某和乙商行一直经营不善、资产不多，遂直接告甲酒店，要求其代债务人还本付息，并承担违约责任。甲酒店提出，原告应先找林某要求其还债，即使林某不能还，也应将乙商行也列为被告，因为甲酒店曾与乙商行达成协议，若林某不能还款，双方各分担50%。而且保证书写明"代为履行"，因此即使有责任，也仅限于偿还本金，不能承担支付利息的责任和违约责任。①

问：被告甲公司是否享有先诉抗辩权？甲公司和乙商行应如何承担责任？其承担保证责任的范围包括哪些？

（1）保证人与主债权人之间的关系。

其一，债权人的权利。债权人对保证人享有请求承担保证责任（履行保证债务）的权利，该权利的行使以主债务人不履行主债务为前提，以保证责任已届承担期为必要。

其二，保证人的权利。保证合同是单务、无偿合同，保证人对债权人不享有请求给付的权利，所享有的只是抗辩权或其他防御性的权利。具体包括：①保证人享有的主债务人的抗辩权。保证具有从属性，因而主债务人对于债权人所有的抗辩权，保证人均可主张。如权利未发生的抗辩权、权利已消灭的抗辩权、拒绝履行的抗辩权等，即使债务人放弃上述抗辩权，保证人也有权主张，因为保证人主张主债务人的抗辩权并非代为主张，而是基于保证人的地位而独立行使。②一般保证中保证人的先诉抗辩权。③保证人的专属抗辩权权利。在保证关系中，保证人是债务人，因而一般债务人应有的权利，保证人也应享有。如主合同无效抗辩权，保证合同无效抗辩权，保证期间抗辩权，特殊免责抗辩权等。

（2）保证人与主债务人之间的关系。

保证人与主债务人的关系，主要表现为保证人的代位求偿权。保证人的代位求偿

---

① 案例引自110法律咨询网。

权，指保证人按照保证合同向债权人承担保证责任后，在其清偿范围内取得债权人对主债务人的债权，有权向主债务人追偿。在共同保证中，还存在已承担保证责任的保证人要求承担连带责任的其他保证人清偿其应当承担的份额。

保证人求偿权的产生必须具备以下要件：第一，保证人已经对债权人承担了保证责任；第二，主债务人对债权人因保证而免责，如果主债务人的免责不是由保证人承担保证责任的行为引起的，保证人不得主张求偿权；第三，保证人没有赠与的意思。保证人对债务人的求偿权应受 2 年诉讼时效的限制，自保证人向债权人承担责任之日起计算。

破产案件中，债权人未申报债权的，保证人可以参与破产财产的分配，预先行使追偿权。

（3）保证合同的无效及法律后果。

根据《担保法》及其司法解释的规定，导致保证合同无效的主要事由有：

第一，因保证人的资格不合格而致无效。具体包括：①企业法人的分支机构未经法人书面授权或超出授权范围与债权人订立保证合同的，保证合同无效或超出授权范围的部分无效，因此应当承担赔偿责任的，由分支结构经营管理的财产承担，企业法人有过错的，由企业法人承担。②企业法人的职能部门提供保证的，保证合同无效。债权人知道或应当知道保证人为企业法人的职能部门的，因此造成的损失由债权人自行承担；债权人不知道保证人为企业法人的职能部门的，因此造成的损失，债权人和企业法人都有过错的，应当根据其过错大小各自承担相应的民事责任，债权人无过错的，由企业法人承担民事责任。③国家机关和以公益为目的的事业单位、社会团体违反法律规定提供保证的，保证合同无效，因此给债权人造成损失的，应按过错责任原则承担责任。④董事、经理违反《公司法》第 60 条的规定，以公司名义为该公司的股东或其他个人债务提供保证的，保证合同无效，除债权人知道或应当知道外，债务人、保证人应当对债权人的损失承担连带赔偿责任。

第二，违反有关法规对外提供保证担保的，保证合同无效。具体包括以下情形：未经国家有关主管部门批准或登记对外担保的；未经国家有关主管部门批准或登记，为境外机构向境内债权人提供担保的；为外商投资企业注册资本、外商投资企业中的外方投资部分的对外债务提供担保的；无权经营外汇担保业务的金融机构、无外汇收入的非金融性质的企业法人提供外汇担保的；主合同变更或债权人将对外担保合同项下的权利转让，未经担保人同意和国家有关主管部门批准的，担保人不再承担担保责任。但法律、法规另有规定的除外。

在此情形下，相关当事人是否承担民事责任以其主观过错为前提：债权人无过错的，保证人与债务人对主合同债权人的经济损失，承担连带赔偿责任；债权人、保证人有过错的，保证人承担民事责任的部分，不应超过债务人不能清偿部分的1/2。

第三，保证合同因主合同无效而无效，在此情形下，保证人应负缔约过失责任，因此保证人是否承担民事责任，以其主观过错为前提，保证人承担民事责任的部分，不应超过债务人不能清偿部分的1/3。

保证人因无效保证合同向债权人承担赔偿责任后，可以向债务人追偿，或在承担赔偿责任的范围内要求有过错的反担保人承担赔偿责任。

2007年10月，乙公司向甲公司借款人民币200万元用于建设娱乐设施。双方签订了借款合同书，合同书中约定：甲公司以转账方式向乙公司提供人民币200万元，借期1年，年利率15%。双方签订借款合同后，甲公司要求乙公司提供保证人，乙公司遂请求丙合作社作保证人，三方签订了保证合同，合同约定：丙合作社对乙公司的200万元借款负连带偿还责任，保证期间为借款到期后1年。2008年11月，借款期限届满，甲公司向乙公司主张债权，乙公司以无钱还款为由要求续订借款合同，甲公司未同意。后甲公司依保证合同向保证人丙合作社主张债权，丙合作社以甲公司与乙公司之间为非法借贷、保证合同无效为由，拒不承担保证责任。甲公司诉至法院，要求乙公司和丙合作社归还200万元借款，并支付合同中约定的利息。

另法院查明：乙公司的注册资金为70万元，现有财产及债权仅100万元。本案中甲公司与乙公司之间系企业间非法借贷关系。①

问：该保证合同是否有效？保证人丙合作社是否应承担责任？承担何种责任？

（4）保证责任的免除。

根据《担保法》及其司法解释的规定，保证责任的免除事由主要有：①主合同当事人双方恶意串通，骗取保证人提供保证的，保证人不承担保证责任。②主合同债权人采取欺诈、胁迫等手段，使保证人在违背真实意思的情况下提供保证的，保证人不承担保证责任。主合同债务人采取欺诈、胁迫等手段，使保证人在违背真实意思的情况下提供保证，债权人知道或应当知道欺诈、胁迫事实的，保证人也不承担保证责任。③保证期间，债权人依法将主债权转让给第三人，而保证人与债权人事先约定仅对特定的债权人承担保证责任或者禁止债权转让的，保证人不再承担保证责任。④保证期间，债权人许可债务人转让债务，但未经保证人书面同意的，保证人对未经其同意转让部分的债务不再承担保证责任。⑤债权人与债务人协议变更主合同，但未经保证人书面同意，如果加重债务人债务的，保证人对加重的部分不承担保证责任。⑥在一般保证的情况下，保证期间届满，债权人未对债务人提起诉讼或申请仲裁的，保证人免除保证责任。在连带责任保证的情况下，保证期间届满，债权人未要求保证人承担保证责任的，保证人免除保证责任。⑦一般保证的保证人在主债权履行期间届满后，向债权人提供了债务人可供执行财产的真实情况，债权人放弃或怠于行使权利致使该财产不能被执行的，保证人可以请求人民法院在该可供执行财产的实际价值范围内免除其保证责任。⑧在同一债权既有保证又有物的担保的情况下，债权人放弃物的担保时，保证人在债权人放弃权利的范围内免除保证责任。债权人在主合同履行期届满后怠于行使担保物权，致使担保物的价值减少或者毁损、灭失的，视为债权人放弃部分或全部物的担保，保证人在债权人放弃权利的范围内减轻或免除保证责任。⑨主合同双方当事人协议以新贷偿还旧贷，除保证人知道或应当知道的外，保证人不承担民事责任。

（二）定金

1. 概念

定金，是指为了确保合同的履行，合同一方当事人根据约定，在合同订立时或履行前，预先支付给对方的一定数额的金钱。

---

① 案例引自110法律咨询网。

定金属于金钱担保，通过一方当事人向对方当事人交付一定数量的金钱，合同履行与否与该金钱的得失挂钩，使当事人心理产生压力，从而积极、适当地履行债务，以发挥担保作用。

定金不同于预付款：

（1）定金的主要作用是担保合同的履行，是合同的担保方式，而预付款的主要作用是为接受预付款的一方解决资金上的困难，使之更有条件按合同规定适当履行，属于履行的一部分。

（2）交付定金的协议是从合同，而交付预付款的协议只是合同内容的一部分。

（3）定金除了担保作用外，还具有证明合同的作用，当事人对合同是否成立产生争议时，法院或仲裁机构查明是否有定金交付即可判断合同是否成立；而预付款不具有合同成立的证明力。

（4）定金只有在交付后才能成立，而交付预付款的协议只要双方意思表示一致即可成立。

（5）定金一般为一次性交付，而预付款可分期支付。

2. 定金的种类

定金按其所起的作用，可分为四种：

（1）违约定金，是作为违约赔偿的定金。《担保法》第 89 条规定："当事人可以约定一方向对方给付定金作为债权的担保。债务人履行债务后，定金应当抵作价款或者收回。给付定金的一方不履行约定债务的，无权要求返还定金；收受定金的一方不履行约定的债务的，应当双倍返还定金。"本条所规定的定金即是违约定金。

（2）立约定金，也称为订约定金，是为担保合同订立而交付的定金。《担保法》司法解释第 115 条规定："当事人约定以交付定金作为订立主合同担保的，给付定金的一方拒绝订立主合同的，无权要求返还定金；收受定金的一方拒绝订立合同的，应当双倍返还定金。

（3）成约定金，是作为合同成立或生效要件的定金。《担保法》司法解释第 116 条规定："当事人约定以交付定金作为主合同成立或者生效要件的，给付定金的一方未支付定金，但主合同已经履行或者已经履行主要部分的，不影响主合同的成立或者生效。"

（4）解约定金，是作为一方保留合同解除权的代价，即交付定金的一方得以丧失定金为代价而解除合同；收受定金的一方也得以双倍返还定金为代价而解除合同。《担保法》司法解释第 117 条规定的就是解约定金。

3. 定金合同的成立

（1）定金合同是从合同，其成立和有效以主合同的成立和有效为前提。主合同无效或被撤销时，定金合同不发生效力，主合同因解除或其他原因消灭时，定金合同也消灭。

（2）定金合同是要式合同，应当采用书面形式。

（3）定金合同是实践性合同，从定金的实际交付之日起生效。实际交付的定金数额多于或少于约定数额，视为变更定金合同；收受定金一方提出异议并拒绝接受定金的，定金合同不生效。

（4）定金的最高限额，不得超过主合同标的额的20%，超过部分不发生定金效力。

4. 定金的效力

（1）债务人履行债务后，定金应当抵做价款或收回。

（2）债务人不履行约定债务的，适用定金罚则：给付定金的一方不履行债务时，无权要求返还定金，收受定金的一方不履行债务时，应当双倍返还定金。执行定金罚则的条件是违约方构成根本违约，即致使合同目的不能实现，除非法律另有规定或当事人另有约定外。

（3）司法实践中应注意：①因当事人一方迟延履行或其他违约行为，致使合同目的不能实现，可以适用定金罚则，但法律另有规定或者当事人另有约定的除外；②当事人一方不完全履行合同的，应当按照未履行部分所占合同约定内容的比例，适用定金罚则；③因不可抗力、意外事件致使主合同不能履行的，不适用定金罚则；④因合同关系以外第三人的过错，致使主合同不能履行的，适用定金罚则，受定金处罚的一方当事人，可以依法向第三人追偿；⑤当事人在合同中既约定违约金，又约定定金的，一方违约时，对方可以选择适用违约金或定金条款，即发生违约时，违约金和定金不可同时并用。

甲公司与乙公司于 10 月份签订钢材买卖合同，总价值 10 万元，并约定甲公司于 11 月底前交付货物，乙公司向甲公司支付了 3 万元的定金。合同签订后，甲公司直到 12 月初还未交货，经乙公司催告后，甲公司至 12 月底仍未交货，乙公司要求甲公司返还定金。问：

（1）甲公司与乙公司约定的定金是否有效？

（2）乙公司可以向甲公司请求返还多少金额？

【引例分析】

本案当事人关于保证方式约定为"如不付清，担保人刘某、程某承担清偿责任"，属约定不明，《担保法》第 19 条规定，保证人应按照连带责任保证承担保证责任，因此在债务人易某不履行债务时，债权人张某即可以要求保证人刘某、程某承担保证责任。刘某、程某属于共同保证，但因保证人刘某、程某在保证合同中未约定保证份额，因此，张某可以要求任一保证人承担全部保证责任，保证人刘某、程某都负有担保全部债权实现的义务。已经承担保证责任的保证人，有权向债务人追偿，或要求承担连带责任的另一保证人偿还其应当承担的部分。

【相关法律】

1. 《合同法》第 73、74、75 条；

2. 最高人民法院关于适用《中华人民共和国合同法》若干问题的解释（一）第 11~26 条；

3. 最高人民法院关于适用《中华人民共和国合同法》若干问题的解释（二）第 18、19 条；

4. 《中华人民共和国担保法》第 6~10 条，第 14~32 条；

5. 《担保法》司法解释第 13~46 条，第 115~122 条；

6. 《公司法》第 60 条。

【思考与练习】

1. 甲公司为购进一条先进生产线，便与乙银行签订了一份借款合同，借款数额为500万元，借款期限为2年，年息为6%。因甲公司和丙公司、丁公司为联保单位，丙公司、丁公司经甲公司请求，为借款合同进行保证担保，担保条款约定，如甲公司不能如期还款，丙公司、丁公司承担保证责任。后甲公司与乙银行推迟还款期限1年，并将推迟还款协议的内容通知了丙公司和丁公司，丙公司和丁公司未予答复。后还款期限届至，因甲公司无力还款，乙银行要求丙公司和丁公司承担共同保证责任而引起纠纷。问：

（1）甲公司与乙银行变更还款期限之前，丙公司和丁公司为何种保证责任方式？为什么？

（2）甲公司与乙银行变更还款期限之前，丙公司和丁公司对乙银行的债权是承担连带责任，还是按份责任？为什么？

（3）本案中，丙公司和丁公司应否承担共同保证责任？为什么？

2. 2011年5月18日，原告宁波某制衣有限公司与被告峡江某纺织品有限公司签订了一份《产品购销合同》。原、被告双方在合同中约定，原告向被告购买各类网眼汗布共计数量11 889公斤，总价款566 673元。并约定：原告先汇定金12万元，被告收到定金后40天内交清所有货物。合同签订后，原告于2011年5月25日付给被告12万元，要求被告在2011年7月5日前履行全部交货义务。2011年6月6日，被告发传真给原告，原料已经采购，要求原告确认品质。原告认为被告提出的品质标准太差，但时间紧迫不得不接受被告的要求。2011年6月20日、6月21日，原告又两次传真给被告，催促其交货。而被告在2011年7月5日前仅仅交付了4 826.4公斤货物，占总货物量的40.6%。2011年7月15日，被告发传真给原告，请原告谅解未能按时交货，并要求原告对其余货物的交付期限予以明确。原告遂对剩余货物的交货期限给予了指示，并要求不得再延误。最后被告提交了余下的全部货物，原告也付清了全部货款。[①] 问：

（1）被告行为有无构成违约？

（2）该案能否适用定金罚则？

项目五　债的转移和消灭

【引例】

2000年5月，某市华农电器公司与某电视机厂签订了一份供销500台彩电的合同。双方约定：电视机厂于当年12月31日前交付货物，电器公司于10月31日前和次年1月10日前两次支付货款共20万元。合同签订后，电器公司经上级主管部门批准办理了工商变更登记，更名为华农农业生产资料公司，经营范围也变更为农业生产资料。在清理原合同时，农资公司与金声电器商店达成协议，由农资公司将原与电视机厂签订

---

① 案例引自110法律咨询网。

的买卖500台彩电的合同转让给金声电器商店，原合同的一切权利义务都由金声电器商店承担。事后，农资公司将情况通知了电视机厂，电视机厂未明确表示意见。

当年12月底，电视机厂将500台彩电送到金声电器商店，但当时该品牌的彩电销售情况疲软，金声电器商店只愿意接收200台。电视机厂诉诸法院，要求华农公司和金声电器商店承担责任。[1]

问：该纠纷如何处理？

【基本理论】

一、债的转移

在上述引例中，涉及债的转移问题，解决纠纷的关键就是看农资公司将自己在买卖合同中的权利义务转让给金声电器商店的行为是否合法有效。

债的转移，指债的主体发生变更，即由新的债权人或债务人代替原来的债权人或债务人享受权利或承担义务。具体包括：债权让与、债务承担和债权债务的概括转移。

（一）债权让与

债权让与，指债权人与第三人协商，在不改变债的内容的情形下，将其享有的债权全部或部分转让给第三人享有。债权人是让与人，第三人是受让人。

1. 债权让与的条件

债权让与应符合以下条件：①让与的债权须为有效债权，因为不合法的债权是不受法律保护的，如因赌博而生的债权。②让与的债权必须具有可让与性，按照《合同法》的规定，三种债权是不可转让的：第一，依据合同性质不得转让的债权，如基于信任关系而产生的雇佣、委托等债权；第二，依法律规定不得转让的债权，如《担保法》规定，最高额保证的主债权是不可转让的；第三，当事人约定不得转让的债权。③转让人和受让人之间必须就债权让与达成协议，债权让与的发生就是基于债权人和第三人的合意，因此转让人和受让人必须达成债权转让的协议。④债权让与要对债务人生效，必须通知债务人。债权让与只需要通知债务人，而无需得到债务人同意，这既充分尊重了债权人处分债权的自由，又避免了债务人因不知情而受到损失。

2. 债权让与的效力

债权让与生效后，发生的法律效果包括债权让与的内部效力和外部效力。内部效力指的是让与人和受让人之间的效力，外部效力指的是债权让与对债务人的效力。

债权让与的内部效力表现在：①债权人地位变更。在债权全部让与的情形下，让与人脱离原债权关系，受让人取代让与人而成为债权关系中新的债权人；在债权部分让与的情形下，让与人和受让人共同享有债权。②债的从权利随之而转移。如担保物权、定金、保证债权等从权利会随着主债权的让与而转移由受让人享有。③让与人应为受让人行使债权提供必要的协助。受让人受让债权的目的就是通过行使债权来满足自己的利益需要，因此让与人应负必要的协助义务，如交付权利证明文件，告知债权人债务的履行期限、地点、方式、债务人住所等情况。

债权让与的外部效力表现在：①债权让与对债务人发生效力自债务人接到债权让

---

① 徐海燕. 债权法案例选评. 北京：对外经济贸易大学出版社，2006. 162.

与通知时开始。债务人收到债权让与通知后，只能向受让人履行债务，而不再向让与人履行。②债务人对让与人所享有的抗辩权可以向受让人主张，如履行期限尚未届至的抗辩权，同时履行抗辩权等。③债务人对让与人仍享有债权抵销权。《合同法》第83条规定："债权让与后，债务人对让与人享有债权，并且债务人的债权先于转让的债权到期或者同时到期的，债务人可以向受让人主张抵销。"

李某因买了汽车，将自己的摩托车卖给同村的张某，合同约定，李某于5月10日前交付摩托车，并协助张某办理有关手续，张某应于2005年7月1日前付清摩托车款6 500元。李某在购买汽车时，曾向同村的王某借款7 000元，王某已催要多次，于是李某和王某协商，李某向王某归还600元现金，再将自己对张某的6 500元债权转让给王某，王某同意。6月15日，李某通知张某，要求张某直接将摩托车款交给王某，但因张某和王某有矛盾，张某表示只愿意向李某清偿6 500元，李某未作表示。7月1日，王某找到张某要求还钱，遭张某拒绝；王某又找到李某要求偿还，李某表示双方已就债权转让达成了协议，王某应该找张某要钱，自己不承担任何责任。王某无奈诉诸法院。

问：王某的债权应由谁清偿？为什么？

（二）债务承担

债务承担，指在不改变债的内容的前提下，债务人将债务通过协议转移给第三人承担。债务人将自己的债务全部转移给第三人承担，即由第三人向债权人承担债务，此为免责的债务承担；债务人将自己的部分债务转移给第三人承担，即第三人加入债的关系，与原债务人一起向债权人承担债务，此为并存的债务承担。

1. 债务承担的条件

债务承担应符合下列条件：①债务合法存在，因为如果债务不存在或者自始无效或消灭，则债务承担合同即便符合其他的条件也不能发生效力。②债务具有可转移性，《合同法》规定，三种债务是不可转让的债务：第一，性质上不可转移的债务，如演出合同中演员承担的表演的债务；第二，当事人特别约定不得转移的债务；第三，强制性法律规范规定不得转移的债务。③债务人和第三人就债务承担达成协议，因为无论是免责的债务承担还是并存的债务承担，都是基于协议而产生的，如果债务人和第三人没有订立合法有效的债务承担合同，就不能发生债务转移的后果。④须经债权人同意。因为债的关系通常是建立在债权人对债务人的履行能力和信用信赖的基础上，债务人的履行能力是债权人实现其权利的前提，如果债务人未经债权人同意将债务转让给第三人，第三人有无足够的履行能力和信用，将直接影响到债权人利益的实现，所以债务转移必须要得到债权人的同意。如果债务承担合同是由债权人和第三人订立的，则表明债权人已同意债务转移，故无需债权人另行表示同意。债权人同意的意思表示可以通过明示的方式作出，也可以通过默认中的推定行为作出，如当第三人向债权人为债务履行时，债权人明知而接受，则可推定债权人对债务转移表示了同意。

2. 债务承担的效力

债务承担合同生效后，发生如下法律后果：①在免责的债务承担中，第三人成为新债务人，向债权人履行债务，如发生不履行或不适当履行的情形，债权人只能要求第三人履行或承担相应的违约责任；在并存的债务承担中，第三人加入债的关系中，和原债务人一起向债权人履行债务，如发生不履行或不适当履行的情形，第三人和原债务人一起向债权人承担违约责任。②债务人基于债的关系所享有的抗辩权转移给第三人，如履行期限尚未届至的抗辩权。③从属于主债务的从债务一并转移给债务人，但对保证债务而言，如债务承担未取得保证人的书面同意，则保证人的保证责任消灭。

（三）债权债务的概括转移

债权债务的概括转移，也称债的概括承受，指债的一方当事人将自己所享有的债权和所承担的债务一并转移给第三人承受。可分为法定的概括承受和约定的概括承受。

1. 法定的概括承受

法定的概括承受，指按照法律规定而发生的权利义务的一并转移。包括：①企业法人因分立、合并而产生的概括转移，《民法通则》第44条规定："企业法人分立、合并，它的权利和义务由变更后的法人享有和承担。"②因为继承产生的概括转移，继承开始后，继承人继承被继承人遗产的，应一并承担被继承人生前遗留的债务，但继承人承担债务只以其继承的遗产为限。③因为土地使用权产生的概括转移，《城市房地产管理办法》第41条规定："房地产转让时，土地使用权出让合同载明的权利、义务随之转移。"

2. 约定的概括转移

约定的概括转移，指债的一方当事人与第三人订立合同，将债中的权利义务一并转移给第三人，由第三人承受债中的权利和义务。约定的概括转移应符合如下条件：①债权债务的合法存在，因为只有合法的债的关系才会受到法律的保护；②债权债务具有可转移性；③债的一方当事人与第三人必须达成债权债务转移的协议；④必须得到对方当事人的同意，因为在概括转移中，当事人转移的不仅是债权，同时还有债务，这会关系到对方当事人利益的实现。

二、债的消灭

债的消灭，指因一定法律事实的出现，使既存的债权债务关系在客观上不复存在。引起债消灭的原因主要有三类：一是基于债的目的；二是基于当事人的意思；三是基于法律的规定。具体包括以下法律事实：

（一）清偿

清偿是指债务人按照法律的规定或合同的约定履行债务，从而实现债权目的的行为。清偿、履行和给付都指的是债务人的行为，清偿是从债的消灭角度而言，履行是从债的履行角度而言，给付是从债的客体角度而言。

债的清偿以全部清偿为原则，只有依债的内容为全部清偿，才发生债的消灭效力。在法律有特别规定或当事人有特别约定时，债务人可部分清偿，而债权人不得拒绝受领。

债的清偿原则上须按标的给付，不得以他物代替。但在法律允许或当事人有约定时，债务人也可用他种给付代替原给付，而使债消灭，此为代物清偿。代物清偿应建立在当事人双方合意的基础上，且代物清偿合同属实践合同，因此以债权人的实际受领为必要。当债务人对债权人负担数宗各类相同的债务，而债务人的给付不足以清偿全部债务时，由债务人指定其给付抵充何宗债务，此为清偿抵充。《民法通则》及《合同法》均未对清偿抵充作出规定，但在债务的履行中，清偿抵充问题是存在的。

（二）抵销

抵销是指双方当事人互负债务时，根据法律的规定或当事人的约定，将互负的债务互相冲抵，使双方的债务在对等的数额内消灭的行为。用于抵销的债权称为主动债权，被抵销的债权称为被动债权。抵销可分为法定抵销和合意抵销。

1. 法定抵销

法定抵销，指在具备法律规定的条件时，依当事人一方意思表示所为的抵销，系单方抵销。其必须符合法律规定的条件：

（1）双方当事人必须互享债权、互负债务。抵销的目的在于在对等数额内使双方债权得以消灭，因此必须以双方债权的存在为必要前提。

（2）必须是同一种类的给付之债，即债务的标的物种类、品质相同。

（3）双方债务已届清偿期。债务未到清偿期，债权人不能请求履行，自然不能抵销，除非主动债权的当事人自动放弃期限利益。

（4）债务以其性质或法律规定得为抵销。如提供劳务的债务，侵害人身产生的债务等不得抵销。

当符合法律规定的条件，则主动债权人只需通知被动债权人即发生抵销的效力，债权债务在对等数额内消灭。

2. 合意抵销

合意抵销，指由互负债务的双方当事人意思表示一致而对互负债务进行的抵销，又称合同抵销，是当事人意思自治原则的体现。我国《合同法》第106条规定："当事人互负债务，标的物种类、品质不同的，经双方协商一致，也可以抵销。"因此要进行合意抵销，只需双方当事人达成抵销的意思表示一致，不违背法律的强制性规定和禁止性规定即可。

王某和李某之间先后签订了四份合同，第一份是家具买卖合同，合同约定：王某于2月1日交付家具，李某于6月1日支付1万元价款；第三份合同是消费借贷合同，王某借给李刚200公斤大米，合同约定李某应于6月1日归还200公斤大米；第三份合同是服装买卖合同，合同约定，李某于3月2日交付服装，王某应支付1万元价款，分别于6月1日、7月1日各支付5 000元；第四份合同是消费借贷合同，李某借给王某100公斤豆油，合同约定王某应于6月1日归还100公斤豆油。2月1日，王某依家具买卖合同约定交付家具给李某，3月2日，李某按服装买卖合同约定交付服装给王某。6月1日，李某通知王某，1万元家具款和1万元服装款抵销；其所借的200公斤大米与100公斤豆油价值相当，也予以抵销，遭王某拒绝。

问：上述债务能否抵销？

（三）提存

提存，指由于债权人的原因致使债务人难于履行债务，经公证机关证明或法院裁决，债务人可将履行的标的物提交有关部门保存，从而使债消灭的一种制度。

1. 提存的条件

根据我国《合同法》和《提存公证规则》的有关规定，提存须具备以下条件：

（1）提存主体合格。提存涉及三个方面的当事人：提存人、提存机关和提存受领人。一般情况下，提存人为债务人，但不以债务人为限，凡债务的履行主体均可为提存人，如代为清偿的第三人等；提存机关是法律规定的有权接受提存物并保管的机关，在我国，提存机关主要是公证机关；提存受领人是债权人，也可以是债权人的继承人、代理人等。

（2）提存的债务须已届履行期。债务人只有在债务已届履行期时，才能向提存机关提存合同的标的物。如果债务未届履行期，债务人进行提存，无异于提前履行合同，而且提存后，债权人将承担标的物的风险以及提存费用的负担，这对债权人是不公平的。

（3）有合法的提存的原因。主要包括：①债权人无正当理由拒绝受领；②债权人下落不明；③债权人死亡未确定继承人或者丧失民事行为能力未确定监护人；④法律规定的其他可以提存的情形，如《合同法》第70条规定："债权人分立、合并或者变更住所没有通知债务人，致使履行债务发生困难的，债务人可以中止履行或者将标的物提存。"

（4）合同标的物须符合提存要求。提存的标的物可以是货币、有价证券、票据、货物等，动产和不动产均可提存。除不适于提存或提存费用过高的以外，提存的标的物应与合同约定的标的物相符。不适于提存的标的物主要是指易腐易烂易燃易爆、保管费用过高的物品等，对于此类标的物，我国《合同法》第101条规定："标的物不适于提存或者提存费用过高的，债务人依法可以拍卖或者变卖标的物，提存所得的价款。"

2. 提存的效力

提存涉及提存人、提存受领人和提存机关三方当事人，与此相对应，存在三方面的法律关系：提存人与提存机关、提存机关与提存受领人和提存人与债权人之间的法律关系，在不同的法律关系中提存的效力是不同的。

（1）提存人（债务人）与提存受领人（债权人）之间的效力。标的物提存后，债务人与债权人之间的债权债务关系消灭，债务人不再负清偿责任。标的物提存后，所有权即转归债权人，因此毁损、灭失的风险亦由债权人承担，标的物的孳息亦归债权人所有，提存费用由债权人负担。提存后，提存人应当将提存的事实及时通知债权人或其继承人、监护人，除非债权人下落不明。

（2）提存人与提存机关之间的效力。提存机关有保管提存物的义务；提存后，提存人在两种情形下可取回提存物：其一，提存人可以凭人民法院生效的判决、裁定或提存之债已经清偿的公证证明取回提存物；其二，提存受领人以书面形式向公证处表示抛弃提存受领权的，提存人得取回提存物。提存人取回提存物的，相关费用由提存人承担。

（3）提存受领人（债权人）与提存机关之间的效力。债权人享有请求提存机关交付提存物的权利，承担支付提存费用的义务。债权人向提存机关请求交付提存物的权利自提存之日起五年内不行使而消灭，提存物扣除提存费用后归国家所有。

甲将其一套音响卖给乙，双方约定：合同签订后1个月交货，交货后付款。但合同签订后10天，甲得知乙3天后即将移居国外，急忙要求将音响交付给乙，乙拒绝。

甲不得已将音响交公证处提存，并依据提存证书请求乙支付价款。

问：甲的提存行为是否合法？

（四）免除

免除，指债权人抛弃债权，从而全部或部分消灭债的关系的单方行为。免除是无因、无偿、不要式行为。免除应符合以下条件：

1. 免除提出对象

免除的意思表示应当由债权人向债务人或其代理人作出，向第三人作出的，不产生免除的效力。

2. 免除不得损害第三人利益

对于法律禁止免除的债权，债权人的免除行为无效，如债权人被他人申请宣告破产时，不得免除其债务人的债权。免除的意思表示一经作出不得撤回，当即发生法律效力，债权人免除债务人部分债务的，债的关系中的权利义务部分消灭；债权人免除债务人全部债务的，债的关系消灭。主债务因免除而消灭的，从债务也随之消灭，债权人仅免除从债务的，主债务并不消灭。

（五）混同

混同，指债权债务同归于一人，从而使债消灭的事实。发生混同的原因有两种：其一，概括承受，即债的一方当事人概括承受对方当事人的权利与义务。例如甲乙两公司合并为丙公司，则甲乙公司间的债权债务关系即因混同而消灭。其二，特定承受，即因债权转让或债务转移而使债权债务归于一人。混同导致合同关系绝对消灭，主债和从债均消灭。但当混同涉及第三人利益时，为保护第三人的利益，虽债权人和债务人发生混同，债也不消灭。比如，债权人将债权质押给第三人时，所涉合同不因混同而消灭。

【引例分析】

本案所涉及的是债权债务的概括转移问题。依前述原理，债的概括转移的条件有四个：①债必须是合法的；②债具有可转移性；③转让人和受让人必须就债权债务转移达成协议；④必须得到对方当事人的同意。具体到本案，首先，华农电器公司与电视机厂所签的500台电视机的购销合同符合合同生效的条件，自合同成立之日起发生法律效力，对双方具有法律拘束力；第二，华农电器公司在该购销合同中所享有的取得500台电视机的权利和承担的支付价款的义务具有可转移性；第三，华农电器公司在合同有效成立后，因其业务经营范围发生变更，将自己在合同中的权利义务通过协议的方式转让给金声电器商店，双方是在平等自愿的基础上订立债权债务转移协议；第四，华农电器公司在事后将有关债权债务转移的情况通知了电视机厂，虽然当时电视机厂未明确表示意见，但是到了合同的履行期，电视机厂直接将500台彩电送到金声电器商店，其行为已构成默示中的推定，从该行为可以推定电视机厂对该债权债务转让协议表示了同意。因此，华农电器公司与金声电器商店的债权债务转让协议合法有效，华农电器公司在电视机购销合同中所享有的权利和承担的义务一并转移给金声电器商店承受，华农电器公司则脱离合同关系，不再承担合同上的义务和责任。当电视机厂按照合同约定履行交付电视机的义务时，金声电器商店必须全部接受并支付价款，否则金声电器商店应承担相应的民事责任。

【相关法律】

1. 《中华人民共和国合同法》第79~90、91、99~106条；
2. 《民法通则》第44条；
3. 《城市房地产管理办法》第41条；
4. 《提存公证规则》第20条。

【思考与练习】

甲（父）与乙（子）系父子关系，两人合伙做生意，经常去北京出差。2000年2月14日，两人在北京逛超市，正值超市开展情人节降价促卖戒指活动，乙欲为其妻子购买戒指一枚，却发现忘带钱包。甲对乙说："我给你付钱"；并对售货小姐说："这5 000元由我替他付账。"售货小姐收了5 000元后，将戒指交付于乙。

2001年12月7日，甲乙因故解散合伙，经亲属调解分割合伙财产时，对于甲以前欠乙的借款10 000元，乙当场表示免除其父所欠的这笔债务。后乙又反悔，并多次向其父索要10 000元欠款，甲一怒之下将乙打伤，乙为治伤花去医药费5 000元。甲乙发生纠纷请村委会调解。甲提出：2000年2月14日，乙在北京买戒指，我帮他付账5 000元，现在乙受伤医药费花去5 000元，两下抵销，我们互不欠账。合伙做生意我欠他10 000元，他已同意将此笔债务免除了。乙说，甲2000年2月14日替我在北京付账，纯属赠与；因合伙终止结算甲欠我10 000元，虽然我曾表示免除此债务，但后来我又反悔了，不同意免除。

不久，甲旧病发作去世，只有继承人乙一人。

问：本案中，各当事人之间的债权债务关系是否消灭？因何原因消灭？①

【拓展阅读】

1. 孙尚. 从主客体的关系中看债的概念. 法制与社会，2010（7）.
2. 张虹. 无因管理人的报酬请求权问题研究——兼论民法制度设计中的"人性预设"问题. 法律科学，2010（5）.
3. 李文涛，龙翼飞. 无因管理的重新解读——法目的论解释和论证的尝试. 法学杂志，2010（3）.
4. 黄璞虑. 论无因管理及其与侵权行为之界分. 法制与社会，2010（1）.
5. 李昊. 德国缔约过失责任的成文化. 清华法学，2010（2）.
6. 薛军. 部分履行的法律问题研究——《合同法》72条的法解释论. 中国法学，2007（2）.
7. 申卫星. 论债权人的代位权的构成和效力. 西南政法大学学报，1999（6）.
8. 韩世远. 债权人撤销权研究. 比较法研究，2004（3）.
9. 许德风. 论现行保证制度的局限及完善——以成本收益分析为中心. 法商研究，2008（1）.

---

① 郭明瑞，张平华. 合同法学案例教程. 北京：知识产权出版社，2006.

10. 建平. 论债权让与中债务人的抵销权. 法学, 2007（5）.

11. 郑一珺, 常东岳. 债权让与若干实务问题探析. 法律适用, 2012（1）.

12. 李显先. 债务承担和审判实务. 人民司法, 2002（2）.

债权实训（一）

【情境设计】

1996 年 11 月, 河北省承德监狱民警齐某等人出差来渝, 投宿在小陈工作的酒店。安顿好后, 齐某在穿越酒店门前人行道时被一辆货车撞倒, 正在值勤的小陈立即上前救人。肇事车司机蒋某在拦车救人时, 顺手将齐某掉在地上的公文包交给小陈。由于伤者不省人事, 蒋一人抱不动, 小陈前来帮忙。据小陈回忆, 当时顺手将包丢在了肇事车驾驶室。随后, 蒋某随救人车将齐某送到医院, 小陈返回岗位值勤, 肇事车开到交警队。

齐某苏醒后询问皮包下落, 蒋忙找到小陈, 两人回忆皮包在肇事车里, 急忙赶到交警队, 车上却没有。询问现场民警, 称没有发现。

经鉴定, 驾驶员蒋某在交通事故中负全责。不过, 伤者齐某提出, 丢失包内数万元现金, 该由谁赔? 蒋某认为, 已把皮包捡起交给小陈, 他没有任何责任; 小陈则大呼冤枉——做好事救人, 抢救中他手里并无皮包, 救人后回酒店也有人证实他空手而归, 为何要承担赔偿责任?

齐某虽对小陈心存感激, 但丢失巨款无力自行承担。从整个事件看, 皮包最后在小陈手上丢失, 齐某多次索要无果, 只得把小陈告上法庭。[①]

【工作任务】

1. 正确认定无因管理之债的成立。

2. 正确把握无因管理之债的效力。

【实训步骤】

步骤 1. 判断小陈的救人行为是否构成无因管理?

步骤 2. 分析小陈是否应对丢失皮包承担赔偿责任? 为什么?

---

① 徐海燕. 债权法案例选评. 北京: 对外经济贸易大学出版社, 2006. 40.

债权实训（二）

【情境设计】

2000 年 8 月 10 日，北京市某水产公司与天津市某水产养殖场签订了一份买卖水产品的合同。合同约定：水产养殖场向水产公司提供鱼虾等水产品 5 000 公斤，价款共计 6 万元。水产养殖场负责用专用的运输车将货物于 8 月 25 日运至水产公司，经验收合格后，水产公司付款。双方当事人还对水产品的数量、品种等作了明确的规定。

2000 年 8 月 25 日，水产养殖场依照合同约定，用六辆专用运输车将 5 000 公斤的鱼虾等水产品运送至水产公司。然而水产公司却告知水产养殖场，由于其冷冻加工车间机器出现故障，暂时没有办法接收该批水产品，并声称合同已经无法继续履行，要求水产养殖场另找其他销路。水产养殖场对水产公司的这种拒收货物的违约行为感到非常气愤，一再坚持水产公司收货，再次遭到拒绝后，索性将车辆停放到水产公司门口，并未采取任何冷冻防护措施。到了第二天下午，部分水产品已经开始死亡。在水产公司再三明确表示不接收任何水产品货物的情况下，水产养殖场只好将鱼虾拉到河北省某市进行销售，但此时已经造成了 400 多公斤鱼虾的死亡。同时，水产养殖场还拖欠下了各类费用总计 3 400 元。水产养殖场销售未死鱼虾时平均每公斤的售价仅为 10 元，比与水产公司订立合同时约定的平均价格低 2 元。水产养殖场遂于 2000 年 9 月 20 日向人民法院起诉，要求水产公司承担违约责任，赔偿其由于转售水产品少得的利润 1.4 万元，以及由此产生的多余开销 3 400 元，共计 1.74 万元，水产公司辩称，其不能接收货物是由于冷藏设备出现故障，本身并不存在任何过错，而且同样也遭受了严重的经济损失，拒绝赔偿。[①]

【工作任务】

1. 正确理解债的履行的含义。
2. 正确适用债的履行原则。
3. 正确解决债的履行纠纷。

【实训步骤】

步骤 1. 判断案例中当事人在履行债务的过程中，哪些行为违反了债的履行原则？

步骤 2. 分析水产养殖场的损失应由谁承担？范围是多少？

---

① 徐海燕. 债权法案例选评. 北京：对外经济贸易大学出版社，2006. 183.

单元三
继承权

　　财产继承法律制度是人类社会出现私有制和阶级以后，随着国家的产生而产生的。它同其他法律制度一样，是建立在一定社会经济基础上的上层建筑，由经济基础所决定，又为一定的经济基础服务。我国于1985年颁布的《中华人民共和国继承法》（以下简称《继承法》）以宪法为依据，与《民法通则》、《中华人民共和国婚姻法》（以下简称《婚姻法》）的有关规定相一致，全面贯穿着保护公民私有财产继承权、继承权男女平等、养老育幼及照顾病残、权利义务相一致、互让互谅协商处理遗产等基本原则，规定了相关的内容，对于解决继承纠纷，维护社会秩序有着重要的意义。

　　【知识目标】

　　通过学习了解我国继承法的基本原则，理解并掌握继承、继承权、遗产、遗赠等概念，重点掌握遗产的范围、继承开始的时间、继承权的取得与丧失、遗赠权的接受与放弃及行使权利的期限等基本知识。

　　【能力目标】

　　通过相关知识的学习，在实践中能正确判断继承的开始时间，正确界定遗产的范围、继承人的范围，能够运用所学理论知识解决继承纠纷的相关问题。

项目一　继承概述

【引例】

　　张某因交通事故死亡，保险公司支付了保险金10万元。张某死后，留下了两间房屋、一批字画以及数十万元的存款。张某生有三子（甲、乙、丙）并收养一女（丁），甲早已病故，留下一子（戊）及一女（庚）。问：

　　（1）对张某的继承自什么时候开始？

　　（2）张某的遗产有哪些？

　　（3）张某的第一顺序法定继承人有哪些？

【基本理论】

一、继承的概念和特征

"继承"一词的含义，有广义与狭义之分。广义的继承，是指生者对死者生前享有的权利和承担的义务的承受，其内容不仅包括财产继承，还包括身份继承。狭义的继承，即财产继承，是指生者对死者的财产权利和义务的承受。现代社会绝大多数国家已无身份继承而专行财产继承，故当代的"继承"一词是指狭义的继承。

所谓继承制度，是指依法或依遗嘱承继死者遗留的个人合法财产的法律制度。在继承关系中，遗留财产的死者称为被继承人，依法或依遗嘱继承遗产的人称为继承人，死者遗留的个人财产称为遗产，继承人继承遗产的权利称为继承权。

继承是民事法律关系的重要组成部分之一，具有如下特征：

1. 继承发生的原因具有特定性

被继承人死亡这一法律事实的出现是财产继承关系发生的原因。只有当被继承人死亡后，其遗留的个人所有的合法财产才是遗产，才能发生遗产所有权转移给继承人的财产继承关系。

2. 继承的主体范围具有限定性

继承人只能是与被继承人有一定亲属身份关系的自然人。《继承法》规定："财产继承人只能是与被继承人之间存在婚姻、血缘或扶养关系的自然人。国家、法人及其他社会组织都不能成为财产继承人，只能作为遗赠受领人。此外，国家或集体组织对于无人继承又无人受遗赠的遗产，可作为取得该遗产的主体。"

3. 继承的客体范围具有限定性

作为继承的客体只能是自然人死亡时遗留的个人合法财产，他人、国家或集体的财产都不能作为继承的客体。

4. 继承的内容包括财产权利和财产义务的全面承受

根据《继承法》规定："财产继承关系的权利主体即继承人，既享有继承遗产的权利，又承担在遗产实际价值范围内清偿被继承人生前所负债务的义务。"因此，财产继承的标的，不仅包括积极财产即遗产，而且包括消极财产即被继承人遗留的个人债务及应缴纳的税款。此外，在附义务的遗嘱继承情况下，财产继承的标的，除包括积极财产和消极财产外，还可以是遗嘱人指定遗嘱继承人必须履行的某些行为。

5. 继承的结果是继承人无偿取得遗产所有权

财产继承是财产所有权转移的一种方式，财产继承的结果是继承人无偿取得遗产的所有权。

二、遗产的概念和范围

（一）遗产的概念及其特征

遗产是公民死亡时遗留的个人合法财产，是财产继承法律关系的客体。对遗产的范围存在两种立法例：一是认为遗产包括积极财产与消极财产，积极财产是被继承人遗留的财产和财产权利；消极财产是被继承人的债务。德国、瑞士、日本等采此立法例。二是认为遗产不包括债务，专指继承人、受遗赠人净得的财产和财产权利。英美法采此立法例，在继承开始后先由信托人清偿债务，剩余的财产才是遗产。《继承法》第33条规定："继承人在所继承的遗产价值范围内，偿还被继承人生前所负的债务。"也就是说，继承人继承财产和财产权利的同时，也继承了债务。我国立法确定的遗产范围实际上包括了债权和债务。遗产具有以下特点：

1. 遗产具有特定的时间性

遗产是公民死亡时遗留的财产，作为一种特殊的财产，遗产只存在于继承开始后到遗产处理结束前这段时间之内。公民生存时所拥有的财产不是遗产，只有在他死亡之后，其民事主体资格丧失，遗留下来的财产才能成为遗产。遗产处理之后，已经转归继承人所有，也不再具有遗产的性质。

2. 遗产具有范围上的限定性

遗产只能是被继承人死亡时遗留的个人合法财产。这些合法取得的财产，既包括被继承人单独所有的财产，也包括被继承人与他人共有的财产中属于被继承人的份额。非归被继承人生前所有而仅仅是由其占有的财产（如租借的财产），共有财产中属于他人的份额，被继承人非法侵占的国家的、集体的或其他公民的财产，以及依照法律规定不能由个人所有的财产（如土地、森林和矿藏），都不能作为遗产。

3. 遗产具有内容的财产性和包括性

死者遗留的物或权利中，凡具有财产性的物或权利（如房屋、债权）都可作为遗产；反之，凡不具有财产性的物或权利（如姓名权、肖像权）都不能作为遗产。另外遗产不仅包括被继承人死亡时遗留的全部财产权利还包括财产义务。

4. 遗产具有可转移性

凡法律允许转移给他人所有的财产都可作为遗产，反之法律不允许转移给他人所有的财产不可作为遗产。基于人身关系发生的财产权利义务，如接受抚养（包括赡养和抚养）和扶养他人的权利义务与个人身份密切结合，一旦分离便不复存在的财产权利义务，同样不能作为遗产。

（二）遗产的范围

《继承法》第3条在"遗产是公民死亡时遗留的个人合法财产"的概括性规定下，又列举了遗产包括的范围：

1. 公民的个人财产所有权

遗产中的个人财产所有权是指被继承人依法对自己的财产享有的占有、使用、收益和处分的权利，是一种以一般实物形式存在的遗产。其内容相当广泛，主要包括：

（1）属于被继承人所有的房屋和生活用品。公民的私有房屋可以作为遗产。但土地的所有权不属于公民个人，因此不是遗产。由于房屋不能离开地面存在，所以继承人在继承房屋所有权的同时，可以取得相应土地的使用权。

（2）公民的林木、牲畜和家禽。这些财产作为遗产时，既包括本体，也包括孳息。

（3）公民的文物、图书资料。

（4）法律允许公民所有的生产资料。国家保护公民合法的生产资料所有权，公民死亡时，这些权利可以依法转移给继承人和受遗赠人。另一种是以货币、储蓄和有价证券形式存在的遗产。货币是充当一般等价物的特殊商品，作为遗产的货币包括可以流通的纸币和金属货币，不受发行机构的限制。储蓄是公民在金融机构的存款，作为遗产的储蓄既包括本金也包括利息。有价证券是设定并证明某种财产权利和财产义务的书面凭证，可以由公民持有、转移。权利由被继承人享有的支票、本票、汇票、股票、国库券和其他债券，在被继承人死后都是他的遗产。

2. 公民的知识产权中的财产权

知识产权又称智力成果权，是基于在科学技术和文学艺术领域里从事智力的创造性活动所产生的民事权利，包括著作权、专利权、商标权、发明权、发现权和其他科技成果权等。

知识产权具有双重性，它既有人身权的性质，又有财产权的内容。其权利主体可以是公民，也可以是法人。可以作为遗产的知识产权有：

（1）公民专利权中的财产权。即公民作为专利权人，对其已经取得的专利享有制造、使用、销售其专利产品或使用其专利方法的权利，以及转让或许可他人使用其专利的权利和对侵权行为人的请求赔偿权利。如果专利权人在专利权的有效期内死亡，该财产权利由继承人继承。《中华人民共和国专利法》规定："专利权的取得须经登记，因此继承人通过继承取得专利，要凭继承权证书到专利局办理专利继承登记。"

（2）公民商标权中的财产权。即公民个人是商标所有人时，对经过注册的商标所享有的专用权、转让权、使用许可权和对侵权行为人的请求赔偿权。商标注册人死亡后，以上权利由继承人继承，继承人应凭继承权证书到国家商标局办理商标专用权继承登记。

（3）公民著作权中的财产权。《中华人民共和国著作权法》第 19 条第 1 款规定："著作权属于公民的，公民死亡后，其作品的复制权、发行权、出租权、展览权、表演权、放映权、广播权、信息网络传播权、摄制权、改编权、翻译权和汇编权等以及许可他人行使前述权利而依照约定或本法有关规定获得报酬的权利在本法规定的保护期内，依照继承法的规定转移。"

（4）公民的发现权、发明权和其他科技成果权中的财产权。在获得的奖励中，荣誉证书、奖章和奖状与公民的人身不可分离，不得转让与继承；而奖金和其他物质奖励属于财产权利，在获奖人死亡后，可以作为其遗产转移给承受人所有。

另外，个体工商户的名称（即字号）可以依法转让。因此，个体工商户的业主死亡，体现商业信誉的字号，作为一种无形财产，可视为遗产。

3. 公民其他的合法财产

公民其他的合法财产是指除个人财产所有权和知识产权中的财产权以外的公民的合法财产，包括：

（1）公民的债权和债务。

债是按照合同的约定或依照法律的规定，在当事人之间产生的特定的权利和义务关系。依照我国《继承法》规定的精神和《最高人民法院关于贯彻执行〈中华人民共和国继承法〉若干问题的意见》（以下简称《继承法意见》），一方面，履行标的为财物的债权属于遗产的范围。据此，不论是合同之债、侵权损害之债、不当得利之债还是无因管理之债，凡可以与人身关系分离的债权和债务，都在遗产之列。另一方面，继承遗产除应缴纳被继承人欠付的税款外，还应清偿被继承人负担的债务，但实行限定继承原则，即缴纳税款和清偿债务以被继承人遗产的实际价值为限；超过遗产实际价值的部分，继承人可以不偿还。

（2）公民的他物权。

他物权包括用益物权和担保物权。我国法律规定的担保物权主要有抵押权、质权和留置权。担保物权是从物权，从属于主债权，主债权成为遗产时，担保物权也相应地成为遗产。债权人死亡的，继承人继承债权后，有权要求债务人履行债务，债务人不履行到期债务的，继承人有权就担保物进行折价、拍卖或变卖，以实现债权。

应注意的是如果遗产上设定有担保物权，用于担保被继承人或其他人债务的履行，继承人取得该遗产的所有权，要受到担保物权的限制。例如，遗产上设有质权，该遗产由质权人占有，继承人不能要求质权人返还。如果债务人不履行到期债务，质权人有权将遗产折价、拍卖或变卖，就所得的价金实现债权，仍有剩余的由继承人继承。因此，设定有担保物权的遗产一般先不予以分割，待债权实现，遗产上的担保物权消灭后，才由继承人继承。

典权是典权人在支付典价后享有的占有典物并取得用益的权利。典权可以转移，典权人和出典人的权利义务均可成为遗产。

（3）保险金、公积金、破产安置费等特殊财产权益。

人身保险金能否列入被保险人的遗产，取决于被保险人是否指定了受益人。被保险人没有指定受益人，被保险人死亡后，该项人身保险金将列为被保险人的遗产。公积金、住房补贴、养老保险金、破产安置费、征收征用补偿金等特殊财产权益，是我国目前普遍存在的财产类型，应当纳入遗产范围。

（三）不能作为遗产的物及权利义务

1. 人身权利

与被继承人的人身密不可分的人身权利，如公民的人格权、身份权及知识产权中的人身权利均不得作为遗产。

2. 专属性的债权债务

与被继承人的人身相关的具有专属性的债权、债务，如基于婚姻关系、抚养关系或赡养关系产生的给付请求权。

3. 国有资源使用权

如采矿权、狩猎权和渔业权。

4. 指定第三人为受益人的保险金及给死者家属的抚恤金、生活补助费

在人身保险合同中，往往由被保险人指定第三人为受益人。一旦被保险人在保险期内死亡，第三人将获得合同约定的保险金。不论该第三人是否为继承人，其受益权都应归其本人所有，而不能列入死者遗产。既非遗产，则不能充当继承份额，也不能用于清偿被保险人生前的债务。发给死者家属的抚恤金和生活补助费不是对死者的经济补偿，而是给予其家属的物质帮助和精神抚慰，发给谁就属于谁所有，从发给之日起该抚恤金已成为家属的个人财产，而不能再作为死者的遗产被继承。例如，张某在出差途中遭遇车祸死亡。据查，张某曾为自己购买过人身意外保险，指定受益人是其母亲。保险公司赔付保险金 10 万元，张某所在单位一次发给抚恤金 2 万元，还按月付给张某儿子张甲每月生活补助费 200 元。本案例中保险金、抚恤金和生活补助费都不属于张某的遗产。

5. 自留山、自留地及宅基地使用权

在被继承人死亡后，被继承人生前所分得的自留山、自留地，一般并不由集体收回，而仍由被继承人的家庭成员经营收益，但自留山、自留地的使用权不作为遗产。公民的宅基地使用权也不得作为遗产继承。

6. 遗体

关于遗体可否作为继承权客体的问题，不仅在国外法学界众说纷纭，而且国内学者的见解也存在分歧。我们认为，遗体虽然是物，但不能视为死者的遗产。

7. 承包经营权

承包经营权是公民依法通过签订承包合同取得对国家或集体所有的土地、山林、草原、荒地、滩涂、果园、水面等自然资源的经营权以及对企业的经营权。承包经营权也是属于与特定人的人身有关的财产权利，不能作为遗产。《继承法》第4条规定："个人承包应得的个人收益，依照本法规定继承。个人承包，依照法律允许由继承人继续承包的，按照承包合同办理。"《农村土地承包法》第31条规定："承包人应得的承包收益，依照继承法的规定继承。林地承包的承包人死亡，其继承人可以在承包期内继续承包。"该法第50条规定："土地承包经营权通过招标、拍卖、公开协商等方式取得的，该承包人死亡，其应得的承包收益，依照继承法的规定继承；在承包期内，其继承人可以继续承包。"通过以上规定可以看出承包人的继承人可以继承承包的收益，但对于承包经营权则不能继承，按法律规定如果继承人愿意继续承包的，需按照法律和合同的规定办理。

三、继承权

（一）继承权的概念、特征

继承权是公民依照法律的规定或被继承人生前所立合法有效的遗嘱继承被继承人遗产的权利。继承权具有下列特征：

1. 继承权的权利主体只能是与被继承人有一定亲属关系的自然人

根据《继承法》的规定，能够作为法定继承人和遗嘱继承人成为继承权权利主体的只能是自然人。继承权的享有以与被继承人之间有一定亲属身份关系为前提，国家、法人、社团等均不能作为继承权的权利主体。它们接受遗产时，只能以受遗赠人的身份取得遗赠财产，或以其原来固有的身份取得无人承受的遗产。

2. 继承权的客体只能是遗产

继承权是公民享有的一种财产权，其客体只能是被继承人的遗产，包括死者遗留的财产和财产权利。公民的人身权以及某些与公民的人身不可分离的财产权，不能作为继承权的客体。

3. 继承权是一种财产权

继承权是继承人通过继承取得被继承人遗产所有权的一种财产权利。即继承权是所有权的延伸，是所有权派生出来的一种财产权，而非身份权。

4. 继承权属于绝对权，具有排他性

继承权的权利主体是特定的，只能是继承人，包括法定继承人和遗嘱继承人；义务主体是不特定的，是除继承人以外的其他民事主体，包括自然人、法人及其他社会组织等。

5. 继承权的实现以特定的法律事实出现为前提

继承从被继承人死亡时开始。只有当被继承人死亡且留有遗产这一法律事实出现

时，继承才开始。

（二）继承权的取得

继承权的取得根据有两种：一是法定继承权，依法律的直接规定取得；二是遗嘱继承权，依合法有效的遗嘱取得。

法定继承权的取得基于法律的直接规定。取得法定继承权的根据，主要是血缘关系和婚姻关系。但现代一些国家立法已突破了传统，将与被继承人形成扶养关系（或共同生活关系）作为取得法定继承权的根据之一。在我国，法定继承权取得的根据有三，即婚姻关系、血缘关系和扶养关系。值得注意的是，对尽了主要赡养义务的丧偶儿媳、丧偶女婿依据扶养关系取得继承权，近年来我国有些学者提出质疑，认为其作为酌分遗产人更为妥当。另有学者还指出："继承法如此规定实际上是将本应由道德规范调整的问题纳入了法律规范调整的范畴，是一种立法上的失误。"目前，我国港、澳、台三地区都未把扶养关系作为取得继承权的依据。

遗嘱继承权的取得根据是合法有效遗嘱的指定。按我国《继承法》第16条的规定，我国遗嘱继承人的范围与法定继承人的范围相同，即遗嘱人只能在法定继承人的范围内指定遗嘱继承人。也就是说，在我国，取得遗嘱继承权的人，只能是法定继承人范围以内的人。

（三）继承权的丧失

继承权的丧失，是指依照法律的规定发生法定事由时取消继承人继承被继承人遗产的资格。根据《继承法》第7条的规定，继承人有下列行为之一的，丧失继承权：

1. 故意杀害被继承人

构成此行为必须具备两个要件：①主观上具有杀害被继承人的故意，不论其基于什么动机。如果只具有伤害的故意或只具有过失，则不具备主观要件。②客观上实施了非法剥夺被继承人生命的行为，不论其手段是作为或不作为，也不论其结果是既遂或未遂。如因执行公务或正当防卫等合法行为致被继承人死亡的，则不具备客观要件。只有同时具备上述主客观犯罪要件的继承人，才依法丧失对被害被继承人遗产的继承权。但必须注意，该继承人对于其他近亲属的遗产继承权，不得被一并予以剥夺。

2. 为争夺遗产而杀害其他继承人

构成此行为必须具备两个要件：①主观上有杀害其他继承人的故意，且具有争夺遗产的动机。如果主观上只有伤害的故意，或只有过失，或虽有杀害的故意，但无争夺遗产的动机而是出于其他动机，如泄愤报复等，则不具备主观要件。②客观上实施了非法剥夺其他继承人生命的行为，不论既遂或未遂。被害人与加害人不论是否为同一顺序继承人，也不论是法定继承人或遗嘱继承人。如果被害人不是法定继承人（包括遗嘱继承人）以内的人，则不具备客观要件。只有同时具备上述主客观犯罪要件的继承人，才依法丧失继承权。

3. 遗弃被继承人或虐待被继承人情节严重

遗弃被继承人，是指依法负有法定义务且具有赡养能力的继承人，对没有独立生活能力的被继承人，故意不履行赡养义务的行为。凡继承人有遗弃被继承人的行为，不论其情节是否恶劣，后果是否严重，也不论其是否构成犯罪，均依法丧失继承权。虐待被继承人，是指继承人对被继承人进行精神上或肉体上的摧残折磨。《继承法》第7条第3款规定："虐待被继承人情节严重的，才丧失继承权。虐待被继承人情节是否严重，可以从实施虐待行为的时间长短、手段恶劣程度、后果是否严重、社会影响的大小等方面认定。虐待被继承人情节严重的，不论是否追究刑事责任，均可确认其丧失继承权。但是，继承人虐待被继承人情节严重的，或者遗弃被继承人的，如以后确有悔改表现，而且被虐待人、被遗弃人生前又表示宽恕的，可以不确认其丧失继承权。"

4. 伪造、篡改或者销毁遗嘱，情节严重的

伪造遗嘱，是指继承人为了夺取或独占遗产而以被继承人的名义制造假遗嘱的行为；篡改遗嘱，是指被继承人生前立有遗嘱，但继承人认为遗嘱内容对自己不利，为夺取或独占遗产而擅自改变原遗嘱内容的行为；销毁遗嘱，是指被继承人生前立有遗嘱，继承人为了争夺或独占遗产而将该遗嘱破坏、毁灭的行为。上述三种违法行为均违背了被继承人的真实意志，侵犯了其生前依法处分个人合法财产的权利，侵害了其他继承人和受遗赠人的合法权益，其中情节严重的，即侵害了缺乏劳动能力又无生活来源的继承人利益，并造成其生活困难的，应依法丧失继承权。

继承权丧失的效力应始于继承人具有丧失继承权的法定事由之时。即当继承人具有丧失继承权的法定事由时，其继承权依法当然丧失。但如丧失继承权的法定事由发生于继承开始以后的，其丧失继承权（包括当然丧失继承权或确认丧失继承权）的效力应溯及至继承开始之时。如该不当继承人在继承开始后已占有遗产的，应予以返还。另外继承权丧失的效力及于继承人晚辈直系血亲的代位继承权。继承人丧失继承权的，其晚辈直系血亲不得代位继承。例如，某甲因杀害父亲而丧失对其父的遗产继承权，故甲之子不得代位继承甲父的遗产。但是，特定继承权丧失的效力并不及于继承人对其他被继承人的继承权。即继承人丧失的继承权，只是对某一特定被继承人的继承权的丧失，并不意味着对其他被继承人的继承权一律丧失。例如，某甲因杀害父亲而丧失对其父的遗产继承权，但他对其母及其他被继承人无致使继承权丧失的行为的，则对其母及其他被继承人仍然享有继承权。

（四）继承恢复请求权的保护期限

继承恢复请求权的保护期限，是指继承人在其继承权受侵害时，享有依法请求恢复其继承权、返还被侵占遗产的请求权的有效期限。在法定的保护期限届满前，被侵权人享有向人民法院提起诉讼要求恢复继承的请求权，并受法律保护；在法定的保护期限届满后则此权利不再受法律保护。我国《继承法》第8条规定："继承权纠纷提起诉讼的期限为2年，自继承人知道或者应当知道其权利被侵犯之日起计算。但是，自继承开始之日起超过20年的，不得再提起诉讼。"此外，我国《民法通则》和有关司法解释还规定了继承权诉讼时效的中止、中断和延长等问题。

四、继承开始的时间、地点

（一）继承开始的时间

继承开始的时间是引起继承法律关系产生的法律事实出现的时间。引起继承法律关系产生的法律事实是公民的死亡。因此继承开始的时间就是公民死亡的时间。我国《继承法》第2条规定："继承从被继承人死亡时开始。"

1. 生理死亡时间的确定

生理死亡又称自然死亡，是指自然人生命的终结。在实践中，继承开始的时间可

按下列情况确定：①医院死亡证书中记载公民死亡时间的，以死亡证书中记载的为准；②户籍登记册中记载公民死亡时间的，以户籍登记的为准；③死亡证书与户籍登记册的记载不一致的，应当以死亡证书为准；④继承人对死亡时间有争议的，应当以人民法院查证的时间为准。

2. 宣告死亡时间的确定

宣告死亡是指公民离开自己的住所，下落不明达到法定期限，人民法院经利害关系人申请，依法宣告失踪人死亡的法律制度。公民被宣告死亡的，人民法院宣告判决中确定的死亡日期为失踪人的死亡日期。判决中没有确定其死亡日期的，判决宣告之日为其死亡的日期。

3. 互有继承权的继承人在同一事故中死亡的时间确定

两个以上互有继承权的人在同一事故中死亡，其死亡时间应当如何确定，这是一个直接影响继承人利益的重要问题。《继承法意见》第 2 条规定："相互有继承关系的几个人在同一事件中死亡，如不能确定死亡先后时间的，推定没有继承人的人先死亡。死亡人各自都有继承人的，如几个死亡人辈分不同，推定长辈先死亡；几个死亡人辈分相同，推定同时死亡，彼此不发生继承，由他们各自的继承人分别继承。"例如，甲与其子乙一起到森林公园旅游，因交通事故遇难。甲妻已死，家中尚有一女丙和儿媳丁。甲与乙各有遗产 10 万元。丙和儿媳丁为继承遗产发生纠纷。本案中，应推定甲先死亡，其遗产由乙丙各继承 5 万元，乙的遗产加上其本人继承的遗产由丁继承。

（二）继承开始的地点

继承开始的地点指继承开始的具体地方。我国《继承法》对此无明文规定，在司法实践中，通常以被继承人生前最后住所地（一般也为户籍所在地）为继承开始的地点。如果主要遗产不在被继承人生前最后住所地或被继承人最后住所不明的，则以被继承人主要遗产所在地为继承开始的地点。

确定继承开始的地点的法律意义在于：①因继承开始的地点往往也是遗产的集中地，故有利于清点被继承人的遗产，且加以妥善保管，并有利于清偿被继承人的债务，执行遗赠；②有利于继承人、受遗赠人等有权取得遗产的人前来继承和接受遗产；③有利于继承人参加诉讼。我国《民事诉讼法》规定，因继承遗产纠纷提起的诉讼，由被继承人死亡时住所地或主要遗产所在地人民法院管辖。

【引例分析】

《继承法》第 2 条规定："继承从被继承人死亡时开始。"本题中继承自张某死亡时开始。《继承法》第 3 条规定："遗产是公民死亡时遗留的个人合法财产，包括：（一）公民的收入；（二）公民的房屋、储蓄和生活用品；（三）公民的林木、牲畜和家禽；（四）公民的文物、图书资料；（五）法律允许公民所有的生产资料；（六）公民的著作权、专利权中的财产权利；（七）公民的其他合法财产。"根据《最高人民法院关于保险金能否作为被保险人遗产的批复》的规定：人身保险金能否列入被保险人的遗产，取决于被保险人是否指定了受益人。被保险人没有指定受益人，被保险人死亡后，该项人身保险金将列入被保险人的遗产，本案中人身保险金未指定受益人故应属于张某的遗产。综上所述，张某的遗产包括：两间房屋、一批字画、数十万元的存款以及保险公司支付的 10 万元保险金。

《继承法》第10条规定："遗产按照下列顺序继承：第一顺序：配偶、子女、父母。第二顺序：兄弟姐妹、祖父母、外祖父母。继承开始后，由第一顺序继承人继承，第二顺序继承人不继承。没有第一顺序继承人的，由第二顺序继承人继承。"本法所说的子女，包括婚生子女、非婚生子女、养子女和有抚养关系的继子女。本法所说的父母，包括生父母、养父母和有抚养关系的继父母。本法所说的兄弟姐妹，包括同父母的兄弟姐妹、同父异母或者同母异父的兄弟姐妹、养兄弟姐妹、有扶养关系的继兄弟姐妹。第11条规定："被继承人的子女先于被继承人死亡的，由被继承人的子女的晚辈直系血亲代位继承。代位继承人一般只能继承他的父亲或者母亲有权继承的遗产份额。"因甲先于张某去世，故甲的子女可以代位继承甲的份额。综上所述，乙、丙、丁及甲的子女戊、庚，为张某的第一顺序法定继承人。

【相关法律】

1. 《民法通则》第23、75、76条；
2. 《继承法》第2、3、4、7、8条；
3. 《最高人民法院关于贯彻执行〈中华人民共和国继承法〉若干问题的意见》第1~4条、第9~14条、第15~18条、第46条；
4. 《最高人民法院关于保险金能否作为被保险人的遗产的批复》；
5. 《最高人民法院关于空难死亡赔偿金能否作为遗产处理的复函》。

【思考与练习】

1. 试述遗产的概念、特征及法律地位。
2. 遗产的范围包括哪些？
3. 继承权丧失的法定情形有哪些？
4. 案例分析：

某甲有一子一女，昔日某甲继承祖上古玩若干，价值不菲。一日，甲重病在床，其料将不久于人世，遂将子乙招至床前，嘱咐乙与在外地工作之女丙均分古玩。乙见财起意，暗中下毒将甲毒死，意欲独占遗产。后事情败露，乙被执行枪决。乙之妻丁、子戊与丙就遗产分割发生纠纷。经鉴定，甲所遗留古玩价值500万元。

问：该纠纷应如何处理？

思考方向：

(1) 甲的第一顺序法定继承人有哪些？
(2) 根据继承权丧失的法定事由，判断乙是否丧失继承权。
(3) 根据代位继承的构成要件，判断戊能否继承甲的遗产。

项目二　法定继承 ▒▒▒▒▒▒▒

【引例】

钱某生有三子甲、乙、丙，并收养一女丁。甲早年因公殉职，遗有一子戊。丁成年后经商，家境殷实，但却与钱某关系日趋恶化，拒绝赡养钱某。钱某去世后，留有遗产若干。丧事均由乙、丙料理，遗产分割前丙因突发脑溢血去世，遗有一女庚。

问：根据我国相关法律，钱某遗产该如何继承？

【基本理论】

一、法定继承概述

（一）法定继承的概念、特征

法定继承又称无遗嘱继承，是指继承人的范围、继承顺序、遗产分配数额及原则等，均按法律的直接规定予以确定的继承方式。法定继承是遗嘱继承的对称。

法定继承具有两个基本特征：①法定继承以一定的人身关系为基础，即确定法定继承人的范围、继承顺序和遗产份额的根据是继承人与被继承人之间存在血缘关系、婚姻关系和收养关系。我国《继承法》确定配偶为法定继承人的根据是婚姻关系；确定父母、子女、兄弟姐妹、祖父母及外祖父母为法定继承人的根据是血缘关系；养亲、有抚养关系的继亲、对公婆尽了主要赡养义务的丧偶儿媳、对岳父母尽了主要赡养义务的丧偶女婿，他们之所以可成为法定继承人，就在于他们是与死者生前有抚养、赡养关系的同一个家庭中的成员。②法定继承人的范围、顺序和继承份额以及遗产分配原则等都由法律具体加以规定，属于强制性的法律规范，除法律另有规定外，任何组织和公民个人均无权予以改变。遗嘱继承则具有较大的任意性。

（二）法定继承的适用范围

法定继承的适用范围是指在何种情形下适用法定继承。《继承法》第5条规定："继承开始后，按照法定继承办理；有遗嘱的，按照遗嘱继承或者遗赠办理；有遗赠扶养协议的，按照协议办理。"可见，同其他国家一样，我国《继承法》也是采取遗嘱继承在先的原则。但我国建立了有特色的遗赠扶养协议制度，遗赠扶养协议有优先于遗嘱继承的效力。因此被继承人死亡后，有遗赠扶养协议的，先要执行协议；没有遗赠扶养协议的或协议无效时，适用遗嘱继承，按遗嘱办理；然后才能适用法定继承。

《继承法》第27条规定："有下列情形之一的，遗产中的有关部分按法定继承办理：①遗嘱继承人或受遗赠人放弃继承或拒绝接受遗赠的；②遗嘱继承人或受遗赠人丧失了继承权或受遗赠权的；③遗嘱继承人或受遗赠人先于被继承人死亡的；④遗嘱无效部分所涉及的财产；⑤遗嘱未处分的财产。"

二、法定继承人的范围和继承顺序

法定继承人是根据继承法的规定直接取得继承权的人。它由法律确定，而不是被继承人生前指定的。法定继承人的范围和顺序是法定继承制度的核心内容，也体现了法定继承以一定的人身关系为基础的特点。

（一）法定继承人的范围

法定继承人的范围是指适用法定继承方式时，哪些人可以作为死者遗产的继承人。依照我国《继承法》的规定，可以作为法定继承人的有：

1. 配偶

所谓配偶，是指因结婚而确立夫妻身份的男女双方。夫妻双方互为配偶，基于婚姻关系而组成家庭，相互之间存在最密切的人身关系和财产关系。所以，我国《婚姻法》第 24 条第 1 款规定："夫妻有相互继承遗产的权利。"

配偶是基于合法婚姻关系的夫妻双方，没有合法婚姻关系的男女双方不是配偶，当然不能享有互相继承遗产的权利。例如，属于同居、姘居的一方死亡后，他方无权以配偶身份继承遗产。男女之间是否具有合法有效的婚姻关系，应依我国《婚姻法》的有关规定来判定。

作为法定继承人的配偶，是专指被继承人死亡时尚生存着的夫或妻，而且是被继承人死亡前婚姻关系仍有存续的夫或妻。所以，被继承人死亡以前已经去世或离婚的配偶，因婚姻关系已经终止，不再属于法定继承人的范围。

2. 子女

子女是被继承人最近的直系晚辈亲属。父母子女之间存在着极为密切的人身关系和财产关系，子女作为父母的法定继承人为各国继承制度的通例。《继承法》第 10 条规定："子女包括婚生子女、非婚生子女、养子女和有抚养关系的继子女。不论性别，不论已婚、未婚，其继承地位平等。"

（1）婚生子女。婚生子女指具有合法婚姻关系的夫妻所生育的子女。无论该子女父母婚姻关系存续，还是因父母离婚而由一方抚养的子女，对其生父、生母的遗产都享有继承权。

（2）非婚生子女。非婚生子女，俗称"私生子女"，是指没有合法婚姻关系的男女所生育的子女，既包括未婚男女所生的子女，也包括已有配偶的人与他人发生不正当两性关系所生的子女。我国《婚姻法》第 25 条第 1 款规定："非婚生子女享有与婚生子女同等的权利，任何人不得加以危害和歧视。"《继承法》也明确规定非婚生子女与婚生子女享有同等的继承权。尽管非婚生子女的父母之间的两性关系是非法的和不道德的，但非婚生子女本身是无辜的，他们的合法权益同样受到法律的保护。

（3）养子女。养子女是指被继承人生前依据法律规定的条件和程序所收养的子女。养子女与养父母没有血缘关系，而是一种拟制血亲关系。我国《婚姻法》第 26 条规定："……养父母和养子女间的权利和义务，适用本法对父母子女关系的有关规定。养子女和生父母间的权利和义务，因收养关系的成立而消除。"由此可见，收养关系成立即产生两个法律后果：一是确立了养父母与养子女间的权利义务关系，养子女对养父母的财产有继承权；二是解除了养子女与生父母之间的权利义务关系，养子女对自己的亲生父母的遗产不再享有继承权。反之，收养关系一经解除，养子女与养父母之间的权利义务关系也同时终止，养子女对养父母的遗产不再享有继承权，如果其恢复了与生父母之间的权利义务关系，成为生父母的法定继承人，没有恢复，则不能继承。

（4）继子女。继子女是指妻与前夫或夫与前妻所生的子女。继父母与继子女之间的关系，是子女因父母一方死亡，他方再行结婚，或因父母离婚，一方或双方再行结婚而形成的。继子女与继父或继母没有血缘关系，所以，原则上继子女只能继承生父母的遗产，而不能继承继父或继母的遗产。但《继承法》第 10 条规定："如果继父或继母同继子女间形成扶养关系时，继子女就能像婚生子女一样继承继父或继母遗产，成为继父或继母的法定继承人。"需要指出的是，继子女在继承继父或继母的遗产的同时，仍是其生父母的法定继承人，可以继承其生父母的遗产。对此，《继承法意见》第 21 条第 1 款明确规定："继子女继承了继父母遗产的，不影响其继承生父母的遗产。"

所以，继子女具有双重继承权，既是与其有扶养关系的继父或继母的法定继承人，又是其生父母的法定继承人。

3. 父母

父母是被继承人最近的直系长辈亲属，不但与子女的人身关系非常紧密，而且承担着抚养教育未成年子女的义务，当然应该是子女的法定继承人。如子女一样，父母包括生父母、养父母和有扶养关系的继父母。生父母有权继承其子女的遗产，养父母有权继承其养子女的遗产，有扶养关系的继父母也有权继承其继子女的遗产。当然，子女被他人收养后，与生父母的权利义务关系消灭，因而生父母对其被他人收养的子女就不再享有继承权；养子女同养父母的收养关系解除，养父母也不再享有继承养子女遗产的权利。继父母对有扶养关系的继子女享有遗产继承权利的同时，对其亲生子女同时享有继承权。

4. 兄弟姐妹

兄弟姐妹是被继承人最近的旁系血亲亲属。根据我国《继承法》的规定，兄弟姐妹包括同父同母的兄弟姐妹、同父异母的兄弟姐妹或同母异父的兄弟姐妹、养兄弟姐妹、有扶养关系的继兄弟姐妹。兄弟姐妹间互为法定继承人。需要注意的是，养兄弟姐妹包括养子女与生子女之间、养子女与养子女之间的兄弟姐妹关系，他们互为继承人；但被收养人与其亲兄弟姐妹之间的权利义务关系因收养关系而消灭，相互间不享有继承权。继兄弟姐妹之间有无继承权，应视他们之间有无扶养关系而定，有扶养关系时，互为第二顺序继承人，没有扶养关系则不能互为继承人；继兄弟姐妹之间相互继承之遗产的，不影响其继承亲兄弟姐妹的遗产。

5. 祖父母、外祖父母

祖父母与孙子女、外祖父母与外孙子女，是仅次于父母子女的最近的直系亲属。祖父母、外祖父母是孙子女、外孙子女的法定继承人。但是《继承法》并没有同时把孙子女、外孙子女也规定为祖父母、外祖父母的法定继承人，这是因为在代位继承中，孙子女、外孙子女可以代替已经死亡了的父或母的位置，继承祖父母或外祖父母的遗产。

6. 丧偶儿媳和丧偶女婿

儿媳与公婆、女婿与岳父母之间属姻亲关系，没有血缘上的联系，相互之间本没有继承遗产的权利。但在现实生活中，有些儿媳或女婿不仅在丧偶之前与其配偶共同赡养公婆或岳父母，而且在丧偶以后甚至再婚以后继续赡养、照料公婆或岳父母。基于权利义务相一致的原则，并为了提倡赡养老人的风尚，在总结实践经验基础上，《继承法》第12条明确规定："丧偶儿媳对公、婆，丧偶女婿对岳父、岳母，尽了主要赡养义务的，作为第一顺序继承人。"尽了主要赡养义务，司法实践中一般从三个方面理解：①在经济上对被继承人进行扶助、供养；②在生活上对被继承人进行照顾；③对被继承人的赡养必须是长期的、经常的。尽了主要赡养义务的丧偶儿媳或女婿继承遗产后，不影响其子女的代位继承权。

（二）法定继承人的继承顺序

继承顺序是法律规定的继承人继承遗产的先后次序。《继承法》根据我国的国情和民族习惯，将法定继承人分为两个继承顺序：

第一顺序：配偶、子女、父母。丧偶儿媳对公、婆，丧偶女婿对岳父、岳母，尽了主要赡养义务的，也是第一顺序继承人。

第二顺序：兄弟姐妹、祖父母、外祖父母。

继承开始后，先由第一顺序的继承人继承遗产。在没有第一顺序的继承人或第一顺序的继承人全部放弃继承权或丧失继承权的情况下，才由第二顺序的继承人继承遗产。处于同一顺序的法定继承人享有平等地继承被继承人遗产的权利，他们同时继承，不分先后。

三、代位继承与转继承

（一）代位继承

《继承法》第 11 条规定："被继承人的子女先于被继承人死亡的，由被继承人的子女的晚辈直系血亲代位继承。"代位继承又称间接继承，是指被继承人的子女先于被继承人死亡，由其晚辈直系血亲代替继承被继承人遗产的一种法定继承方式。在代位继承中，先于被继承人死亡的子女称为被代位（继承）人，代替被代位人行使继承权的称为代位（继承）人，代位继承人享有的权利称为代位继承权。适用代位继承应具备以下条件：

1. 代位继承的发生必须有被继承人的子女先于被继承人死亡的法律事实

被继承人的子女也就是被代位人，包括有继承权的婚生子女、非婚子女、养子女及有扶养关系的继子女。被继承人的其他继承人先于被继承人死亡，或被继承人的子女后于被继承人死亡均不发生代位继承。被继承人子女的死亡，包括自然死亡和宣告死亡。

2. 代位继承人必须是被代位继承人的晚辈直系血亲

被代位继承人的旁系血亲、姻亲或长辈直系血亲均无代位继承权。在我国，代位继承不受辈数的限制，代位继承人可以是被代位继承人的子女、孙子女、外孙子女、曾孙子女、外曾孙子女等。

3. 被代位继承人必须具有继承权

继承人如果丧失了继承权，则其晚辈直系血亲不得代位继承。《继承法意见》第 28 条规定："继承人丧失继承权的，其晚辈直系血亲不得代位继承。如该代位继承人缺乏劳动能力又没有生活来源，或对被继承人尽赡养义务较多的，可适当分给遗产。"

4. 代位继承人一般只能取得被代位人应得的遗产份额

代位继承人是代替被代位人行使继承权，因此，其取得的财产应是被代位人可继承而得的遗产。代位继承人有二人以上的，也只能共同继承和分割被代位继承人应得的份额，而不能单独与其他法定继承人平分被继承人的遗产。例如，被继承人有一子、一女，均于继承开始前死亡，被继承人的配偶、父母也先于被继承人死亡。其子留有子女甲、乙、丙，其女留有子丁。在这种情形下，不能由甲、乙、丙、丁四人均分遗产；原则上此时遗产应分为两份，由甲、乙、丙继承一份，由丁继承一份。当然代位继承人一般只能继承其父或其母应继承的份额，并不等于在任何情况下代位继承人只能作为"一人"与其他第一顺序的继承人均分遗产，也不等于各个代位继承人之间只能就其父或其母应得的继承份额均分。《继承法意见》第 27 条规定："代位继承人缺乏劳动能力又没有生活来源，或者对被继承人尽了主要赡养义务，分配遗产时，可以多分。"

代位继承是法定继承的一种形式，因而，在遗嘱继承中不适用代位继承。代位继承人是作为被继承人的第一顺序的法定继承人来继承遗产的，代位继承的发生不妨碍其他的法定继承人依法继承遗产。

（二）转继承

1. 转继承的概念及成立条件

转继承又称再继承、连续继承、第二次继承，是指继承人在继承开始后，遗产分割之前死亡，其应继承的遗产转由他的合法继承人来继承的法律制度。实际接受遗产时已死亡的继承人的合法继承人称为转继承人，已死亡的继承人称为被转继承人。

我国《继承法》没有明确规定转继承制度，但《继承法》第25条规定："继承开始后，遗产分割前，继承人没有表示放弃的，视为接受继承。"《继承法意见》第52条规定："继承开始后，继承人没有表示放弃继承，并于遗产分割前死亡的，其继承遗产的权利转移给他的合法继承人。"据此，我国《继承法》也是承认转继承的。

转继承的发生或成立需具备以下条件：第一，继承人于被继承人死亡后遗产分割前死亡。继承人于继承开始前死亡的会发生代位继承，而不能发生转继承；继承人于遗产分割后死亡的，其已取得遗产的单独继承权，其法定继承人得直接继承其遗产，也不会发生转继承。第二，死亡的继承人未丧失继承权，也未放弃继承权。若其丧失或放弃了继承权，就没有参与继承遗产的权利，当然也就不会发生转继承。

转继承一经成立，已死亡的继承人（被转继承人）应取得的被继承人的遗产份额即成为其遗产转由其法定继承人继承，并由转继承人直接参与被继承人的遗产分配。

2. 转继承与代位继承的区别

转继承和代位继承具有相似之处，如都有继承人已死亡的事实；都是由原享有继承权的继承人的继承人取得被继承人的遗产；而且都是在死亡的继承人没有丧失继承权的情况下发生的。但是两者的区别也是明显的，主要体现在以下方面：

（1）发生的事实根据不同。转继承基于继承人（被转继承人）于被继承人死亡后遗产分割前死亡的事实；代位继承则是基于继承人（被代位继承人）先于被继承人死亡的事实。

（2）继承人的范围不同。转继承人可以是被继承人的晚辈直系血亲，也可以是被继承人的其他法定继承人，他们依各自继承顺序参加转继承，而且转继承人还可以是遗嘱继承人。代位继承的代位继承人只能是被代位继承人的晚辈直系血亲，即子女、孙子女、曾孙子女等。

（3）适用的范围不同。转继承既可适用于法定继承，也可以适用于遗嘱继承。在遗嘱继承开始后，遗嘱继承人在未取得按遗嘱应继承的遗产前死亡，就适用转继承。代位继承是法定继承的补充和特殊形式，不能适用遗嘱继承。

【引例分析】

前述引例中涉及养子女继承权、继承权丧失、转继承以及各继承人之间遗产分割原则问题。《继承法》第10条规定："遗产按照下列顺序继承：第一顺序：配偶、子女、父母。第二顺序：兄弟姐妹、祖父母、外祖父母。继承开始后，由第一顺序继承人继承，第二顺序继承人不继承。没有第一顺序继承人继承的，由第二顺序继承人继承。"本法所说的子女，包括婚生子女、非婚生子女、养子女和有抚养关系的继子女。

本案中丁作为钱某养女，系第一顺序继承人，虽然其有赡养条件而拒绝对钱某尽赡养义务，但并不符合《继承法》第7条规定的丧失继承权的情形，仍然享有继承权。

《继承法》第11条规定："被继承人的子女先于被继承人死亡的，由被继承人的子女的晚辈直系血亲代位继承。代位继承人一般只能继承他的父亲或者母亲有权继承的遗产份额。"甲先于被继承人死亡，符合代位继承的规定，因此应由其晚辈直系血亲戊作为第一顺序继承人继承钱某的遗产。

《继承法意见》第52条规定："继承开始后，继承人没有表示放弃继承，并于遗产分割前死亡的，其继承遗产的权利转移给他的合法继承人。"丙在钱某死后遗产分割之前死亡，符合转继承的规定，因此，其所得遗产份额转由其继承人庚继承。

另据我国《继承法》第13条规定："同一顺序继承人继承遗产的份额，一般应当均等。"《继承法意见》第34条规定："有扶养能力和扶养条件的继承人虽然与被继承人共同生活，但对需要扶养的被继承人不尽扶养义务，分配遗产时，可以少分或者不分。"故在分割遗产时丁应少分或不分。

【相关法律】

1. 《继承法》第9~12条；
2. 《婚姻法解释（一）》第6条；
3. 《收养法》第23条；
4. 《婚姻法》第24条；
5. 《最高人民法院关于贯彻执行〈中华人民共和国继承法〉若干问题的意见》第19~26条、28~30条；
6. 《最高人民法院关于随母改嫁的子女能否继承其生父遗产问题的复函》。

【思考与练习】

1. 试析法定继承人的范围和继承顺序。
2. 试析法定继承的适用情形。
3. 简述代位继承的概念和法律特征。
4. 简述转继承与代位继承的区别。
5. 案例分析：

甲、乙结婚时均为再婚。甲与前妻生女丙，乙与前夫生子丁。丙丁均年幼。甲、乙婚后含辛茹苦将丙、丁抚养成人。丙成家后生子戊。某日，乙出差途中因飞机失事，不幸遇难。甲突遭丧妻之痛，一病不起，生活无法自理。丙主动承担照顾甲的重任，之后，丙因工作调整，无法分身，遂派已成年的戊与甲一起生活，戊对甲贴身悉心照料。自乙去世后，丁便与甲、丙往来稀少，仅于甲病重时寄来少量钱财。乙辞世后数载，甲也随之去世。丙、丁、戊为继承甲的遗产发生纠纷。

问：本案该如何处理？

思考方向：

（1）根据《继承法》的规定确定本案中哪些人属于甲的第一顺序法定继承人，判断戊是否是甲的法定继承人；

（2）根据继承权丧失的法定事由，判断丁是否丧失继承权；

（3）根据代位继承的构成条件，判断丁是否可以代位继承。

项目三　遗嘱继承、遗赠与遗赠扶养协议

【引例】

甲有三子（乙、丙、丁）均已成年并工作。甲立下一份公证遗嘱，将三分之二的财产留给儿子乙，其余的留给丙。后乙因盗窃而被判刑，甲伤心至极，在病榻上当着众亲友的面将遗嘱烧毁，不久去世。乙出狱后要求按照遗嘱的内容继承遗产。丙认为乙无权继承遗产，乙、丙、丁为继承遗产发生纠纷。

问：本案该如何处理？

【基本理论】

一、遗嘱继承

遗嘱继承以遗嘱存在为前提，但与遗嘱又是两个不同的概念，它们各自具有特定的含义和法律特征。

（一）遗嘱的概念和特征

遗嘱是公民生前按照法律规定的方式对自己的财产或其他事务作出处分并于其死亡时发生执行效力的一种法律行为。遗嘱作为法律概念，也常指遗嘱人处分其遗产和其他事务的一种凭据。立遗嘱的公民称为遗嘱人，接受遗嘱指定继承遗产的人称为遗嘱继承人。

遗嘱的特征：

1. 遗嘱是从遗嘱人死亡时发生执行效力的法律行为

遗嘱是遗嘱人生前所为的法律行为，然而这种行为在立遗嘱后至遗嘱人死亡前，并未发生遗嘱执行的效力，其执行的法律效力，应从遗嘱人死亡时开始。只要遗嘱人还健在，任何人都不得要求按照已立的遗嘱继承财产。遗嘱人在死亡以前，可以变更遗嘱，甚至撤销遗嘱。

2. 遗嘱是遗嘱人的单方法律行为

遗嘱人立遗嘱基于自己的意思表示即可，不必事先征求继承人的意见或征得受遗赠人的同意，遗嘱人所立遗嘱只要符合法律的要求即可发生效力。

3. 遗嘱应是遗嘱人的真实意思表示

遗嘱人应具有完全民事行为能力，无民事行为能力人、限制民事行为能力人所立遗嘱无效。遗嘱人是否具有行为能力，应当以立遗嘱时的状况为准。遗嘱必须由遗嘱人自己作出意思表示，不能由他人代理，因此，不适用民法上的一般代理制度。

4. 遗嘱是要式法律行为

依照《继承法》的规定，遗嘱一定要依照法定的方式订立。

5. 遗嘱的内容须符合法律规定

遗嘱虽然是遗嘱人对自己财产所做的处理，但该处理也应当符合法律的规定，内

容不符合法律规定的遗嘱是无效的。

（二）遗嘱继承

遗嘱继承又称指定继承，是指继承人按照被继承人的遗嘱，继承被继承人遗产的继承方式。遗嘱继承中，遗产的继承人及其取得的遗产数额都由被继承人在遗嘱中指定，遗嘱指定的继承人称遗嘱继承人。

遗嘱继承具有以下法律特征：

1. 遗嘱继承以遗嘱的存在为前提

遗嘱直接表示了被继承人的意愿，也是继承人取得遗产的依据。因此，发生遗嘱继承不仅须有被继承人死亡的事实，还须有被继承人所立的合法有效的遗嘱。

2. 遗嘱继承的开始，必须由被继承人立有遗嘱和立遗嘱人死亡两个法律事实构成

两个事实必须同时具备，缺一不可。遗嘱人所立遗嘱无效或被撤销，不发生遗嘱继承；或所立遗嘱有效，立遗嘱人还未死亡，继承人不得请求继承遗产。

3. 遗嘱继承的继承人的范围、顺序及遗产份额，都可由遗嘱人在遗嘱中指定

在我国，遗嘱继承人需为法定继承人，不是法定继承人范围内的人不能成为遗嘱继承人。但是遗嘱中指定的继承人不受法定继承顺序的限制，遗嘱人可以指定第一顺序的法定继承人为继承人，也可以指定第二顺序的法定继承人为继承人。遗嘱继承人继承的份额也不受法定继承中遗产分配原则的限制，遗嘱人可以指定继承人应继承的财产份额。

（三）遗嘱的形式、内容和有效要件

1. 遗嘱形式及效力认定

遗嘱形式即遗嘱人通过一定的形式表达自己处分财产的意思。根据《继承法》第17条规定，遗嘱形式包括以下五种：

（1）公证遗嘱。公证遗嘱是经过公证机关公证的书面遗嘱。《继承法》第17条第1款规定："公证遗嘱由遗嘱人经公证机关办理。"据此，设立公证遗嘱的事项、程序和要求等均由公证法律法规规范。公证遗嘱程序严格，遗嘱的真实性和合法性经过国家公证机关的确认，因此，公证遗嘱是证明遗嘱人处分财产真实意思表示最有力和最可靠的证据。根据我国《继承法》第20条和《继承法意见》第42条规定，公证遗嘱的效力最高，遗嘱人以不同形式立有数份内容相抵触的遗嘱，其中有公证遗嘱的，以最后所立公证遗嘱为准。

（2）自书遗嘱。自书遗嘱，又称亲笔遗嘱，是由遗嘱人亲笔书写的遗嘱。自书遗嘱的内容须由遗嘱人亲自执笔书写，遗嘱人必须在遗嘱上亲笔签名，并注明年、月、日。《继承法意见》第40条规定："公民在遗书中涉及死后个人财产处分的内容，确为死者真实意思的表示，有本人签名并注明了年、月、日，又无相反证据的，可按自书遗嘱对待。"

（3）代书遗嘱。代书遗嘱，是指由他人代笔书写的遗嘱。由于代书遗嘱不是遗嘱人亲笔所写，代书遗嘱被篡改、伪造的可能性很大。为了保证代书遗嘱的真实性和合法性，法律对代书遗嘱的形式要件作了严格的规定。《继承法》第17条第3款规定："代书遗嘱应当有两个以上见证人在场见证，由其中一人代书，注明年、月、日，并由代书人、其他见证人和遗嘱人签名。"

（4）录音遗嘱。录音遗嘱是指以录音方式记载遗嘱内容的遗嘱形式。我国《继承

法》第17条第4款规定："以录音形式立的遗嘱，应当有两个以上见证人在场见证。"除此之外，录音遗嘱的制作程序和保管要求等都没有规定。录音等视听资料很容易被他人剪辑、伪造或篡改，为保证遗嘱的真实性，公民在制作录音遗嘱时，应严格遵守一定的程序和规则。设立录音遗嘱时，须有两个以上见证人在场见证录音遗嘱制作的全过程，遗嘱人须清晰地表述遗嘱的全部内容，并说明具体见证人以及制作录音遗嘱的时间和地点。见证人可以分别口述自己的姓名、年龄、职业、住址等信息和在场见证的情况。录音遗嘱制作完毕后，须将磁带或光盘封存，遗嘱人和见证人在封面上签名，注明年、月、日，交由见证人保存。录音遗嘱必须在见证人和继承人均在场的情况下当众启封。上述程序的每个步骤都要严格遵守和执行，否则录音遗嘱很难被认定为有效遗嘱。

但是，实际生活情况复杂，事后能确定录音遗嘱严格按照上述程序制作的微乎其微。现代科技日新月异，磁带录音已逐渐被淘汰，取而代之的是电脑、光盘、软盘、移动硬盘等，通过这些载体保存的录音遗嘱，更增加了其不确定性。

（5）口头遗嘱。口头遗嘱，是指由遗嘱人口头表述的而不以其他方式记载的遗嘱。被继承人因伤病，遇到自然灾害、突发事件，或在战场上生命垂危，无法以其他方式设立遗嘱的，可以口述遗愿，由两个以上见证人在场见证，设立口头遗嘱。见证人应及时将遗嘱人口授的遗嘱记录下来，并由记录人和见证人签名，注明立遗嘱的日期和记录的日期，以确保见证遗嘱内容的真实可靠。

口头遗嘱的内容全凭见证人的记忆再现，如果见证人没有及时记录，很有可能因时间的经过，见证人记忆模糊，不能真实反映遗嘱的内容。有的情形是各见证人所述的内容并不一致，无法确定遗嘱的内容。因此，《继承法》第17条第5款规定："危急情况解除后，遗嘱人能够用书面或者录音形式立遗嘱的，所立的口头遗嘱无效。"至于遗嘱人在危急情况解除后多长时间内能够另立遗嘱，法律没有规定。审判实践中，遗嘱人能否以其他方式设立遗嘱，由人民法院根据实际情况具体认定。

应当注意的是，订立代书遗嘱、录音遗嘱和口头遗嘱的时候，必须有两个以上的见证人在场见证。见证人是遗嘱人在立遗嘱时的证明人，见证人的证明直接关系到遗嘱的效力，因此，法律对见证人的资格也有要求。依照我国《继承法》第18条的规定，下列人员不能作为遗嘱见证人：①无民事行为能力人、限制民事行为能力人；②继承人、受遗赠人；③与遗嘱人、受遗赠人有利害关系的人，包括继承人、受遗赠人的子女、近亲属、债权人、债务人、共同经营的合伙人等。

2. 遗嘱的内容

遗嘱的内容是遗嘱人处分遗产及有关事务的意思表示。遗嘱人要实现自己的意愿，对遗产的处分和事务的安排就应当具体化、明确化。《继承法》对于遗嘱的内容没有具体的限制性规定，遗嘱人当然要合法地处分自己的财产，并且不违背社会主义的道德准则和善良风俗。一般认为，遗嘱应包括以下内容：遗产的名称和数量；遗嘱继承人或受遗赠人；遗产的分配方法和具体份额；指明某项财产的用途和使用目的；明确遗嘱人对遗嘱继承人或受遗赠人附加的义务；指定遗嘱执行人；设立遗嘱的时间、地点等。

3. 遗嘱的有效条件

遗嘱是遗嘱人的意思表示，为达到预期的法律后果，也就是保证遗嘱具有法律效力，遗嘱必须符合一定的条件。一般认为，有效的遗嘱必须具备法定的形式要件和实质要件。依照我国《继承法》第17、22条等的规定，这些条件主要包括：

（1）遗嘱人在立遗嘱时必须具有遗嘱能力。立遗嘱是一种民事法律行为，立遗嘱人必须具有完全的民事行为能力，即遗嘱能力。无民事行为能力人或限制民事行为能力人所立的遗嘱无效。依我国《民法通则》的规定，在我国，具有遗嘱能力，能够设立遗嘱的人包括18周岁以上的成年人和16周岁以上不满18周岁，但能够以自己的劳动收入为主要生活来源的人。所以，遗嘱人立遗嘱时若没有行为能力，即使其后来有了行为能力，所立遗嘱仍属无效遗嘱；遗嘱人立遗嘱时有行为能力，即使后来丧失了行为能力，也不影响其遗嘱的效力。

（2）遗嘱的意思表示必须真实。遗嘱是公民生前的单方法律行为，不须他人同意就可直接发生效力，因此，遗嘱应是遗嘱人自己真实意思的表示，像其他民事行为一样，受胁迫、欺诈所立的遗嘱无效。遗嘱被伪造的，伪造的遗嘱无效；遗嘱被篡改的，篡改的内容无效。

（3）遗嘱的内容必须合法。遗嘱的内容，是指遗嘱人在遗嘱中所表示出来的对自己的财产及相关事务所做的具体安排。遗嘱不得违反宪法、民法、婚姻法、继承法等法律的规定，也不得违背社会主义道德准则和善良风俗，遗嘱不得剥夺缺乏劳动能力又无其他生活来源的法定继承人的继承份额，不得取消应当为胎儿保留的继承份额。

（4）遗嘱的形式必须符合法律规定。遗嘱是要式法律行为，因此，必须符合法律所要求的形式才具有法律效力。关于遗嘱的形式要求，上面已述之，不再赘述。

（四）遗嘱的变更、撤销和执行

1. 遗嘱的变更

遗嘱的变更是指遗嘱人依法改变原先所立遗嘱的部分内容。遗嘱人变更遗嘱，可以对原遗嘱的部分内容进行修改，也可以以立新遗嘱的形式使原遗嘱中的部分内容因与新遗嘱内容发生矛盾而无效。遗嘱人变更遗嘱时，可以采取与原立遗嘱相同的形式，也可以采取与原立遗嘱不同的形式，但是，原遗嘱若是以公证方式订立的，则不能用自书、代书、录音或口头遗嘱的形式变更公证遗嘱，而只能以公证遗嘱的形式对其进行变更。变更遗嘱是遗嘱人享有的权利，不需征得继承人或其他人的同意。变更遗嘱应符合遗嘱生效的有效要件。《继承法意见》第42条规定："遗嘱人以不同形式立有数份内容相抵触的遗嘱，其中有公证遗嘱的，以最后所立公证遗嘱为准；没有公证遗嘱的，以最后所立的遗嘱为准。"变更后的遗嘱合法有效，应依变更后的遗嘱执行，如果变更后的遗嘱是无效的，仍以原先所立的有效遗嘱为实际执行的遗嘱。

2. 遗嘱的撤销

遗嘱的撤销是指遗嘱人废止原先已合法成立的遗嘱，使其内容丧失法律效力的行为。遗嘱人可用声明原遗嘱无效的方式撤销，也可用立新遗嘱的方式撤销原遗嘱。依据《继承法》的规定，遗嘱人不得以自书、代书、录音或口头遗嘱来变更、撤销公证遗嘱。《继承法意见》第39条规定："遗嘱人生前的行为与遗嘱的意思表示相反，而使遗嘱处分的财产在继承开始前灭失、部分灭失或所有权转移、部分转移的，遗嘱视为被撤销或部分被撤销。"遗嘱人损毁涂销遗嘱，或在遗嘱书上写明废弃的意思表示，此遗嘱视为撤销。

撤销遗嘱和变更遗嘱一样，也必须是遗嘱人的真实意思表示，并且由遗嘱人亲自进行，不得由他人代理，更不能委托他人于其死后代为撤销。

3. 遗嘱的执行

遗嘱的执行就是为实现遗嘱的内容而进行的必要处分。它对于实现遗嘱人的意志，保护遗嘱继承人和其他利害关系人的合法权益具有重要意义。

遗嘱的执行必须在遗嘱人死后才能开始，因此，遗嘱人不可能自己去执行遗嘱，但是，如果由继承人或受遗赠人直接去执行遗嘱，虽然简便省事，但也容易产生弊端，因为他们与遗嘱的内容有直接利害关系。所以，为了妥善保护遗嘱人、继承人及受遗赠人和其他利害关系人的利益，继承法特设遗嘱执行人制度。《继承法》第16条第1款规定："公民可以依照本法规定立遗嘱处分个人财产，并可以指定遗嘱执行人。"遗嘱执行人不限于自然人，法人和其他社会组织均可以被指定为遗嘱执行人。依民法一般原理和《继承法》有关规定的精神，一般认为无民事行为能力人和限制民事行为能力人，均不能作遗嘱执行人。因为遗嘱执行人要独立地管理遗产并依遗嘱对遗产进行分配，必须具有一定的社会知识和社会生活经验。对于拒绝执行遗嘱执行人职责或有不当行为甚至违法行为等重大事由的，可认为遗嘱执行人放弃或丧失了执行人资格，可由其他符合条件的执行人履行相应职责。

二、遗赠

（一）遗赠的概念和特征

遗赠是公民以遗嘱方式将其个人合法财产的一部分或全部，赠送给国家、集体组织或法定继承人以外的其他公民，并于遗嘱人死亡时发生执行效力的单方法律行为。在遗赠制度中，遗嘱人称为遗赠人，遗嘱指定的接受财产的人称为受遗赠人。

我国《继承法》第16条第3款规定："公民可以立遗嘱将个人财产赠给国家、集体或者法定继承人以外的人。"从本款的规定可以看出，遗赠是被继承人死后遗产转移的一种方式。遗赠充分尊重了遗嘱人的意愿，是遗嘱自由原则的重要体现。

遗赠是以遗嘱的存在为前提，它具有以下法律特征：

1. 遗赠是一种单方法律行为

遗赠是以遗嘱为之的赠与行为。遗赠是遗嘱的内容之一，遗赠必须以遗嘱的方式进行，这是遗赠的本质特征。因遗嘱属于单方法律行为，与之相适应，遗赠也是单方法律行为。遗赠仅须遗嘱人的单方意思表示即可成立，不需要征得受遗赠人的同意，也不需要征求其他人的意见。

2. 遗赠是给特定人以财产利益的无偿行为

遗赠是给予他人以财产利益的行为，是遗嘱人对自己财产的一种无偿转让。这种财产利益，既可以是给予财产权利，也可以是免除受遗赠人的财产义务。根据我国《继承法》的规定，受遗赠人只能是法定继承人以外的人。因此，受遗赠人与遗嘱人没有法定继承人的血缘关系、婚姻关系或扶养关系，其与遗嘱人之间没有法律上的权利义务关系。受遗赠人接受遗赠不需要以履行法定义务为前提，遗赠人完全是一种无偿的财产让与。虽然遗赠人有时在遗嘱中也可以附设某种义务，即附负担遗赠，但财产性义务不能超出转让的财产权利范围。

在附负担的遗赠中，受遗赠人于遗赠生效后应当履行所附的负担。《继承法意见》第43条规定："附义务的遗嘱继承或遗赠，如义务能够履行，而继承人、受遗赠人无正当理由不履行，经受益人或其他继承人请求，人民法院可以取消他接受附义务那部分遗产的权利，由提出请示的继承人或受益人负责按遗嘱人的意愿履行义务，接受遗产。"

3. 遗赠是于遗嘱人死亡后发生效力的行为

遗嘱是公民生前按照法律规定的方式对自己死亡之后的财产进行处分，并于死亡时发生执行效力的法律行为。作为遗嘱内容之一的遗赠也同样，在遗嘱人死亡之前，并未发生执行效力，受遗赠人不得要求受让遗嘱指定的财产。由于遗嘱在遗嘱人死亡前没有生效，因此，遗嘱人在订立遗嘱后，可以根据自己的意愿，随时修改、变更或撤销遗赠。

（二）遗赠与遗嘱继承

虽然遗赠与遗嘱继承都是遗嘱人以遗嘱处分自己财产的方式，但两者是不同的，主要区别表现在：

1. 主体范围不同

遗赠的主体即受遗赠人必须是法定继承人范围以外的人，既可以是国家、集体、法人或非法人组织，也可以是自然人。遗嘱继承人只能是法定继承人范围内的人，而不能是法定继承人以外的人，也不能是国家或集体。

2. 客体内容不同

遗赠的客体是纯粹的财产权利，不包括财产义务。受遗赠人是无偿取得遗产，通常是只享受权利不承担义务。而遗嘱继承人对于遗产的继承，既包括财产权利，也包括财产义务。因此，受遗赠人与遗嘱继承人承担的义务也就不同。受遗赠人不承受遗产中的债务，而遗嘱继承人不仅享有取得遗产的权利，也负有承担被继承人债务的义务。

3. 权利行使方式不同

受遗赠人接受遗赠的，应于法定期间内作出接受遗赠的明示意思表示。《继承法》第25条第2款规定："受遗赠人应当在知道受遗赠后两个月内，作出接受或者放弃受赠的表示。到期没有表示的，视为放弃受遗赠。"遗嘱继承人对继承的接受，既可以通过明示的方式进行，也可以通过默示的方式进行，如果遗嘱继承人自继承开始至遗产分割前未明确表示放弃继承的，则推定其接受继承。

遗赠与赠与存在相同之处，即两者都是一种财产转让方式，是当事人一方将自己的财产无偿给予他人的行为。尽管遗赠与赠与都是无偿取得财产的方式，都涉及财产的无偿转移，但两者之间还是有明显区别的，其主要区别在于：

（1）遗赠是一种单方法律行为，只要有遗赠人一方赠与的意思表示即可成立，不必征得受赠与人同意，受遗赠人依据遗嘱就可以获得遗嘱指定的财产。而赠与是一种双方的法律行为，赠与人与受赠与人之间是一种合同关系，是赠与人将自己的财产无偿给予受赠与人，受赠与人表示接受的合同，赠与人与受赠与人双方必须意思表示一致，赠与合同方可成立。

（2）遗赠采用遗嘱的方式，受《继承法》调整；赠与采取合同的方式，受《合同法》调整。

（3）遗赠以遗嘱的存在为前提，遗赠是一种要式法律行为。遗赠必须符合法律规定的形式要件，以遗嘱的方式进行，否则，遗赠既不合法成立，也不产生法律效力。而赠与是一种非要式法律行为，法律对赠与没有严格的形式要求，当事人双方用口头形式或书面形式都可达成赠与协议。

（4）两者的生效时间不同。遗赠属死后行为。遗赠必须在遗嘱人死亡后才能发生执行效力，因此，受遗赠人不能在遗赠人尚未死亡时就请求支付遗赠物，遗赠标的物在继承开始前灭失的，遗赠不生效，受遗赠人也不能要求遗嘱执行人承担相应的给付义务。赠与属生前行为。《合同法》第186条规定："赠与人在赠与财产的权利转移之前可以撤销赠与。具有救灾、扶贫等社会公益、道德义务性质的赠与合同或者经过公证的赠与合同，不适用前款规定。"可见，赠与合同的生效时间分为两种情况，一种是在合同成立时生效，另一种是在赠与财产权利转移时生效。

（5）两者处分的财产范围不同。遗嘱人在遗嘱中，不得剥夺缺乏劳动能力又无生活来源的法定继承人的必要遗产份额。而法律对赠与人处分财产的行为则没有特别限制。

三、遗赠扶养协议

（一）遗赠扶养协议的概念和特征

遗赠扶养协议是被扶养人（即遗赠人）与扶养人之间签订的有关扶养与遗赠关系的协议。我国《继承法》第31条规定："公民可以与扶养人签订遗赠扶养协议。按照协议，扶养人承担该公民生养死葬的义务，享有受遗赠的权利。""公民可以与集体所有制组织签订遗赠扶养协议。按照协议，集体所有制组织承担该公民生养死葬的义务，享有受遗赠的权利。"根据协议，扶养人承担被扶养人生养死葬的义务，被扶养人承担将自己的财产于死后转归扶养人所有的义务。其中，接受扶养、给付财产的一方是遗赠人、被扶养人或受扶养人；承担生养死葬义务、接受财产赠与的一方为受遗赠人、扶养人。

遗赠扶养协议是当事人双方签订的关于生养死葬的合同，带有明显的互助性质，不单纯以财产利益为目的，它是我国继承法律制度中的一项特殊制度。遗赠扶养协议具有以下特征：

1. 遗赠扶养协议的主体具有一定的特殊性

遗赠扶养协议是以生养死葬为内容的合同，因此其受扶养的主体一方必须是自然人，扶养人可以是有扶养能力的公民，也可以是集体经济组织。扶养人如为公民则必须是法定继承人以外的人。

2. 遗赠扶养协议是一种双方的法律行为

遗赠扶养协议由扶养人与被扶养人双方共同订立，协议的成立、变更和解除必须双方协商一致。除了受《继承法》调整外，遗赠扶养协议同时还受《合同法》的调整，它是一种特殊的合同。

3. 遗赠扶养协议是一种双务有偿的法律行为

遗赠扶养协议是以扶养和遗赠为内容的合同，扶养人只有履行了扶养义务才能获取遗赠，被扶养人只有承担了遗赠义务才能接受扶养，双方都负对待给付义务，任何一方都不能无偿地取得他方的财产。

4. 遗赠扶养协议自合同成立时生效

遗赠扶养协议是被扶养人生前与他人签订的生养死葬的合同，是诺成性合同，自合同成立时生效，但扶养人权利的实现则必须是在被扶养人死后，即只有在被扶养人死后才能取得遗赠的财产。扶养人在被扶养人生前不得提出取得遗赠财产的要求。

5. 遗赠扶养协议在适用上具有优先性

根据《继承法》第 5 条的规定，公民死亡后，其遗留财产可因法定继承而发生转移，也可因遗嘱、遗赠而发生转移，还可能因遗赠扶养协议而转移，但在这些遗产转移的方式中，遗赠扶养协议具有优先适用的特性。

（二）遗赠扶养协议与遗赠的区别

虽然遗赠扶养协议与遗赠都属于死后遗赠遗产的法律行为，但两者仍然具有明显的区别：

1. 性质不同

遗赠扶养协议是双方法律行为，遗赠则是单方法律行为。遗赠扶养协议是由当事人双方协商一致订立的合同，合同的订立、变更、解除和履行，适用《合同法》的基本原则和规定。而遗赠则是遗嘱人单方的意思表示，遗赠的成立只要有遗嘱人单方的意思表示即可，无须征得受遗赠人的同意。同时，遗赠随意性较大，遗赠人不仅可以单方立遗嘱，还可以随时变更遗嘱的内容，或撤销遗嘱另立新遗嘱，但遗赠扶养协议一经签订，非经对方同意，任何一方都不得随意变更或撤销。

2. 内容不同

遗赠扶养协议是有偿法律行为，遗赠是无偿法律行为。遗赠扶养协议的扶养人取得遗产是以履行扶养义务为前提的，被扶养人接受扶养人的扶养则是以死后遗赠财产为代价，因此，遗赠扶养协议体现了权利与义务相一致的原则。而遗赠是无偿的财产转让，受遗赠人接受遗产不以尽义务为前提。现实生活中虽然也有一些附义务的遗赠，但这种遗赠不仅少，而且受遗赠人所承担的义务基本是限定在受遗赠的财产范围内，不会改变遗赠的无偿性质。

3. 形式不同

遗赠是要式法律行为，必须通过遗嘱来进行。而对于遗赠扶养协议的形式，法律没有作特别限制性规定，因而它不是要式法律行为。

4. 生效时间不同

遗赠扶养协议自合同成立之日起生效，遗赠只能在遗嘱人死亡后才发生实施效力。

5. 适用效力不同

遗赠扶养协议具有先于遗赠适用的效力。依我国《继承法》第 5 条、《继承法意见》第 5 条的规定，如死者生前既有遗赠又有遗赠扶养协议且两者相互抵触时，适用遗赠扶养协议，与遗赠扶养协议抵触的遗嘱全部或部分无效。

（三）遗赠扶养协议的效力

作为我国社会福利保障制度的重要补充措施，遗赠扶养协议经双方协商订立。遗赠扶养协议的内容应包括扶养和遗赠两个方面。协议应当明确扶养的内容和具体要求，遗赠的财产种类、名称、数量和状况等。为便于合同的有效履行，合同还应明确双方在扶养和遗赠方面的权利与义务。遗赠扶养协议一经订立即具有法律效力，双方必须履行协议中约定的事项。

1. 扶养人的权利和义务

扶养人有权在被扶养人死亡后取得约定遗赠的财产，在有正当理由的情况下，有权要求解除遗赠扶养协议，但应事先通知，并安排好被扶养人的短期生活。因被扶养人无正当理由不履行协议，导致协议解除的，有权要求被扶养人偿还已支出的扶养费用。

扶养人应当根据协议中约定的标准，负责被扶养人生前的衣食住行，妥善安排、照料被扶养人的生活。如果被扶养人生病，还应予以医疗和护理。被扶养人死后，应料理其后事，处理丧葬事务。扶养人不得有虐待、遗弃被扶养人的行为，不得随意中断对被扶养人的供养与照料。如扶养人无正当理由不履行义务，导致协议解除的，不能享有受遗赠的权利。

2. 被扶养人的权利和义务

被扶养人有权要求扶养人按照协议约定的标准，对自己扶养、照顾及扶助，死后由扶养人办理丧事。在有正当理由的前提下，有要求解除遗赠扶养协议的权利。因扶养人无正当理由不履行协议，导致协议解除的，对扶养人已经支出的扶养费用有权不予补偿。

被扶养人应遵守协议，不得对已约定的财产进行出卖、赠与、毁损等不利于扶养人的处分，应妥善保管、使用协议约定的财产，应保证于死后将协议中约定的财产能够为扶养人取得。无正当理由不履行协议，导致协议解除的，对扶养人已经支出的扶养费用应予补偿。

【引例分析】

在前述引例中，《继承法意见》第42条规定："遗嘱人以不同形式立有数份内容相抵触的遗嘱，其中有公证遗嘱的，以最后所立公证遗嘱为准；没有公证遗嘱的，以最后所立的遗嘱为准。"对公证遗嘱的变更、撤销应符合法律规定，公证遗嘱只能以公证方式变更、撤销。据此，甲在病榻前当众亲友面烧毁遗嘱的行为，不能被视为撤销变更公证遗嘱。另外，根据《继承法》第7条的规定，乙虽因盗窃被判刑，但不因此丧失其继承权，乙有权依遗嘱的内容继承财产。本案中乙、丙、丁均已成年并工作，甲以遗嘱方式处分自己的财产，因遗嘱继承优先于法定继承适用，故丁不能继承甲的遗产。

综上所述，甲的遗产应由乙和丙按遗嘱内容继承。

【相关法律】

1. 《继承法》第16～22、25、31条；

2. 《婚姻法》第24条；

3. 《遗嘱公证细则》；

4. 《最高人民法院关于贯彻执行〈中华人民共和国继承法〉若干问题的意见》第35～43、53～56条。

【思考与练习】

1. 试述遗嘱的概念和特征。

2. 试述遗嘱继承的适用。

3. 遗嘱应具备哪些法定形式和内容？其有效条件是什么？

4. 试述遗赠与遗嘱继承、赠与的区别。

5. 试述遗赠扶养协议与遗赠的区别。

6. 选择题：

李立只有侄子李小刚一个亲人。李立已立有遗嘱将遗产交由李小刚继承。2004年5月李立遇车祸死亡。下列说法正确的是（ ）

A. 李小刚作为遗嘱继承人继承其遗产

B. 李小刚作为受遗赠人继承其遗产

C. 如李立未立遗嘱，李小刚也可作为法定继承人继承其遗产

D. 如李立未立遗嘱，李小刚也可作为代位继承人继承其遗产

7. 案例分析：

1998年，原告李某与被告郭甲、童某之子郭乙登记结婚。2002年，郭乙以自己的名义购买了一套房屋。2004年，李某、郭乙与医院签订人工授精协议，通过人工授精，原告李某于2004年10月产一子，取名郭丙。2004年4月，郭乙因病住院。郭乙在医院立下遗嘱，主要内容为："①通过人工授精（不是本人精子）所生的孩子我坚决不要；②以我的名义购买的房子，赠予父母郭甲和童某，别人不得有异议。"同年5月23日，郭乙病故，除婚后购买的一套房屋外，未留下其他财产。李某与郭乙父母郭甲和童某为继承遗产发生纠纷。

问：本案该如何处理？

思考方向：

（1）正确界定被继承人的遗产的范围，判断婚后郭乙以自己的名义买的房子是否属于遗产；

（2）根据遗嘱继承与法定继承的适用效力，判断李某是否有权继承郭乙的遗产；

（3）根据遗嘱生效的有效要件，判断郭乙处分财产的效力。

项目四　遗产的处理

【引例】

张某的遗产已经分割，甲根据张某的遗嘱继承了4万元现款，乙根据张某的遗赠分得价值1万元的电脑一台，丙依法定继承分得价值10万元的公寓一套。张某生前尚欠丁债务12万元。

问：丁的债权应如何清偿？

【基本理论】

一、遗产的分割

遗产分割，是指共同继承人之间按照各自应得遗产份额分配遗产的法律行为。遗

产一经分割，遗产上的权利和义务即归属于各个继承人分别享有和承担，从而结束遗产共有关系。

（一）遗产分割的原则

遗产分割的原则是指遗产依据何种准则进行分割。根据我国《继承法》的立法精神，遗产分割应遵循以下主要原则：

1. 尊重被继承人意愿原则

被继承人留有遗嘱时，如果遗嘱中定有分割遗产的方法，或在遗嘱中委托他人代为决定的，只要是遗嘱人真实的意思表示，并且不违反法律、社会公共利益和社会主义道德，此遗嘱指定应当是有效的。

2. 遗产分割自由原则

所谓遗产分割自由原则是指共同继承人随时行使遗产分割请求权，任何继承人不得拒绝分割遗产。遗产分割请求权从性质上说属于形成权，继承人可以随时行使，不因时效而消灭。为更好地满足继承人生活、生产需要，故应允许继承人随时请求分割遗产。

3. 互谅互让、协商分割原则

《继承法》第15条规定："继承人应当本着互谅互让、和睦团结的精神，协商处理继承问题。遗产分割的时间、办法和份额，由继承人协商确定。协商不成的，可以由人民调解委员会调解或者向人民法院提起诉讼。"贯彻此原则，有利于促进家庭和睦团结、社会稳定安宁。

4. 保留胎儿的继承份额原则

《继承法》第28条规定："遗产分割时，应当保留胎儿的继承份额。胎儿出生时是死体的，保留的份额按照法定继承办理。"《继承法意见》第45条进一步规定："应当为胎儿保留的遗产份额没有保留的应从继承人所继承的遗产中扣回。为胎儿保留的遗产份额，如胎儿出生后死亡的，由其继承人继承；如胎儿出生时就是死体的，由被继承人的继承人继承。"由此可见，我国《继承法》并未规定胎儿出生是分割遗产的前提，只要确定有胎儿存在，不管是否出生，皆可分割遗产，但胎儿应得的份额必须保留。

5. 均等原则和适当照顾原则

《继承法》第13条第1款规定："同一顺序继承人继承遗产的份额，一般应当均等。"此规定是指各继承人条件大致相同的情况下均等分割遗产，特殊情况下可以不均等。依《继承法》第13条的规定，不均等分割遗产的情形主要有：①对生活有特殊困难的缺乏劳动能力的继承人，分配遗产时，应当予以照顾。②对被继承人尽了主要扶养义务或者与被继承人共同生活的继承人，分配遗产时，可以多分。③有扶养能力和有扶养条件的继承人，不尽扶养义务的，分配遗产时，应当不分或者少分。④继承人协商同意的，也可以不均等。

此外，《继承法》第14条规定："对继承人以外的依靠被继承人扶养的缺乏劳动能力又没有生活来源的人，或者继承人以外的对被继承人扶养较多的人，可以分给他们适当的遗产。"此处要注意，如果继承人以外的人要想适当分得遗产，必须满足一定的条件：①主体只能为法定的两种特定的人，即或是依靠被继承人扶养的缺乏劳动能力又缺乏生活来源的人，或为继承人以外的对被继承人扶养较多的人；②所分得遗产的数额是不确定的，这主要取决于对被继承人的依靠程度或对被继承人平时生活的照顾程度；③适当分得并不代表就要少于平均数额，也有可能分得的数额等于或高于继承人的平均数额。而且，这种酌情适当分得遗产的权利是受到法律保护的，若该请求权受到侵害，则相关的权利主体可以依法维权。

6. 物尽其用原则

《继承法》第29条第1款规定："遗产分割应当有利于生产和生活需要，不损害遗产的效用。不宜分割的遗产，可以采取折价、适当补偿或者共有等方法处理。"《继承法意见》第58条进一步规定："人民法院在分割遗产中的房屋、生产资料和特定职业所需要的财产时，应依据有利于发挥其使用效益和继承人的实际需要，兼顾各继承人的利益进行处理。"因此，遗产分割时，应当从有利于生产和生活需要出发，不损害遗产的效用，注意充分发挥遗产的实际效用。

（二）遗产分割的方式

关于遗产的分割方式，若遗嘱中已经指定，则应按遗嘱中指定的方式分割；遗嘱中未指定的，由继承人具体协商；继承人协商不成的，可以通过调解或诉讼解决。

《继承法》第29条第2款规定："不宜分割的遗产，可以采取折价、适当补偿或者共有等方法处理。"据此，对遗产的分割可根据具体情形采用实物分割、变价分割、补偿分割和保留共有的分割四种方式。

二、被继承人债务的清偿

（一）被继承人债务的清偿原则

根据《继承法》规定，被继承人债务的清偿应遵循以下原则：

1. 限定继承的原则

《继承法》第33条规定："继承遗产应当清偿被继承人依法应当缴纳的税款和债务，缴纳税款和清偿债务以他的遗产实际价值为限。超过遗产实际价值部分，继承人自愿偿还的不在此限。"这表明，继承人对被继承人的债务的清偿只以遗产的实际价值为限，超过遗产实际价值部分，继承人不负清偿责任。

2. 保留特定继承人遗产份额的原则

《继承法》第19条规定："遗嘱应当对缺乏劳动能力又没有生活来源的继承人保留必要的遗产份额。"这是贯彻我国养老育幼原则的具体体现。在清偿被继承人债务时，即使遗产的实际价值不足以清偿债务，也应当为需要特殊照顾的缺乏劳动能力又没有生活来源的继承人保留适当的遗产，以满足其基本生活需要。

3. 清偿债务优于执行遗赠的原则

《继承法》第34条规定："执行遗赠不得妨碍清偿遗赠人依法应当缴纳的税款和债务。"按照这一规定，在遗赠和清偿债务的顺序上，清偿债务优先于执行遗赠。只有在清偿债务后，还有剩余遗产时，遗赠才能得到执行。如果遗产已不足以清偿债务，遗赠就不能执行。

（二）被继承人债务的清偿时间和方式

清偿被继承人债务的时间和方法一般是：继承开始以后，各个继承人在遗产分割之前，应首先用被继承人遗留下来的财产来清偿被继承人遗留的债务，清偿后剩余的财产，才作为实际存在的遗产按照遗嘱或法定继承来进行分割。也可以在继承开始后，各个继承人先根据遗嘱或法律规定对遗产进行分割，然后再清偿债务。

《继承法意见》第62条规定："遗产已被分割而未清偿债务时，如有法定继承又有遗嘱继承和遗赠的，首先由法定继承人用其所得遗产清偿债务，不足以清偿时，剩余的债务由遗嘱继承人和受遗赠人按比例用所得遗产偿还；如果只有遗嘱继承和遗赠的，由遗嘱继承人和受遗赠人按比例用所得遗产偿还。"

三、无人承受遗产和"五保户"遗产的处理

（一）无人承受遗产

1. 无人承受遗产的概念和范围

所谓无人承受遗产，是指在继承开始后，没有人依法继承或接受遗赠的死者的遗产。一般认为，公民死亡后，有下列情况之一的，其所留的遗产属于无人承受的遗产：①死者既无法定继承人，又无遗嘱指定继承人或受遗赠人；②全体继承人都放弃继承或丧失继承权的；③遗赠受领人放弃受遗赠或丧失受遗赠权的；④死者没有法定继承人，或只用遗嘱处分了一部分遗产，其余未加处分的那一部分遗产也属于无人继承又无人受遗赠的遗产；⑤有无继承人或受遗赠人情况不明，经公告期满后仍无人主张继承权或受遗赠权。

无人承受遗产不同于无主财产，两者的主要区别在于：①无人承受的遗产确定存在所有人，却无人继承或受遗赠该财产，但不排除存在于该财产上的债权，如遗产酌给债权等。而无主财产是指依法不属于任何人的财产，财产没有所有人。②无人承受的遗产无须经过人民法院审理解决，根据我国《继承法》的规定直接确定其归属。而无主财产通常必须经过人民法院特别程序加以确认和解决其归属。

2. 无人承受遗产的处理

对于无人承受遗产的处理，根据《继承法》第32条的规定，如果死者生前是城乡集体所有制组织成员的，其遗产应归其生前所在的集体所有制组织所有；如果死者生前是国家机关、全民所有制企业、事业单位工作人员和城镇居民的，其遗产应收归国家所有。

在处理无人承受的遗产时，应当注意以下两个问题：

一是死者债务清偿问题。根据《继承法》第33条的规定，继承人继承遗产应当清偿被继承人生前欠下的债务。同理，取得无人承受的遗产的国家或集体所有制经济组织也应当在遗产的实际价值范围内清偿被继承人生前欠下的债务。

二是非继承人酌情取得遗产问题。根据《继承法意见》第57条和《继承法》第14条的规定，在处理遗产时，若有继承人以外的依靠被继承人生前扶养的缺乏劳动能力又没有生活来源的人，或继承人以外的对被继承人扶养较多的人，根据《继承法》有关酌分遗产请求权的规定而要求分得一定份额遗产时，人民法院应视情况予以其分得适当的无人承受的遗产份额。

（二）"五保户"遗产的处理

"五保户"是指我国《农村五保供养工作条例》中的"五保"供养对象，是在我国社会主义制度下，在农村广泛施行的对老、弱、孤、寡、残疾的人实行的保吃、保穿、保医、保住、保葬（孤儿为保教）的社会保障制度。

"五保户"遗产是指享受"五保"的公民死亡后所遗留的财产。在我国，"五保

户"原来由农村集体经济组织负责供养,根据2006年3月1日起施行的《农村五保供养工作条例》的新规定,现在已改为由地方人民政府财政安排供养。《继承法意见》第54条规定:"由国家或集体组织供给生活费用的烈属和享受社会救济的城市居民,其遗产仍应准许合法继承人继承。"第55条又规定:"集体组织对'五保户'实行'五保'时,双方有扶养协议的,按协议处理;没有扶养协议,死者有遗嘱继承人或法定继承人要求继承的,按遗嘱继承或法定继承处理,但集体组织有权要求扣回'五保'费用。"此外,如果"五保户"的亲友或邻居对其生前生活曾经有过一定程度照顾,且符合《继承法》第14条规定的,也可分得适当的遗产。

【引例分析】

在前述案例中涉及被继承人债务清偿问题。我国《继承法》第5条规定:"继承开始后,按照法定继承办理;有遗嘱的,按照遗嘱继承或者遗赠办理;有遗赠扶养协议的,按照协议办理。"因此,在多种继承方式并存时,被继承人债务的清偿方式亦有先后之别。《继承法意见》第62条规定:"遗产已被分割而未清偿债务时,如有法定继承又有遗嘱继承和遗赠的,首先由法定继承人用其所得遗产清偿债务;不足清偿时,剩余的债务由遗嘱继承人和受遗赠人按比例用所得遗产偿还;如果只有遗嘱继承和遗赠的,由遗嘱继承人和受遗赠人按比例用所得遗产偿还。"本题中甲是遗嘱继承人,乙是受遗赠人,丙是法定继承人。对于甲生前的债务首先由其法定继承人丙在继承遗产实际价值范围内清偿。法定继承人所继承的遗产不足以清偿的,剩余的债务由遗嘱继承人和受遗赠人按比例用所得遗产清偿,即由甲、乙按比例清偿。因此对于该债务,由丙偿还10万元,甲偿还1.6万元,乙偿还4 000元。

【相关法律】

1. 《继承法》第23~29、30、32、33、34条;
2. 《最高人民法院关于贯彻执行〈中华人民共和国继承法〉若干问题的意见》第44~62条;
3. 《婚姻法》第13、17条;
4. 《最高人民法院关于审理离婚案件处理财产分割问题的若干具体意见》第2条;
5. 《最高人民法院关于如何处理农村五保户对象遗产问题的批复》。

【思考与练习】

1. 遗产分割的原则与方法有哪些?
2. 遗产分割完毕后被继承人债务该如何清偿?
3. 案例分析:

张三于2004年5月1日死亡,其遗产已予以分割,其子张东按照遗嘱继承了存款8万元,张南按照遗赠分得家庭影院一套(价值4万元),张北按照法定继承分得轿车一部(价值16万元),现债权人钱某持借据称张三生前欠其20万元债务。问:钱某的债权该如何清偿?

思考方向:

(1)遗产分割完毕后,取得遗产人对被继承人的债务是否负有清偿责任?

（2）在法定继承人取得的遗产不足以清偿被继承人的债务时，遗嘱继承人及受遗赠人该如何清偿？

【拓展阅读】

1. 薛宁兰，金玉珍. 亲属与继承法. 北京：社会科学文献出版社，2009.

2. 郭明瑞，房绍坤，关涛. 继承法研究. 北京：中国人民大学出版社，2010.

3. 陈苇. 外国继承法比较与中国民法典继承编制定研究. 北京：北京大学出版社，2011.

4. 陈苇，宋豫. 中国大陆与港、澳、台继承法比较研究. 北京：群众出版社，2007.

5. 张平华，刘东耀. 继承法原理. 北京：中国法制出版社，2009.

6. 史尚宽. 继承法论. 北京：中国政法大学出版社，2000.

继承权实训

【情景设计】

张某、李某均系孤儿，1960年二人结为夫妻，生子甲、乙（乙早年被王某收养）、丙、丁。夫妻二人先后去世，李某去世时留有遗产价值200万元。甲酷爱登山，1999年随登山队探险时遭遇雪崩不幸遇难，留一子戊一女庚。据查，李某于2000年1月立有一份公证遗嘱表明将自己的一半遗产留给其子丙并将自己的钢琴赠与好朋友赵某；但李某死前于众亲友面前表明撤销对赵某的赠与。遗产分割前，丙因抢救落水儿童不幸牺牲，仅留幼子辛。

问：李某的遗产该如何继承？

【工作任务】

1. 明确我国法定继承人的范围。

2. 正确认识法定继承与遗赠扶养协议、遗嘱继承、遗赠的适用效力。

3. 确定不同时间、不同形式的遗嘱的效力。

4. 正确认识代位继承、转继承的适用情形。

【实训步骤】

步骤1. 判断本案中是否有遗赠扶养协议、遗嘱继承、遗赠的情形；

步骤2. 确定李某的第一顺序法定继承人的范围，根据继承法相关规定判断乙可否继承李某的遗产；

步骤3. 判断本案中是否存在代位继承及转继承；

步骤4. 确定不同时间、不同形式的遗嘱的效力，判断李某死前于众亲友面前表明撤销对赵某的赠与的效力。

人身权

人身权是民事权利的基本类型之一，也是自然人、法人和其他组织参加相应民事活动所必须具备的主要权利，特别是对自然人而言，人身权尤其是人格权的享有和行使，是其作为民事主体必不可少的资格和条件。人身权制度的建立和健全，既是一个国家法制建设完善程度的体现，也是一个社会权利保护发达程度的重要标志。认识人身权，掌握人身权制度的内容及其具体适用，才能更好地行使法律所赋予的权利，也有助于促进民事活动的依法进行和社会秩序的良性发展。

【知识目标】

了解我国现行法律有关人身权的规定，知晓人身权的分类，掌握各种具体人格权和身份权的主要内容，正确认识具有关联性的不同权利之间的区别。

【能力目标】

准确把握各项人格权和身份权的构成要素，正确判断侵害人身权的各种行为，能够运用相应法律规定及措施实现对人身权的保护。

项目一　人身权概述

【引例】

某日，王某、倪某二人到某国际贸易中心（下称国贸中心）开设的超市购物。购物后准备离开时，超市的两名工作人员质问她们是否拿了商场的东西，并要求检查她们的手袋。王某将所有手袋打开让对方检查，超市工作人员仍坚持说她们拿了超市的物品未付款。双方争执无果，这两名工作人员将王、倪二人带到办公室继续盘问。在办公室里，商场的一名女职员也加入盘查。迫于压力，王某和倪某摘下帽子、解开衣服、打开手袋，由超市的工作人员检查。工作人员检查后，确未查出二人拿了东西，才向王、倪二人道歉并放行。事后王某、倪某以国贸中心的行为侵犯其人格权为由，向国贸中心所在地法院起诉。国贸中心认为，其工作人员只是要求检查她们的手袋，并没有指责她们偷窃，王、倪二人是自己主动打开手袋、解开衣服接受检查的，整个过程中工作人员都没有动手，而且事后已经向王、倪二人道歉，不构成对王某、倪某的侵害。

问：

（1）国贸中心的辩解有没有错误？

（2）王某、倪某主张自己的人格权遭受侵害，是否应当支持？

【基本理论】

一、人身关系

人身关系，又称为人身非物质关系，是指人与人之间基于彼此的人格或身份而形成的以人身利益为内容的社会关系。

人身关系具有以下特点：①人身关系以自然人的人身、法人及其他组织的组织体为其发生和存在的基础；②人身关系的内容具有非财产性；③人身关系所体现的人身利益具有专属性，即特定主体的人身利益只能由该主体享有，不能与该主体分离，也不能经由让与或继承的方式转归他人享有，一般情况下该主体也不能抛弃自己的人身利益。

人身关系包括两种类型：①人格关系，即人与人之间基于彼此的人格而形成的以人格利益为内容的社会关系；②身份关系，即人与人之间基于彼此的社会身份而形成的以身份利益为内容的社会关系。作为民法调整对象之一的人身关系可以概括为：人格尊重，身份平等。所谓人格，是指社会成员作为独立主体所必须具备的条件。[①] 自然人的人格要素主要有生命、身体、健康、姓名、名誉、自由、隐私、肖像等；法人的人格要素主要有名称、名誉、自由等。只有获得法律赋予的资格，自然人和其他组织体才能以民事主体的名义从事各种民事活动，并在社会生活中得到其他主体的尊重。所谓身份，是指人基于血缘或者其参加的社会活动，在一定的社会组织结构体系中所处的地位；换言之，身份是人在其置身的社会组织结构中所处地位的标志。例如男女两性依法结合，从而在两人之间形成夫妻关系，双方成为对方的配偶，平等地互享配偶的权利互担配偶的义务。

以人身关系为基础，在民法的规范下形成各项人身权。

二、人身权的含义和特征

（一）人身权的含义

人身权，又称人身非财产权，是人格权和身份权的合称，是指民事主体依法享有的与其自身不可分离的没有直接财产内容的民事权利。人身权是民事主体享有的最基本的民事权利，是民事主体设定、取得、变更或放弃其他民事权利的基础，特别是民事主体取得财产权的前提。例如，自然人只有在保有生命权的情况下才能安全地学习、工作和生活；享有姓名权才能在社会中与他人区分并以自己的名义从事各种活动；法人如果没有名称权，其经营活动就难以正常、有序地开展。

（二）人身权的特征

人身权有以下法律特征：

---

① 有学者认为，"人格，是指生物学上的人被承认为法律上的人的状态，这种承认的结果表现为国家赋予生物学上的人以权利能力。"参见彭万林．民法学．北京：中国政法大学出版社，1994.12～13.

1. 不可分离性

享有人身权是自然人、法人及其他组织得以进行民事活动的基础，人身权是保障民事主体人身利益得以实现的法律形式；人身利益以自然人的人身或法人及其他组织的组织体为载体，人身利益只有与主体结合在一起才能体现出来。因此，人身权与其主体同时存在并且密不可分，主体不能没有人身权而单独存在，主体一旦消灭人身权也随之消灭。

2. 非财产性

人身权以民事主体的人身利益为客体，人身利益包括人格利益和身份利益，本身并不具有财产内容，它所体现的是人们的道德情感、社会评价等。比如名誉权以名誉利益为客体，而名誉是社会对权利主体的一种评价，这种评价主要是对权利主体产生情感、精神上的影响。

当然，人身权与财产权也存在一定的联系，具体表现为：①人身权是取得某些财产权的前提，例如身份权是享有继承权的前提，只有死者的近亲属或配偶才有权继承其遗产；②人身权在一定情况下能够给权利主体带来财产利益，例如享有肖像权的人可以许可他人有偿使用自己的肖像从而获得相应的财产利益；③人身权受到损害时，可以要求加害人以赔偿一定金钱作为承担法律责任的方式。

3. 不可转让性

人身权与民事主体不可分离决定了人身权只能由特定的民事主体享有、不可让渡，包括不得以任何形式买卖、赠与和继承。当然也有例外，某些人身权脱离了民事主体仍然具有法律意义或经济价值的，可以依法转让和继受，例如法人的名称权。

4. 支配性和绝对性

民事主体对于结合其自身的人身权可以直接支配，无须他人为特定的行为，因此人身权属于支配权，具有支配性；同时，民事主体行使其人身权可排斥任何人的非法干涉，因此人身权也是绝对权，具有绝对性。

5. 法定性

人身权的取得基于法律的直接规定，民事主体不须亦不能通过约定或单方行为创设人身权。即使有一些民事权利的取得需要民事主体实施一定的行为，该行为所能产生的权利也是法律预先设定的，例如，家长给新生儿取名从而产生新生儿的姓名权，适龄男女结婚从而取得配偶权等，民事主体并不能因此而形成法律规定以外的人身权。

三、人身权的分类

以权利主体是否为自然人为标准，人身权可以分为自然人人身权和法人、其他组织人身权；以人身权的客体是人格利益还是身份利益为标准，可以将人身权分为人格权和身份权。

（一）自然人的人身权与法人、其他组织的人身权

自然人和法人、其他组织虽然都具有民事主体资格，但法人、其他组织如合伙、非法人的社会团体等是社会组织，其人身权与自然人的人身权具有明显的不同：

1. 某些人身权为自然人所独有

如生命权、身体权、健康权和肖像权，法人、其他组织不享有这些与生命密切相关的人身权，法人、其他组织也不享有亲属法上的身份权。

2. 法人、其他组织的人身权一般来说与财产利益具有较为密切的联系

例如，企业法人尤其是知名企业的名称在很大程度上是一种无形资产，因此，法人、其他组织的名称权可以依法转让，而自然人的各种人身权都是不可转让的。再如，企业的名誉会影响其生产经营活动的效益，其名誉权被侵害往往会带来财产上的损失。

3. 遭受损失对象不同

法人、其他组织的人身权如果遭受侵害，一般只会造成财产损失，间或有其他非财产性的损害，而不会像自然人的人身权受到侵害那样形成精神上的痛苦，因此法人、其他组织不能向侵害人主张精神损害赔偿。

（二）人格权与身份权

1. 人格权

人格权，是指民事主体依法固有的为维护自身独立人格所必备的以人格利益为客体的权利。其具体含义有三：

（1）人格权是民事主体依法固有的。自然人从其出生、法人及其他组织从其成立之日起即享有人格权，人格权的取得无须民事主体积极的作为，而是由法律直接赋予。从本质上说，人格权是法律对民事主体的社会地位和资格的一种确认，此种确认仅以其诞生或成立为准，而不考虑自然人的年龄、性别、智力、贫富等差别，也不论非自然人的实力强弱或规模大小。在民事主体存续期间，人格权始终存在。

（2）人格权是民事主体维护人格独立所必需的。对自然人而言，拥有独立人格是其从生物学意义的人被承认为法律上的人的主要标志，也是其与普通生物在法律上的根本区别，如果一个自然人不享有人格权，将不被他人以"人"来对待，也就没有与其他人平等进行民事活动的资格，其生命、生活必将遭遇种种危险；对法人或其他组织来说，享有人格权才能以主体的身份独立参与社会生活，没有人格权的保障，就没有独立自主经营或者进行其他活动的可能。

（3）人格权以人格利益为客体。人格利益，是民事主体就其人身自由和人格尊严、生命、健康、姓名或者名称、名誉、隐私、肖像等所享有的利益的总和，包括民事主体在各种社会关系中所获得的社会评价、自我认知和精神感受等。人格权的权利主体行使权利及其义务主体履行义务都以实现权利主体之人格利益为目标。

人格利益通常分为一般人格利益和具体人格利益，前者是指民事主体享有但法律未作特别规定的人格利益；后者是指民事主体享有并由法律明确作出具体规定的人格利益。人格权也因此被划分为一般人格权和具体人格权。一般人格权是指以民事主体全部人格利益为客体的概括性权利，其基本构成要素包括四项内容：①人格独立，民事主体之间不存在依附关系，彼此独立，各自独立地享有人格及其人格利益；②人格平等，民事主体一律平等，无差别地获得、享有人格利益；③人格自由，民事主体的人格不受他人支配、干涉和控制，可自由地保持自己的人格并使自己的人格利益不断完善和发展；④人格尊严，对民事主体的自身价值和社会价值应予以肯定和尊重，任何人不得贬损他人的人格价值侵害其人格利益。具体人格权是由一般人格权衍生而来的法律类型化的人格权，包括生命权、身体权、健康权、人身自由权、姓名权或名称权、肖像权、名誉权、隐私权等。一般人格权具有概括性和包容性，具体人格权具有法定性，民事主体的人格利益遭受侵害，可以根据具体人格权的相关规定追究侵害人的法律责任；当受损的人格利益法律没有明文规定、不能为具体人格权所救济时，则

可以依据一般人格权寻求法律的保护。

2. 身份权

身份权，是指民事主体因特定身份而依法享有的以一定身份利益为客体的权利。

身份权的取得和存续以某种特定身份关系的存在为前提，也就是说，民事主体必须与他人之间形成或存在一定身份关系才能享有身份权，身份关系消灭，身份权也随之消灭。身份权不是民事主体必备的权利，没有身份权，不影响其主体资格。身份权包括配偶权、亲权、亲属权、荣誉权等。具体内容见本单元项目三，在此不作赘述。

四、我国人身权法律制度的发展及其意义

（一）我国人身权法律制度的历史和发展

中国古代的法律有"刑民不分"的特点，没有专门针对人身权的民事立法，主要是通过刑罚方法制裁侵害人身权的行为，也有如烧埋银等若干对受害人进行物质赔偿的制度。同时又存在以"三纲五常"为准则，以皇权、父权和夫权为核心的身份制度，此种制度等级森严、尊卑不得逾越。到了清朝末年，我国才开始具有近代意义的民事立法，如清政府拟定的《大清民律草案》、北洋政府出台的《民国民律草案》和民国政府颁布的《中华民国民法》，虽然内容上仍带有封建残留色彩，前两者也没有真正实施，但在人身权的立法上有了历史性的进步。

新中国成立以后，个人的政治权利和部分财产权利得到重视和保护，但由于封建传统观念和极"左"思想的影响，对人格权和人格尊严并没有给予应有的尊重，直至改革开放才开始并逐步重视对人权的保护。1982年《宪法》确认了公民人格尊严和人身自由的基本权利；1986年通过的《民法通则》专章规定民事权利，并明确确认了人身权。自《民法通则》施行后，侵害个人姓名、名誉、肖像等人格权纠纷案件，开始进入司法程序并获得精神损害赔偿的救济。《婚姻法》、《继承法》、《收养法》、《妇女权益保护法》、《未成年人保护法》、《消费者权益保护法》、《残疾人保障法》等一系列法律也从不同层面对人身权作出了相应的规范。2004年《宪法》修改，第一次载入"国家尊重和保障人权"的基本原则，成为我国各项立法的基本准则。2009年制定的《侵权责任法》将多种类型的人格权纳入其所保护的民事权利之中，为保障人格权提供了更加有效的途径。此外，最高人民法院在总结司法实践经验的基础上，先后发布了有关人身损害赔偿、精神损害赔偿、死者人格利益保护等司法解释，极大地丰富和完善了我国人格权法的内容。

（二）建立人身权法律制度的意义

1. 为人类的繁衍和延续提供前提条件

人身权制度赋予并确认自然人及其组织体具有法律上的主体资格，为保护民事主体的人身权不受侵害提供强有力的方法手段，在很大程度上可以防范和避免人与人之间互相残杀或损害健康等，为人类的繁衍和延续提供了前提条件。

2. 保护基本人权的需要

人生而享有生存和发展的权利，基本人权是人们生存和发展必不可少的保障，在民法领域，基本人权体现为各项具体人身权。例如，作为首要人权的生存权，其实现有赖于生命权和健康权的拥有，而人身权制度正是规范这些权利并为之提供保护的。

3. 保护人格尊严的需要

有尊严地生活是自然人必有的精神需求，每个人都应享有最起码的社会地位并得到其他人最起码的尊重，人身权制度将这一普遍要求法律化、制度化，为各个民事主体之间相互尊重确立规范，为民事主体的人格尊严提供保障。

4. 建立和维护正常、有序的社会关系的需要

人与人之间彼此区分和彼此尊重是正常、有序的社会关系的前提，而彼此区分有赖于姓名和名称，尊重的内容即为个人享有的自由、名誉、隐私、肖像等基本人格利益。家庭是组成社会的基本单位，家庭关系的稳定关涉社会关系的和谐，家庭成员之间互享身份权对于稳定家庭关系必不可少。通过人身权法律制度保护人格权和身份权，无疑会有利于社会关系的有序状态的建立和维持以及受到破坏后的恢复。①

【引例分析】

某国贸中心的工作人员无端怀疑王某、倪某并对其进行盘查，虽然在言语上没有直接指明两人偷窃也没有动手对其搜身，但在既没有充分证据也缺乏盘查的合法权力的情况下，这一行为本身就是对原告人格的贬损；在商场办公室两原告还被迫在异性面前解开衣服接受对方检查，这是对原告的进一步羞辱。王某、倪某没有得到应有的尊重，其人格尊严受到严重损害，并因此产生精神上的痛苦，国贸中心诉称其没有侵害原告的权利是不成立的。本案开庭后，国贸中心主动要求调解。在法庭的主持下，双方达成了一致意见，被告当庭向原告赔礼道歉，并一次性支付若干赔偿金作为对原告精神损害的补偿。

【相关法律】

1.《中华人民共和国宪法》第 33 条第 3 款、第 37、38 条、第 49 条第 3 款；
2.《中华人民共和国民法通则》第 101 条；
3.《最高人民法院关于确定民事侵权精神损害赔偿责任若干问题的解释》。

【思考与练习】

1. 比较人格权与身份权的异同。
2. 案例分析：

某公司市场主管高某年少时因意外事故被燎伤脸部和胳膊并留下了永久性疤痕，于 2000 年 4 月 22 日、4 月 28 日及 5 月 1 日三次进入某酒吧消费时被拒之门外，酒吧工作人员没有说明拒绝的理由。第二次被拒时高某愤而报警，酒吧工作人员在派出所做笔录时表示，拒绝高某进入酒吧是因为高某"面容不太好，怕进了店中影响生意"。高某认为酒吧的做法侵害了自己的人格权和消费者自主选择服务权，遂于同年 7 月向人民法院递交了民事诉状，要求开办该酒吧的某餐饮公司公开向其承认错误、赔礼道歉并赔偿其精神损失。该餐饮公司则认为，酒吧从未对高某有过任何歧视性的差别待遇，事发当晚酒吧里客人非常多，不让高某进入是为了维护其正常经营和保护店内客人的安全，并不存在故意阻拦高某的事实，也不可能给高某造成严重精神损害。

---

① 王利明 . 民法 . 北京：中国人民大学出版社，2000. 510.

问：本案应当如何处理？

项目二 具体人格权

【引例】

2006年3月，曾任安徽省卫生厅副厅长等职的尚某因涉嫌受贿被逮捕。同年8月，湖北《前卫》杂志刊出《傍上两个"副省"，为何保不住她的亨通仕途》一文（以下简称《傍》文），讲述了尚某以色谋权的"桃色新闻"，文中内容多为尚某的"情色艳事"。2007年1月，尚某因受贿罪和巨额财产来源不明罪，被判处有期徒刑10年；判决书中无尚某以色谋权的内容，也无尚某在"审查期间交代自己与他人的特殊关系"的内容。

2008年3月，尚某以《傍》文捏造事实对其进行恶意诽谤和人身攻击侵害其名誉权为由，将《前卫》杂志的主办单位湖北日报传媒集团起诉到了法院，要求赔偿精神损害抚慰金32万元。法院经审理后认定，该文虚构、捏造尚某"以色谋权"等事实，同时用"狐狸精"、"鬼蜮伎俩"等带有侮辱性的言语诋毁尚某名誉，被告在刊发此文时不予审查核实，便传播、刊发不利于尚某名誉的虚假事实，且被其他媒体广泛转载、转摘，严重侵犯了尚某的名誉权，依法应承担相应的民事责任，因此判令被告书面向尚某赔礼道歉，赔偿尚某精神损害抚慰金6万元。①

问：

(1) 法院对此案的处理是否正确？

(2) 刑事犯是否也有名誉权等人身权利？

【基本理论】

具体人格权，是指法律明确规定的民事主体对其特定的人格利益所享有的权利。具体人格权以一般人格权为基础，是一般人格权的具体化、类型化。根据其所体现的人格利益类型的不同，具体人格权可以分为物质性人格权和精神性人格权，前者与自然人的生命体紧密结合，是自然人对自身所拥有的物质性人格要素不可转让的支配权，包括生命权、身体权和健康权三种；后者对人体本身没有直接的依附性，更多地体现为主体的自我认知和精神感受以及社会的评价等精神性人格要素，主要有人身自由权、姓名权、名称权、肖像权、名誉权和隐私权等。

一、生命权

生命原本是生物学上的概念，法律学上的生命，专指自然人的生命，是人的最高人格利益，具有至高无上的人格价值。生命是人体维持其生存的基本物质活动能力，也是自然人具有民事权利能力的基础。生命不仅对于人的本身具有价值，而且对于整

---

① 资料来源：合肥市中级人民法院网站，网址 http：//220.178.52.75/spdt/ajkx/7044.html，最后访问时间 2013年4月18日。

个社会具有价值，人能够为自己及社会创造物质财富和精神财富，系以其具有生命为前提的。生命具有不可代替性。因此，保障自然人的生命安全及其利益，是法律必然的任务。

生命权，是指自然人维持生命和维护生命安全利益的权利。它是自然人最基本的人格权，没有生命权，也就没有自然人的其他人格权利。

生命权以生命安全及其利益为客体，其内容是保护自然人的生命活动能力、维护自然人生命活动的延续：

1. 生命维持权

自然人有权维持自己的生命，有权进行最低限度维持生命所必需的各种活动。只有生命得以维持，自然人才能作为一个主体在社会中生存和发展。

2. 生命安全维护权

自然人有权维护其生命安全，禁止他人非法剥夺其生命。在自然人的生命安全受到威胁或处于危险状态时，权利人可行使权利，包括请求他人消除危险、排除妨害或对所受不法侵害进行正当防卫，对威胁生命安全的危险采取紧急避险措施，请求国家机关给予保护等。值得注意的是，威胁自然人生命安全的危险应当是客观存在的或按照自然规律可能发生的，自然人才能主张和行使其生命权；并且行使生命权的行为与自然人所承担的法定义务不相违背，例如消防员、警察等负有特定职责的人，不得以存在可能发生的危险危及生命为由拒绝履行职责。

司法保护请求权是生命安全维护权的一个重要内容，该权利包括两个方面：①请求司法机关依法消除威胁生命安全的危险。如最高人民法院《关于贯彻执行〈中华人民共和国民法通则〉若干问题的意见（试行）》（以下简称《民通意见》）第154条规定："从事高度危险作业，没有按有关规定采取必要的安全措施，严重威胁他人人身、财产安全的，人民法院应当根据他人的要求，责令作业人消除危险。"②请求司法机关依法救济生命损害。由于人的生命的不可逆转性，生命权一旦受到实际侵害就绝对地消灭，此时任何法律救济对于权利主体都毫无意义，法律救济的唯一功能在于使权利主体的近亲属得到财产上的补偿和精神上的抚慰，因而这一权利的实际行使者是生命权人的近亲属而非本人。

3. 生命利益决定权

通常情况下自然人对自己的生命利益应当予以维持和维护，只有在某些特殊情况下才可以决定放弃其生命利益，但这种权利的行使必须在法律或者社会道德及风俗习惯可以接受的范围内进行，比如为了公益目的而献身，或为了人的尊严而选择安乐死等。①

---

① 目前我国法律没有对安乐死作出任何规定，帮助他人实施安乐死仍属于违法犯罪行为。

安乐死（Euthanasia），是指对无治愈可能的脑死亡或不可逆昏迷的病人，中止维持其生命的特殊措施或以某种无痛苦方式加速其死亡的做法。

我国首例安乐死案件：1986年6月，陕西省汉中人夏素文肝硬化伴严重腹水病危，被其子王明成送往汉中市传染病医院治疗。因治疗无望，王明成不忍心让母亲再受折磨，于6月28日要求主管医生蒲连升给夏素文实施"安乐死"，蒲不同意。在王明成和其妹的一再要求下，蒲连升给夏素文开了100毫克复方冬眠灵，由值班护士做了注射。6月29日凌晨5时夏素文死去。9月，蒲连升、王明成被以故意杀人罪逮捕，并于1988年2月8日被提起公诉。汉中市人民法院公开审理了此案，并按照最高人民法院的指示，于1991年4月6日作出一审判决，宣告两被告人行为违法但不构成犯罪。汉中市人民检察院对一审判决两被告人行为不构成犯罪提出抗诉；蒲连升和王明成则对一审判决认定其行为属于违法行为提起上诉。汉中地区中院于1992年3月25日二审裁定：驳回汉中市人民检察院的抗诉和蒲连升、王明成的上诉；维持汉中市人民法院刑事判决。

二、身体权

身体是生命的物质载体，是生命得以产生和延续的最基本条件，法律意义上的身体指的是自然人生理组织的整体。身体是自然人享有法律人格的物质基础，离开了身体，自然人无任何权利可言，不能具备法律上的人格。

身体权，是指自然人保持其身体组织完整并支配其肢体、器官和其他身体组织的权利。身体权以自然人的身体及其利益为客体，其内容包括：

1. 保持身体组织的完整性

保有完整的身体是自然人正常生活的必要前提，也是自然人获得精神满足的物质条件之一，任何人不得非法侵害自然人的身体、破坏自然人身体的完整性。

2. 对身体组织的适当支配权

自然人可以在法律和道德许可的范围内支配自己的身体及其组成部分，例如理发、整容；可以因公益目的捐献其器官、组织和体液，如捐献骨髓、眼角膜、血液及遗体等；但自然人无权出卖自己及其身体组织，任何人也不得违背自然人意志强行索取、使用其身体的组成部分，无权决定其身体组织的赠与或转让①。

3. 损害赔偿请求权

身体权在受到侵害时可以依法请求赔偿。侵害身体权的主要方式有：①非法搜查身体，侵害了自然人身体的形式完整；②侵扰身体，即对自然人身体的外观、外部器官等以外力进行非法干扰，如强制给他人理发，未经同意抚摸他人的脸、接触他人的性器官等；③冒犯性殴打，即使没有造成严重伤害后果的殴打，但是侵害了自然人对

---

① 自然人缺乏遗嘱能力或没有订立遗体捐献协议的，在其去世后经亲属决定捐献其遗体器官或组织，具有公益目的，也对延续死者的社会价值有益，但应当严格规制。我国《人体器官移植条例》第8条规定："……公民生前未表示不同意捐献其人体器官的，该公民死亡后，其配偶、成年子女、父母可以以书面形式共同表示同意捐献该公民人体器官的意愿。"

自己身体安全的维护及其精神满足；④破坏身体组织，包括造成伤害后果的殴打、不当外科手术等，是对自然人身体完整性的实质性破坏[①]；⑤强制性利用身体组织，例如强行抽取他人血液、强迫他人出让身体器官等；⑥损害尸体，破坏遗骨、骨灰。自然人由于身体权被侵害而死亡的，该项损害赔偿请求权将由其近亲属实际行使。

江西省景德镇汪某因牙痛到一家医院拔掉三颗槽牙。三个月后，汪某感觉自己的右脸小了一点。后来，汪某发现自己的右脸越发凹陷下去，脸部变得丑陋。经过某大学附属医院神经科鉴定，认为属于右口轮匝肌神经性损害。此后又经上海市某医院检验，重新鉴定为局部麻醉、拔牙所造成的后遗症。这是不当的拔牙手术对汪某身体权的侵害。

三、健康权

健康是指人体各器官系统良好发育及保持正常功能的状态，包括肉体组织、生理及心理机能三个方面，无论对哪一方面的侵害，都构成对自然人健康的侵害。[②] 健康权，则是指自然人依法享有的保持身体机能正常和维护健康利益的权利。

健康权包括三项基本的内容：

1. 健康维护权

自然人有权保持自身生理机能正常运作和功能的正常发挥，使自己的健康状况保持完好的状态；在生理机能、功能出现不正常的状态时有权请求医疗、接受医治；有权要求他人不得侵害自己的健康。应当注意的是，健康包括生理健康和心理健康两个方面，权利人在其生理机能和身心健康遭受威胁或者损害时，有权获得司法保护，有权要求他人消除危险、停止侵害以及获得损害赔偿；但对于心理健康（精神健康）的保护应以受害人精神失常到患有精神疾病的程度，才能认定为侵害了以精神损害为内容的健康权，一般的精神上的痛苦不视为健康权受到损害。

2. 劳动能力保持权

劳动能力是指自然人创造物质财富和精神财富的能力，是劳动者脑力和体力的总和。劳动能力以生理机能的健康为基础，一般而言，自然人的身体及其生理机能的健康关系到劳动能力的状况，健康权被损害，可能导致劳动能力部分或者全部丧失。因此，自然人的劳动能力因不法侵害而受损的，可以由主张健康权而获得救济。

3. 健康利益支配权

健康可以为自然人带来各种利益，包括人格利益和财产利益，权利人有权支配自己的健康利益，不受任何他人的强制或干涉。可能导致自然人生理机能和功能异常的行为或活动，如殴打、交通肇事、药物中毒、食物中毒、环境污染等，都可认定为侵害健康权的违法行为。如果有自然人健康受损的事实，并致受害人财产利益损失或严重精神痛苦，则加害人应当依法承担人身损害赔偿责任。

---

① 此种情形下，同时构成对健康权的侵害。有关健康权的内容见下文。
② 姚辉. 人格权法论. 北京：中国人民大学出版社，2011. 152.

生命权、身体权、健康权的区别与联系：生命权以保护自然人生命的安全和延续为内容，身体权着重于身体的完整及对身体组织的支配，健康权则保护生理机能的正常运作和功能的完善发挥。身体的完整性、完全性受到损害，往往对人体机能的正常性及其整体功能的完善性也造成损害，因此侵害身体权的行为往往也构成对健康权的侵害，但侵害健康权的行为如果未破坏身体的完整性，则不构成对身体权的侵害。身体权或健康权被严重侵害，可能导致自然人死亡，从而构成对生命权的侵害。

四、人身自由权

自由，是指人在社会生活中实现自己的意志，不受约束、控制或妨碍的状态。自由权是人在法律规定的范围内，按照自己的意志和利益进行思维和行动，不受约束、控制或妨碍的权利。由于社会生活性质的不同，自由权可以分为两种：一是政治自由权，包括言论、出版、集会、结社、游行、示威的自由和宗教信仰自由等，主要体现公民与国家、公民与国家机关之间的关系，为宪法所规范，属于公法范畴；二是民事自由权，亦称人身自由权，是指自然人在民事活动中享有维护其身体、行动和思想自主并不受非法干涉、限制或剥夺的权利，在宪法作出原则规定的基础上由民法作出具体规定，属于私法范畴。

人身自由权是自然人参加民事活动、行使其他民事权利的重要前提，其内容包括：

1. 身体自由权

自然人有权支配自己的身体自由，任何机关、组织和个人，非因法定原因、非经法定程序，不得对自然人进行搜查、羁押、拘禁和其他妨害。

2. 行为自由权

自然人可以在法律许可范围内依其意志实施或不实施一定的民事行为，如参加劳动生产、进行交易、结婚、离婚等，任何机关、组织和个人，非因法定原因、非经法定程序，不得干涉、限制和禁止。

3. 精神自由权

自然人有权按照自己的意志从事思维活动并保持其精神和思想的独立性，他人不得妨碍、限制或控制其自主思维。如在民事交易中，一方当事人故意虚构事实或隐瞒真实信息，致使对方当事人作出错误判断，就是侵害他人精神自由权的行为。《民通意见》第149条规定："盗用、假冒他人名义，以函、电等方式进行欺骗或者愚弄他人，并使其财产、名誉受到损害的，侵权人应当承担民事责任。"

一般而言，侵害身体自由权的行为包括以下五种：①非法限制、拘禁自然人身体；②利用受害人自身的羞耻、恐惧等观念，妨害其行动；③妨害自然人在公共道路的通行；④侵害通信自由；⑤间接侵害他人自由权，包括故意引诱其他人对受害人进行人身自由侵害，以及故意散布虚假信息，通过国家机关、公共组织等团体的合法行为完成对受害人自由的侵害。侵害精神自由权的行为主要有三种：①欺诈；②胁迫；③虚伪报告与恶意推荐。

在下列情况下，对自然人的人身限制或约束并不构成对其人身自由权的侵害：一是依法限制自然人的人身自由；二是正当防卫；三是紧急避险；四是自助行为。例如，对确有性病或其他恶性传染病的患者进行强制治疗，对吸毒者进行强制戒毒，从表面上看可能违背权利人的意志，但这是强制性改善自然人健康状态的合法行为，是维护个人健康和公共利益的必要手段，不是对相关当事人人身自由权的干涉和侵犯，当事人不得因此而主张侵权责任。

2005年4月的一天，张某在甲医院就医，因用药问题与医生发生争吵，后甲医院医生打电话给乙医院称张某有精神病，乙医院在未通知张某亲属的情况下即派救护车将张某强行拉到该医院进行了一个多月的精神病治疗。张某出院后向人民法院提起了诉讼。法院经审理后判令乙医院退还张某所有医疗费，并赔偿其精神损失费10 000元、误工费5 849元。

乙医院非法对张某进行强制治疗的行为侵害了张某的人身自由权。

五、姓名权和名称权

（一）姓名权

姓名是用以代表特定自然人并与其他自然人相区别的文字符号和标记，在一定意义上姓名是主体存在的标志，也是自然人从事民事活动、行使法律赋予的各种权利和承担相应义务的前提条件。姓名有广义、狭义之分。狭义的姓名即为登记姓名，在我国，姓名的登记通常在各地公安机关的户籍部门。广义的姓名包括登记姓名、别名、笔名、艺名以及字、号等代表和区分自然人人身特征的文字符号。

姓名权，是指自然人享有的决定、使用和变更其姓名的权利。其内容主要包括如下三个方面：

1. 姓名决定权

姓名决定权，又称命名权，是指自然人决定采用何种姓、名及其组合的权利。我国《婚姻法》规定，自然人可以随父姓，可以随母姓。自然人也可以采用其他姓氏甚至不用任何姓氏；可以决定其正式姓名，也可以决定其非正式姓名。当然，自然人最初的命名权必须由他人代为行使，根据我国《户口登记条例》的规定，婴儿出生后1个月内，由户主、亲属、抚养人或邻居向婴儿常住地户口登记机关申报出生登记，并将其姓名记入户籍登记簿。姓名一经登记，即成为该自然人的正式姓名。自然人在具备一定民事行为能力时则可以自主决定其姓名，但要注意起名不能太冷僻，也不得基于不正当目的而取与他人相同的名字。

2006年8月，赵C到江西鹰潭市公安局月湖分局申换第二代身份证，承办民警以"C"为英文字母不合规范为由要求其改为汉字，否则不能换发第二代身份证。赵C拒绝改名，遂于2008年1月将月湖分局告上了法院。2008年6月6日，鹰潭市月湖区法院判决赵C胜诉，月湖分局必须允许赵C换领身份证。月湖分局不服提起上诉。2009年2月26日，在鹰潭市中级人民法院主持下，赵C与月湖分局自愿达成和解协议，赵C同意依法使用规范汉字变更姓名，月湖分局免费为赵C办理变更其居民户籍、居民身份证以及因姓名而导致变更的身份证明文件。

本案发生后，公安部作出批示，根据《中华人民共和国居民身份证法》及《中华人民共和国国家通用语言文字法》规定的精神，居民身份证姓名登记项目应当使用规范汉字填写，并与常住人口登记表和居民户口簿姓名登记项目保持一致。

2. 姓名变更权

姓名变更权，又称姓名改动权，是指自然人享有的依法改变自己的姓或名的权利。只要不违反法律的强制性规定和公序良俗，自然人变更其姓名应当被允许。但为了保证自然人的社会关系和各种法律关系的稳定性和延续性，自然人变更正式姓名应当符合法律规定的条件，并按照一定的程序办理。我国《户口登记条例》第18条规定："未满十八周岁的人需要变更姓名的时候，由本人或父母、收养人向户口登记机关申请变更登记；十八周岁以上的人需要变更姓名的时候，由本人向户口登记机关申请变更登记。"另外，父母离婚后未成年子女的姓名须经父母双方同意始得变更。变更艺名、笔名等非正式姓名，则不受限制。

3. 姓名使用权

姓名使用权，指自然人依法使用自己姓名的权利。自然人可以在各项社会生活中使用自己的正式姓名或非正式姓名，以区别于其他社会成员；可以在自己的物品、作品上标示自己的姓名，作为权利主体的标志；也可以不使用自己的姓名，如在作品上不署名，作出特定行为后拒绝透露自己的姓名等。但法律对使用姓名有特殊规定的，应当从其规定。例如，进行工商登记、房屋登记、证券交易等必须使用户籍登记或身份证上的正式姓名，在接受国家机关依法进行的调查时应当如实告知自己的姓名。

姓名权是绝对权、对世权，除了姓名权人本人之外，其他任何人都是义务主体，都负有不得侵害其姓名权的义务。侵害姓名权的行为大致分为以下四种：①当使用他人姓名而不使用其姓名的行为；②干涉自然人行使姓名权的行为，如干涉命名权、使用权、改名权等；③非法使用他人姓名的行为，包括盗用他人姓名和假冒他人姓名；④姓名的故意混同行为。

（二）名称权

法律上的名称，是指法人、其他组织在社会活动中用以确定和代表自身并区别于他人的文字符号和标记。名称和姓名一样，都是民事主体从事民事活动的前提和基础，是民事主体的文字性区别标志。

名称权，是指自然人以外的其他民事主体享有的决定、变更、使用和转让其名称的权利。法人、个体工商户、合伙企业、个人独资企业、社会团体等均享有名称权。名称权的内容主要包括：

1. 名称设定权

非自然人民事主体有权决定自己的名称，他人不得干涉，但设定的名称必须符合法律的相关要求。例如，企业只能设定一个名称；名称应当由字号或商号、行业或经营特点、组织形式依次组成；名称不得含有可能对公众造成欺骗或误解的内容或文字；同一范围内的民事主体不得重名等。此外，法人的名称必须登记；企业法人、事业法人和合伙企业设立时必须同时设定名称，否则不予登记。而个体工商户等可以设定名称，也可以不设定名称。

2. 名称使用权

名称权主体对其名称享有独占使用的权利，任何个人和组织都不得非法使用。依法登记的名称经公示后，即产生独占排他效力，在登记辖区内，同一性质的民事主体不得再登记或使用相同的名称；在不同行业或不同领域内使用的则不受此限，但使用时必须标明其所在行业或领域。

3. 名称变更权

名称权主体可以依法变更自己登记使用的名称，可以部分变更，也可以全部变更，他人不得进行非法干涉。变更后的名称同样必须合乎法律的相关要求。经过登记的名称变更时必须以同样程序予以变更方为有效，而原登记的名称视为撤销，不得继续使用。

4. 名称转让权

名称权的客体具有间接的财产利益因素，主要表现在商业名称上。老字号、老商号等名牌企业效益好、信誉高，必然带来高利润，因而使其商业名称具有较高的经济价值。《民法通则》第 99 条规定："企业法人、个体工商户有权使用、依法转让自己的名称。"名称权的转让包括全部转让和部分转让。全部转让，是指名称权人将其名称与其营业一起转让，或在其终止营业时转让名称权；名称权让与之后，原权利人丧失名称权，受让人取得名称权。部分转让，是指名称权人允许其他个人或组织使用其名称，名称权人仍享有名称权，仍可自行使用其名称；受让人按照使用名称约定的范围内使用，超出约定范围的使用则构成侵权。在我国，转让名称权时应当全部转让。

在实务中，侵害名称权的行为主要有以下几种：①非法干涉名称权的行为，如强制法人或其他组织使用或不使用某一名称，阻挠法人或其他组织变更、转让其名称等；②非法使用他人名称的行为，包括冒用、盗用他人登记的名称；③不使用他人名称的行为，行为人有特定的作为义务，应当使用他人名称而不使用或改用他人的名称，也构成对名称权的侵害。

六、肖像权

法律意义上的肖像，是指通过绘画、照相、雕塑、录像、电影等形式使自然人外貌在物质载体上再现的视觉形象，是自然人基于精神活动而产生的人格利益。[①] 所谓肖像权，是指自然人对自己的肖像享有再现、使用并排斥他人侵害的权利。肖像权关系到自然人的人格尊严及其形象的社会评价，也与一定的财产利益相联系，对肖像权的保护主要是保护权利人的精神利益，在一定情况下也体现其物质利益。

（一）肖像权的主要内容

1. 形象再现权

自然人有权自主决定自己或许可他人再现其形象，他人不得非法干涉，也不得非法制作其肖像。这种制作专有权表现为：一方面，肖像权人可根据自己的需要和他人、社会的需要，通过任何形式由自己或他人制作自己的肖像，他人不得干涉；另一方面，肖像权人有权禁止他人非法制作自己的肖像。

2. 肖像使用权

自然人享有使用自己肖像并获得精神上的满足和财产上的利益的权利，使用的方式通常表现为肖像的公开展示。肖像权人可以自己使用，也可以许可他人有偿或无偿使用，任何人不得非法干涉。

---

① 王利明. 人格权法. 北京：法律出版社，1997. 105.

3. 肖像利益维护权

肖像权人有权禁止他人未经许可再现自己的形象或对自己的形象进行歪曲、丑化，以及未经许可使用其肖像。此处的"使用"不仅包括商业上的使用，还包括一切对权利人肖像的公开展示、复制和肖像载体的销售等行为。虽然《民法通则》第 100 条规定："未经本人同意，不得以营利为目的使用公民的肖像。"但多数学者认为侵害肖像权无须以"营利"为目的，否则会不适当地限制对自然人肖像权的保护。此外，玷污、毁损他人肖像也构成对肖像权的侵害。

聂某曾经在摩托罗拉公司北京分公司担任保安。2006 年年初，聂某发现在摩托罗拉公司的网站及其产品宣传材料和广告中，都有自己身穿保安服、手持摩托罗拉专业对讲机的照片。聂某后来回想起，1999 年夏天的某一天，保安班长曾通知自己手持摩托罗拉对讲机，配合公司拍摄静态照片。当时拍摄人员没有解释拍摄目的，聂某也没在意。照片拍摄完成后，在既没有与聂某签订任何口头或书面协议也没有支付任何报酬的情况下，摩托罗拉公司先后多次印制带有原告照片的广告宣传资料，并在其网站和《参考消息》、《京华时报》上为摩托罗拉 GP88S、GP3688 对讲机、MTH500 手持机作广告宣传。聂某认为，摩托罗拉公司未经其许可亦未付报酬，擅自使用自己的照片进行营利活动，而且使用时间长、范围广，其行为构成了对自己肖像权的侵害，要求摩托罗拉公司赔偿经济损失和精神损害共计 20 万元。

法院经审理后认定，摩托罗拉公司构成肖像权侵权，依据《民法通则》第 100、120 条的规定，判决摩托罗拉公司赔偿聂某经济补偿金、经济损失费和精神抚慰金共计 2.6 万余元。

（二）肖像权的合理使用

值得注意的是，基于国家、社会公共利益的需要，肖像权的行使受到一定的限制，在某些特定情形下未经肖像权人同意而使用其肖像，不构成对肖像权的侵害。这种限制被称为肖像权的合理使用，主要有下列五种情况：

1. 在新闻报道中使用相关人物的肖像

新闻报道具有公益性，报道社会活动时往往涉及相关人物，人物及其活动紧密结合，通常很难截然分割，使用相关人物的肖像可以增强新闻报道的真实性，即使未征得本人同意，亦不构成侵权。

2. 国家机关为执行公务而强制使用自然人的肖像

例如公安机关为通缉犯罪嫌疑人而使用其肖像发布通缉令，司法机关在诉讼活动中将有关人员的肖像作为证据展示等。

3. 为记载或者宣传特定公众活动使用参与者的肖像

例如自然人参加集会、庆典、仪式等公开活动，这一行为本身就意味着肖像权人允许将自己形象在公开场合展现，因此，出于记录活动目的而使用参加人的肖像可以不经其同意。

4. 基于科学研究和文化教育目的而在一定程度和一定范围内使用他人肖像

例如医学院在临床医学教学中使用病人的肖像，为传播知识在报刊上刊登文化名人的照片等。

5. 为肖像权人自身的利益使用其肖像

例如为了寻找下落不明者而在寻人启事上使用其肖像。

七、名誉权

（一）名誉权的含义、特征及内容

1. 名誉权的含义和特征

名誉权，是指民事主体就其自身属性和人格价值所获得的社会评价享有的保有和维护的人格权。名誉权有如下法律特征：

（1）权利主体包括自然人、法人和其他组织。

（2）权利的客体是名誉。所谓名誉，是指对民事主体的人格价值的社会评价，对于自然人而言，名誉是关乎其品德、才能和其他素质的社会评价；对于法人和其他组织来说，名誉是对其经营能力、履约能力、经济效益、诚信程度等状况的社会评价。

（3）权利的内容是民事主体就其名誉享有利益并排除他人的侵害。名誉权人得到对自己的客观公正的社会评价从而获得精神上的满足，也可以利用自己良好的名誉取得财产上的利益，并可排除他人的侵害，使自己的社会评价免受不正当的降低和贬损。名誉受到侵害时，名誉权人有权获得法律救济，使名誉恢复到受侵害之前的状态。

（4）名誉权不具有财产性，但与财产利益相关联。名誉权受到损害，权利主体的社会信誉降低，可能会因补救损害而受到一定的经济损失，也可能导致其在民事活动中获得的物质利益减少或丧失获利的机会，比如自然人招聘、晋级、提薪等受到影响，法人社会信誉降低、利润减少等，均可使其财产受到损害。

2. 名誉权的内容

名誉权主要包括以下内容：

（1）名誉保有权。名誉权人对于自己的名誉享有保有的权利，包括保持自己的名誉不降低、不丧失，以及在知悉自己的名誉处于不佳状态时，可以自己的实际行动予以改进，他人不得非法干预。

（2）名誉维护权。名誉权人对于自己的名誉有权维护，对其他任何人有不得侵害的不作为请求权，在遭受侵害时有权寻求司法保护，要求司法机关对侵权人进行民事制裁，同时对自己遭受损害的权利进行救济。

（3）名誉利益支配权。名誉权人对于自己的名誉利益有支配权，可以利用自己良好的名誉，与他人进行广泛的政治、经济、文化等方面的交往，使自己获得更好的社会效益和更多的经济效益。当然，名誉权人也可以不利用自己的名誉，但是不能将名誉利益任意抛弃，也不得转让或由他人继承。

（二）侵害名誉权的行为

侵害名誉权的行为主要有：

1. 侮辱

侮辱是指故意以语言、文字、暴力等手段贬损他人人格，令其蒙受耻辱的行为。如对受害人进行口头谩骂、辱骂、讽刺；以书面形式辱骂、嘲笑他人，贬损他人人格；对受害人施以暴力直接损害其人格尊严，或以暴力相威胁，迫使受害人违背自己的意志作出有损自己人格尊严的举动。

2. 诽谤

诽谤是指故意或过失散布某种虚假的事实贬损他人人格，从而损害他人名誉的行为。包括：①口头诽谤，即以口头语言传播虚假事实，使他人人格受到贬损；②文字诽谤，即以书面形式如书信、海报、网络等散布虚假事实，贬损他人人格。

3. 新闻报道严重失实

最高人民法院《关于审理名誉权案件若干问题的解答》第7条第4款规定："因新闻报道严重失实，致他人名誉受到损害的，应按照侵害他人名誉权处理。"新闻报道严重失实，应当是新闻报道中有关当事人的情况、事情的经过及其性质等与事实严重不符，或有诽谤、诋毁等内容。一般性的内容失实不构成侵害名誉权。

如果有关报道是新闻单位根据国家机关依职权制作的公开文书和实施的公开职权行为所作，报道客观准确的，不构成侵害他人名誉权；报道失实，或前述文书和职权行为已被公开纠正而新闻单位拒绝更正报道，致使他人名誉受损的，应当认定为侵权。新闻单位对生产者、经营者、销售者的产品质量或服务质量进行批评、评论，内容基本属实，没有侮辱内容的，不构成侵害名誉权；主要内容失实，损害生产者、经营者、销售者名誉的，应当认定为侵权。

4. 文学作品使用素材不当

文学作品的创作和发表，有可能构成侵权。如描写真人真事的文学作品，对特定的人进行侮辱、诽谤或披露隐私，或虽未写明真实姓名和住址，但事实是以特定人为描写对象，有侮辱、诽谤或揭露隐私的内容，致使其名誉受到损害的，构成侵害名誉权。没有指名道姓，但以影射的方法贬损他人名誉的，仍可以构成对名誉权的侵害。如果文学作品不是以生活中特定的人物为描写对象，仅是作品的情节与生活中某人的情况相似，不应认定为侵害他人名誉权。

编辑出版单位在作品已被认定为侵害他人名誉权或者被告知明显属于侵害他人名誉权后，不采取补救措施，或者继续刊登、出版侵权作品的，应认定为侵权。如引例中所述，《前卫》杂志刊登虚构、捏造尚某"以色谋权"事实并使用侮辱性言语的文章，使尚某的社会评价度严重降低，构成对其名誉权的侵害，依法应当承担相应民事责任。

5. 其他侵害名誉权的行为

行为人故意实施的下列行为也可构成侵害名誉权：①借检举、控告之名侮辱、诽谤他人；②无证据而错告或诬告；③撰写、发表批评文章，有侮辱他人人格的内容，或者文章的基本内容失实；④未经同意擅自公布他人的隐私材料或以书面、口头形式宣扬他人隐私；⑤医疗卫生单位的工作人员擅自公开患者病情；但医疗卫生单位向患者或其家属通报病情，不构成侵权。此外，因过失而致他人名誉权受损的，亦构成侵害名誉权。

（三）侵害名誉权责任的排除

需要注意的是，某些行为虽有损害名誉的表象，但因有合法的抗辩事由而不构成对名誉权的侵害。主要包括如下情形：

1. 散布内容真实并且不属于他人隐私的事实

未经权利人同意，擅自散布与其有关的事实，即使可能导致降低名誉权人的社会评价，如果内容真实并且不属于个人隐私，则不构成侵害名誉权。

2. 受害人同意

在不违反法律的强制性规定和社会公序良俗的前提下，受害人同意行为人散布有损其名誉的事实，视为对自己名誉权的放弃，行为人不构成侵权。

3. 正当行使权利

其他民事主体发表不利于名誉权人的言论或实施可能导致其社会评价度降低的行为，属于有关机关、机构和社会团体正当行使管理权、舆论监督权的，或是自然人依法行使申诉、检举或控告权的，不构成侵权。特别是公众人物，如政府官员、社会名流以及著名企业等，其名誉权与舆论监督权发生冲突时，应以服从公众利益为上。

八、隐私权

（一）隐私权的含义和特征

隐私，是指自然人与公共利益、群体利益无关的私人生活和私人信息。当事人不愿他人知道的信息、不愿他人干涉的私事以及不愿他人进入的个人领域，都构成隐私的内容。

隐私权，就是自然人享有的私人生活安宁与私人生活信息依法受到保护，不受他人侵扰、知悉、使用、披露或公开的权利。

隐私权具有以下法律特征：

1. 权利主体是自然人

隐私权的产生，是基于自然人的精神活动而产生的对其私人生活及信息的某种利益需求，法人及其他组织没有精神活动，因此隐私权仅为自然人所独有，法人、其他组织均无隐私权。

2. 隐私权的客体包括私人活动、个人信息和个人领域

私人活动，是一切个人的、与公共利益无关的活动，如日常生活、社会交往、夫妻生活等。个人信息，包括所有的个人情况、资料，诸如身高、体重、身体缺陷、财产状况、家庭情况、电话号码、交际关系和生活经历等。个人领域，指私人的空间及个人的隐秘范围，如个人居所、行李、日记和通信等。

3. 隐私权的保护范围受公共利益的限制

对隐私权的保护受到公共利益的限制，当隐私权与公共利益发生冲突时，应当依公共利益的要求进行调整。例如，当涉嫌贪污、受贿等财产犯罪的，个人的财产状况、储蓄情况就必须接受调查；当进行征兵、招工等活动时，应征或应聘者的个人身体资讯、身体器官等，则必须接受检查。在这些情况下，个人资讯与公共利益有关，因而不成为隐私的内容。

（二）隐私权的内容

隐私权包括四方面的内容：

1. 个人生活安宁权

隐私权人有权按照自己的意志从事或不从事与社会公共利益无关的活动，保有私人生活和个人生活空间不受他人滋扰、破坏的权利。

2. 个人生活信息保密权

隐私权人有权禁止他人非法知悉、使用或公开其个人生活信息。任何人不得以任何方式窃取、非法披露权利人的个人生活信息，也不得非法占有权利人个人生活信息

的物质载体。

3. 个人通信秘密权

隐私权人对个人信件和电话、传真、电子信箱的号码及其内容有权加以保密，禁止他人窃听、非法查阅和公开。

4. 个人隐私利用权

隐私权人有权公开自己的隐私或许可他人公开其隐私，以满足自身的各种需要，任何组织和个人不得非法干涉。当然，自然人必须合理利用自己的隐私，不得违反法律的强制性规定，不得违背社会公序良俗，也不得损害他人的合法权益。构成共同隐私的，应征得共同隐私人同意。

（三）对特定主体隐私权的限制

一般而言，自然人的隐私权平等地受到法律保护。但是，当某些特定主体的隐私涉及社会政治利益及公共利益时，则不受隐私权的保护。这里的"特定主体"主要是指公众人物，即广为人知的社会成员，包括国家机关公务人员和社会各界、各行业的知名人士，他们与公共利益相关的个人信息如财产状况、社会关系等应当依法公开，社会及公众依法享有知情权。

此外，为防范传染病的传播或其他恶性事件的发生，在必要情况下依法公开有关人员的个人信息，不构成对自然人隐私权的侵害。

刘甲与刘乙（未成年人）系姐妹关系。2005年5月，刘甲的丈夫因犯强奸罪被判刑，刘乙是该强奸案的受害人。刘甲的丈夫被判刑后，刘甲、刘乙及其母亲王某就此事接受了中央电视台的有关采访，但未接受被告江苏教育电视台采访。中央电视台有关采访的内容于同年7月下旬播出。其后，江苏教育电视台在《新闻地理》节目里以《姑息养奸》为题就两原告的上述家庭隐私进行了专题报道，并在不同时间数次播出。刘甲及其母亲均有正面镜头，刘乙也在片中出现，江苏教育电视台对两原告的画面未做技术处理。

刘甲与刘乙认为江苏教育电视台未经其同意，未做任何技术处理，毫不掩饰地将强奸犯罪的受害者刘乙的形象和刘甲及其母亲的形象多次公诸电视屏幕上，向社会公众披露其家庭和个人隐私，致其身心遭受极大伤害，遂起诉要求该电视台承担消除影响、赔礼道歉的民事责任，并赔偿精神损害抚慰金20 000元及经济损失366.3元。

江苏教育电视台辩称，刘甲与刘乙自愿接受了中央电视台的采访，有关内容已在全国范围被多次播报。该台报道的内容来源于中央电视台的播放，都是已公开的并且系刘甲、刘乙自己陈述的内容，镜头是其自曝的。该台在报道中对原告用了化名，播放的内容也没有超出中央电视台的新闻内容和传播范围，全部为中央电视台所播放的原来影像，没有侵犯原告的隐私，要求驳回原告的诉讼请求。

南京市鼓楼区人民法院经审理认为，被告江苏教育电视台播放的《姑息养奸》内容涉及原告方的隐私，而披露隐私应取得当事人的同意。虽然原告方同意了中央电视台的采访，但原告同意中央电视台采访及播放附有一定的条件，即要求播出时对人物形象做技术处理，以防止原告的真实形象被公众知悉。被告抗辩其播放的影像来源于中央电视台，全部为中央电视台播放的原来影像，但被告不能证明其播放的内容在人物画面的技术处理上与中央电视台播放的内容一致，被告提供的节目复制件则直接证明其对有关人物面部未作有效的技术处理，从片中能直接判断出被告播放的内容涉及原告方的隐私。另外，被告的播放行为是否合法并不取决于其他媒体是否已经播放，公民的隐私不因曾被公开过而当然认定他人可再向社会传播。因此，被告对涉及两原告隐私的内容再次进行编辑后播出的行为侵害了原告的人格权益，构成侵权，应承担民事责任。故判令被告于判决生效之日起七日内赔偿原告医疗费人民币 366.3 元及精神损害抚慰金人民币 10 000 元。①

九、死者人格利益

自然人死亡，其人格权也随之消灭，但其人格利益的部分物质载体依然存在，其他社会成员对其评价也不会因其死亡而完全停止；在自然人死后仍可能出现侵害其人格利益的行为，例如：①以侮辱、诽谤、贬损、丑化或者违反社会公共利益、社会公德的其他方式，侵害死者姓名、肖像、名誉或荣誉；②非法披露、利用死者隐私，或以违反社会公共利益、社会公德的其他方式侵害死者隐私；③非法利用、损害死者遗体、遗骨，或以违反社会公共利益、社会公德的其他方式侵害死者遗体、遗骨。这些行为一方面可能破坏死者的人格形象，造成死者近亲属精神痛苦；另一方面也给社会的善良风俗和道德秩序带来危害。故此，死者的人格利益应当予以法律保护。

自然人死亡，亦不复享有诉讼权利能力，而侵害其人格利益的直接的现实的后果是死者的近亲属因之产生精神损害，故死者的近亲属有权依法保护死者及自己的人格利益。根据《最高人民法院关于审理名誉权案件若干问题的解答》和《最高人民法院关于确定民事侵权精神损害赔偿责任若干问题的解释》的规定，死者的近亲属，包括配偶、父母、子女、兄弟姐妹、祖父母、外祖父母、孙子女及外孙子女，依法享有精神损害赔偿请求权，有权向人民法院提起相关民事诉讼。

原告李林系著名地质学家李四光之女，诉称被告何建明在《新生界》1995 年第 3 期上发表《科学大师的名利场》一文（以下简称《科》文），对李四光肆意诋毁，不仅损害了李四光的名誉，也给李四光的亲属造成了精神损害。一审法院认定：《科》文部分内容严重失实，使社会公众对李四光作出贬损评价，已构成了对李四光名誉权的侵害，两被告应承担相应的民事责任，原告李林关于其父李四光的名誉受到侵害的主张，法院予以支持；原告因其父的名誉被侵害而受到精神损害，要求支付精神补偿和经济赔偿费，亦应支持。据此，一审法院判处被告：①停止侵害，即发表《科》文的该期杂志不得再发行；②消除影响，在《光明日报》等报纸发表致歉声明，以消除侵害李四光名誉造成的影响；③赔偿损失，被告何建明支付原告李林精神抚慰金 5 000 元、赔偿金 5 000 元，被告《新生界》杂志社支付原告李林精神抚慰金 5 000 元。被告何建明不服一审判决，提起上诉。二审法院经审查后认定：根据《中华人民共和国民法通则》第 101 条的规定，公民的名誉即使在其死后也不应当受到侵害，如果公民的名誉在其死后受到侵害，其近亲属有权提起诉讼；而《科》文的发表客观上影响了公

---

① 摘引自北大法律信息网，网址 http://vip.chinalawinfo.com/case/displaycontent.asp? Gid = 117522289&Keyword = ，最后访问时间是 2013 年 5 月 27 日。

众对李四光的公正评价，何建明的行为已损害了李四光的名誉，同时给李四光之女、被上诉人李林造成了一定的精神痛苦，何建明应当依法承担侵权的民事责任。二审法院据此维持原判。

【引例分析】

每一个自然人均享有人格权，即使是罪犯也不例外。尚某有受贿等犯罪行为，被依法追究刑事责任，但其人身权利依然受法律保护。《前卫》杂志刊登涉及尚某的文章，文中捏造事实、诽谤和侮辱尚某，使其社会评价度严重降低，根据《最高人民法院关于审理名誉权案件若干问题的解答》第9条的规定，描写真人真事的文学作品，对特定人进行侮辱、诽谤致其名誉受到损害的，应认定为侵害他人名誉权；编辑出版单位在作品已被认定为侵害他人名誉权或者被告知明显属于侵害他人名誉权后，应刊登声明消除影响或者采取其他补救措施；拒不刊登声明，不采取其他补救措施，或者继续刊登、出版侵权作品的，应认定为侵权。杂志社刊发该文前未尽审查核实的义务，事后也没有采取相应补救措施，构成对尚某名誉权的侵害，应当依法承担相应民事责任。由于杂志社不具有法人资格，相关民事责任由其主办单位湖北日报传媒集团承担。

【相关法律】

1. 《中华人民共和国宪法》第37、40条；
2. 《中华人民共和国刑法》第20、21、237、243、302条；
3. 《中华人民共和国民法通则》第98~103条、第119条；
4. 《中华人民共和国侵权责任法》第2、18、21、22条；
5. 《治安管理处罚法》第42条；
6. 《最高人民法院关于贯彻执行〈中华人民共和国民法通则〉若干问题的意见（试行)》第139~141条、第146、147条；
7. 《最高人民法院关于审理名誉权案件若干问题的解答》；
8. 《最高人民法院关于审理名誉权案件若干问题的解释》；
9. 《最高人民法院关于死亡人的名誉权应受法律保护的函》；
10. 《最高人民法院关于范应莲诉敬永祥等侵害海灯名誉权一案有关诉讼程序问题的复函》；
11. 《最高人民法院关于范应莲诉敬永祥侵害海灯名誉一案如何处理的复函》；
12. 《最高人民法院关于确定民事侵权精神损害赔偿责任若干问题的解释》；
13. 《最高人民法院关于审理人身损害赔偿案件适用法律若干问题的解释》；
14. 《人体器官移植条例》。

【思考与练习】

1. 侵害民事主体的肖像权是否构成对其名誉权的侵害？
2. 举例说明名誉权与隐私权的关系。
3. 案例分析：

2006年1月，电影《霍元甲》在全球范围内公开发行放映，产生了很大的影响。同年3月，霍元甲的孙子霍寿金将制作发行该片的中国电影集团公司、北京电影制片厂、星河投资有限公司等10名被告告上法院。原告认为，霍元甲是一个真实存在的爱国武术家，该影片却虚构了大量情节，把他塑造成一个好勇斗狠、滥杀无辜、乱收酒肉徒弟的江湖武夫，并由此导致家破人亡，极大地扭曲了霍元甲的形象。霍元甲有7个孙子、11个曾孙，在该片中霍元甲却只有一个女儿，并被仇人杀掉了，后来霍元甲也被人害死，极易使观看此片的观众误认为霍家从此断子绝孙，不仅侵害了霍元甲的生前名誉，而且侵害了霍氏后人的名誉权，使他们的身份遭到怀疑，精神上受到严重的伤害，因此请求法院判令被告停止发行影片、消除影响、恢复名誉并公开赔礼道歉。被告则认为，该片内容主要在于褒扬霍元甲的爱国精神及表现中华武术的深刻内涵，并且在片尾注明"纯属虚构"的字样，并未侵权。被告还对原告是否为霍元甲后代提出了质疑。

北京市第一中级人民法院确认了霍寿金以霍元甲之孙的身份提起本诉的主体资格，同时认为影片《霍元甲》某些细节描写虽与历史不尽相符，但基调情节仍为褒扬霍元甲的爱国精神及表现中华武术的深刻内涵，对霍元甲的刻画基本符合其历史经历，对其历史定位亦未歪曲，对霍元甲的名誉不构成侵犯；对霍元甲的在世后人也不构成现实的不利影响，判决驳回原告的诉讼请求。

霍寿金不服一审判决，提起上诉。北京市高级人民法院经审理认为，电影《霍元甲》系取材于真实历史人物的故事片，不能单纯地以历史中"真实的霍元甲"为标准去评价艺术化了的人物形象，该片从艺术上再现一代武术家成长和思想变化的过程，其主观上并无捏造事实毁损他人名誉的故意和过失，但在"母女被杀"等情节设计上有失妥当，没有对霍氏后人的情感利益予以适当的关照，并且该片片尾标注"本片取材自真人真事，但故事纯属虚构，如有雷同，实属巧合"，陈述含糊，客观上容易造成霍氏后人及部分特定群体将影片与"真实的"霍元甲进行一一比对，并得出"歪曲历史"和"毁损名誉"的结论，要求影片制作方引以为戒；对上诉人的上诉予以驳回，维持原判。问：

(1) 你是否认同两审法院对本案的判决？为什么？

(2) 以历史人物为原型的文艺创作是否应当尊重历史人物后人的情感利益？

项目三　身份权

【引例】

王某惠与周某华系夫妻，王某惠却与林某保持长达半年多的婚外情，并生下一子周敏。一年后周某华才得知周敏系王某惠与林某所生，精神受到极大的伤害，患上失眠、头晕，听力也大大下降。周某华遂与王某惠协议离婚。离婚后，周某华向法院起诉王某惠和林某，请求确认林某为周敏的亲生父亲，判令被告支付周敏的保胎费、生活费、医疗费、营养费、护理费、陪护费等合计1.9万元，支付其本人误工费及精神伤害赔偿费3万元，并支付亲子鉴定费、差旅费3 500元。法院经审理查明，林某与周敏之间确存在亲生血缘关系，确认林某为周敏生父，判决林某给付周敏出生前费用、出生费、医疗费、生活费、营养费及护理费和周某华的误工损失等费用共7 690元；认定林某、王某惠的通奸行为客观上造成了周某华家庭破裂、配偶的贞操遭受损害、周某华遭受精神创伤等损害事实的发生，判决林某、王某惠给付周某华精神损害赔偿费人民币1万元。

问：法院作出上述判决的法律依据是什么？

【基本理论】

一、身份权的含义和特征

（一）身份权的含义

身份权是指民事主体因特定身份而依法享有的以一定身份利益为客体的权利。特定身份指的是民事主体在婚姻家庭关系中或其他社会关系中的资格和地位，民事主体得依其特定身份享有相应权利、承担相应义务及获得相应利益。

处于不同的身份关系，民事主体可享有不同的身份权。基于婚姻家庭关系而取得的身份权主要受亲属法调整，故称之为亲属法上的身份权，其权利主体只能是自然人；基于其他特定社会关系而形成的身份权则称之为非亲属法上的身份权，其权利主体可以是自然人、法人和其他组织。亲属法上的身份权包括配偶权、亲权、亲属权，非亲属法上的身份权有荣誉权等。

（二）身份权的特征

身份权具有如下法律特征：

1. 身份权不是民事主体固有的权利

身份权并非自然人自出生或法人、其他组织自成立便取得的权利，民事主体必须与他人之间形成一定身份关系才能享有身份权，而身份关系的形成须以民事主体实施一定法律行为或者发生一定事实为前提，例如自然人进行结婚登记而取得配偶权、因生育而形成亲权。身份关系消灭，身份权也随之消灭。

2. 身份权不是民事主体必备的权利

不是每个民事主体都享有身份权。没有身份权，不影响自然人或法人、其他组织的民事主体资格。

3. 身份权以身份利益为客体

身份利益是指民事主体就其特定身份所享有的精神上和物质上的利益总和，包括在特定身份关系中获得的精神感受、为特定行为的资格、取得财产权的资格等。身份权权利主体行使权利及其义务主体履行义务都是以实现权利主体的身份利益为目标的。

4. 身份权是权利义务的集合体

身份权人在其身份关系中既享有一定的权利，也承担一定的义务。在多数情况下，权利人不仅可以行使身份权，而且必须行使身份权。

5. 身份权具有双重权利义务关系

身份权具有对内和对外双重的权利义务关系，对外的关系是一个绝对权的关系，即身份关系当事人之外的其他人都有尊重和不得侵害其身份权的义务；对内的关系则是一个相对性的关系，身份关系当事人彼此之间互享权利、互负义务。

二、配偶权

配偶权，是指夫妻双方基于法定的配偶关系而享有的身份权利。配偶权的产生和取得以存在合法有效的婚姻关系为前提，夫妻双方平等、专属享有配偶权，互为权利主体和义务主体。

我国现行法律对配偶权无明确规定，关于配偶权的性质、内容等存在不同观点。有人以《婚姻法》有关规定①为依据，认为配偶权包括夫妻姓名权、参加社会活动的自由权、同居义务、忠实义务、家事代理权、扶养义务等，有人还将生育权、计划生育义务也列为配偶权的内容。笔者认为，选择姓名、自由参加社会活动等是个人固有的独立人格权，既不因配偶关系而取得，也不因配偶身份而发生改变。扶养义务是配偶间在物质生活上供养与扶助的义务，标的为财产性的给付，属于财产法的范畴。而计划生育是夫妻对国家所承担的义务，其权利主体是国家，夫妻为共同的义务主体，实际上是公法对男女双方生育权的限制，并非配偶对另一方所必须承担的义务。生育权则是每一个具备生育能力的男女所享有的基本人权，尽管在实际生活中受到国家法律、政策的约束，但其权利的行使并不以配偶关系的存在为必要，所以也不能为配偶权所涵摄。因此，配偶权应当是以身份利益为客体的身份权，其内容仅包括同居请求权及同居义务、贞操保持请求权及忠实义务。

1. 同居请求权及同居义务

夫妻双方享有请求对方与自己同居的权利，同时负有与对方同居的义务；没有正当理由不得拒绝配偶的同居请求，行使该权利时不得侵害配偶的人格权，不得违反法律的禁止性、强制性规定。

2. 贞操保持请求权及忠实义务

夫妻双方互享请求对方保持对自己忠诚的权利，同时负有对对方保持忠诚的义务。我国《婚姻法》第4条规定，夫妻应当互相忠实；第46条规定，夫妻之间一方和他人重婚或者同居导致离婚的，另一方如无过错，有权请求过错方给予离婚损害赔偿。

配偶权具有对人的效力和对世的效力，不仅夫妻双方不得互相侵害对方的配偶权，而且夫妻之外的任何人不得以任何方式侵害配偶权。由于过错侵害配偶权的，应当依法承担相应的法律责任。

三、亲权

亲权，是指父母对其未成年子女予以照护、教育和财产管理的权利。亲权产生的基础为父母与未成年子女之间存在特定的身份关系即亲子关系，其权利主体为父母双方，且由父母双方共同行使。父母一方自然死亡、被宣告失踪或被宣告死亡、被宣告为无民事行为能力人或限制民事行为能力人的，或因长期在外、重病、服刑等原因不能行使亲权的，亲权由另一方单独行使。

除了亲生父母对未成年的亲生子女享有亲权外，养父母对未成年的养子女、继父母对形成抚养关系的未成年继子女都享有亲权。亲生子女被他人合法收养的，亲生父母对该子女的亲权则消灭。

---

① 《中华人民共和国婚姻法》第14条：夫妻双方都有各用自己姓名的权利。第15条：夫妻双方都有参加生产、工作、学习和社会活动的自由，一方不得对他方加以限制或干涉。第16条：夫妻双方都有实行计划生育的义务。第20条：夫妻有互相扶养的义务。一方不履行扶养义务时，需要扶养的一方，有要求对方付给扶养费的权利。

亲权对于未成年人的父母而言，既是权利，又是义务。父母可以行使亲权，同时也应当行使亲权。亲权须依法行使，不得滥用。

亲权的主要内容包括：

1. 人身方面的亲权

父母对未成年子女在人身方面有照顾、教育、管束和保护的权利和义务，具体表现为：

（1）姓名决定权、住所指定权。父母有权为未成年子女决定姓名、指定住所。

（2）抚养权。父母承担未成年子女的生活费、营养费、医疗费、教育费等必要费用，为保障未成年子女的健康成长提供必备的生活条件。

（3）保护权。父母有权预防或排除来自外界的对未成年子女的非法危害，以保障未成年子女的人身安全和身心健康。

（4）管教权。父母有权教育和管束未成年子女，促使其遵纪守法；在法律许可的范围内可以对未成年子女予以惩戒，以帮助未成年子女弃恶从善。父母行使管教权时，不得损害子女的人格，不得侵害子女的人身安全和身心健康。

（5）法定代理权和同意权。父母是未成年子女的法定代理人，可代理其实施民事法律行为，或者同意未成年子女进行与其年龄、智力相适应的民事活动。

（6）子女交还请求权。未成年子女因第三人原因脱离父母的看护，如被他人诱骗、被拐卖、被非法收养、被非法与父母隔离等，妨害亲权的行使时，父母有权要求排除妨害、交还子女，也有权请求国家机关给予法律保护。

（7）求偿权。未成年子女的合法权益受到侵害时，父母得以法定代理人的身份要求侵害人停止侵害、赔偿损失及请求国家机关追究其法律责任等。

（8）赔偿义务。当未成年子女损害他人利益时，父母应承担相应赔偿责任。

2. 财产方面的亲权

父母有权管理未成年子女的财产，并可为维护未成年子女的利益而对该财产使用、收益及处分。父母行使未成年子女的财产用益权所得收益原则上归属于未成年子女，但可以用于该子女的养育费、财产的管理费以及家庭的其他必要的开支。未成年子女因不法行为而致他人遭受损失的，可以该子女的财产承担损害赔偿责任。在父母收入难以维持子女日常生活时，也可从子女的财产中支付部分的抚养费。

如果父母与其未成年子女之间的亲子关系经确认并不存在，则亲权亦不存在。如引例中周某华与周敏之间没有亲生血缘关系，周某华也就没有支付周敏各项生活费用的义务，林某是周敏生父，因此对周某华已经支付的相关费用应当予以返还。

1981 年 10 月 29 日，赵某强的妻子宫某、孙某东的妻子李某同时在通化市人民医院生下孩子。20 年后，赵某强的儿子赵某在大学献血，经检验，其血型是 AB 型。赵某写信将自己的血型告诉父母，引起了赵某强和宫某的怀疑，因为赵某强和宫某的血型都是 B 型，不可能生出 AB 型血型的孩子。为了弄清事实，三人又做了一次血型检验，仍是同样的结果。他们开始怀疑是在医院抱错了孩子，但是医院的档案已经被一次洪水冲走，无法查找。他们费尽周折，终于查明当日在该医院出生了八个男孩。宫某找到了当日与自己生产时邻床的李某，发现其子孙某酷似赵某强，于是与李说明来意，一起讨论了两个孩子的特征、性格、嗜好，种种迹象表明两家的孩子确有抱错的可能。随后，赵家和孙家六口人作亲子鉴定，结果却是：孙某是赵某强、宫某的亲生子，但赵某与赵某强、宫某及孙某东、李某均无血缘关系。赵某强、宫某夫妇竭力帮助赵某寻找亲生父母，孙某东夫妇也努力寻找自己的亲生儿子，均没有结果。后来，他们分别向通化市东昌区法院提起诉讼，请求该医院赔偿300余万元的财产损失和精神损害。2002年12月18日，法院作出判决，确定赔偿的数额为50多万元。

这一案件引起了社会各界的高度关注。在我国的民法研究和法律制度中，对于身份权的民法保护极为薄弱，如对本案中遭受侵害的亲权能否通过诉讼手段加以救济，相关规定付之阙如。不过，司法实践已经对此作出积极反应，有若干起类似案件经法院的裁判得到较为合理的解决。

四、亲属权

所谓亲属，是指基于婚姻、血缘或法律拟制而形成的社会关系。亲属权，是指民事主体基于血缘、收养等特定关系而享有的身份权。在我国，亲属权的主体限于近亲属，包括父母、成年子女、祖父母、外祖父母、孙子女和外孙子女。不同的亲属之间形成内容不同的亲属权，具体可分为：

1. 父母与成年子女之间的亲属权

基于该权利，父母对具有下列情形的成年子女享有扶养权且承担扶养义务：①丧失劳动能力的，或虽未丧失劳动能力但其收入不足以维持生活的；②在校接受高中及以下教育的；③确无独立生活能力的。对于患精神病的成年子女，父母还享有监护权、法定代理权。

成年子女有赡养能力的，对无劳动能力或生活困难、生活水平低于当地生活水准的父母有赡养义务；成年子女对父母还有在精神上和生活上关心、帮助和照料的扶助义务。

父母与子女之间互享继承权，互为第一顺序继承人。

2. 祖父母与孙子女、外祖父母与外孙子女之间的权利

《婚姻法》第28条规定："有负担能力的祖父母、外祖父母，对于父母已经死亡或父母无力抚养的未成年的孙子女、外孙子女，有抚养的义务；有负担能力的孙子女、外孙子女，对于子女已经死亡或子女无力赡养的祖父母、外祖父母，有赡养的义务。"祖父母、外祖父母可以成为未成年孙子女、外孙子女的监护人，孙子女、外孙子女对无民事行为能力或限制民事行为能力的祖父母、外祖父母也有监护的资格。

《婚姻法》第29条规定："有负担能力的兄、姐，对于父母已经死亡或父母无力抚养的未成年的弟、妹，有扶养的义务。由兄、姐扶养长大的有负担能力的弟、妹，对于缺乏劳动能力又缺乏生活来源的兄、姐，有扶养的义务。"兄弟姐妹之间互有继承权。

此外，上述近亲属之间均互有宣告失踪、宣告死亡、确认民事行为能力以及认定婚姻无效的申请权。

五、荣誉权

荣誉，是指基于民事主体在社会生产、社会活动中的突出表现或突出贡献，由国家机关、有关单位、团体或其他组织作出的积极的正式评价，如国家授予某一自然人

"三八红旗手"的称号，有关机构确认某个经营主体为"质量信得过商店"等。

荣誉权，是指民事主体依法保有荣誉及其相关利益并排除他人非法侵害的权利。

（一）荣誉权的法律特征

荣誉权的主要法律特征如下：

1. 权利的客体是荣誉

荣誉与名誉一样，都是对民事主体的社会评价，但名誉的来源是公众或一般的舆论，是综合的、一般的评价；而荣誉是来自于国家机关或社会组织正式、积极且肯定的评价，具有褒奖的色彩。

2. 权利的主体具有特定性

荣誉权的主体与名誉权不一样，名誉权的主体是所有的民事主体，凡有民事主体资格的就有名誉权，人人平等；而民事主体是否享有荣誉权应依据其是否获得荣誉的事实而定，并非所有民事主体都享有荣誉权，不享有荣誉权并不影响其民事主体的资格。

3. 权利的取得和消灭应具备一定条件

荣誉权的产生，以国家机关或社会组织授予荣誉为前提，因授予者依法取消或剥夺其荣誉而消灭；授予或取消、剥夺荣誉均以民事主体具备一定事实为条件，都必须依照法定的或议定的程序进行。

4. 权利人既享有权利又承担相应义务

荣誉的获得使权利人取得特定的资格和地位，权利人得享有相应身份利益，得以其荣誉身份进行社会活动；当其行为严重违背获得该项荣誉所需条件而被取消、剥夺荣誉后，不得以该荣誉身份进行任何活动。

上述法律特征表明，荣誉权的基本属性是身份权[①]。

（二）荣誉权的内容

荣誉权的内容主要包括：

1. 荣誉保持权

民事主体对已经获得的荣誉有权保持归己享有，他人不得非法干涉，非有法定原因、非经一定程序不得被取消或剥夺。

2. 精神利益支配权

权利人因荣誉而享有精神满足和良好的社会评价，他人不得恶意贬损。权利人可以在法律范围内利用自己的荣誉身份进行社会活动，不受任何组织和个人的非法干预。

3. 物质利益的获得权及支配权

荣誉本身带有物质利益，如颁发奖金、奖品、奖杯、奖章等财物，或给予一定时期内享受物质补贴等荣誉待遇的，荣誉权人有权获得，并对该物质利益依法享有占有、使用、收益、处分的权利。

【引例分析】

王某惠与周某华系夫妻，本当互相忠实，王某惠却与林某有不正当性关系，违背

---

① 关于荣誉权的性质存在争议。有的学者认为荣誉权是人格权；有的学者认为荣誉权是身份权；还有的学者认为荣誉权兼有人格权和身份权的双重属性。笔者持身份权的观点。

了忠实义务，侵害了周某华的配偶权并造成一系列损害后果，应当依法承担损害赔偿责任。同时，周某华的配偶权也为婚姻关系之外的第三人林某所侵害，虽然目前我国法律没有明文规定除重婚和同居以外的其他不正当性关系的法律后果，但从保护自然人的配偶权、维护婚姻家庭制度的角度出发，要求有过错的婚外关系人承担相应法律责任，符合《婚姻法》基本原则的规定和社会公平正义的要求。相关司法实践表明，这样的处理不仅可以更好地维护受害人的合法权益，而且对破坏婚姻家庭的违法行为有一定的惩戒作用。

【相关法律】

1. 《中华人民共和国民法通则》第 12～14 条、第 16～19 条、第 20～24 条、第 102、120、133 条；

2. 《最高人民法院关于贯彻执行〈中华人民共和国民法通则〉若干问题的意见（试行）》12、21、23、24、25、158、159 条；

3. 《最高人民法院关于确定民事侵权精神损害赔偿责任若干问题的解释》第 1、2、7 条；

4. 《中华人民共和国婚姻法》第 4、21 条、第 23～30 条、第 36、46 条；

5. 《最高人民法院关于适用〈中华人民共和国婚姻法〉若干问题的解释（一）》第 7 条、第 20～21 条；

6. 《最高人民法院关于适用〈中华人民共和国婚姻法〉若干问题的解释（三）》第 2～3 条；

7. 《中华人民共和国继承法》第 10 条；

8. 《中华人民共和国收养法》第 5、10、18、23；

9. 《中华人民共和国未成年人保护法》第 8～12 条。

【思考与练习】

1. 试述亲权与监护权、亲属权的联系与区别。

2. 举例说明如何正确行使配偶权。

3. 案例分析：

1999 年底，陈某出生仅四个月的儿子冬冬被拐卖，人贩子在贩卖途中又将冬冬遗弃在 A 市火车站，被人发现后将其送至 A 市福利院。2003 年年底，陈某得到冬冬被送至 A 市福利院的消息后，即找到福利院要求认领冬冬。A 市福利院却称，2000 年初福利院为冬冬登报公告寻找亲生父母，公告期满无人认领也未获相关信息，遂将冬冬作为"查找不到生父母的弃婴"经 A 市民政局登记后已合法送养给吴某。陈某要求福利院提供吴某的详细资料，福利院以替收养人保密为由予以拒绝。多次协商未果，陈某将福利院告上法庭，要求福利院交还冬冬，以保障自己对冬冬的抚养权。

本案中谁对冬冬享有抚养权？从有利于未成年人成长的角度考虑，冬冬应该由谁抚养？法律应当如何保护陈某的亲权？

【拓展阅读】

1. 姚辉. 逝者如斯夫. 判解研究，2002（1）.

2. 杨立新. 解决"人肉搜索"中的违法行为关键在于依法规范网络行为. 信息网络安全, 2008（10）.

3. 朱伟一. 性骚扰与黄段子. 法学家茶座（第 5 辑）. 济南：山东人民出版社, 2003.

4. 张新宝. "新闻（媒体）侵权"否认说. 中国法学, 2008（6）.

5. 姚辉. 论人格权法与侵权责任法的关系. 华东政法大学学报, 2011（1）.

人身权实训

【情境设计】

缪某起诉徐某某、某美术出版社侵害其肖像权案：

原告缪某于 1995 年至 1996 年间被某美术学院聘用为合同制模特。双方并就此签订了《合同制模特工作协议》，该协议第一条明确约定，原告的工作职责为配合教师完成课堂教学任务，另协议还对原告的工作报酬作了约定。被告徐某某曾为该美术学院教师。1996 年，徐某某为完成教学任务，在课堂上以原告等人为模特，为学生作教学示范，完成了《双女人体》人体画一幅，其中站立者为原告。该画完成后由徐某某收藏。1999 年，被告某美术出版社为出版《一代画风》画册，向被告徐某某征稿，徐某某遂将《双女人体》一画向该美术出版社投稿。2000 年该美术出版社出版了《一代画风》一书，共发行了 2 000 册，每册 49 元，画册第 65 页收录了《双女人体》整幅画作，第 66 页刊登了《双女人体》画作的局部，为原告的头像侧面，并向徐某某支付了稿酬。2001 年 6 月原告在杭州某新华书店购得《一代画风》一书，发现该书中刊登了自己的裸体画像后，出现了情绪低落、厌世等症状。经浙江省第一医院就诊，诊断为心因性抑郁症。

原告诉称，被告徐某某在《双女人体》画作完成后曾亲口向原告保证该画不公开发表，只作个人收藏；且原告与某美术学院签订的《合同制模特工作协议》明确规定模特的职责是"配合教师完成课堂的教学任务"，然而徐某某竟然违背职业道德和诺言，在原告本人不知晓的情况下公开发表原告的裸体画像，已构成对原告肖像权的严重侵犯；某美术出版社对作品的来源不加严格审查，以追求营利为目的，将《双女人体》画作在《一代画风》一书中出版发行，同样也构成了对原告肖像权的严重侵犯。两被告的行为使原告精神上受到严重伤害，由此引发了心因性抑郁症，为维护原告的合法权利，要求被告赔偿原告精神损失费 50 000 元、财产损失 50 000 元；立即停止侵害，收回全部刊有侵害原告肖像画作的《一代画风》一书；当庭口头向原告赔礼道歉并保证以后不再发生类似侵权行为。

被告徐某某辩称，《双女人体》画作是其为完成教学任务而在课堂上完成的一张示范性的人体习作，原告是被聘用的职业模特，对此是自愿并取得报酬的；作品完成后自己对该作品享有著作权，作家有发表作品的权利，无需征得原告同意，他也未向原告作出表示该画不公开发表的任何承诺，故未侵犯原告肖像权，要求驳回原告诉讼请求。

被告某美术出版社辩称，肖像反映了每个人的独有特征，而《双女人体》画仅仅反映了一个少女的形体，是经过画家的艺术再创作，与肖像有本质区别；被告出版《一代画风》是为了展现青年美术家的艺术风格，是一项公益行为，体现的是社会效益，绝不是以营利为目的，不符合侵犯肖像权的要件；此外，出版社在向作者征稿时，在合同中明确规定，对作品的合法性由作者审查，因此，即使存在侵犯，也应由作者承担；故出版社不承担任何法律责任。

上海市精神卫生中心司法医学鉴定室受法院委托，对原告的精神状态进行了司法精神医学鉴定，诊断原告正处于抑郁症的患病期。

【工作任务】

1. 判断《合同制模特工作协议》的性质。

2. 明确肖像权使用的法律要求。

3. 探讨肖像权与著作权的关系。

【实训步骤】

步骤1. 收集本案相关资料，包括法律规定、法院判决及媒体报道等。

步骤2. 讨论以下问题：

①原告自愿担任职业人体模特的行为是否就意味着放弃或转移了由此所产生的肖像的使用权？

②在被告徐某某的著作权与原告的肖像权发生冲突时，法律应保护哪方的利益？

③被告某美术出版社在与被告徐某某的合同中约定由后者审查作品合法性，这一约定能否对抗原告免除出版社的法律责任？

步骤3. 形成书面分析材料，并与该案的判决书进行比较。

侵权责任

侵权法是民事权益保护法，其基本作用是保护被侵权人和减少侵权行为发生。我国《侵权责任法》从我国国情和实际出发，明确了承担侵权责任的基本原则和责任方式、不承担责任和减轻责任的情形、关于责任主体的特殊规定等，较全面地列举了侵权行为类型，对产品缺陷、交通事故、医疗损害、环境污染、网络侵权、动物致人损害等问题作了具体规定，同时还确定了产品召回制度、精神损害赔偿，并强化了对未成年人的保护，为建立和谐稳定、公平公正的社会秩序发挥了积极作用。

【知识目标】

掌握侵权责任的责任构成和责任方式、不承担责任和减轻责任的情形、关于责任主体的特殊规定以及各种具体的侵权行为类型。

【能力目标】

能够运用侵权法基本原理，认定各种类型的侵权责任构成以及责任承担方式。

项目一 侵权责任与侵权责任法

【引例】

2003年5月3日放长假期间，甲某与妻子乙某去丙超市闲逛，在出门时，被超市保安丁某拦住。保安丁某认为甲某有盗窃嫌疑，遂同保安戊某等多人将甲某、乙某强行扭送到办公室。丁某先是强行搜查了甲某和乙某的背包，没有发现可疑物品，于是丁某又强行搜查了甲某的身体，并叫来女保洁人员搜查了乙某的身体，搜查乙某时丁某等也在场。后甲某实在气愤，与戊某争吵起来，双方动手扭打在一起。甲某与戊某均受轻伤。甲某后来在检查背包时发现包中一件祖传金饰品损坏且不可修复。甲某主张丙超市赔偿，丙超市不同意，双方遂生纠纷，甲某诉至法院。

问：（1）保安丁的行为侵犯了甲某、乙某的什么权利？甲某、乙某可否要求精神损害赔偿？法律依据是什么？

（2）甲某因戊某造成的身体伤害应当向谁请求损害赔偿？为什么？

（3）甲某损坏的金饰品应当由谁来赔偿？可否提起精神损害赔偿？为什么？

（4）丙超市能否以甲某与戊某扭打，也负有一定的责任为由，请求减轻损害赔偿责任?①

【基本理论】

一、侵权责任

（一）侵权责任的概念和特征

《中华人民共和国侵权责任法》（以下简称《侵权责任法》）第3条规定："被侵权人有权请求侵权人承担侵权责任。"侵权的民事责任简称为侵权责任，是指民事主体因自己或者他人的侵权行为以及其他致害原因导致他人民事权益受到侵害而应承担的民事法律后果。承担侵权责任的主体称为"赔偿义务人"或者侵权人，包括因自己或者他人的侵权行为以及其他致害原因依法应当承担民事责任的自然人、法人或者其他组织。有权主张损害赔偿等请求权的人，称为"赔偿权利人"或被侵权人，包括因侵权行为或者其他致害原因直接遭受人身损害的受害人、依法由受害人承担扶养义务的被扶养人以及死亡受害人的近亲属。② 侵权责任的基本特征如下：

1. 侵权责任是民事主体因违反法定义务而应承担的责任

民事责任可分为侵权责任和违约责任两大类，分别是违反法定义务和约定义务的责任形式。一般情况下，违反法定义务会构成侵权责任，违反约定义务则构成违约责任。因此，侵权责任不能取代整个民事责任，《侵权责任法》并非全部民事权益的救济法。

2. 侵权民事责任是以存在侵权行为或者其他致害原因为前提的

侵权行为或者其他致害原因是侵权责任产生的法律基础，而侵权责任则是侵权人一方依法承担的一种法律上的不利后果。

3. 侵权责任的形式具有多样性

《侵权责任法》第15条列举了停止侵害、排除妨碍、消除危险、返还财产、恢复原状、赔偿损失、赔礼道歉、消除影响、恢复名誉等八种侵权责任方式，实现了侵权责任形式的多样化。实践中这些承担侵权责任的方式，既可以单独适用，也可以两种或两种以上合并适用。

（二）侵权责任与行政责任、刑事责任聚合

法律责任聚合，是指行为人的同一行为同时违反两个或两个以上不同性质的法律规范，符合两个或两个以上不同性质的法律责任的构成要件，依法应当承担多种不同性质的法律责任的制度。我国《民法通则》第110条规定："对承担民事责任的公民、法人需要追究行政责任的，应当追究行政责任；构成犯罪的，对公民、法人的法定代表人应当依法追究刑事责任。"《侵权责任法》第4条第1款规定："侵权人因同一行为应当承担行政责任或者刑事责任的，不影响依法承担侵权责任。"责任聚合，从本质上而言，是近现代法律制度区分不同法律部门的结果。

1. 侵权责任与行政责任聚合

侵权责任与行政责任聚合，是指行为人的同一行为既违反侵权责任法规范，符合

---

① 百度文库。

② 参见2003年《最高人民法院关于审理人身损害赔偿案件适用法律若干问题的解释》第1条第2、3款。

侵权责任的构成要件，又违反行政法律规范，符合行政责任的构成要件。依据法律规定，行为人除应承担行政责任外，还应承担相应的侵权责任，这两种法律责任不可以相互吸收、抵销或者替代。

对于侵权责任与行政责任聚合案件的处理，由于目前我国还没有行政附带民事诉讼的法律规定，可采取行政诉讼程序（或行政处罚）与民事诉讼程序（或仲裁、调解、和解）分别进行的方式，二者互不影响和牵制。

2. 侵权责任与刑事责任聚合

侵权责任与刑事责任聚合，是指行为人的同一行为既违反侵权责任法规范，符合侵权责任的构成要件，又违反刑事法律规范，符合刑事责任的构成要件。依据法律规定，行为人除应承担刑事责任外，还应承担相应的侵权责任，这两种法律责任不可以相互吸收、抵销或者替代。依据我国现行《刑法》和《民法通则》、《侵权责任法》及一些单行民事法律的规定，侵权责任与刑事责任聚合的现象是十分广泛的。

对于侵权责任与刑事责任聚合案件的处理，可采取刑事附带民事诉讼的方式，对此，《刑事诉讼法》第 77 条规定："被害人由于被告人的犯罪行为而遭受物质损失的，在刑事诉讼过程中，有权提起附带民事诉讼。如果是国家财产、集体财产遭受损失的，人民检察院在提起公诉的时候，可以提起附带民事诉讼。"

3. 民事赔偿责任优先的规则

在有些案件中，侵权人被判决同时承担民事赔偿责任、行政罚款、刑罚罚金或者没收财产，但侵权人可供执行的财产有限，不足以既赔偿被侵权人的损失，又承担行政罚款或刑罚罚金、没收财产的责任，此时应根据"私权优先"的原则，优先赔偿被侵权人的损失。《侵权责任法》第 4 条第 2 款规定："因同一行为应当承担侵权责任和行政责任、刑事责任，侵权人的财产不足以支付的，先承担侵权责任。"《侵权责任法》的这一规定，充分体现了国家保护人权、司法为民、构建和谐社会的理念。

民事赔偿责任优先规则的适用，应注意以下问题：①承担损害赔偿责任的人与承担罚款、罚金、没收财产等责任的人需为同一侵权人；②侵权人需同时承担损害赔偿责任和行政罚款、刑事罚金、没收财产等责任；③侵权人需因同一行为而承担不同责任；④民事赔偿责任仅优先行政责任及刑事责任中的财产责任，对于其他债权并不处于优先地位，应当受债权平等原则约束，更不能对抗其他有担保的债权。

二、侵权责任法

（一）侵权责任法的概念

侵权责任法，是规定侵权行为及其法律责任的法律规范的总称。侵权责任法所调整的是被侵权人与侵权人之间以损害赔偿为核心的权利义务关系，即侵权责任关系，是我国民法的重要组成部分。侵权责任法是一组相关法律规范的总和，不仅包括《民法通则》的有关规定和《侵权责任法》，也包括其他法律文件中的相关规定，其渊源具有广泛性。

我国《侵权责任法》共 12 章、92 个条文。虽然《侵权责任法》没有分总则和分则，但从其内容和逻辑结构上可以分为总则、分则和附则。第一章至第三章为总则，是关于侵权责任的一般性规定；第四章至第十一章为分则，主要规定的是特殊侵权责任；第十二章作为附则仅一个条文，是关于《侵权责任法》生效时间（2010 年 7 月 1

日）的规定。

《侵权责任法》是关于侵权责任的一般法，除此之外，还有规定在其他法律中的侵权责任法规范，即侵权特别法。《侵权责任法》第 5 条规定："其他法律对侵权责任另有特别规定的，依照其规定。"因此，特别法优先适用。如《道路交通安全法》就是机动车交通事故责任的特别法。

（二）侵权责任法的保护范围

传统侵权责任法仅仅对民事权利受到的侵害提供救济，但随着社会经济的发展，侵权责任法的保护范围不断扩大，受侵权责任法保护的不再局限于人身权和财产权等民事权利，还包括一些合法的人身利益和财产利益。"必须通过对侵权行为做扩张解释：侵害的'权'不仅包括民事权利，而且还包括受到法律保护的利益。"[①] 正是基于上述认识，《侵权责任法》第 2 条规定："侵害民事权益，应当依照本法承担侵权责任。""本法所称民事权益，包括生命权、健康权、姓名权、名誉权、荣誉权、肖像权、隐私权、婚姻自主权、监护权、所有权、用益物权、担保物权、著作权、专利权、商标专用权、发现权、股权、继承权等人身、财产权益。"据此，《侵权责任法》的保护范围包括民事权利和合法的民事利益。

1. 民事权利

民事权利是民事主体为实现某种利益而依法为某种行为或不为某种行为的可能性。《侵权责任法》第 2 条第 2 款对于其保护的民事权利做了列举性规定，具体包括：①人格权，包括生命权、健康权、姓名权、名誉权、肖像权、隐私权、婚姻自主权；②身份权，包括荣誉权、监护权；③物权，包括所有权、用益物权、担保物权；④知识产权，包括著作权、专利权、商标专用权、发现权；⑤股权；⑥继承权。

2. 合法的民事利益

民事利益具有两层含义，首先是指民事权利的具体内容，其次指独立于民事权利但仍然受到民事法律保护的人身或财产利益，这里指的是后者。《侵权责任法》保护的民事利益主要是指法律已经明文规定应当保护的合法利益，包括人身利益和财产利益。死者的人格利益如姓名、肖像、名誉、隐私、遗体、遗骨等就是受法律保护的人身利益。2001 年《最高人民法院关于确定民事侵权精神损害赔偿责任若干问题的解释》（以下简称《精神损害赔偿解释》）第 3 条对此予以确认，为《侵权责任法》保护人格利益奠定了基础。[②] 财产利益如部分纯粹经济损失，最高人民法院已通过司法解释对部分纯粹经济损失提供了司法救济。[③]

---

① 张新宝 . 侵权行为法的一般条款 . 法学研究，2001（4）.

② 《精神损害赔偿解释》第 3 条规定："自然人死亡后，其近亲属因下列侵权行为遭受精神痛苦，向人民法院起诉请求赔偿精神损害的，人民法院应当依法予以受理：（一）以侮辱、诽谤、贬损、丑化或者违反社会公共利益、社会公德的其他方式，侵害死者姓名、肖像、名誉、荣誉；（二）非法披露、利用死者隐私，或者以违反社会公共利益、社会公德的其他方式侵害死者隐私；（三）非法利用、损害遗体、遗骨，或者以违反社会公共利益、社会公德的其他方式侵害遗体、遗骨。"

③ 例如，2007 年 6 月颁布的《最高人民法院关于审理涉及会计师事务所在审计业务活动中民事侵权赔偿案件的若干规定》第 1 条规定："利害关系人以会计师事务所在从事注册会计师法第十四条规定的审计业务活动中出具不实报告并致其遭受损失为由，向人民法院提起民事侵权赔偿诉讼的，人民法院应当依法受理。"此条对会计师事务所不实报告致利害关系人遭受的纯粹经济损失予以救济。

【引例分析】

（1）保安丁的行为侵犯了甲某、乙某的人身自由权、人格尊严权。甲某、乙某可以请求精神损害赔偿。《侵权责任法》第22条规定："侵害他人人身权益，造成他人严重精神损害的，被侵权人可以请求精神损害赔偿。"

（2）甲某因戊某造成的身体伤害应当向丙超市请求赔偿。《侵权责任法》第34条规定："用人单位的工作人员因执行工作任务造成他人损害的，由用人单位承担侵权责任。"因此对员工戊某的侵权行为，应当由丙超市负赔偿责任。

（3）甲某被损坏的金饰品应当由丙超市赔偿。甲可以提出精神损害赔偿要求。根据《精神损害赔偿解释》规定，具有人格象征意义的特定纪念物品，因侵权行为而永久性灭失或者毁损的，物品所有人以侵权为由，向人民法院起诉请求赔偿精神损害的，人民法院应依法予以受理。

（4）丙超市可以以甲某与戊某扭打，也负有一定的责任为由，请求减轻责任。根据《侵权责任法》第26条规定："被侵权人对损害的发生也有过错的，可以减轻侵权人的责任。"

【相关法律】

1. 《侵权责任法》第1~5条；
2. 《民法通则》第1、76、95~96、98~103、106、110条。

【思考与练习】

1. 侵权责任有哪些特征？
2. 如何处理侵权责任与行政责任、刑事责任聚合？
3. 如何理解侵权责任法的保护范围？
4. 案例分析：

2005年6月10日0时20分许，被告刘某驾驶粤E.90622号小型客车，乘搭陈某（女）、陈某（男）、杜某（女）、甘某（女）等人，从荷香路经常安路往南海西岸方向行驶，行至高明大道与常安路交汇处路段，遇余某驾驶粤F.00534号自卸大货车（伪牌，该车的实际支配人是被告韦某，被告余某是被告韦某的雇员，发生交通事故时，余某正从事雇佣活动）从河江经高明大道往高明大桥方向行驶，余某由于驾车在限速路段超速行驶，致粤E.90622号小型客车与被告余某驾驶的粤F.00534号大货车发生相撞。造成陈某（女）死亡，陈某（男）、杜某（女）和甘某（女）受伤及车辆损坏的重大交通事故。后经佛山市公安局高明分局交警大队认定，被告刘某由于驾车通过交叉路口没有让右方道路的来车先行，对事故的发生有主要过错，负事故主要责任；被告余某在限速路段超速行驶，对事故的发生有次要过错，负事故次要责任。佛山市高明区人民法院于2005年11月29日作出刑事判决，以被告刘某犯交通肇事罪，判处其有期徒刑1年，缓刑2年。之后，陈某（女）的父母起诉，要求刘某、余某和韦某承担赔偿责任。

问：被告刘某承担刑事责任后是否还需要承担民事赔偿责任？为什么？

项目二 侵权责任的构成要件和责任方式

【引例】

引例 1：冯某诉许某、曾某、张某人身损害赔偿案①

2004 年 12 月，某小学学生许某（7 岁）、曾某（9 岁）、张某（9 岁）放学后一同回家。路上，他们偶然遇见精神病人冯某，当时冯某正坐在路边唱歌。许某等三人见状便上去取笑、戏弄冯某。冯某被激怒，站起来追打许某等三人。许某等三人吓得转身就跑。跑了一会儿，不见冯某追来。许某等三人觉得不过瘾，合计再去戏弄冯某。许某等三人于是又去寻找冯某，最后看见冯某正在路边折野花。许某等三人于是藏在暗处，用泥土、小石子等袭击冯某。冯某见有人袭击他，大叫着冲了过来。许某等三人吓得胡乱抓起地上的东西向冯某掷去，其中的两块击中冯某（但不知是谁扔的），冯某立即倒在地上痛得直打滚。许某等三人见势不妙赶紧跑回了家。冯某被家人送往医院，经检查，其中一块石子击中头部，造成轻微脑震荡，并伴随短暂意识障碍；另一块石子击中眼睛，致使其右眼暂时失明。经住院治疗，冯某康复，但视力有所减退，并花去医疗费等费用 3 000 多元。

冯某的监护人找到许某等三人的父母，要求许某等三人赔偿给冯某造成的损失。许某等三人的父母均声称击中冯某的石子非他们的儿子所为，拒绝赔偿。冯某的监护人遂向法院提起诉讼，要求许某、曾某和张某的监护人承担赔偿责任。

问：原告的诉讼请求是否能得到法律的支持？

引例 2：李某、龚某诉五月花公司人身伤害赔偿纠纷案②

1999 年 10 月 24 日傍晚 6 时左右，原告李某、龚某夫妇二人带着 8 岁的儿子龚某某，与朋友到被告五月花公司经营的五月花餐厅就餐，由餐厅礼仪小姐安排在二楼就座，座位旁是名为"福特"的餐厅包房。"福特"包房的东、南两墙是砖墙，西、北两墙是木板隔墙，龚某某靠近该房木板隔墙的外侧就座。约 6 时 30 分时，"福特"包房内突然发生爆炸，李某和龚某某随即倒下不省人事，龚某忍着伤痛拖开被炸倒下的包房木板隔墙，立即将龚某某送往医院抢救，李某也被送往医院。龚某某因双肺爆炸伤外伤性窒息，呼吸、循环衰竭，经抢救无效死亡。李某的左上肢神经血管损伤，腹部闭合性损伤，失血性休克，肺挫伤，进行了左上肢截肢手术及脾切除术，伤愈后被评定为二级残疾。龚某右外耳轻度擦伤，右背部少许擦伤。

五月花餐厅的这次爆炸，发生在餐厅服务员为顾客开启"五粮液酒"盒盖时。伪装成酒盒的爆炸物是当时在"福特"包房内就餐的一名医生收受的礼物，已经在家中放置了一段时间。10 月 24 日晚，该医生将这个"酒盒"带入"福特"包房内就餐，服务员开启时发生爆炸。现在，制造这个爆炸物并将它送给医生的犯罪嫌疑人已被公安机关抓获，正在审理之中。李某、龚某到法院起诉要求五月花公司承担人身伤害赔

---

① 《人民法院报》2005 年 2 月 28 日。
② 《最高人民法院公报》2002 年第 2 期。

偿责任。

问：五月花公司是否应承担该人身伤害赔偿责任？

【基本理论】

一、侵权责任的归责原则

（一）我国侵权法的归责原则体系

侵权责任法上的"归责"，是指确认和追究侵权人的侵权责任。归责原则，是指以何种根据或基础确认和追究侵权人的侵权责任，它所解决的是侵权责任的伦理和正义性基础问题。[①] 侵权责任归责原则在侵权责任法中居于核心地位，一定的归责原则决定着侵权责任的构成要件、举证责任的承担、免责条件、损害赔偿的责任和方法等，也是司法人员处理侵权案件时应依据的基本准则。确定合理的归责原则，建立逻辑统一的归责原则体系，是构建整个侵权法的内容和体系的关键。

对于侵权责任的归责原则体系，学界存在较大分歧，主要有以下学说：一是一元归责原则说，即仅以过错责任为侵权责任的归责原则，否认在过错责任之外确认任何其他的归责原则；二是二元归责原则说，即以过错责任原则和无过错责任原则为我国侵权责任法的归责原则；三是多元归责原则说，多元说存在不同观点，其中都承认过错责任原则为侵权责任法的基本归责原则，而在过错推定责任、无过错责任（或严格责任、危险责任）以及公平责任是否为侵权责任法的归责原则问题上出现分歧。[②]

我们认为，我国侵权责任法所确认的归责原则采用了过错责任原则和无过错责任原则的二元归责体系。《侵权责任法》第6、7条分别规定了过错责任原则和无过错责任原则。而过错推定和公平责任不宜确立为归责原则。过错推定是过错责任原则运用中的一种特殊形式，在大陆法系属于过错责任的一部分。而在英美法系，它属于严格责任的一部分，无独立存在空间。公平责任在我国民法中解决的不是侵权责任的承担问题，而是特定情况下分担损害后果的问题。

（二）过错责任原则

1. 过错责任原则的概念与特点

所谓过错责任原则，就是以过错（故意或过失）作为价值判断标准，判断行为人对其造成的损害应否承担侵权责任的归责原则。按过错责任原则，行为人仅在有过错的情况下，才承担侵权责任。没有过错，就不承担侵权责任。我国《侵权责任法》第6条第1款规定："行为人因过错侵害他人民事权益，应当承担侵权责任。"过错责任原则具有以下特点：

（1）过错责任原则是一种主观归责原则。它以行为人的主观心理状态作为确定和

---

① 张新宝. 中国侵权责任法（修订版）. 北京：中国社会科学出版社，1998. 42.

② 在多元说中，部分学者主张三元论，其中又分为不同学说：①过错责任原则、危险责任原则和公平责任原则三元论，如孔祥俊. 论侵权行为的归责原则. 中国法学，1992（5）；②过错责任原则、过错推定原则和无过错责任原则三元论，如杨立新. 侵权法论. 北京：法律出版社，2010. 57；③过错责任原则、严格责任原则和公平责任原则三元论，如王利明. 侵权行为法研究（上卷）. 北京：中国人民大学出版社，2004. 208. 部分学者主张四元论：过错责任原则为一般、无过错责任原则为特殊、过错推定责任原则为过渡、公平责任原则为补充，如郭明瑞. 侵权责任法. 北京：科学出版社，2006. 23.

追究责任的依据，而不是依行为的客观方面来确定。即"有过错方有责任"，"无过错即无责任"。

（2）以过错为侵权责任的构成要件和最终要件。在侵权法中适用过错责任原则时，行为人的主观过错是必备要件之一。如果行为人在主观上没有过错，就缺少必备的构成要件，就不能构成侵权责任。因此，在过错责任原则下，确定行为人的责任，不仅要考察行为人的行为与损害结果之间的因果关系，而且要考察行为人主观上的过错。若行为人没有过错，则虽有因果关系，行为人并不承担侵权责任。从这个角度讲，过错不仅是侵权责任的一般构成要件，更是决定侵权责任构成的最终的、决定性的要件。正如德国学者耶林所论述的："使人负损害赔偿的，不是因为有损害，而是因为有过失，其道理就如同化学上的原则，使蜡烛燃烧的，不是光，而是氧气一般的浅显明白。"①

（3）行为人的过错程度往往是确定责任范围的依据。因此，证明行为人过错的轻重程度、行为人与第三人的共同过错或被侵权人的过错或被侵权人与行为人的混合过错等，对于责任范围的确定，均有十分重要的意义。

2. 适用过错责任原则的规则

在实践中适用过错责任原则应遵循以下规则：

（1）适用范围。过错责任原则适用于一般侵权行为，即只要法律没有特别规定均适用过错责任原则。只有在法律有特别规定适用无过错责任原则的情况下，才不适用，如特殊侵权行为即不适用过错责任原则。当然，推定过错为例外，需要有法律作出特别规定。

（2）责任构成要件。适用过错责任原则确定赔偿责任，需具备四个构成要件，即违法行为、损害事实、违法行为与损害事实之间的因果关系和主观过错。四个要件缺一不可。

（3）举证责任。在举证责任上，过错责任原则实行的是"谁主张谁举证"，即原告对自己的主张负全部的举证责任，举证不足或举证不能则要承担败诉结果。但推定过错的例外，实行举证责任倒置。

3. 过错责任原则的特殊适用方法——过错推定责任

推定是指根据已知的事实推出未知事实的一种判断方法或者判断过程。过错推定，是指行为人不能证明对于损害的发生自己没有过错，就被推定有过错并结合其他构成要件而承担相应的侵权责任。《侵权责任法》第6条第2款规定："根据法律规定推定行为人有过错，行为人不能证明自己没有过错的，应当承担侵权责任。"

过错推定属于过错责任原则的一部分，是过错责任原则的特殊适用方法，它仍然以侵权人一方的过错为责任的根据或标准，与一般过错责任所不同的是，它实行的是举证责任的倒置。即受害人无需就行为人的过错负举证责任，被告只有证明自己没有过错或者存在法律规定的抗辩事由才可以免责。适用过错推定责任，从损害事实中推定行为人有过错，那么就使被侵权人免除了举证责任而处于有利地位，而侵权人则因担负举证责任而加重了责任，因而更有利于保护被侵权人的合法权益。

过错推定责任的适用范围是一部分特殊侵权行为，根据《侵权责任法》的规定，

---

① 王泽鉴. 民法学说与判例研究（2）. 北京：中国政法大学出版社，1998. 144～145.

下列情况适用过错推定责任：

（1）在关于责任主体的特殊规定中，暂时丧失心智致人损害、违反安全保障义务责任、无民事行为能力人在教育机构受到损害的责任。

（2）部分医疗损害责任。

（3）在动物损害责任中，动物园动物造成损害的。

（4）在物件损害责任中，建筑物以及建筑物上的搁置物悬挂物致人损害、抛掷物坠落物致人损害、堆放物致人损害、妨碍通行物致人损害、林木致人损害、地面施工和地下设施致人损害等。

（三）无过错责任原则

1. 无过错责任原则的概念与特点

无过错责任原则是伴随着现代化工业大生产而发展起来的。进入 19 世纪以后，面对着机器大工业生产所带来的高度危险和巨大的事故损害，过错责任原则显得力不从心。现代工业社会是事故频繁发生的时代，这种事故多是在合法而必要的活动中由难以发现的工业技术缺陷引起的，常具有频发性的特点，它所造成的损害又极为巨大，受害者众多。如果要求受害人举证加害人主观上有过错，则是非常困难的。如果坚持过错责任，受害人利益则得不到有力保护，社会秩序难以安定下来。因此，各国先后通过立法和判例，逐步确立了无过错责任原则。

我国《民法通则》第 106 条第 3 款规定了无过错责任原则："没有过错，但法律规定应当承担民事责任的，应当承担民事责任。"《侵权责任法》第 7 条对无过错责任原则进行了更为严谨的规定："行为人损害他人民事权益，不论行为人有无过错，法律规定应当承担侵权责任的，依照其规定。"

所谓无过错责任原则，是指在法律有特别规定的情况下，以已经发生的损害结果为价值判断标准，只要行为人的行为与损害结果之间存在着因果关系，无论其有无过错，都要承担侵权赔偿责任的归责原则。无过错责任原则具有以下特点：

（1）它不以行为人主观上有过错为侵权行为的构成要件。无论行为人主观上有无过错，都要承担侵权责任。但这并不意味着无过错责任原则不考虑受害人的过错和第三人的过错，它们也可以成为行为人责任减免的依据。此外，由于不必考虑行为人有无过错，故也没有必要推定行为人的过错。

（2）在无过错责任中，因果关系是决定行为人责任的基本要件，只要行为人的行为与损害结果之间具有因果关系，行为人就要承担侵权责任。

（3）受害人不必举证证明行为人主观上有过错来支持自己的主张，行为人也不能以自己主观上没有过错来抗辩，法院在处理案件时也不必考虑行为人主观上的过错问题。

（4）无过错责任原则的适用范围由法律作出特别规定。

2. 适用无过错责任原则的规则

（1）适用范围。无过错责任原则适用于一部分特殊侵权行为。具体范围是：①在关于责任主体的特殊规定中，监护人责任、用人单位责任、个人劳务中致他人损害责任、网络责任；②产品责任；③在机动车交通事故责任中，机动车造成非机动车驾驶人或者行人人身损害的；④高度危险责任；⑤环境污染责任；⑥动物损害责任中的部分责任。

（2）责任构成要件。适用无过错责任原则的侵权责任构成要件为三个，即违法行为、损害事实和因果关系。在适用无过错责任原则的情况下，由于一方面决定责任构成的基本要件是谁造成了损害结果，另一方面主观过错不再是侵权责任的构成要件，因而决定责任构成的基本要件是因果关系。当损害结果与违法行为之间具有因果关系时，侵权责任即为构成。

（3）举证责任。在无过错责任原则中，其举证责任的分配为：由原告即被侵权人证明违法行为、损害事实和因果关系三个要件的成立；被侵权人完成上述举证责任后，如果被告即侵权人主张不构成侵权责任或者免责，自己应当承担举证责任。此时，被告所要证明的不是自己无过错，而是被侵权人的故意或重大过失是损害发生的原因，这也是无过错责任原则与推定过错的一个重要区别。

二、侵权责任的构成要件

《侵权责任法》没有具体规定侵权责任的构成要件，但根据第6条第1款的规定，一般侵权损害赔偿责任的构成要件有四个，即违法行为、损害事实、违法行为与损害结果之间的因果关系和主观过错。

（一）违法行为

违法行为，是行为人违反法律规定，实施的给被侵权人以及社会造成损害的行为。行为人只对违法行为承担责任。构成侵权损害赔偿责任的行为必须是违反法律的行为。如果造成他人的财产或人身损害的行为是违反法律的，那么行为人就具备了对这个损害承担赔偿责任的要件之一；相反，行为人的行为是合乎法律规定的行为，那么，即使这种行为造成了损害，行为人也不承担赔偿责任。

违法行为是一种事实行为，可以是作为，也可以是不作为。凡是法律所禁止的行为，如果违反法律而作为时，便是作为的违法行为。例如，法律规定禁止侵害他人人身权益，行为人违反这一规定，侵害了他人人身权益，就是作为的违法行为，应当承担侵权责任。凡是法律规定人们在某种情况下必须为某种行为时，如果负有这种义务的人不履行其义务，便是不作为的违法行为，对造成的损害，应当承担损害赔偿的民事责任。例如，《侵权责任法》第37条规定了安全保障义务，如果相关义务人未尽到安全保障义务，造成他人损害，就应当承担侵权责任。

（二）损害事实

损害事实是指他人财产或者人身权益所遭受的不利影响，包括财产损害、非财产损害，非财产损害又包括人身损害、精神损害。侵权行为以损害事实的存在为构成要件，主要是由《侵权责任法》的本质和功能决定的。与刑法比较而言，刑法的主要功能是惩罚犯罪，而《侵权责任法》的主要功能是救济私权，即给予受到不法损害的合法权益以适当的补偿；在刑法中，对未造成损害后果的犯罪行为也处以刑罚，而在《侵权责任法》中，无损害即无责任。

一般而言，作为侵权责任构成要件的损害事实具备以下特征：第一，损害事实是侵害合法权益的结果。合法权益不仅包括法定权利，还包括法定权利以外的合法利益。非法利益虽然不受法律保护，但侵害非法利益的行为同样构成违法；第二，损害具有可补救性，亦即损害必须达到一定程度，只有达到一定程度的损害才可以在法律上视为可以补救的损害；第三，损害具有可确定性。这种损害一般是已经发生的事实，但是行为人的行为对他人权利的行使构成妨碍，虽未形成实际的财产损失，仍可构成损害。此外，这种损害一定是真实存在的，而非主观臆测的，并且是能够依据社会一般观念或者公平意识加以衡量的损害。

根据《侵权责任法》第16、19条和第22条的规定，可以把损害事实分为以下三种类型：

1. 财产损害事实

是指因为侵害权利人的财产权和人身权而造成受害人经济上的损失。它可能是对财产权益本身造成的损害，也可能是因侵害他人人身权益而造成的财产损失。财产损失还可分为直接损失和间接损失。前者又称积极损失、实际损失，是指既得利益的丧失或者现有财产的减损。后者又称消极损失，是指可得利益的损失，即未来财产的减少。这种损失虽然不是现实利益的损失，但如果没有侵权行为的发生，受害人可以得到该利益。

2. 人身损害事实

是指行为人的不法行为侵害他人的身体权、健康权、生命权，致使受害人伤残或死亡的损害事实。人身损害常常直接引起财产损失，但人身损害本身是指自然人的生命健康权受到侵害，不同于财产损失。

3. 精神损害事实

是指行为人侵害自然人的姓名权、肖像权、名誉权、荣誉权、人身自由权、隐私权等精神性人格权和身份权所造成的损害事实。这种损害又称无形损害，它不同于人身损害。人身损害受到损害的是身体权、健康权和生命权等物质性人格权，客观上表现为有形的损害。此外，人身损害通常造成财产损失，而精神损害一般并没有造成财产上的直接损失，只是造成精神利益的损害，即没有造成财产损失的，也同样构成精神损害赔偿责任。

（三）违法行为与损害结果之间的因果关系

因果关系，指客观现象之间所存在的一种引起与被引起的必然联系。作为侵权责任构成要件的因果关系，是指违法行为与损害事实之间的引起与被引起的客观联系。按照法律要求，只有违法行为与损害事实之间具有前因后果的联系，行为人才承担民事责任。

在侵权责任法中，行为人致害行为与损害结果之间因果关系表现为不同的形态，主要有以下几种：

1. 一因一果

在这种形态下，原因和结果均为单数，原因为行为人的单个加害行为，结果为被侵权人单纯的损害结果。这是侵权行为中最常见的一种因果关系形态。

2. 一因多果

它指原因为一，而结果为两个或两个以上的情况，每个结果与原因之间都存在因果关系。其原因为行为人的单个加害行为，结果为数个被侵权人的损害后果或一个被侵权人的多个损害后果。如某甲出售毒蘑菇，导致多人食物中毒。于一因多果情形，行为人应对多个损害后果承担责任。

3. 多因一果

这种形态是指原因有两个或两个以上，但结果却只有一个。其原因为多个行为人的多个加害行为，结果为被侵权人单一的损害后果。如某甲不慎将乙撞伤，随即送往医院治疗，但由于医院错误治疗给乙造成严重后遗症。在此，甲与医院的行为均为原因，共同导致了乙的损害后果。在多因一果情形下，往往需要具体区分各原因作用力大小来确定行为人的民事责任。

4. 多因多果

它是指原因和结果均为复数的情况。其原因为多个行为人的多个加害行为，结果为被侵权人的多项损害结果或多个被侵权人的损害后果。

无论是一因多果的情形还是多因多果的情形，都应当将各种结果分别计算清楚。但在具体处理时又应当将其视为案件的一个整体，而不是将其中任何一项结果孤立对待。我们称"多因一果"和"多因多果"两种情形为"多因现象"。需要注意的是，共同侵权行为虽然有数个侵权人参与了加害行为，但是其各自的行为并不具有独立的价值，而只是构成具有关联性的统一行为的一个部分，正是这一具有关联性的统一行为导致了损害结果的发生。因此，共同侵权行为不属于"多因现象"的情况。

（四）主观过错

主观过错，是指行为人在实施违法行为时对自己的行为及后果所具备的心理状态，是构成民事责任的主观要件。行为人的过错，体现了行为人主观上的应受非难性，是法律对行为人行为的否定性评价。过错的形态有故意和过失两种。

1. 故意

所谓故意，是指行为人明知自己的行为会发生不良后果，而希望或者放任其发生的心理状态。在刑事责任的认定中，将故意区分为直接故意和间接故意，这种分类在民事责任的认定中没有实际意义。

2. 过失

所谓过失，是指行为人应当预见自己的行为可能发生不良后果而没有预见，或者已经预见而轻信能够避免的心理状态。根据行为人违反注意义务的程度，可以将过失分为以下两种：

（1）重大过失。即违反普通人的注意义务，也就是说，行为人欠缺一般人所具有的起码的注意，行为人只要稍加注意，损失根本不会发生，这是不可原宥的过失。[1] 如外科医生在缝合胸腔时无视操作规程的要求，没有进行检查而将手术钳遗落在患者体内。

（2）一般过失。这是指行为人违反一般善良管理人的注意义务。这种过失是抽象的，不以行为人的主观意志为标准。因而这种注意义务是最严格的。

三、数人侵权行为及其责任

在侵权责任法领域，单个的责任主体对某一损害后果单独承担责任为常态；而数个独立的责任主体对同一损害后果承担不同类型的共同责任则为例外，需要由法律加以特别规定。我国《侵权责任法》第8～14条规定了数人侵权行为及责任。

（一）共同侵权行为

根据《最高人民法院关于审理人身损害赔偿案件适用法律若干问题的解释》（以下

---

① 周枬. 罗马法原论（下）. 北京：商务印书馆，2001.699.

简称《人身损害赔偿解释》）第3条的规定，共同侵权行为是指二人以上共同故意或者共同过失致人损害，或者虽无共同故意、共同过失，但其损害行为直接结合发生同一损害后果。这个概念下的共同侵权责任并不要求共同侵权的数个主体之间主观上具有共同的过错（共同故意或者共同过失）。主观上具有共同过错的数人致人损害当然构成共同侵权，此外，虽然主观上没有共同过错，但是其侵害行为直接结合发生同一损害后果的，客观上损害后果又不可分的情况，同样构成共同侵权。

1. 共同加害行为

《侵权责任法》第8条规定："二人以上共同实施侵权行为，造成他人损害的，应当承担连带责任。"此条规定的是狭义的共同侵权行为，即共同加害行为，是指两个或两个以上的行为人基于共同的故意或过失侵犯他人的合法权益从而造成损害的行为。该行为具有如下特征：

（1）主体的复数性。共同侵权行为的主体是两个或两个以上的自然人或法人。

（2）行为的关联性。各共同侵权人各自实施了加害行为，但他们之间的侵权行为都指向同一对象，各加害行为结合起来，共同造成了损害结果，是损害结果发生的原因，具有密切的关联性。

（3）各加害行为人具有共同过错。这种共同过错可以是共同故意，也可以是共同过失，还可以是故意与过失的混合。

（4）结果的单一性。共同侵权人虽然实施了多个侵权行为，但造成的是同一损害结果，该损害结果是不可分割的。

（5）责任的连带性。即所有的行为人作为赔偿义务人应当对受害人的全部损害承担连带责任。

2. 教唆、帮助的共同侵权行为

教唆行为，是指对他人进行开导、说服，或通过刺激、利诱、怂恿等方法使他人实施侵权行为。帮助行为，是指提供工具、指导方法或语言激励等方式在物质上或精神上帮助他人实施侵权行为。《侵权责任法》第9条规定："教唆、帮助他人实施侵权行为的，应当与行为人承担连带责任。教唆、帮助无民事行为能力人、限制民事行为能力人实施侵权行为的，应当承担侵权责任；该无民事行为能力人、限制民事行为能力人的监护人未尽到监护责任的，应当承担相应的责任。"据此，确定教唆行为、帮助行为责任应注意以下三点：

（1）教唆、帮助他人实施侵权行为的，是共同侵权人，应当与行为人承担连带责任。在该共同侵权行为中，共同侵权人分为行为人、教唆人和帮助人。一般情况下，教唆人和帮助人应当与行为人共同承担连带责任，对外整体负责，对内按照过错程度和原因力确定最终责任份额。

（2）教唆、帮助无民事行为能力人、限制民事行为能力人实施侵权行为的，由于无行为能力人和限制行为能力人不具有识别能力或者识别能力有限，因此应当由教唆者、帮助者承担侵权责任。

（3）监护人未尽到监护责任的，应当承担相应的责任。"相应的责任"即以过错程度和原因力确定其应当承担的责任份额。

（二）共同危险行为

共同危险行为，是指二人或二人以上共同实施侵害他人权利的危险行为，并就其所造成的损害后果不能判明谁是加害人的情况。《侵权责任法》第10条规定："二人以上实施危及他人人身、财产安全的行为，其中一人或者数人的行为造成他人损害，能够确定具体侵权人的，由侵权人承担责任；不能确定具体侵权人的，行为人承担连带责任。"据此，构成共同危险行为，需具备以下四个要件：

（1）行为是由数人实施的，这是共同危险行为成立的前提。一人实施的侵权行为是不能称为共同危险行为的。

（2）数人实施的行为具有致害他人的危险性。这种危险性，是指数人的行为在客观上都有危及他人财产和侵害他人人身的可能性。对于这种致害可能性的分析，可以从行为本身、周围环境以及行为人对致害可能性的控制条件上加以判断。例如，数人一起参观展览，这种行为没有致人损害的可能性；但数人一起往高速公路上扔石头，就有致人损害的可能性。

（3）这种危险性的共同行为是致人损害的原因。即具有危险性的共同行为与损害事实之间具有必然的因果关系。

（4）损害后果非全体危险行为人所致，但无法判明谁是真正加害人。共同危险行为所造成的损害后果，不是全体行为人的共同行为，而是其中一人或数人的行为所致，但不能确定谁是具体加害人，如果能够确定具体加害人，则构成单独侵权行为或共同加害行为。例如，甲、乙二人相约比赛谁弹的烟头远，二人同时将烟头弹出，结果一烟头弹入丙家中，并引起火灾，但无法确定是谁的烟头所造成，则甲乙二人的行为构成共同危险行为。

对于共同危险行为，应当由行为人承担连带责任。

（三）无意思联络的数人侵权行为

无意思联络的数人侵权行为，是指数个行为人事先既没有共同的意思联络，也没有共同过失，但造成同一损害事实的侵权行为形态。《侵权责任法》第11、12条分别规定了两种不同类型的无意思联络的数人侵权行为。

1. 承担连带责任的无意思联络的数人侵权行为

《侵权责任法》第11条规定："二人以上分别实施侵权行为造成同一损害，每个人的侵权行为都足以造成全部损害的，行为人承担连带责任。"此条规定即为承担连带责任的无意思联络的数人侵权行为。构成该侵权行为，需具备以下要件：

（1）数个行为人分别实施了侵权行为。"分别"是指实施侵权行为的数个行为人之间没有主观上的意思联络，也没有共同过失。

（2）造成了同一损害后果。"同一损害"是指数个侵权行为所造成的损害性质是相同的，都是身体伤害或财产损失，并且损害内容具有关联性。

（3）每个人的侵权行为都足以造成全部损害。"足以"并非指每个人每个侵权行为都实际上造成了全部损害，而是指即便没有其他侵害行为的共同作用，独立的单个侵权行为也可能造成全部损害。如A、B两家工厂同时排污，造成某一河流中养殖的鱼全部死亡，即便没有另外一家的排污，其中任何一家的排污量就足以造成养殖的鱼全部死亡的损害结果。

具备以上构成要件的无意思联络的数人侵权行为，行为人承担连带责任。

2. 承担按份责任的无意思联络的数人侵权行为

《侵权责任法》第12条规定："二人以上分别实施侵权行为造成同一损害，能够确定责任大小的，各自承担相应的责任；难以确定责任大小的，平均承担赔偿责任。"此条规定即为承担按份责任的无意思联络的数人侵权行为。构成该侵权行为，需具备以下要件：

（1）数个行为人分别实施了侵权行为。数个行为人分别实施了有关联性的侵权行为，但数人的行为不构成引起损害发生的统一原因，各个行为对损害后果的发生分别产生作用。

（2）造成了同一损害后果。

（3）各个原因"都不足以造成全部损害"。此项要件的着重点是，各个原因都不足以造成"损害"或者不足以造成"全部损害"，必须各个原因"结合"才造成"全部损害"。反之，如果各个原因"都足以造成全部损害"，则应根据《侵权责任法》第11条的规定处理，由各行为人承担连带责任。例如，在事前无商量且在对对方行为毫不知情的情况下，A与B分别往C的水杯中下毒，每一份毒药都不足以造成C死亡，但结合在一起导致C中毒身亡。

具备以上构成要件的无意思联络的数人侵权行为，行为人承担按份责任。这种按份责任又分为两种情况：第一，能够确定责任大小的，各自承担相应的责任。第二，难以确定责任大小的，平均承担赔偿责任。

四、侵权责任方式与损害赔偿

（一）侵权责任方式

侵权责任方式，是指侵权人依据侵权法就自己实施的侵权行为应当承担的具体民事责任方式。《侵权责任法》第15条规定了八种侵权责任方式：

1. 停止侵害

当行为人正在实施侵害他人合法权益的行为时，被侵权人可要求适用这种责任方式，以制止行为人的违法行为，预防、限制损失的发生或扩大。这种责任方式可适用于各种侵权行为。

2. 排除妨碍

行为人的行为虽然没有直接损害他人的合法权益，但却妨碍了他人的合法权利的行使和合法权益的实现。这时，受妨碍的人可以要求适用这种责任方式，以防止损失的发生。这种责任方式主要用于对物权尤其是相邻权的侵害场合。

3. 消除危险

当行为人的行为确实存在可能发生侵害他人民事权利的后果时，权利人尤其可以要求适用这种责任方式，以防止侵害后果的发生。这种责任方式的适用范围比较广，只要有可能给他人的财产权益或人身利益造成不利后果，都可适用。如环境污染、易燃易爆等高度危险作业有可能造成的危险等。

4. 返还财产

这种责任方式广泛适用于财产被他人非法占有的场合。只要原物存在，权利人就可以要求适用这种责任方式。

5. 恢复原状

这种责任方式广泛适用于财产受到侵害的场合。当行为人侵害他人的财产致其受到损坏时，对财产享有民事权利（包括所有权和其他权利）的人可要求适用这种责任方式。

6. 赔偿损失

这种责任方式是适用范围最广的一种。无论违法行为人是否已经采取其他补救措施，无论违法行为给他人造成的是物质损失还是精神损失，都可适用这种责任方式。

7. 赔礼道歉

只要行为人因为主观上的过错侵犯他人的财产权、人身权，都可责令行为人承担赔礼道歉的责任。赔礼道歉有两种方式：一是口头道歉方式，即由侵权人直接向被侵权人口头表示；二是书面道歉方式，即以文字形式为之，可以登载在报刊上，也可以张贴于有关场所，或者以信件的方式转交被侵权人。

8. 消除影响、恢复名誉

行为人实施侵权行为侵害了民事主体的人格权的，对于其所造成的影响，应当在其影响所及的范围内消除不良后果，此时适用的即为消除影响的责任方式。行为人实施侵权行为侵害了他人名誉的，对于被侵权人的名誉毁损，应当在其影响所及的范围内将被侵权人的名誉恢复至未受侵害时的状态，此时适用的即为恢复名誉的责任方式。

根据《侵权责任法》第15条第2款的规定，以上承担侵权责任的方式，可以单独适用，也可以合并适用。

（二）损害赔偿

侵权损害赔偿，是指加害人因侵权行为造成他人财产或人身损害，依法应承担的以给付金钱或实物来补偿受害人所受损失的民事责任。《侵权责任法》第16~22条规定了三种类型的损害赔偿：

1. 人身损害赔偿

人身损害赔偿，是指民事主体的生命权、健康权、身体权受到不法侵害，造成伤、残、死亡及其他损害，要求侵权人以财产赔偿等方法进行救济和保护的侵权法律制度。《侵权责任法》第16条规定："侵害他人造成人身损害的，应当赔偿医疗费、护理费、交通费等为治疗和康复支出的合理费用，以及因误工减少的收入。造成残疾的，还应当赔偿残疾生活辅助具费和残疾赔偿金。造成死亡的，还应当赔偿丧葬费和死亡赔偿金。"

（1）致人伤害的财产赔偿。

根据《侵权责任法》第16条规定，致人伤害的财产赔偿内容主要包括：①医疗费。《人身损害赔偿解释》第19条规定："医疗费根据医疗机构出具的医药费、住院费等收款凭证，结合病历和诊断证明等相关证据确定。"②护理费。该司法解释第21条规定："护理费根据护理人员的收入状况和护理人数、护理期限确定。"③交通费。该司法解释第22条规定："交通费根据受害人及其必要的陪护人员因就医或者转院治疗实际发生的费用计算。交通费应当以正式票据为凭；有关凭据应当与就医地点、时间、人数、次数相符合。"④误工费。该司法解释第20条规定："误工费根据受害人的误工时间和收入状况确定。"

（2）致人残疾的财产赔偿。

根据《侵权责任法》第16条规定，致人残疾的财产赔偿除上述费用外，还应赔偿如下费用：①残疾生活辅助具费。如瘫痪后购买的轮椅、截肢后安装的假肢、失明后安装的假眼球等。《人身损害赔偿解释》第26条规定："残疾辅助器具费按照普通适用器具的合理费用标准计算。伤情有特殊需要的，可以参照辅助器具配制机构的意见确定相应的合理费用标准。辅助器具的更换周期和赔偿期限参照配制机构的意见确定。"②残疾赔偿金。该司法解释第 25 条规定："残疾赔偿金根据受害人丧失劳动能力程度或者伤残等级，按照受诉法院所在地上一年度城镇居民人均可支配收入或者农村居民人均纯收入标准，自定残之日起按二十年计算。但六十周岁以上的，年龄每增加一岁减少一年；七十五周岁以上的，按五年计算。""受害人因伤致残但实际收入没有减少，或者伤残等级较轻但造成职业妨害严重影响其劳动就业的，可以对残疾赔偿金作相应调整。"

（3）致人死亡的财产赔偿。

根据《侵权责任法》第 16 条规定，致人死亡的财产赔偿除死者治疗期间的医疗费、护理费、交通费和误工费等费用外，还应包括：①丧葬费。《人身损害赔偿解释》第 27 条规定："丧葬费按照受诉法院所在地上一年度职工月平均工资标准，以六个月总额计算。"②死亡赔偿金。该司法解释第 29 条规定："死亡赔偿金按照受诉法院所在地上一年度城镇居民人均可支配收入或者农村居民人均纯收入标准，按二十年计算。但六十周岁以上的，年龄每增加一岁减少一年；七十五周岁以上的，按五年计算。"这个规定备受指责，被斥之为"同命不同价"的赔偿。近亲属还可以按"就高不就低"的原则请求调高赔偿数额。该司法解释第 30 条规定："赔偿权利人举证证明其住所地或者经常居住地城镇居民人均可支配收入或者农村居民人均纯收入高于受诉法院所在地标准的，残疾赔偿金或者死亡赔偿金可以按照其住所地或者经常居住地的相关标准计算。"对于因同一侵权行为造成多人死亡的，《侵权责任法》第 17 条规定"可以以相同数额确定死亡赔偿金"。

对于被侵权人死亡赔偿的请求权问题，《侵权责任法》第 18 条第 1 款规定："被侵权人死亡的，其近亲属有权请求侵权人承担侵权责任。被侵权人为单位，该单位分立、合并的，承继权利的单位有权请求侵权人承担侵权责任。"据此规定，被侵权人死亡后，其近亲属享有死亡赔偿请求权。同时，对于被侵权人为单位，该单位分立、合并的，将请求权赋予了承继其权利的单位。

该条第 2 款规定："被侵权人死亡的，支付被侵权人医疗费、丧葬费等合理费用的人有权请求侵权人赔偿费用，但侵权人已支付该费用的除外。"据此，被侵权人死亡的，支付被侵权人医疗费、丧葬费等合理费用的人也是损害赔偿请求权人，有权请求侵权人赔偿费用。应当注意的是，为死者支付医疗费、丧葬费的人，主要是死者近亲属，但并不都是如此。其他为死者支付费用造成损失的人，也应当作为损害赔偿请求权的权利主体。

2. 财产损害赔偿

财产损害赔偿，是指被侵权人因侵权人的侵权行为造成财产上的损失时，要求侵权人支付一定数额的金钱进行救济的侵权法律制度。

（1）财产损害赔偿的计算。

财产损害的赔偿，应当以全部赔偿为原则，损失多少，赔偿多少。《侵权责任法》第 19 条规定了财产损失赔偿金额计算的主要标准："侵害他人财产的，财产损失按照损失发生时的市场价格或者其他方式计算。"这一规定包含了两方面内容：一是市场价格标准，即按该财产在市场上所对应的标准全价计算，如果该财产已使用多年，其全价应当是市场相应的折旧价格。如果该财产没有在市场上流通，没有市场的对应价格，可以其他方式计算，如评估等方式。二是时间标准，即以"损失发生时"的市场价格或者其他方式计算，而不是其他任何时间。

（2）侵害人身权益造成财产损失的赔偿。

侵害人身权益造成财产损失的赔偿，《侵权责任法》第20条作了规定："侵害他人人身权益造成财产损失的，按照被侵权人因此受到的损失赔偿；被侵权人的损失难以确定，侵权人因此获得利益的，按照其获得的利益赔偿；侵权人因此获得的利益难以确定，被侵权人和侵权人就赔偿数额协商不一致，向人民法院提起诉讼的，由人民法院根据实际情况确定赔偿数额。"据此，侵害人身权益造成财产损失的赔偿应遵循以下规则：①按照所受损失赔偿，即按照被侵权人因侵权行为发生的实际损失赔偿。②按照所获利益赔偿。如果财产损失难以确定，则按照侵权人因此获得利益的数额，确定赔偿责任。例如，侵害肖像权，侵权人用他人肖像做广告，获得财产利益，而被侵权人的财产损失不易计算，即可按照侵权人所获利益确定赔偿责任。③获利难以计算的赔偿。对于侵权人因此获利难以确定的情况下，如果被侵权人向法院起诉，人民法院在确定具体的赔偿数额时，可以采取酌定的方式，斟酌损失的具体情形以及各方当事人的经济情况，确定一个适中的赔偿数额。

3. 精神损害赔偿

精神损害赔偿，是以金钱赔偿方式救济被侵权人一方精神损害的一种侵权法律制度。《侵权责任法》第22条规定："侵害他人人身权益，造成他人严重精神损害的，被侵权人可以请求精神损害赔偿。"

（1）精神损害赔偿的适用范围。

最高人民法院《精神损害赔偿解释》对精神损害赔偿责任的范围作了明确规定：①自然人的人格权或隐私利益受到侵害的；②监护或其他亲属关系受到侵害的；③死者的名誉、隐私、姓名、肖像、遗体、遗骨等受到侵害的；④具有人格象征意义的特定纪念物品永久性灭失或者毁损的。《侵权责任法》没有对精神损害赔偿的适用范围作出列举性规定，适用的案件是"侵害他人人身权益"。

并非只要侵害他人人身权益被侵权人就可以获得精神损害赔偿，根据《侵权责任法》第22条规定，只有"造成他人严重精神损害的"才能够获得精神损害赔偿，即一般程度的精神损害不能受到精神损害赔偿的保护。

（2）精神损害赔偿的请求权人。

根据《侵权责任法》和相关司法解释，对精神损害赔偿享有请求权的人是被侵权人及其近亲属。一般情况下，请求权由被侵权人本人行使，但在以下两种情况下，可由其近亲属行使：一是相关被侵权人死亡，二是死者的名誉、隐私、姓名、肖像、遗体、遗骨等受到侵害的。

（三）制止侵权行为造成损害的补偿责任

制止侵权行为，是指行为人为了维护国家、集体或者他人合法权益，而实施的防止、制止侵害，以保护他人的财产、人身的行为。社会生活中又称之为见义勇为。这种行为是有利于国家、集体和他人的行为，是法律鼓励的行为。《侵权责任法》第23条规定："因防止、制止他人民事权益被侵害而使自己受到损害的，由侵权人承担责任。侵权人逃逸或者无力承担责任，被侵权人请求补偿的，受益人应当给予适当补偿。"据此，构成受益人的补偿责任需具备以下条件：

1. 行为人实施了制止侵害行为

2. 行为人没有法定或约定义务

负有特定职责和义务的工作人员或者其他负有法定义务的人员，不属于此种补偿责任的请求主体。如消防队员的救火行为、警察的救助行为等。另外，根据事先的约定而负有义务，实施了制止侵权行为的，也不构成此类请求主体。

3. 行为人主观上具有维护国家、集体或者他人合法权益的意思

如果行为人在维护国家、集体或者他人合法权益的同时也维护了自己的利益，只要其他要件具备，同样可以请求受益人补偿。

4. 行为人因实施制止行为而遭受了人身损害

5. 存在明确的受益人

一方面是指有明确而具体的受益人，另一方面是指国家、集体、他人因此制止行为而受益，即该行为实际上起到了减少或者避免国家、集体或者他人合法权益遭受损失的效果。

6. 侵权人逃逸或者无力承担

在这种侵害过程中遭受人身损害，一般情况下，应当由侵权人承担赔偿责任。只有在侵权人逃逸或者侵权人无力承担的情况下，才由受益人在受益的范围内承担适当的补偿责任。

（四）公平责任负担

公平责任，是指当事人双方对损害的发生均无过错，以公平考虑作为标准，根据实际情况和可能，由加害人对受害人的财产损害给予适当补偿，当事人合理分担损失的侵权责任形态。《侵权责任法》第24条规定："受害人和行为人对损害的发生都没有过错的，可以根据实际情况，由双方分担损失。"

1. 公平责任适用范围

公平责任适用于当事人双方都没有过错的情况，其适用范围主要是《侵权责任法》第31条规定的紧急避险、第32条规定的无行为能力人和限制行为能力人致人损害和第76条规定的未经许可进入高度危险活动区域或者高度危险物存放区域受到侵害，作业人已经采取安全措施并且尽到警示义务的，既是减轻责任，也是公平责任的适用。另外，公平责任既适用于侵害财产权的案件，同时又适用于侵害人身权的案件。

2. 公平责任的负担

公平责任是基于公平观念由当事人双方分担损失的。这种公平要根据损害程度、当事人经济状况以及其他相关因素综合判断。

（五）损害赔偿金的支付方式

侵权法的一项重要功能就是填补受害人的损失，也就是说，侵权行为人应当对受害人的财产损失和精神损失承担全部赔偿责任。但是由于损失既包括实际损失，也包括预期利益的损失；既涉及赔偿的额度，也涉及侵权人的支付能力。因此，需要合理地确定损害赔偿金的支付方式。《侵权责任法》第25条规定："损害发生后，当事人可以协商赔偿费用的支付方式。协商不一致的，赔偿费用应当一次性支付；一次性支付确有困难的，可以分期支付，但应当提供相应的担保。"

1. 由当事人协商确定损害赔偿金的支付方式

当事人对损害赔偿金支付方式的协商可以包括：是一次性支付还是分期支付，如果是分期支付，分几期，每次付多少，是否要考虑物价变化因素，是否要支付利息，利息如何计算等等。当事人可以根据赔偿数额的多少，受害人对赔偿金的需求程度，侵权人的支付能力等实际情况对赔偿费用的支付进行协商。

2. 协商不一致的一次性支付

一次性支付，即把将来的多次赔偿一并计算，在现在做出一次性赔偿。这是我国通行的损害赔偿金的支付方式。

3. 一次性支付确有困难的，可以分期支付，但应当提供相应的担保

虽然本条规定当事人就赔偿费用支付协商不成的应当一次性支付，但在实践中确实存在赔偿义务人一次支付确有困难的情况，因此侵权法规定在这种情况下可以分期支付。但采用分期支付的方式是有风险的，这就是赔偿义务人在日后可能无赔偿能力，而使赔偿权利人的赔偿权利无法实现。为此，在确定赔偿义务人的分期赔偿责任后，应当责令赔偿义务人提供担保，以避免赔偿义务人将来逃避赔偿或无法赔偿。至于具体的担保方式，可以依据《担保法》、《物权法》及相关司法解释，结合具体的情况作出决定。

【引例分析】

引例 1 分析：本案为共同危险行为的案例。在本案中，许某等三人共同实施了向冯某投掷石子等物品，能够导致冯某人身损害的危险行为；这种危险行为造成了冯某受到人身损害，即其中两人投掷的石子击中了冯某，造成冯某头部轻微脑震荡，并伴随短暂意识障碍，右眼暂时失明；冯某的人身损害是其中两人投掷石子所致，但无法判明谁是真正加害人。因此应当由行为人承担连带责任。由于本案的行为人是未成年人，应当由他们的监护人承担连带责任。

引例 2 分析：被告五月花公司在本案中既没有违约也没有侵权，不能以违约或者侵权的法律事由判令五月花公司承担民事责任。五月花公司与李某、龚某同在本次爆炸事件中同遭不幸，现在加害人虽已被抓获，但由于其没有经济赔偿能力，双方当事人同时面临无法获得全额赔偿的局面。在此情况下应当看到，五月花公司作为企业法人，是为实现营利目的才允许顾客自带酒水，并由此引出餐厅爆炸事件，餐厅的木板隔墙不能抵御此次爆炸，倒塌后使李某、龚某一家无辜受害。五月花公司在此爆炸事件中虽无法定应当承担民事责任的过错，但也不是与李某、龚某一家受侵害事件毫无关系。还应当看到，双方当事人虽然同在此次事件中受害，但乙某、龚某一家是在实施有利于五月花公司获利的就餐行为时使自己的生存权益受损，五月花公司受损的则主要是自己的经营利益。二者相比，李某、龚某受到的损害比五月花公司更为深重，社会各界（包括五月花公司本身）都对李某、龚某一家的遭遇深表同情。受害人和行为人对造成损害均无过错，可以根据实际情况，由双方分担损失。基于公平原则和李某、龚某一家的经济状况，为平衡双方当事人的受损结果，酌情由五月花公司给李某、龚某补偿一部分经济损失，是适当的。据此，广东省高级人民法院 2001 年 11 月 26 日判决：一、撤销一审民事判决。二、被上诉人五月花公司给上诉人李某、龚某补偿 30 万元。三、二审案件受理费共 60 320 元，由双方当事人各负担一半。

【相关法律】

1. 《侵权责任法》第 6~25 条；
2. 《民法通则》第 106、108、109、117、120、130、132、134、162 条；
3. 《民通意见》第 142、148、157 条；
4. 《人身损害赔偿司法解释》第 3、4、5、8、15、17、29 条；
5. 《物权法》第 34~37 条。

【思考与练习】

1. 试述《侵权责任法》的归责体系。
2. 试述侵权责任的构成要件。
3. 教唆、帮助他人实施侵权行为的，应当如何承担责任？
4. 承担连带责任和按份责任的无意思联络的数人侵权行为应分别具备哪些构成要件？
5. 承担侵权责任的方式有哪些？
6. 案例分析：

(1) 李某某诉南京艺术学院、江苏振泽律师事务所名誉权侵权纠纷案①

2003 年 12 月 1 日，被告艺术学院下属的产业开发部与原告李某某签订协议，聘用李某某为艺术学院下属培训中心的副主任，主管美术培训。次年 5 月 1 日，双方续签一份协议书，约定继续聘任李某某为该培训中心副主任，并约定李某某每年上交艺术学院无形资产使用费 15 000 元。2005 年 10 月 28 日，艺术学院单方决定终止与李某某签订的上述协议。此后，李某某仍然在艺术学院培训中心从事美术培训工作。2006 年 7 月 7 日，双方发生矛盾，艺术学院培训中心向李某某发出书面通知，要求李某某办理移交手续。当月 15 日，艺术学院又委托被告振泽律师事务所发表涉案律师声明。该所律师仅依据艺术学院的单方陈述，未经向原告作必要的了解、核实，即在《扬子晚报》发布了题为"南京艺术学院培训中心授权律师声明"的公开声明，其内容如下："南京艺术学院常年法律顾问李某某、赵某某律师受南京艺术学院艺术培训中心委托，发表律师声明如下：南京艺术学院艺术培训中心是由南京艺术学院申请设立经江苏省教育厅备案的高校培训机构。南艺培训中心对外招生收费均开具加盖艺术学院财务专用章的江苏省行政事业性收费收据，对外签订合同均加盖南艺培训中心公章。李某某既非艺术学院人员也非南艺培训中心人员，南艺培训中心从未授权李某某个人代表南艺培训中心对外开展活动，对李某某个人以南艺培训中心名义对外开展的任何活动均不予认可。特此声明！江苏振泽律师事务所律师李某某、赵某某。"后该声明又被艺术学院培训中心网站转载，截至开庭之日尚未被删除。

法院审理查明：被告艺术学院、振泽律师事务所发布的律师声明，其内容与事实不符，造成原告李某某社会评价的降低；涉案律师声明的署名人律师李某某、赵某某的行为，系代表振泽律师事务所而进行的职务行为，被告振泽律师事务所及其律师仅依据被告艺术学院的单方陈述，未作必要审查，未经向原告李某某进行必要的调查、

① 中华人民共和国最高人民法院公报［2008］第 11 期。

核实，即发布内容失实的涉案律师声明，存在过错。

问：被告艺术学院、振泽律师事务所是否构成共同加害行为？应如何承担责任？

（2）胡某（21岁）与王某（9岁）一天下午在集市上闲逛，发现一头猪在路边，胡某对王某说："去逗逗它。"王某便拾起一块石头向猪砸去。猪被砸中猛往前冲。这时一名60多岁的老太太正在街上行走，见猪冲过来急忙躲闪，将集市上一摆卖的陶瓷瓶碰翻。瓷瓶价值1 400元。老太太被猪撞翻在地，摔伤右腿。医药费、住院费共计2 000元。问：

①老太碰翻瓷瓶的行为是何种性质的行为？是否应承担民事责任？

②胡某、王某的行为属何种性质的行为？应该承担何种责任？为什么？

③陶瓷瓶的损失由谁承担？为什么？①

项目三　不承担责任和减轻责任的情形

【引例】

引例1：苏某某与原平市沿沟乡大营村民委员会、原平市供电局赔偿纠纷案②

2001年2月21日上午11时左右，苏某某（15周岁）与本村未成年人郝某某、王某某去原平市沿沟乡大营村附近玩耍，苏某某攀上位于大营村瓦渣地变压器上玩时，被该变压器上方的高压线电击致伤，苏某某当即被送往忻州地区人民医院抢救治疗，后又在原平市第一人民医院治疗。经鉴定，苏某某人体损伤已构成四级伤残。法院查明，大营村瓦渣地内的变压器系大营村委1976年购买，开始在大营村黄家坟地内使用，1985年因新建砖厂，变压器移至瓦渣地内新建砖厂使用，后于1998年停用。变压器及变压器所连接的400米高压线产权均属大营村委所有，苏某某出事时，参与抢救苏某某的有关人员均证实，当时变压器无防护栏，无警示标志。

问：原平市沿沟乡大营村民委员会、原平市供电局赔偿是否应对苏某某的人身损害进行赔偿？

引例2：某日，甲携带一台高级摄像机乘坐长途公共汽车，为了安全，在车上他把摄像机置于腿上抱着。行驶当中一个小孩乙突然横穿马路，驾驶员丙紧急刹车，结果行李架上的物品有不少落下来，其中乘客丁的皮包正巧砸在甲的摄像机上，将价值一万多元的摄像机砸坏。试根据侵权法理论，回答以下问题：

（1）对本题驾驶员丙紧急刹车的行为应如何理解？

（2）你认为甲的损失应当由谁承担？为什么？

（3）如果小孩已经无法找到，那么甲的损失应当由谁承担？为什么？

【基本理论】

《侵权责任法》第三章规定的"不承担责任和减轻责任的情形"，在学理上叫做免

---

① 百度文库。

② 陕西省高级人民法院民事判决书（2002）晋民三终字第24号。

责事由或抗辩事由，是指针对原告的诉讼请求，被告得以免除或者减轻侵权责任的合法事由。《侵权责任法》第26~31条，分别规定了受害人过错、第三人过错、不可抗力、正当防卫和紧急避险五种免责事由。

一、受害人过错

受害人过错是指受害人对于损害的发生或者扩大具有过错。它包括受害人对于损害的发生具有故意和过失两种情况。以上两种过错形式导致被告免责还是减轻责任，应区分两种情况：

第一种情况是，对于损害的发生，加害人与受害人均有过错，受害人的过错可以成为加害人责任减轻的事由，实行过失相抵。《侵权责任法》第26条规定："被侵权人对损害的发生也有过错的，可以减轻侵权人的责任。"过失相抵作为减轻行为人责任的抗辩事由，适用于一切侵权案件，包括过错责任及过错推定案件，也适用于无过错责任案件。但在无过错责任案件中适用过失相抵，应有法律明确规定，如《侵权责任法》第72、73条，没有明确规定的，不得适用过失相抵规则，如《侵权责任法》第70、71、80条。

第二种情况是，受害人的过错是损害发生的唯一原因，加害人可以此为免除侵权责任的抗辩事由。《侵权责任法》第27条规定："损害是因受害人故意造成的，行为人不承担责任。"受害人故意引起的损害，行为人没有过错，当然免除责任。如果受害人的过失是损害发生的唯一原因，且在过错责任原则适用的场合，也同样构成免除行为人责任的抗辩事由。

二、第三人过错

第三人过错，是指除受害人和加害人之外的第三人，对于损害的发生或者扩大具有过错。《侵权责任法》第28条规定："损害是因第三人造成的，第三人应当承担侵权责任。"第三人的过错行为与侵权人的加害行为的联系状况以及二者与损害结果之间的联系形态有四种：①损害完全是由于第三人的过错行为造成的；②第三人的行为与侵权人的行为构成共同侵权，导致损害的发生；③侵权人和第三人分别实施侵权行为造成同一损害，每个人的侵权行为都足以造成全部损害；④侵权人和第三人分别实施侵权行为造成同一损害，能够确定责任大小，或者难以确定责任大小。

只有在第一种情形，即损害完全是由于第三人的过错行为造成的，第三人承担全部侵权责任，行为人不承担责任。《侵权责任法》第28条指的主要是这种情形。在第二种、第三种和第四种情况下，侵权人则与第三人一起承担连带责任或者按份责任，具体按照《侵权责任法》第8~11条的规定处理。

三、不可抗力

根据《民法通则》第153条规定，不可抗力是指不能预见、不能避免并不能克服的客观情况。不能预见是指根据现有的技术水平，一般人对某种事件的发生无法预料。不能避免并不能克服是指当事人已经尽到最大努力采取一切可以采取的措施，仍然不能避免某种事情的发生并克服事件造成的损害后果。不可抗力包括某些自然现象，如地震、台风、海啸等，也包括某些社会现象，如战争、武装冲突等。

单元 五 侵权责任

《侵权责任法》第29条规定："因不可抗力造成他人损害的，不承担责任。法律另有规定的，依照其规定。"

四、正当防卫

正当防卫是指为了使公共利益、本人或者他人的人身或财产免受正在进行的不法侵害，而对行为人本身采取的防卫措施。《侵权责任法》第30条规定："因正当防卫造成损害的，不承担责任。正当防卫超过必要的限度，造成不应有的损害的，正当防卫人应当承担适当的责任。"正当防卫是保护性措施，是一种合法行为。对于因此造成的损害，防卫人不负赔偿责任。

正当防卫需具备以下条件：①防卫必须出于正当目的，即为了避免公共利益、本人或者他人的人身或财产遭受侵害。②侵害行为必须是正在进行的、现实的，不能在侵害行为已经结束或者尚未开始时对他人实施防卫行为。③侵害需为不法。正当防卫的对象，必须是不法侵害，对执行职务的"有权损害"不能进行防卫，如逃犯就不能以正当防卫为借口而拒捕。④防卫必须对行为人本人实施，而不能对行为人以外的人实施。⑤防卫不能超过必要限度造成不应有的损害。造成的损害没有超过必要限度，防卫人不负赔偿责任。所谓必要限度，一般以足以防止或者制止侵害行为为标准，只要是为了制止不法行为所必须，就不能认为是超过了必要限度。超过必要限度造成不应有的损害，防卫人应当对超过防卫限度的那部分损害，即"不应有"的那部分损害承担责任。

五、紧急避险

紧急避险是指为了公共利益、本人或者他人的合法权益免受正在遭受的紧急危险，不得已而采取的损害另一较小利益的行为。紧急避险是一种合法行为，是在两种合法利益不可能同时都得以保护的情况下，不得已而采取的牺牲其中较小利益，保全较大利益的行为。

（一）紧急避险构成条件

紧急避险必须具备以下条件：

1. 危险已发生并造成损害

危险正在发生并威胁公共利益、本人或者他人的合法权益。如果危险尚未发生或者虽已发生但不会造成合法利益的损害，就不能采取紧急避险。

2. 避险行为必须是在不得已的情况下为之

所谓不得已，是指如果不采取紧急避险措施就不能保全较大利益，即避险确有必要，而不是说避险人只能采取一种而不能采取另一种措施避险。

3. 避险行为不得超过必要限度

这里所说的必要限度，以避险措施所造成的损害小于因此而避免的损失为准，即以尽可能小的损害保全较大的利益。如果避险行为不仅没有减少损害，反而使造成的损害大于或等于可能发生的损害，避险行为就失去了意义，就是超过了必要限度。

（二）紧急避险造成损害责任的承担

由于紧急避险行为以较小的损失挽救了较大利益，所以不具有法律及道德上的可非难性，避险人不承担民事责任。但从无辜的受害人角度来看，因他人的行为而使自己承担因紧急避险带来的损害，显然是不公平的。为此，《侵权责任法》第31条规定："因紧急避险造成损害的，由引起险情发生的人承担责任。如果危险是由自然原因引起的，紧急避险人不承担责任或者给予适当补偿。紧急避险采取措施不当或者超过必要的限度，造成不应有的损害的，紧急避险人应当承担适当的责任。"

1. 因人为原因引起险情所导致的紧急避险情形

如果险情是由人为原因引起的，由引起险情发生的人承担责任。险情的发生是由于引起险情发生的人在主观上存在过错，因此，对由此引发的损害应当由有过错的一方承担责任。引起险情发生的人可以是避险人、受益人、受害人或者第三人。

2. 因自然原因引起的险情所导致的紧急避险情形

自然原因指与人为原因无关的外界客观原因，如地震、海啸、暴雨、山洪暴发等各种自然灾害。根据本条规定，如果引起险情的危险来自于自然原因，则紧急避险人不承担民事责任或给予适当补偿。适当补偿是指在行为人和受害人都没有过错的情况下发生了损害事实，根据公平原则，在受害人要求的情况下，由当事人公平地分担损失。在此情况下，行为人本身不具有可非难性，而是以自己的经济能力，对于受害人的损失给予一定的救助。

《民法通则司法解释》第156条规定，因紧急避险造成他人损失的，如果险情是由自然原因引起，行为人采取的措施又无不当，则行为人不承担民事责任。受害人要求补偿的，可以责令受益人适当补偿。

3. 紧急避险采取措施不当或者超过必要限度的情形

紧急避险采取措施不当或者超过必要的限度，造成不应有的损害的，紧急避险人应当承担适当的责任。即紧急避险人对不应有损害部分承担适当责任。

（三）紧急避险与正当防卫的异同

1. 紧急避险与正当防卫的共同点

（1）两者都是具有阻却违法性的行为；

（2）两者成立的前提都是合法权利受到严重威胁；

（3）两者的目的都是保护公共利益、本人或者他人的合法权益；

（4）两者都造成了一定的损害。

2. 紧急避险与正当防卫的不同点

（1）危险的来源不同。正当防卫的危险来源是人的不法侵害行为；而紧急避险的危险来源比较广泛，可以是不法侵害，也可以是自然灾害、动物的侵袭。

（2）紧急避险必须是出于迫不得已，而正当防卫无此要求。

（3）紧急避险所保护的利益必须要大于避险行为所损害的第三者的利益，正当防卫则要求相适应即可。

（4）正当防卫只能针对不法侵害者本人实施，而紧急避险可以对第三人实施。在遭遇到不法侵害时，如果行为人是对不法侵害人进行反击，属于正当防卫的范畴；如果为了躲避不法侵害，而损害第三人（不法侵害之外的人）利益，则属于紧急避险的范畴。

【引例分析】

引例1分析：本案中，苏某某出事时虽非完全民事行为能力人，但其年龄已超过

15 周岁，以其年龄、智力足以预见到攀登变压器玩耍所带来的危险后果，且苏某某攀登变压器的行为违反《电力设施保护条例》中有关的禁止性规定，因此对于伤残后果，其自己应承担主要责任。作为变压器产权人的大营村委在变压器停止使用后，未及时申请有关电力管理部门搬迁处理，亦未设立有关安全标志，致使苏某某在攀登变压器时未引起其足够的警示，是造成苏某某损伤的另一原因，大营村委应承担相应的责任。供电局是对电力设施依法行使行政管理权的管理机关，而非本案中电力设施的产权人，苏某某亦不能提供供电局承担民事赔偿责任的有关证据，故供电局依法不承担民事赔偿责任。最后法院判决大营村委酌情赔偿苏某某医疗费、交通费、住院期间的陪侍费、营养费计 16 858.32 元，整容费 15 000 元，其他费用由苏某某自负。本案损害的发生，加害人与受害人均有过错，因此实行过失相抵，由双方根据各自的过错承担相应的责任。

引例 2 分析：

（1）驾驶员丙的行为为紧急避险。本案中，驾驶员丙、乘客丁均无过错，造成损失的根本原因在于小孩横穿马路，驾驶员面对危险不得已紧急刹车，这属于紧急避险行为。

（2）甲的损失应当由小孩的监护人承担责任。《侵权责任法》第 31 条规定："因紧急避险造成损害的，由引起险情发生的人承担责任。如果危险是由自然原因引起的，紧急避险人不承担责任或者给予适当补偿。紧急避险采取措施不当或者超过必要的限度，造成不应有的损害的，紧急避险人应当承担适当的责任。"在本案中，驾驶员刹车的行为并无不当；丁的东西掉下来砸到了甲的摄像机，但丁没有过错。而小孩突然跑过马路是险情引发的原因，小孩的监护人有监护不力的过错，因此应当由小孩的父母承担责任。

（3）如果小孩已经无法找到，根据我国《侵权责任法》第 24 条规定："受害人和行为人对损害的发生都没有过错的，可以根据实际情况，由双方分担损失。"本案中，驾驶员丙、乘客丁、乘客甲都没有过错，可以由运输公司、乘客丁、乘客甲分担损失。

【相关法律】

1. 《侵权责任法》第 26～31 条；
2. 《民法通则》第 123、127、128、129、156 条；
3. 《人身损害赔偿司法解释》第 6 条。

【思考与练习】

1. 《侵权责任法》规定了哪些减免责任的法定事由，试分述之。

2. 案例分析：

2002 年 3 月 20 日，受强对流天气影响，某市局部出现大风冰雹天气。当晚 12 时许，茹某与张某、赵某一起下班回家，行至被告某织造有限公司时，在被告的一空心水泥砖墙边躲雨，围墙忽然倒塌，三人均被压，后送院抢救，茹某抢救无效死亡，赵某和张某经治疗 4 月 17 日出院。2002 年 5 月死者茹某的四位亲属到法院起诉，要求某织造有限公司赔偿。被告辩称，大风冰雹天气乃不可抗自然现象，因此被告围墙倒塌属不可抗力造成的事故，故不应承担责任。

问：本案中被告是否可以适用不可抗力免责？

项目四　关于责任主体的特殊规定

【引例】

引例1：2011年7月26日，驾驶员王某（系劳务派遣机构——河南金蓝管理咨询有限公司派遣到河南移动周口分公司的司机）驾驶达喀尔租赁有限公司车辆豫A731L1行驶至周口市区某路口由南向北左转弯时撞伤正在直行的王某胜（系本案原告，其家住漯河，到周口探亲），造成王某胜右腿股骨骨折。经交警鉴定，司机王某负该事故的全部责任。后经查实，周口分公司是此次车辆的实际使用人，驾驶员王某当日所造成的交通肇事案件是于执行周口分公司的工作任务期间所发生的。

问：对王某造成的损害应由谁来承担责任？[①]

引例2：陆某是某小学三年级学生（9岁），一日趁体育课自由活动时，溜出学校大门。到附近书店看书，在过马路时被王某驾驶的机动车撞倒，王某逃逸，一直未归案。陆某受重伤被路人送去医院抢救，共花费上万元医疗费。经查，该机动车为肖某所有，是王某于事故发生当日盗取。后陆某的父母向法院起诉，要求某小学和肖某共同承担侵权责任，赔偿陆某的医疗费并进行精神损害赔偿。结合《侵权责任法》对该案进行案例分析：

(1) 肖某是否需要承担侵权责任？

(2) 某小学是否需要承担侵权责任？

(3) 原告是否可以要求精神损害赔偿？[②]

【基本理论】

在侵权责任承担中，主体的差异会导致侵权责任的构成要件、责任程度等差异，《侵权责任法》第32～40条对六种责任主体作了特殊规定，具体包括：监护人责任、暂时丧失心智损害责任、用人者责任、网络侵权责任、违反安全保障义务的侵权责任和学生伤害事故责任。

一、监护人责任

监护人责任是指无行为能力人和限制行为能力人因自己的行为致人损害，由行为人的监护人承担赔偿责任的特殊侵权责任。《侵权责任法》第32条规定："无民事行为能力人、限制民事行为能力人造成他人损害的，由监护人承担侵权责任。监护人尽到监护责任的，可以减轻其侵权责任。有财产的无民事行为能力人、限制民事行为能力人造成他人损害的，从本人财产中支付赔偿费用。不足部分，由监护人赔偿。"

---

① 百度文库。

② 中国法院网。

213

单元 五

侵权责任

（一）监护人责任的构成要件

监护人责任是一种典型的替代责任，是监护人为被监护人的不法致害行为而承担的无过错责任，它不以监护人具有主观过错为前提。因此，监护人承担监护责任只需以下三个条件：

（1）被监护人实施了致害行为；

（2）受害人遭受了损害；

（3）被监护人的致害行为与损害之间具有因果关系。

（二）监护人责任的承担

（1）如果被监护人没有财产，而且满足了监护人责任的构成要件，就应当由监护人承担侵权责任。

（2）有财产的被监护人对他人造成损害的，从本人财产中支付赔偿费用。不足部分，由监护人赔偿。

（3）监护人尽到监护责任的，可以减轻其侵权责任。监护人能够证明自己已经尽到监护责任的，适用公平责任归责，减轻其责任，由双方当事人分担其损失。

二、暂时丧失心智损害责任

暂时丧失心智损害责任，是指完全民事行为能力人对因过错引起的暂时丧失心智，或者因醉酒、滥用麻醉药品或者精神药品暂时丧失心智，造成他人损害，所应当承担的特殊侵权责任。《侵权责任法》第33条规定："完全民事行为能力人对自己的行为暂时没有意识或者失去控制造成他人损害有过错的，应当承担侵权责任；没有过错的，根据行为人的经济状况对受害人适当补偿。完全民事行为能力人因醉酒、滥用麻醉药品或者精神药品对自己的行为暂时没有意识或者失去控制造成他人损害的，应当承担侵权责任。"

（一）暂时丧失心智损害责任的构成要件

1. 侵权人是完全民事行为能力人

2. 被侵权人需受到实际损害

这种损害既可以是人身损害，也可以是财产损害。

3. 侵权人造成他人损害时暂时丧失心智

指的是损害的发生是因侵权人暂时丧失心智，无法控制自己的行为而导致的，二者之间具有因果关系。如侵权行为人在"梦游"状态下实施侵权行为。应当注意的是，暂时丧失心智与间歇性精神病不同，间歇性精神病造成损害的责任应当适用《侵权责任法》第32条的规定，为监护人责任。

4. 侵权人暂时丧失心智是因自己的过错造成的

丧失心智的过错，除《侵权责任法》第32条第2款规定的醉酒、滥用麻醉药品或者精神药品外，其他故意或过失所为都包括在内。这种特殊侵权责任的过错认定，应当适用过错推定规则，即被侵权人已经证明其他责任构成要件后，法官可以推定侵权人对其心智丧失有过错。丧失心智的人如果主张自己没有过错，应负举证责任。不能证明自己没有过错的，应当承担赔偿责任。

（二）暂时丧失心智损害责任的承担

1. 由侵权人承担赔偿责任

因过错导致心智丧失致人损害的，应当由侵权人承担赔偿责任。

2. 由行为人承担赔偿责任的特例

因醉酒、滥用麻醉药品或者精神药品对自己的行为暂时没有意识或者失去控制造成他人损害的，应当承担侵权责任。这种情形同样是由于侵权人的过错所为，是过错的特殊表现形式，当然应当由行为人承担侵权责任。

3. 无过错的完全行为能力人赔偿责任

完全行为能力人对自己暂时丧失心智没有过错的，应当依照公平责任规则，根据行为人经济状况对受害人适当补偿。行为人经济状况良好的适当多赔，经济状况不好的适当少赔。

三、用人者责任

《侵权责任法》第34、35条规定的是用人者责任。用人者责任是一种替代责任、无过错责任，在认定用人者责任时，不需要考虑用人者的过错，重点是考察被使用人的行为是否符合侵权责任的构成要件。《侵权责任法》规定的用人者责任包括用人单位责任、劳务派遣责任和个人劳务责任。

（一）用人单位责任

用人单位责任，是指用人单位的工作人员在工作过程中造成他人损害，由用人单位作为赔偿主体，为其工作人员致害的行为承担损害赔偿责任的特殊侵权责任。这里的"用人单位"，应包含公、私企业及国家机关和事业单位。《侵权责任法》第34条第1款规定："用人单位的工作人员因执行工作任务造成他人损害的，由用人单位承担侵权责任。"

用人单位责任的构成，需具备以下构成要件：

1. 违法行为

即用人单位的法定代表人、负责人及其工作人员须有执行工作任务的行为，且该行为违法。用人单位的工作人员是否执行工作任务，是用人单位承担替代责任的决定性因素。

2. 损害事实

包括侵害人身权利和财产权利所造成的损害后果。

3. 因果关系

即用人单位工作人员的行为与损害事实之间具有因果关系。构成用人单位责任的，由用人单位对受害人承担侵权责任。

（二）劳务派遣责任

劳务派遣责任，是指在劳务派遣期间，被派遣的工作人员因执行工作任务造成他人损害的，由接受劳务派遣的用工单位承担侵权责任，劳务派遣单位承担补充责任的特殊侵权责任。《侵权责任法》第34条第2款规定："劳务派遣期间，被派遣的工作人员因执行工作任务造成他人损害的，由接受劳务派遣的用工单位承担侵权责任；劳务派遣单位有过错的，承担相应的补充责任。"

1. 劳务派遣责任的构成要件

（1）当事人之间存在劳务派遣的劳动关系。构成劳务派遣责任，首先必须在三方当事人之间存在劳务派遣的劳动关系。在劳务派遣单位与被派遣的工作人员之间有劳动合同关系，劳务派遣单位与用工单位有劳务派遣合同关系。根据上述两个合同关系，被派遣的工作人员在有关单位提供劳动。没有这样的劳务派遣的劳动关系，不承担劳务派遣责任。

（2）被派遣的工作人员因执行工作任务造成他人损害。这种损害同样包括人身损害和财产损害，而且这个损害事实应当发生在被派遣的工作人员执行派遣的工作过程中，也就是被派遣的工作人员是在执行工作任务时对他人造成的损害。

（3）损害事实的发生与被派遣的工作人员的执行工作任务行为有因果关系。

2. 劳务派遣责任的承担

（1）接受派遣用工单位的责任。具备前述劳务派遣责任构成要件的，由接受劳务派遣的用工单位承担侵权责任。劳务派遣单位虽然与被派遣的员工签订了劳动合同，但不对其进行使用和具体管理。在劳务派遣期间，被派遣的工作人员接受用工单位的指示和管理，由有关单位为其提供相应的劳动条件和劳动保护。所以，被派遣的工作人员因工作造成他人损害的，其责任应当由用工单位承担。

（2）劳务派遣单位的责任。被派遣的工作人员因执行工作任务造成他人损害，劳务派遣单位有过错的，承担相应的补充责任。"补充责任"意味着接受派遣用工单位的责任是第一位的，只有在接受派遣用工单位无力赔偿的情况下，派遣方才需要补充赔偿。"相应"的责任意味着该责任应当与劳务派遣单位的过错程度和行为的原因力相适应，即以过错程度和原因力的作用，确定应当承担的责任，且不得向直接责任人追偿。

（三）个人劳务责任

个人劳务责任，是指在个人之间形成的劳务关系中，提供劳务一方由于执行劳务活动造成他人损害，接受劳务一方应当承担替代赔偿责任的特殊侵权责任。《侵权责任法》第 35 条规定："个人之间形成劳务关系，提供劳务一方因劳务造成他人损害的，由接受劳务一方承担侵权责任。提供劳务一方因劳务自己受到损害的，根据双方各自的过错承担相应的责任。"

1. 个人劳务责任构成要件

（1）接受劳务一方与提供劳务一方之间具有个人劳务关系。劳务关系是指提供劳务一方为接受劳务一方提供劳务服务，由接受劳务的一方按照约定支付报酬而建立的一种民事权利义务关系。个人劳务关系中"提供劳务的一方"和"接受劳务的一方"都是自然人。

（2）接受劳务一方处于特定支配地位。由于接受劳务一方购买的是提供劳务一方的劳动力，因此，接受劳务一方也就取得了对提供劳务一方人身的某种支配权。

（3）提供劳务一方在造成第三人损害时处于"执行劳务活动行为"的特定状态。个人劳务责任是替代责任，接受劳务一方是提供劳务一方的雇主，提供劳务一方在造成损害的时候是在执行劳务活动。考察提供劳务一方致人损害时是否执行劳务，是接受劳务一方承担替代责任的决定性因素。

2. 个人劳务责任的承担

（1）提供劳务一方在提供劳务过程中造成他人损害的，由接受劳务一方承担侵权责任。之所以这样规定，是在劳务关系中，接受劳务一方通过提供劳务一方的劳务活动获得相应的利益，因此如果提供劳务一方在提供劳务过程中造成他人损害，则按照"谁受益，谁负责"的原则，应由接受劳务一方当事人承担侵权责任。

（2）提供劳务一方在提供劳务过程中造成自己损害的，根据双方各自的过错承担相应的责任。提供劳务一方在提供劳务过程中造成自己损害的，实际上是个人劳务关系中的工伤事故责任，该责任规则与一般的工伤事故责任规则不同。其区别是个人劳务关系原则上不进行工伤保险，因此，对于该损害，应当根据过错责任原则，按照双方各自的过错承担相应的责任。

四、网络侵权责任

随着互联网的迅速发展，网络侵权行为在不断增加。《侵权责任法》第 36 条规定了两种不同类型的网络侵权责任。

（一）网络用户与网络服务提供者的自己责任

《侵权责任法》第 36 条第 1 款规定："网络用户、网络服务提供者利用网络侵害他人民事权益的，应当承担侵权责任。"该款规定了网络侵权行为自己责任规则，即网络用户和网络服务提供者因为自己的过错造成了他人的损害，应当承担侵权责任。

网络用户在网络空间实施了侵权行为，当然要承担民事责任。作为媒体的网络服务提供者，在提供各类资讯和信息服务的时候，也会像传统媒体一样发生侵害他人民事权益的行为。这些侵权责任，都是过错责任，也都是自己的责任。

在网络上实施的侵害他人民事权益的行为，以侵害名誉权、隐私权、姓名权、名称权等人格权和知识产权的行为居多，尤以侵害名誉权、隐私权和著作权的案件为多。

（二）网络用户与网络服务提供者的连带责任

1. "通知条款"下网络用户与网络服务提供者的连带责任

《侵权责任法》第 36 条第 2 款规定："网络用户利用网络服务实施侵权行为的，被侵权人有权通知网络服务提供者采取删除、屏蔽、断开链接等必要措施。网络服务提供者接到通知后未及时采取必要措施的，对损害的扩大部分与该网络用户承担连带责任。"该款即为网络侵权责任的"通知条款"。

"通知条款"意味着，被侵权人在知道了网络用户实施的侵权行为之后，有权通知网络服务提供者采取必要的协助措施防止损害后果的进一步扩大；网络服务提供者在接到被侵权人的通知后，应当采取必要的删除、屏蔽、断开链接措施以防止损害的扩大；如果网络服务提供者未对侵权行为采取必要措施，而该网络用户的行为被最终确认为侵权行为，则未采取必要措施的网络服务提供者应当对接到通知之后的损害扩大部分与该网络用户承担连带责任。因为网络服务提供者在接到通知后未及时采取必要措施，属于对网络用户侵权行为的放任，具有间接故意，因此视为共同侵权行为。反之，网络服务提供者没有接到通知，或者接到通知后即采取了必要措施的，则不需要承担侵权责任。

2. "知道条款"下网络用户与网络服务提供者的连带责任

《侵权责任法》第 36 条第 3 款规定："网络服务提供者知道网络用户利用其网络服务侵害他人民事权益，未采取必要措施的，与该网络用户承担连带责任。"该款即为网络侵权责任的"知道条款"，也就是说，网络服务提供者在知道网络用户利用其服务实施侵权行为的情况下，如果没有主动采取必要的措施，则要对于全部的损害与该网络用户承担连带责任。此时网络用户提供者对网络用户的侵权行为也具有放任的间接故意，应视为共同侵权。

该款中的"知道"，按照学界通说的观点，应当是"已经知道"，即"明知"，而不包括"应当知道"。

五、违反安全保障义务的侵权责任

安全保障义务是指宾馆、商场、银行、车站、娱乐场所等公共场所的管理人或者群众性活动的组织者对于进入该场所的消费者、活动参与者（被组织者）所承担的保障其人身、财产安全的义务。负有安全保障义务的主体如果没有尽到安全保障义务，造成他人损害的，应当承担侵权责任。《侵权责任法》第37条规定了两种类型的违反安全保障义务的侵权责任。

（一）安全保障义务人对自己过失的责任

《侵权责任法》第37条第1款规定："宾馆、商场、银行、车站、娱乐场所等公共场所的管理人或者群众性活动的组织者，未尽到安全保障义务，造成他人损害的，应当承担侵权责任。"此款即为安全保障义务人对自己过失的责任。构成该责任需具备以下要件：

1. 安全保障义务人的过失

违反安全保障义务人的过错性质，是未尽注意义务的过失，不包括故意。这种过失的表现，就是应当注意而没有注意，是一种不注意的心理状态。而且对于该过错实行举证责任倒置，由安全保障义务人负举证责任，适用过错推定规则。

2. 安全保障义务人的不作为行为

在该责任中，安全保障义务人对于损害的发生表现出消极的不作为行为，即违反了法定的作为义务。如设施、设备等存在不合理的危险，没有采取合理措施予以消除；公共场所的管理者未提供安全的活动环境而造成活动参与者受到损害。

3. 被侵权人的损害

包括人身损害和财产损害。

4. 安全保障义务人不作为行为与被侵权人损害之间的因果关系

具备以上责任构成要件的安全保障义务人应当承担侵权责任。

（二）安全保障义务人对第三人致害的补充责任

《侵权责任法》第37条第2款规定："因第三人的行为造成他人损害的，由第三人承担侵权责任；管理人或者组织者未尽到安全保障义务的，承担相应的补充责任。"此款即为安全保障义务人对第三人致害的补充责任。构成该责任需具备以下要件：

1. 损害是由于第三人的侵权行为造成的

2. 安全保障义务人有过失

在第三人实施侵权行为的情况下，安全保障义务人的过失在于：有义务防止或制止损害的发生，而没有防止或制止损害的发生。当然，其防止或制止损害发生的义务范围应当在其能够防止或制止损害的范围内。如普通餐馆老板不可能防止或制止全副武装的攻击事件，更不可能防止或制止精心策划的恐怖爆炸事件。

3. 被侵权人遭受人身或财产损失

4. 因果关系

在这种侵权责任中，其侵权责任构成的因果关系应当是间接因果关系，违反安全保障义务行为仅仅是损害发生的间接原因，第三人实施的侵权行为才是造成损害结果的直接的事实上的原因。

在第三人致害的情况下，实施加害行为的该第三人对自己的行为应当承担侵权责任，具备以上责任构成要件的安全保障义务人承担相应的补充责任。即只有在致害的第三人无力赔偿时，安全保障义务人才承担与自己的过失大小和程度相当的责任。

六、学生伤害事故责任

学生伤害事故责任，是指无民事行为能力或者限制民事行为能力的学生在幼儿园、学校或者其他教育机构学习、生活期间，受到人身损害，应当由幼儿园、学校或者其他教育机构承担赔偿责任的特殊侵权责任。《侵权责任法》第38、39、40条规定了两种类型的学生伤害事故责任。

（一）教育机构的违法行为导致学生伤害事故责任

《侵权责任法》第38条规定："无民事行为能力人在幼儿园、学校或者其他教育机构学习、生活期间受到人身损害的，幼儿园、学校或者其他教育机构应当承担责任，但能够证明尽到教育、管理职责的，不承担责任。"第39条规定："限制民事行为能力人在学校或者其他教育机构学习、生活期间受到人身损害，学校或者其他教育机构未尽到教育、管理职责的，应当承担责任。"这两条即为教育机构的违法行为导致学生伤害事故责任的规定。构成该责任需具备以下要件：

1. 学生在教育机构学习、生活期间受到人身损害

在学生伤害事故责任中，此处的"伤害"指的是人身损害，不包括财产损害，而且学生所受的人身损害必须发生在学习、生活期间，既包括学生在校园里学习期间发生的伤亡事故，也包括在校园外参与学校组织学生外出游玩、参观等活动时发生的伤亡事故。

2. 教育机构在学生伤害事故中存在违法行为

这种违法行为指的是学校在实施教学活动中，违反或未能正确履行法律法规关于

学校对学生的教育、管理和保护职责的行为。①

3. 教育机构的违法行为与事故发生有因果关系

如果学生受害与学校违法行为之间不存在因果关系，自然不存在赔偿责任。比如学生因为自身的特殊体质遭受损害，与学校的管理活动没有关系，学校就不承担赔偿责任。

4. 教育机构在学生伤害事故中存在过错

对于无行为能力人在幼儿园、学校或者其他教育机构学习、生活期间受到人身损害的，适用过错推定规则，教育机构只有在证明尽到了教育、管理职责时，才可以免责；对于限制民事行为能力人在学校或者其他教育机构学习、生活期间受到人身损害，适用过错责任原则，只有被侵权人证明教育机构没有尽到教育、管理职责，教育机构才承担责任。

具备以上构成要件的幼儿园、学校或者其他教育机构应承担侵权责任。

（二）第三人致害的学生伤害事故责任

《侵权责任法》第40条规定："无民事行为能力人或者限制民事行为能力人在幼儿园、学校或者其他教育机构学习、生活期间，受到幼儿园、学校或者其他教育机构以外的人员人身损害的，由侵权人承担侵权责任；幼儿园、学校或者其他教育机构未尽到管理职责的，承担相应的补充责任。"此条即是第三人致害的学生伤害事故责任的规定。构成该责任需具备以下要件：

1. 第三人不法加害在校学生造成学生的人身损害

除了要求学生受到人身损害，损害发生在在校期间之外，还要求损害原因来自第三人的加害行为。

2. 教育机构未尽到管理职责

教育机构有采取安全保障措施防止校外人员伤害学生的义务，如配备必要的保安、发现危险及时报警、帮助学生逃生等。

3. 因果关系

因为学校未尽到管理职责致使校外人员伤害在校学生，造成最终的人身损害。这里存在双重因果关系：一是第三人的加害行为直接造成了学生的人身损害，是直接因

---

① 根据《学生伤害事故处理办法》第9条，因下列情形之一造成的学生伤害事故，学校应当依法承担相应的责任：（一）学校的校舍、场地、其他公共设施，以及学校提供给学生使用的学具、教育教学和生活设施、设备不符合国家规定的标准，或者有明显不安全因素的；（二）学校的安全保卫、消防、设施设备管理等安全管理制度有明显疏漏，或者管理混乱，存在重大安全隐患，而未及时采取措施的；（三）学校向学生提供的药品、食品、饮用水等不符合国家或者行业的有关标准、要求的；（四）学校组织学生参加教育教学活动或者校外活动，未对学生进行相应的安全教育，并未在可预见的范围内采取必要的安全措施的；（五）学校知道教师或者其他工作人员患有不适宜担任教育教学工作的疾病，但未采取必要措施的；（六）学校违反有关规定，组织或者安排未成年学生从事不宜未成年人参加的劳动、体育运动或者其他活动的；（七）学生有特异体质或者特定疾病，不宜参加某种教育教学活动，学校知道或者应当知道，但未予以必要的注意的；（八）学生在校期间突发疾病或者受到伤害，学校发现，但未根据实际情况及时采取相应措施，导致不良后果加重的；（九）学校教师或者其他工作人员体罚或者变相体罚学生，或者在履行职责过程中违反工作要求、操作规程、职业道德或者其他有关规定的；（十）学校教师或者其他工作人员在负有组织、管理未成年学生的职责期间，发现学生行为具有危险性，但未进行必要的管理、告诫或者制止的；（十一）对未成年学生擅自离校等与学生人身安全直接相关的信息，学校发现或者知道，但未及时告知未成年学生的监护人，导致未成年学生因脱离监护人的保护而发生伤害的；（十二）学校有未依法履行职责的其他情形的。

果关系；二是教育机构的过错导致没能避免第三人的加害行为，是间接因果关系。

4. 教育机构存在过错

教育机构对第三人致害的学生伤害事故责任适用过错责任原则，由被侵权人对教育机构的过错承担举证责任。

具备以上构成要件的幼儿园、学校或者其他教育机构应承担相应的补充责任。即在致害的第三人无力赔偿时，教育机构才承担与自己的过失大小和程度相当的责任。

【引例分析】

引例1分析：本案中，驾驶员王某是在劳务派遣的工作期间，因执行工作任务而造成损害，应适用《侵权责任法》第34条第2款的规定。对于受害人的损失首先由保险公司负责赔偿，不足的部分应由周口分公司（用工单位）承担。

引例2分析：

（1）根据《侵权责任法》第52条的规定，盗窃、抢劫或者抢夺的机动车发生交通事故造成损害的，由盗窃人、抢劫人或者抢夺人承担赔偿责任。保险公司在机动车强制保险责任限额范围内垫付抢救费用的，有权向交通事故责任人追偿。所以该机动车的车主并不承担责任，应由盗窃人王某承担责任。

（2）根据《侵权责任法》第40条规定，无民事行为能力人或者限制民事行为能力人在幼儿园、学校或者其他教育机构学习、生活期间，受到幼儿园、学校或者其他教育机构以外的人员人身损害的，由侵权人承担侵权责任；幼儿园、学校或者其他教育机构未尽到管理职责的，承担相应的补充责任。在本案中，学校未尽到管理职责，应当承担补充责任。

（3）根据《侵权责任法》第22条规定，侵害他人人身权益，造成他人严重精神损害的，被侵权人可以请求精神损害赔偿。本案中，该伤害肯定会给9岁的陆某造成严重精神损害，因此可以要求精神损害赔偿。

【相关法律】

1.《侵权责任法》第32～40条；

2.《民法通则》第43、121、133条；

3.《民通意见》第152、159～161条；

4.《人身损害赔偿司法解释》第6～9、11条。

【思考与练习】

1. 试述监护人责任、暂时丧失心智损害责任、用人者责任、网络侵权责任、违反安全保障义务的侵权责任和学生伤害事故责任的构成要件及责任承担。

2. 案例分析：

（1）2011年12月14日下午5点30分至6点，文某某在陕西省图书馆3楼中文五区读书，读书期间，文某某将其所有的一台金星牌MP4播放器放在窗台上充电时丢失。丢失的MP4播放器中存放有文某某母亲生前录像、录音资料。MP4播放器的丢失，给文某某造成了一定的精神痛苦。事发后公安机关出警时，陕西省图书馆工作人员协助公安机关查看了事发时的监控录像。事后，文某某再次要求查看陕西省图书馆的监控录像，被拒绝，双方产生纠纷。陕西省图书馆在安检口及各楼层的显著位置均张贴有"请保管好随身物品严防扒手"及"请妥善保管好你的私人物品"的安全提示。在阅览室内安装有录像监控设备。现文某某到法院起诉，请求判令被告陕西省图书馆赔偿原告MP4播放器丢失的损失3 800元，赔偿原告精神损失3 000元。

问：本案中被告是否履行了合理的安全保障义务，对原告的损失是否应予赔偿？

（2）甲在某酒店就餐，邻座乙、丙因喝酒发生争吵，继而动手打斗，酒店保安见状未出面制止。乙拿起酒瓶向丙砸去，丙躲闪，结果甲头部被砸伤。

问：谁应对甲承担责任？为什么？

项目五　产品责任

【引例】

李某某诉刘某某建品责任纠纷案①：

被告刘某某开设一水暖门市部，2011年10月份，被告刘某某自带材料为原告李某某位于巩义市回郭镇银通花园1号楼3单元4楼西户的房屋安装淋浴、热水器等，工程完工后原告验收付款。2011年11月份，原告雇佣的工人为原告房屋安装橱柜时发现屋内有积水，即通知原告到场。经检查由于被告销售的连接淋浴开关与水管之间的玲朗牌接头发生断裂导致漏水。同时，原告卫生间内的地漏被装修过程中产生的渣滓堵塞，无法及时排水，造成房屋内积水。后原告申请对房屋损失进行鉴定，郑州宏信价格评估咨询有限公司作出郑宏价估鉴【2012】0310号价格评估鉴定报告书，鉴定结论为原告房屋两个客厅、南主卧室、北主卧室墙面下部涂料严重脱落，7个精装门口门套漆面有脱落现象，评估鉴定标的在价格评估鉴定基准日的损失为4 177.70元，鉴定费1 500元。经多次协商，被告至今拒绝赔偿原告损失，原告遂诉至法院，请求判令被告赔偿原告损失共计5 677.70元。

问：原告的诉讼请求能否得到法院的支持？

【基本理论】

一、产品责任的概念和特征

产品责任，是指产品的生产者、销售者因产品存在缺陷造成他人人身、财产损害或有人身、财产损害危险所应承担的特殊侵权责任。该责任具有以下特征：

（1）产品责任发生在产品流通领域。产品进入流通领域的标志，是产品经过交易、转让等合同行为，由制造者、销售者之手转入消费者之手，中间可以经过若干流通环节，即批发、销售、仓储、运输等过程。产品责任发生在这个领域之中。

（2）致人损害的产品必须存在缺陷。《中华人民共和国产品质量法》（以下简称《产品质量法》）第46条对产品缺陷作了界定："本法所称缺陷，是指产品存在危及人

---

① 资料来源：www.yuecheng.cn。

身、他人财产安全的不合理的危险；产品有保障人体健康和人身、财产安全的国家标准、行业标准的，是指不符合该标准。"产品责任是产品因缺陷造成使用人的人身伤害或者缺陷产品以外的财产损失所引发的责任。

（3）产品责任在性质上是特殊侵权责任，适用无过错责任原则。产品责任是物件致人损害的特殊侵权责任，是人对物造成的损害承担责任。产品责任适用无过错责任原则，即确定这种责任不考察过错，只要受害人能够证明产品具有缺陷，即可构成侵权责任，而不必证明产品制造者或者销售者存在过错。

二、产品责任的构成要件

根据《侵权责任法》和《产品质量法》的规定，产品责任需具备以下构成要件：

1. 产品存在缺陷

产品责任中的产品，是指"经过加工、制作，用于销售的产品"[①]。该产品有两个特点：一是经过加工、制作，未经过加工制作的自然物不是产品；二是生产、制造该产品的目的是用于销售。

2. 人身、财产受到损害

产品责任中的损害事实包括人身损害、财产损害和精神损害。人身损害包括致人死亡或伤残。财产损失，不是指缺陷产品本身的损失，即购买该产品所付价金的损失，而是指缺陷产品以外的其他财产损失，包括直接损失和间接损失。精神损害，是指缺陷产品致人损害，给受害人所造成的精神痛苦和感情创伤。

3. 因果关系

即产品的缺陷与受害人的损失事实之间存在引起和被引起的关系。

三、产品责任的责任主体和责任方式

（一）产品责任的责任主体

我国《侵权责任法》第 41 ~ 43 条将产品生产者、销售者确定为承担产品责任的责任主体。生产者和销售者均为责任主体，因产品存在缺陷造成损害的，被侵权人可以向产品的生产者请求赔偿，也可以向产品的销售者请求赔偿。销售者承担了非因自己过错使产品存在缺陷造成他人人身或财产损害的赔偿责任后，可以向产品的生产者追偿。属于产品销售者的责任，产品生产者赔偿的，产品生产者有权向产品销售者追偿。销售者不能指明缺陷产品的生产者也不能指明缺陷产品的供货者的，销售者应当承担侵权责任。

因此，缺陷产品的生产者、销售者均为承担产品责任的主体，被侵权人可选择其中之一或者二者作为被告请求赔偿。

（二）产品责任的责任方式

1. 赔偿损失

赔偿损失是产品责任案件中最基本的侵权责任方式，具体赔偿哪些项目以及赔偿数额，应当依照《侵权责任法》第 19、20、22 条的规定来确定。

---

① 《产品质量法》第 2 条第 2 款。

依据《侵权责任法》第45条的规定，因产品缺陷危及他人人身、财产安全的，被侵权人有权请求生产者、销售者承担排除妨碍、消除危险等侵权责任。

依据《侵权责任法》第46条的规定，产品投入流通后发现存在缺陷的，生产者、销售者应当及时采取警示、召回等补救措施。未及时采取补救措施或者补救措施不力造成损害的，应当承担侵权责任。召回是指产品的生产者、销售者公开要求产品的购买人、使用者等送回有缺陷（安全隐患）的产品，以进行修理、更换或者退货的制度。

3. 惩罚性赔偿

依据《侵权责任法》第47条的规定，明知产品存在缺陷仍然生产、销售，造成他人死亡或者健康严重损害的，被侵权人有权请求相应的惩罚性赔偿。

惩罚性赔偿是指超出财产损失、人身损害和精神损害范围以外的金钱赔偿，其制度意义在于惩罚侵权人而不是救济补充被侵权人。这一规定限制了其适用范围，即必须同时符合主客观条件：①生产、销售缺陷产品者在主观上必须是明知的，即明知（不包括"应知"）其生产、销售的产品存在缺陷；②客观上造成了被侵权人死亡或者健康严重损害（如残疾、重大疾病等）。

四、产品责任的免责事由与诉讼时效

（一）产品责任的免责事由

我国《产品质量法》第41条规定，生产者能够证明有下列情形之一的，不承担赔偿责任：其一，未将产品投入流通的；其二，产品投入流通时，引起损害的缺陷尚不存在的；其三，将产品投入流通时的科学技术水平尚不能发现缺陷的存在的。《侵权责任法》对此没有规定，应当依据该法第5条，适用《产品责任法》的规定。

1. 未将产品投入流通的

"未将产品投入流通"，是各国产品质量法普遍规定的免责事由。投入流通的含义，包括任何形式的出售、出租以及抵押、出质、典当等。处于生产阶段或者已经生产完毕但没有出厂而是在仓储中，不认为已经投入流通。未投入流通的产品，即使有缺陷并造成了他人损害，生产者不承担责任。例如工人在生产线或者成品库夹带出厂的产品，即使有缺陷并造成损害，不得请求生产者承担损害赔偿责任。

2. 产品投入流通时，引起损害的缺陷尚不存在的

产品投入流通时引起损害的缺陷尚不存在，生产者免责。但是，如果产品的缺陷是由于运输者、仓储者或销售者的过错所致，该产品致人缺陷，被侵权人向产品制造者主张赔偿，则不适用该免责事由，制造者应先行赔偿，然后向有过错的运输者、仓储者或销售者追偿。

3. 将产品投入流通时的科学技术水平尚不能发现缺陷的存在的

该抗辩也称为发展风险抗辩或科技发展水平抗辩。其基本含义是：如果将产品投入流通时的科学技术水平不能发现缺陷的存在，即使其后由于科学技术的进一步发展而认识到产品存在缺陷，制造者也不对该已投入流通的产品致人损害承担《产品质量法》上的赔偿责任。但适用发展风险抗辩，应当与《侵权责任法》第46条的跟踪观察缺陷相联系。

（二）产品责任的诉讼时效

《民法通则》、《产品质量法》和《中华人民共和国消费者权益保护法》（以下简称《消费者权益保护法》）等对产品责任的诉讼时效都有规定，但又各不相同，相比较而言，《产品质量法》第45条的规定比较全面。按照《侵权责任法》第5条关于"其他法律对侵权责任另有特别规定的，依照其规定"的规定，应当适用《产品质量法》，即因产品存在缺陷造成损害要求赔偿的诉讼时效期间为2年，自当事人知道或者应当知道其权益受到损害时起计算。因产品存在缺陷造成损害要求赔偿的请求权，在造成损害的缺陷产品从交付最初消费者至满10年时丧失；但是，尚未超过明示的安全使用期的除外。

【引例分析】

法院认为：被告刘某某作为给原告安装淋浴热水器工程的施工人，其提供销售给原告李某某的水管接头在安装一个月后即发生断裂漏水，证明被告刘某某销售的水管接头存在质量缺陷，由此给原告房屋造成的损害，被告刘某某应当承担赔偿责任。原告卫生间内的地漏被装修过程中产生的渣滓堵塞，原告未及时清理，无法及时排水，房屋内积水造成房屋受损，对该损失原告具有一定过错，据此可减轻被告责任。法院根据双方过错程度酌定原告李某某对此损失承担30%责任，被告刘某某承担70%赔偿责任，即被告刘某某应赔偿原告李某某损失费2 924.39元。

【相关法律】

1. 《侵权责任法》第41～47条；
2. 《民法通则》第122条；
3. 《民通意见》第153、162条；
4. 《产品质量法》第41～43条；
5. 《消费者权益保护法》第18、35、43、44、49条。

【思考与练习】

1. 试述产品责任的构成要件。
2. 如何理解《侵权责任法》第47条规定的惩罚性赔偿。

项目六　机动车交通事故责任

【引例】

冉某诉张某等机动车交通事故责任纠纷案①：

2011年8月2日10时30分，张某驾驶某轻型普通货车由云阳县凤鸣镇向盘龙镇方向行驶，该车行至云阳县境内S305省道79KM+800M处时，与横过道路的冉某（9

---

① 资料来源：www.fabang.com。

岁）相撞，造成冉某受伤的交通事故。事故发生后，经云阳县公安局交通巡逻警察大队作出事故认定，张某承担本次事故的主要责任，冉某承担次要责任。肇事车已在某保险公司投保机动车交通事故责任强制保险，保险期限为 2011 年 3 月 3 日至 2012 年 3 月 2 日。该肇事车辆名义上的车主是田某，但实际已被张某出资购买。经司法鉴定中心鉴定，冉某的伤残程度系一级伤残。现冉某父母到法院起诉，要求张某、田某、肇事车投保的某保险公司承担侵权责任。

问：张某、田某和肇事车投保的某保险公司是否应承担侵权责任？

【基本理论】

一、机动车交通事故责任的概念

《中华人民共和国道路交通安全法》（以下简称《道路交通安全法》）第 119 条规定，"交通事故"，是指车辆在道路上因过错或者意外造成的人身伤亡或者财产损失的事件。因机动车交通事故而承担的责任即机动车交通事故责任。

二、机动车交通事故责任的构成要件

根据《侵权责任法》和《道路交通安全法》的规定，机动车交通事故责任需具备以下构成要件：

1. 机动车交通事故在道路上发生

机动车交通事故只能发生在道路上，根据《道路交通安全法》第 119 条规定，"道路"，是指公路、城市道路和虽在单位管辖范围但允许社会机动车通行的地方，包括广场、公共停车场等用于公众通行的场所。如果机动车不是在"道路"上造成他人人身、财产损害事故，不是机动车交通事故，只能按照一般的人身、财产损害案件处理。

2. 有违规行为

机动车驾驶人、非机动车驾驶人、行人等道路交通参与人有违反道路安全交通法律法规行为。

3. 机动车交通事故有损害发生

无论是机动车驾驶人，还是非机动车驾驶人、行人，若只有违章行为，则只需承担行政责任，并不必然要承担民事责任；只有违章导致人身伤亡或财产损失时，才承担机动车交通事故责任。

4. 交通事故的损害结果与违章行为之间有因果关系

三、机动车交通事故责任的基本规则

《侵权责任法》第 48 条规定机动车发生交通事故适用《道路交通安全法》的规定确定赔偿责任。《道路交通安全法》第 76 条则确定了机动车交通事故责任的基本规则：

1. 保险优先原则

机动车发生交通事故，首先由保险公司在机动车第三者责任强制保险责任限额范围内予以赔偿；在强制保险范围内，不适用侵权法规则，不问过错，只按照机动车强制保险的规则进行。不足的部分，适用《侵权责任法》的规则处理。

2. 适用过错规任原则

机动车之间发生交通事故的，适用过错责任原则，由有过错的一方承担赔偿责任；双方都有过错的，按照各自过错的比例分担责任。

3. 适用无过错责任原则的情况

机动车与非机动车驾驶人、行人之间发生交通事故，适用无过错责任原则，由机动车一方承担责任。但有证据证明非机动车驾驶人、行人有过错的，根据过错程度适当减轻机动车一方的赔偿责任；机动车一方没有过错的，承担不超过百分之十的赔偿责任。交通事故的损失是由非机动车驾驶人、行人故意碰撞机动车造成的，机动车一方不承担赔偿责任。

四、几种具体情况下的机动车交通事故的责任主体

（一）出租、出借机动车损害责任

《侵权责任法》第49条规定："因租赁、借用等情形机动车所有人与使用人不是同一人时，发生交通事故后属于该机动车一方责任的，由保险公司在机动车强制保险责任限额范围内予以赔偿。不足部分，由机动车使用人承担赔偿责任；机动车所有人对损害的发生有过错的，承担相应的赔偿责任。"在确定出租、出借机动车损害责任时应注意以下问题：

第一，机动车出租人、出借人对于出租或者出借后的机动车交通事故造成的损失，只要是属于机动车一方责任的，先由强制保险赔偿，不足部分原则上应当由承租人或者借用人承担赔偿责任，出租人或者出借人对于造成的损害不承担责任。

第二，机动车所有人也就是出借人或出租人对损害的发生有过错的，承担相应的赔偿责任。机动车所有人的过错，如出借人明知借用人没有驾驶资质，不具备驾驶技能；出借人将有瑕疵的机动车出借给借用人的。所谓的相应责任，就是机动车所有人对于损害的发生，按照与自己的过错程度或者原因力，承担与其相适应的责任比例，而不是全部赔偿。

（二）未办理过户登记的机动车损害责任

《侵权责任法》第50条规定："当事人之间已经以买卖等方式转让并交付机动车但未办理所有权转移登记，发生交通事故后属于该机动车一方责任的，先由保险公司在机动车强制保险责任限额范围内予以赔偿。不足部分，由受让人承担赔偿责任。"承担该责任需具备以下条件：

（1）当事人之间已经以买卖等方式转让并交付机动车。

（2）双方当事人未办理所有权转移登记。

（3）转让的机动车发生交通事故。

（4）交通事故责任属于该机动车一方。

符合以上四个条件，先由保险公司在机动车强制保险责任限额范围内，对受害人予以赔偿；不足部分，由受让人即机动车的事实车主承担赔偿责任，登记车主也就是机动车出让人不承担责任。

（三）非法转让机动车损害责任

《侵权责任法》第51条规定："以买卖等方式转让拼装或者已达到报废标准的机动车，发生交通事故造成损害的，由转让人和受让人承担连带责任。"

根据《道路交通安全法》第14、16条的规定，拼装机动车、驾驶已达报废标准的机动车上路行驶的均属违法行为。买卖上述车辆更为法律所禁止，转让人、受让人均应承担违法责任。而由此类车辆造成交通事故侵权的，转让人和受让人应属共同过错，构成共同侵权，应承担连带责任。

（四）盗抢机动车损害责任

《侵权责任法》第52条规定："盗窃、抢劫或者抢夺的机动车发生交通事故造成损害的，由盗窃人、抢劫人或者抢夺人承担赔偿责任。保险公司在机动车强制保险责任限额范围内垫付抢救费用的，有权向交通事故责任人追偿。"

在盗窃、抢劫或者抢夺机动车的情况下，机动车处于非法持有人的完全控制之下，原机动车所有人失去了监管、支配机动车的能力，因而机动车产生的事故责任也应由非法持有机动车的人承担。

在机动车被盗抢的情况下，经常会出现没有直接责任人的情形，例如盗窃、抢劫或者抢夺机动车发生肇事后逃逸，受害人无法得到赔偿。由于该机动车主有强制保险，因此，强制保险应当在责任范围内垫付抢救费用。保险公司垫付抢救费用后，对肇事的责任人取得追偿请求权，当肇事的责任人出现时，有权向其追偿。

五、机动车驾驶人肇事逃逸的责任负担

《侵权责任法》第53条规定："机动车驾驶人发生交通事故后逃逸的，该机动车参加强制保险的，由保险公司在机动车强制保险责任限额范围内予以赔偿；机动车不明或者该机动车未参加强制保险，需要支付被侵权人人身伤亡的抢救、丧葬等费用的，由道路交通事故社会救助基金垫付。道路交通事故社会救助基金垫付后，其管理机构有权向交通事故责任人追偿。"

据此规定，机动车驾驶人发生交通事故后逃逸的，要根据该机动车是否加入了强制保险而分别确定相应的责任承担规则，即如果该机动车参加了强制保险，由保险公司在机动车强制保险责任限额范围内予以赔偿；如果该机动车未参加强制保险或者造成交通事故的机动车不明（所谓机动车不明是指交通事故发生后无法确认肇事车辆或者机动车的权属不明等情况），则由道路交通事故社会救助基金垫付被侵权人人身伤亡的抢救、丧葬等费用。此时救助基金承担的，不是赔偿责任，也不是补偿责任，而是垫付责任，因此该基金的管理机构有权向交通事故责任人追偿。

【引例分析】

机动车与非机动车驾驶人、行人之间发生交通事故，适用无过错责任原则，由机动车一方承担责任。但有证据证明非机动车驾驶人、行人有过错的，根据过错程度适当减轻机动车一方的赔偿责任。本案中，被告张某驾车撞伤原告，公安交通管理部门认定被告张某负本次事故的主要责任，其行为侵害了原告的生命健康权，被告张某应承担70%的主要赔偿责任（因受害人有过错故减轻了张某责任）。冉某承担交通事故的次要责任，并且原告冉某的监护人疏于其责任的履行，对交通事故的发生有一定过错，应承担30%的责任。根据《道路交通安全法》第76条第1款规定，机动车发生交通事故造成人身伤亡、财产损失的，由保险公司在机动车第三者责任强制保险责任限额范围内予以赔偿。被告张某向被告某保险公司投保了机动车交通事故责任强制保险后，

二者之间的保险合同即依法成立，本次交通事故发生在保险合同期内，被告某保险公司应当按照上述法律规定及保险合同约定，在机动车第三者责任强制保险责任限额范围内对原告的经济损失进行直接赔偿。被告田某是名义上的车主，实际已被被告张某出资购买，张某是事实上的车主，根据《侵权责任法》第50条规定，被告田某在本案中不承担责任。

【相关法律】

1. 《侵权责任法》第48~53条；
2. 《道路交通安全法》第8、12、14、16、17、74~76、98、100、103、119、121条。

【思考与练习】

1. 试述机动车交通事故责任的构成要件。
2. 出租出借机动车损害责任、未办理过户登记的机动车损害责任、非法转让机动车损害责任、盗抢机动车损害责任的责任主体应分别如何认定？
3. 机动车驾驶人肇事逃逸的责任应怎样负担？

项目七　医疗损害责任

【引例】

某日，产妇张女士在马路上突然感觉下腹疼痛、临盆在即，被周围群众送到该市妇幼保健医院。生产过程中，医院发现张女士 C3P041 周宫内孕头位活胎、头盆不称，遂决定实施剖腹产手术。但手术具有一定的危险性，可能导致手术中出血、损伤邻近器官、术后感染粘连出血等不良后果。当时张女士已经昏迷，而张女士的亲属又联系不上。为了挽救患者性命，医院为张女士实施了剖腹产手术，剖宫产下一名男婴。手术过程中由于患者出血不止，阔韧带血肿，导致失血性休克，子宫卒中，紧急情况下经过院长批准，对张女士实施了子宫次全切术。手术后，张女士以医院未经自己同意无故切除子宫、卵巢为由向该妇幼保健医院索赔，将其告上法庭。[①]

问：被告是否应对原告负损害赔偿责任？为什么？

【基本理论】

一、医疗损害责任的概念

医疗损害责任是指医疗机构及其医务人员在医疗活动中，因过错导致患者遭受人身损害或者其他损害，医疗机构对此应当承担的赔偿责任。

---

① 吴春岐，项先权. 身边的侵权法. 北京：法律出版社，2010. 195~198.

二、医疗损害责任的构成要件

根据《侵权责任法》的规定，医疗损害责任需具备以下构成要件：

1. 医疗机构及其医务人员在医疗活动中的违法行为

医疗损害责任的行为主体必须是经过卫生行政管理部门批准或者承认的医院和医疗人员，即取得了相应的医疗资格；如果没有取得医疗资格，则不构成医疗损害责任，而是一般的侵权责任。同时，违法行为应该是发生在医疗活动中，例如诊断、治疗、护理、管理等。诊疗行为的违法性，是指医疗机构违反了对患者的生命权、健康权、身体权不得侵害的法定义务。如误诊、贻误治疗、不当处方、不当手术和处置等。

2. 在医疗过程中产生人身损害的事实

患者发生人身损害，使患者的生命权、健康权、身体权受到侵犯，导致患者生命的丧失或者患者身体、健康受损。只有存在人身损害，才可能构成医疗损害，才能有获得赔偿的基础。

3. 医疗损害事实与医疗行为之间存在因果关系

医疗机构只有在因果关系存在的情况下，才就其违法行为负赔偿责任。

4. 医疗机构及其医务人员具有过错

《侵权责任法》第54条规定医疗损害责任实行过错责任原则，即原告应该证明被告在实施医疗行为的过程中存在过错；如果原告无法证明医疗行为存在过错，则不构成医疗损害责任，医疗机构无需赔偿。但是按照《侵权责任法》第58条的规定，在特定情形下推定医疗机构存在过错：

（1）违反法律、行政法规、规章以及其他有关诊疗规范的规定；

（2）隐匿或者拒绝提供与纠纷有关的病历资料；

（3）伪造、篡改或者销毁病历资料。

在以上三种情况下，实行举证责任倒置，由医疗机构负举证责任。另外，医疗人员的过错只有过失，不存在故意。需要注意的是，按照《侵权责任法》第57条的规定，判断医务人员有无过错，要看医务人员在诊疗活动中是否尽到与当时的医疗水平相应的诊疗义务，如果其治疗义务与之相适应，则不构成过错。对于"当时"，既要考虑实施治疗行为时的医疗水平，也要考虑当地的治疗水平。

具备以上四个要件，即构成医疗损害责任，由医疗机构向患者承担责任，该责任的直接责任人是医疗机构，而不是医务人员。

三、医疗损害责任的几种特殊形态

（一）医务人员违反医疗告知义务的责任

1. 医务人员的医疗说明义务

《侵权责任法》第55条第1款规定："医务人员在诊疗活动中应当向患者说明病情和医疗措施。需要实施手术、特殊检查、特殊治疗的，医务人员应当及时向患者说明医疗风险、替代医疗方案等情况，并取得其书面同意；不宜向患者说明的，应当向患者的近亲属说明，并取得其书面同意。"据此，可将医务人员的医疗说明义务分为三类：

（1）一般说明义务。即医务人员在一般诊疗活动中应当向患者简要说明病情和医疗措施。

（2）特殊说明义务。即需要实施手术、特殊检查、特殊治疗的，医务人员应当及时向患者说明医疗风险、替代医疗方案等情况，并取得其书面同意。这里的"特殊检查、特殊治疗"，例如具有一定危险性，可能产生不良后果的检查和治疗；临床试验性的检查和治疗；收费可能对患者造成较大经济负担的检查和治疗等。

（3）向患者的近亲属说明义务。对于不宜向患者说明的，如危重或绝症患者，应当向患者的近亲属说明，并取得其书面同意。

2. 紧急情况下说明义务的例外

《侵权责任法》第56条规定："因抢救生命垂危的患者等紧急情况，不能取得患者或者其近亲属意见的，经医疗机构负责人或者授权的负责人批准，可以立即实施相应的医疗措施。"该条规定也称强制治疗。医院如果要实施强制治疗，需具备以下三个条件：

（1）必须出现抢救生命垂危的患者等紧急情况。

（2）不能取得患者或者其近亲属意见，即患者不能表示意见且难于取得患者近亲属的意见。例如汶川地震中，许多从废墟挖出的重伤员不能表达意思，且难于联系、找到其近亲属以征求其意见，即可由医疗机构负责人（医院负责人）或者授权的负责人（医疗队负责人）批准，实施救治措施。如果患者明确表示"不同意"，或者患者不能表达意见时其近亲属明确表示"不同意"，则医疗机构和医务人员不得借口"紧急情况"而强行实施医疗措施。这里体现了对"患者自己决定权"的充分尊重。

（3）经医疗机构负责人或者授权的负责人批准。

3. 违反医疗说明义务的责任

《侵权责任法》第55条第2款规定："医务人员未尽到前款义务，造成患者损害的，医疗机构应当承担赔偿责任。"

（二）侵害患者隐私权的责任

《侵权责任法》第62条规定："医疗机构及其医务人员应当对患者的隐私保密。泄露患者隐私或者未经患者同意公开其病历资料，造成患者损害的，应当承担侵权责任。"据此规定，对侵害患者隐私权责任构成的认定需注意以下两个问题：

1. 医疗机构及其医务人员实施了侵害患者隐私权的行为

主要包括两种情形：

（1）泄露患者隐私。既包括医疗机构及其医务人员将其在诊疗活动中掌握的患者的个人隐私信息向外公布、披露的行为，如对外散布患者患有性病、艾滋病的事实，导致患者隐私暴露，精神遭受巨大痛苦；也包括未经患者同意而将患者的身体暴露给与诊疗活动无关人员的行为。例如某女患者在医院做流产手术，院方未经患者同意安排多名与手术无关的实习学生观摩手术全过程，从而导致患者隐私权受到侵害。①

（2）未经患者同意公开其病历资料。结合《侵权责任法》第61条的规定，病历资料主要指住院志、医嘱单、检验报告、手术及麻醉记录、病理资料、护理记录、医疗费用等。这部分记载有患者隐私内容的医学文书及相关资料，一旦被披露，不但会引起患者内心的精神痛苦，往往还会导致患者社会评价的降低。

---

① 案例来源：患者隐私权纠纷 凸显法律空白. 央视国际，2004－06－23.

2. 患者遭受损害

即只有在造成患者损害的情况下，医疗机构才因侵犯患者隐私承担侵权责任。对于损害事实，虽然现实生活的复杂性不能排除该损害为物质损害的可能性，但一般来说，泄露患者隐私或者未经患者同意公开其病例资料造成的损害，大多表现为精神损害。对于精神损害，根据《侵权责任法》第 22 条的规定，只有造成他人严重精神损害的，被侵权人才可以请求精神损害赔偿。

（三）医疗产品责任

《侵权责任法》第 59 条规定："因药品、消毒药剂、医疗器械的缺陷，或者输入不合格的血液造成患者损害的，患者可以向生产者或者血液提供机构请求赔偿，也可以向医疗机构请求赔偿。患者向医疗机构请求赔偿的，医疗机构赔偿后，有权向负有责任的生产者或者血液提供机构追偿。"医疗产品责任是无过错责任。确定这种责任不考察过错，无论其有无过错，只要具备以下三个要件，即可构成医疗产品责任。

1. 医疗产品需为有缺陷的产品

医疗产品有四种：药品、消毒药剂、医疗器械、血液及其血液制品。

2. 需有患者人身损害事实

构成医疗产品损害责任，须将医疗产品应用于患者，并由于医疗产品存在缺陷，造成了患者的人身损害。

3. 须有因果关系

医疗产品损害责任中的因果关系，是指医疗产品的缺陷与受害人的损害事实之间存在引起和被引起的关系，医疗产品缺陷是原因，损害事实是结果。确认医疗产品责任的因果关系，要由受害人证明。

具备以上要件，构成医疗产品责任的，患者可以向生产者或者血液提供机构请求赔偿，也可以向医疗机构请求赔偿。患者向医疗机构请求赔偿的，医疗机构赔偿后，有权向负有责任的生产者或者血液提供机构追偿。

四、医疗机构的免责事由

由于医疗损害责任发生于医患之间，为保证正常的医疗活动，维护医疗工作者的合法权利，《侵权责任法》第 60 条对于医疗损害中医疗机构的免责事由作了特别规定："患者有损害，因下列情形之一的，医疗机构不承担赔偿责任：（一）患者或者其近亲属不配合医疗机构进行符合诊疗规范的诊疗；（二）医务人员在抢救生命垂危的患者等紧急情况下已经尽到合理诊疗义务；（三）限于当时的医疗水平难以诊疗。"该规定具体分析如下：

（一）患者或者其近亲属不配合医疗机构进行符合诊疗规范的诊疗

在诊疗护理过程中，医疗人员对患者进行诊疗护理，必须得到患者及其家属的配合，否则会出现不利于治疗的后果。如果由于患者及其家属的原因而延误治疗，造成患者的人身损害后果，说明受害患者一方在主观上有过错。按照过错责任原则，如果损害后果完全是由于患者及其家属延误治疗造成的，证明对损害的发生医疗机构没有过错，应免除医疗机构的责任。但根据《侵权责任法》第 60 条第 2 款的规定，如果受害患者主张医疗机构及其医务人员对于损害的发生也有过错的，应当按照《侵权责任法》第 26 条规定的过失相抵规则，进行过失相抵，即根据双方的过错程度和原因，确定医疗机构一方的赔偿责任。

（二）医务人员在抢救生命垂危的患者等紧急情况下已经尽到合理诊疗义务

在患者处于生命垂危等紧急情况下，医疗机构实施的抢救行为具有紧迫性。如对发生车祸，不立即截肢将极可能发生败血症造成死亡的垂危患者，只有截肢才能保住患者的生命。此时，很难要求医务人员像平时那样作出全面的、非常准确的判断。因此，在这种紧急情况下，为了抢救患者的生命而采取的紧急医学措施给患者造成损害的，如医务人员已经尽到合理诊疗义务的，医疗机构不应当承担赔偿责任。

（三）限于当时的医疗水平难以诊疗

医学科学处于不断的发展过程中，迄今为止，人类认识疾病和战胜疾病的能力还十分有限，对于大量的疾病，医学仍没有有效的治疗手段。在这种情况下，许多患有疑难杂症患者的损害按照目前的医学科学技术可能既无法预见也无法避免，属于医学上的不可抗力，医疗机构对此不应当承担赔偿责任。

【引例分析】

本案中，医院在张女士昏迷而其亲属又联系不上的紧急情况下，为了挽救患者性命，为张女士实施了剖腹产手术以及子宫次全切术，最终使得张女士生命得以保全，符合紧急救助义务的实体构成要件。同时此项救助义务的履行也完全符合其程序要件，经过了医院负责人即院长的批准。根据《侵权责任法》第56条规定："因抢救生命垂危的患者等紧急情况，不能取得患者或者其近亲属意见的，经医疗机构负责人或者授权的负责人批准，可以立即实施相应的医疗措施。"因此，该妇幼保健医院不需对原告张女士的损害承担赔偿责任。

【相关法律】

1.《侵权责任法》第54～64条；

2.《医疗事故处理条例》第2、4、5、6、8～11、15～17、27、33、98条。

【思考与练习】

1. 试述医疗损害责任的构成要件。

2. 如何认定医务人员违反医疗说明义务？有无例外？违反该义务的责任如何承担？

3. 试述侵害患者隐私权的责任、医疗产品责任的构成要件。

4. 医疗机构的免责事由有哪些？

5. 案例分析：

2011年9月，毛某在某区医院体检，发现丙肝抗体呈阳性。同年11月，该区医院为毛某出具诊断证明：慢性丙型肝炎，急性上呼吸道感染。在排除其他可能感染丙肝的途径后，毛某及家人经多方打探认证，认为其丙肝系其2个月前在本市中心医院手术输血所致，遂将该市中心医院诉至法院。医院却认为，不合格的血液来源于当地的中心血站，自己不应承担赔偿责任。

问：医院是否应承担赔偿责任？血站是否应承担赔偿责任？

项目八　环境污染责任

【引例】

春阳村村民委员会诉桦南金矿局采金船排污污染水田损害赔偿纠纷案①：

被告桦南金矿局在桦南县石头河子镇柳树河上游建成"1025"号采金船。采金船投产后，发现柳树河水不集中，不便于采金船生产。于是，被告未经有关部门批准，擅自截断柳树河水，抬高水位，用700公尺的人工渠将河水引入"1025"号船坞。人工渠系矿土结构，采金船生产时，未将废水作任何处理，直接排入柳树河下游，使河水中的悬浮物由原来每升143毫克上升为5 558毫克，春阳村水田进水口处的悬浮物每升达3 318毫克，比国家规定的工业废水最高容许排放悬浮物每升500毫克，超出2 818毫克。

经实地勘验，春阳村部分水田受到污染，致使亩产减产；由于"1025"号船坞将大量泥浆排入柳树河，致使春阳村部分水田进水主要渠道被淤泥漫延，需要清理。于是春阳村村民委员会到法院起诉，要求被告金矿局赔偿在采金中排污污染水田造成的损失及清理淤泥的损失。

问：原告的诉讼请求能否得到法院的支持？

【基本理论】

一、环境污染责任的概念

环境污染责任，是指污染者污染环境，造成损害，依法应当承担损害赔偿等法律责任的特殊侵权责任。

二、环境污染责任的构成要件

《侵权责任法》规定环境污染责任是无过错责任，构成该责任需具备以下三个要件：

（一）环境污染行为

环境污染，是指工矿企业等单位所产生的废气、废水、废渣、粉尘、垃圾、放射性物质等有害物质和噪声、震动、恶臭排放或传播到大气、水、土地等环境之中，使人类生存环境受到一定程度的危害的行为。环境污染行为既可以是作为，也可以是不作为。

（二）环境污染损害

环境污染损害，是指因环境污染行为致使国家、集体的财产和公民的财产、人身受到损害的后果。环境污染致人损害，既有财产损害，也有人身损害。其人身损害往往具有潜伏性和隐蔽性的特点，即被侵权人通常在受害开始时显露不出明显的损害，

---

① 最高人民法院公报，1988（4）.

但随着时间的推移，损害才逐渐显露。对于这种潜在的损害，也应作为人身损害的事实。

（三）因果关系

环境污染行为与环境污染损害之间要有因果关系。根据《侵权责任法》第66条的规定，污染者应当就行为与损害之间不存在因果关系承担举证责任。即在环境污染责任中，只要证明企业已经排放了可能危及人身健康或造成财产损失的物质，而公众的人身或财产已在污染后受到或正在受到损害，就可以推定这种损害是由该污染行为所致。如果该企业认为其排放行为与损害之间没有因果关系，需负举证责任，如果不能举证，则推定因果关系存在。

具备以上要件，构成环境污染责任，根据《中华人民共和国环境保护法》（以下简称《环境保护法》）等相关法律、法规的规定，污染者应承担排除危害、赔偿损失的民事责任。排除危害，主要适用于已经实施了侵权行为或侵权行为正在造成被侵权人损害的情形，具有防止造成损害结果的发生或避免更严重的损害后果的功能，是一种积极的有预防和防止作用的责任方式。赔偿损失主要适用于侵害行为已经造成了损害的情形，在补偿被侵权人的经济损失方面具有重要作用。

三、环境污染责任的免责条件

（一）不可抗拒的自然灾害

我国《环境保护法》、《中华人民共和国海洋环境保护法》（以下简称《海洋环境保护法》）、《中华人民共和国大气污染防治法》（以下简称《大气污染防治法》）等法律中都规定不可抗拒的自然灾害为民事责任的免责事由，而非一般意义上的不可抗力。而且《环境保护法》还有一项更为严格的要求，即侵权人及时采取了合理措施。只有侵权人及时采取了合理措施，仍然不能避免环境污染致人损害，不可抗拒的自然灾害才能够成为免责条件。

（二）被侵权人的过错

《中华人民共和国水污染防治法》（以下简称《水污染防治法》）规定，如果损害是由于被侵权人自身的责任所引起的，污染者不承担责任。其他环境保护法法律对于被侵权人过错的免责问题没有明确规定的，可以参照《水污染防治法》的规定，在被侵权人有故意或重大过失时，免除或者减轻污染方责任。如果被侵权人只有一般过错，则不能减轻污染方责任。

（三）其他免责事由

《海洋环境保护法》规定，战争行为是海洋污染造成损害的免责条件。

根据《侵权责任法》第66条的规定，因污染环境发生纠纷，污染者应当就法律规定的不承担责任或者减轻责任的情形及其行为与损害之间不存在因果关系承担举证责任。

（四）关于第三人过错

《海洋环境保护法》、《水污染防治法》规定，污染损害是由第三者故意或者过失所引起的，第三者应当承担责任。但《侵权责任法》第68条规定："因第三人的过错污染环境造成损害的，被侵权人可以向污染者请求赔偿，也可以向第三人请求赔偿。污染者赔偿后，有权向第三人追偿。"根据"新法优于旧法"的原则，第三人过错不再是环境污染致人损害责任的免责事由。

四、环境污染责任的诉讼时效

《环境保护法》第 42 条规定："因环境污染损害赔偿提起诉讼的时效期间为 3 年，从当事人知道或者应当知道受到污染损害起时计算。"

【引例分析】

本案是环境污染责任案例。首先，被告实施了污染环境行为，该行为并非是"被告未经有关部门批准，擅自截断柳树河水，抬高水位，引河水入船坞……"，而是"采金船生产时，未将严重超标准的废水作任何处理，直接排入柳树河下游"。至于这些行为是否获得政府批准，并非《侵权责任法》考虑的对象。其次，具有环境污染损害事实，即春阳村部分水田受到污染，畜产减产，进水主要渠道被淤泥漫延，需要清理。最后，被告不能证明原告损害与其排污行为之间不存在因果关系。因此，被告应该承担侵权责任，赔偿原告水稻减产损失以及清除淤泥损失。

【相关法律】

1. 《侵权责任法》第 65~68 条；
2. 《民法通则》第 124 条；
3. 《环境保护法》第 2、41 条；
4. 《海洋环境保护法》第 90、92 条；
5. 《大气污染防治法》第 62、63 条；
6. 《水污染防治法》第 85、87 条。

【思考与练习】

1. 试述环境污染责任的构成要件。
2. 环境污染责任的免责条件有哪些？

项目九　高度危险责任

【引例】

引例 1：卢 A 等诉上海地铁运营有限公司人身损害赔偿案①

2008 年 9 月 19 日 9 时许，原告卢 A 之妻、原告卢 B 之母李某乘坐上海地铁二号线至龙阳路办事，当时二号线的终点站为张江高科站，但案发时李某所乘该次车辆龙阳路站为终点站，车辆行驶至龙阳路站时停车，停车后关闭了车厢的灯以提示乘客下车，在此期间李某在车厢内摔倒，李某倒地后即右腿疼痛、不能活动站立，后被 120 送至上海交通大学医学院附属仁济医院就诊。医院诊断为：右股骨颈骨折。2008 年 9 月 27

---

① 案例来源：www.pdfy.gov.cn。

日，仁济医院为李某行人工股骨头置换术。2008年10月10日早上6时30分，李某大便用力屏气后突发呼吸困难，不能平卧，面色苍白，大汗，心电监护显示146次/分，血压82/60mmHg，呼吸35次/分，经医院抢救无效，于2008年10月10日早上8时45分死亡。2008年11月12日，第二军医大学病理教研室出具尸检报告单，诊断李某的死亡原因为右肺动脉血栓栓塞。2009年11月24日，原告卢A等诉至法院要求被告上海地铁运营有限公司赔偿各项费用49万余元。

问：原告的诉讼请求是否能得到法院的支持？

引例2：邱某某诉杨某某抛弃高度危险物损害责任纠纷案①

邱某某以拾荒为业。2010年11月13日，邱某某与其丈夫在杨某某经营的"新奇门窗"门前看到一堆废纸破烂，邱某某询问"新奇门窗"员工后得知该店门口的废纸破烂不要了，在征得店内员工盖某某同意后，邱某某戴线手套将废纸破烂及夹在其中的一个白色塑料瓶一并装入编织袋。邱某某在捡拾上述物品时，右手中指及无名指被混在物品中的氢氟酸包装瓶内的氢氟酸烧伤0.1% Ⅲ度（《常用危险化学品的分类及标志》GB13690-92，氢氟酸是危险化学品）。当时"新奇门窗"门前未设置危险废物识别标志。邱某某受伤后，先后到靖宇县人民医院、中国人民解放军第二零六医院门诊、住院治疗，花费各种费用共计17 947.85元。现邱某某到法院起诉，要求杨某某赔偿。

问：被告杨某某是否应承担该损害赔偿责任？

【基本理论】

一、高度危险责任的概念和特征

高度危险责任，是指因从事高度危险作业致人损害或者保有高度危险物致人损害而承担的特殊侵权责任。高度危险责任具有以下特征：

1. 高度危险责任是对合法行为承担的责任

涉及该种活动或物品的高度危险作业是合法的、正当的，至少不是为法律所禁止的。人类为了享受现代科技文明所带来的巨大经济利益，就必须允许从事某些高空、高压、易燃、易爆、剧毒、放射性作业以及高速运输工具的存在和发展，并赋予它们合法性。因此这些活动不仅不具有法律上的应受非难性，而且大多是应受法律鼓励的行为。

2. 高度危险责任是无过错责任

从《侵权责任法》第69条规定可以看出，只要从事高度危险作业造成他人损害的，除非有法定免责事由，均应承担侵权责任。

3. 高度危险责任是自己责任

在高度危险致人损害情形，责任主体是相关的经营者或者占有人、使用人，这些主体是为自己的经营活动承担责任而不是对其雇员的过错行为承担责任。

4. 高度危险责任是可以适用赔偿限额的责任

赔偿限额的责任是指责任人不需要全部赔偿而仅在法律规定的最高限额内赔偿的责任。《侵权责任法》第77条规定："承担高度危险责任，法律规定赔偿限额的，依照

① 案例来源：www.bsfayuan.com。

其规定。"需要注意的是，这里的赔偿限额只能由"法律"规定，其他规范性文件规定的赔偿限额无适用之余地。

二、高度危险责任的构成要件

1. 须有危险活动或危险物对周围环境致损的行为

该行为具有以下特点：一是某活动或物品对周围环境具有高度危险性；二是该活动或物品的危险性变为现实损害的概率很大，超过了公认的一般危险程度；三是该活动或物品只有在采取技术安全措施的情况下才能实施。

2. 须有损害后果存在和严重危险的存在

危险活动或者危险物的致害后果，包括人身损害和财产损害。由于危险活动或者危险物的危险性，当损害后果还没出现，仅仅出现致害的危险时，就可以承担民事责任。

3. 须有因果关系存在

危险活动或危险物与损害后果之间具有因果关系，才构成高度危险责任。这种因果关系，原则上由受害人证明。但是部分高度危险作业的专业化程度较高，受害人往往无法证明，在这种情形下，受害人只要证明有危险的存在，甚至仅能证明危险活动或危险物是损害后果的可能原因的，就可以依据这些事实推定因果关系的存在，而由作业人或危险物所有人承担不存在因果关系的证明责任。

三、各种具体的高度危险责任

（一）民用核设施发生核事故损害责任

《侵权责任法》第70条规定："民用核设施发生核事故造成他人损害的，民用核设施的经营者应当承担侵权责任，但能够证明损害是因战争等情形或者受害人故意造成的，不承担责任。"

民用核设施，是指经国家批准，为和平目的而建立的核设施，例如核电站等。广义的核设施，还包括为核设施运输的核燃料、核废料及其他核物质。这些核设施因其放射性或其他危害性，造成他人损害的，构成侵权行为。承担侵权责任的主体，是核设施的所有人或国家授权的经营者。但《侵权责任法》所规范的核设施致害责任仅限于民用核设施，如果是军用核设施，则不能适用，应按其他法律处理。

根据《侵权责任法》第70条的规定，民用核设施发生核事故损害责任的免责事由有二：一是战争等情形，二是被侵权人故意。法律没有规定通常意义上的不可抗力属于该责任的免责事由，而是将其限定在战争等情形。因此，仅在战争、暴乱等极端严重的情形才能免责，而一般的不可抗力，如洪水、台风等则不能免责。

（二）民用航空器损害责任

《侵权责任法》第71条规定："民用航空器造成他人损害的，民用航空器的经营者应当承担侵权责任，但能够证明损害是因受害人故意造成的，不承担责任。"

根据《民用航空器法》第5条的规定，民用航空器，是指除用于执行军事、海关、警察飞行任务外的航空器，例如各类民用的飞机、热气球等。

民用航空器致害，主要是民用航空器失事造成的他人损害，如飞行空难、坠落后对地面的人员和财产造成损害。同时也包括从航空器上坠落或者投掷人、物品或者能量造成他人的损害。这种责任的赔偿主体，是航空器所有者或国家授权的经营者。

《侵权责任法》第 71 条只规定了一项民用航空器损害责任的免责事由，即被侵权人故意。由此可知，侵权人过失不是该责任的免责事由。

（三）高度危险物损害责任

《侵权责任法》第 72 条规定："占有或者使用易燃、易爆、剧毒、放射性等高度危险物造成他人损害的，占有人或者使用人应当承担侵权责任，但能够证明损害是因受害人故意或者不可抗力造成的，不承担责任。被侵权人对损害的发生有重大过失的，可以减轻占有人或者使用人的责任。"

高度危险物损害责任，是指因易燃、易爆、剧毒、放射性等高度危险物品造成他人损害，相关主体应当承担的侵权责任。《侵权责任法》只是部分列举了高度危险物的四种类型，并不表示高度危险物只有这几种，对于其他因自然属性极易危及人身、财产的物质或物品，如高传染性物质、高腐蚀性物品致人损害的，也适用该责任的规定。承担高度危险物损害责任的主体，通常情况下是高度危险物的占有人或使用人。但《侵权责任法》也规定了以下特殊责任主体规则：

1. 遗失或抛弃高度危险物的责任

《侵权责任法》第 74 条规定："遗失、抛弃高度危险物造成他人损害的，由所有人承担侵权责任。所有人将高度危险物交由他人管理的，由管理人承担侵权责任；所有人有过错的，与管理人承担连带责任。"

高度危险物的生产、储存和处置都有严格的安全规范，如果所有人违反规定抛弃危险物或者不慎遗失危险物，都要承担责任。

现实中，所有人根据生产、经营需要，有时会将其所有的高度危险物交由他人管理，如专业的储存公司、运输公司等，此时接受所有人委托，对高度危险物进行占有并管理的管理人，应当按照国家有关安全规范，妥善管理高度危险物。如果因为管理不善而遗失、抛弃高度危险物，管理人应当承担侵权责任。

所有人将高度危险物交由他人管理的，应当选择有相当资质的管理单位，并如实说明高度危险物的情况。如果所有人未选择符合资质的管理人，或者未如实说明有关情况，所有人即有过错，如果管理人遗失、抛弃高度危险物造成他人损害的，应当与管理人承担连带责任。

2. 非法占有高度危险物的责任

《侵权责任法》第 75 条规定："非法占有高度危险物造成他人损害的，由非法占有人承担侵权责任。所有人、管理人不能证明对防止他人非法占有尽到高度注意义务的，与非法占有人承担连带责任。"

所谓的非法占有，是指明知自己无权占有，而通过非法手段将他人的物品占为己有。现实中，盗窃、抢劫、抢夺都是非法占有的主要形式。按照高度危险物致害责任原理，一般由实际控制人承担侵权责任。在高度危险物被非法占有的情况下，高度危险物已经脱离所有人或者管理人的实际占有，由非法占有人实际控制。因此，应当由非法占有人承担侵权责任。

按照有关高度危险物安全规范，所有人或者管理人对其占有的高度危险物要尽到高度注意义务，采取严格的安全措施，妥善保管高度危险物，将高度危险物放置在特定的区域，并由专人看管，防止高度危险物被盗或者非法流失。如果所有人或者管理人未尽到高度注意义务，一旦导致高度危险物被非法占有，应当与非法占有人承担连带责任。如果是所有人自己占有高度危险物的，由所有人与非法占有人承担连带责任；如果所有人将高度危险物交由他人管理的，由管理人与非法占有人承担连带责任；如果所有人和管理人都有过错的，所有人、管理人和非法占有人一起承担连带责任。是否尽到高度注意义务的举证责任在所有人、管理人，如果他们不能证明已尽到高度注意义务，就推定其有过错，应当与非法占有人承担连带责任。

按照《侵权责任法》第72条的规定，高度危险物损害责任的免责事由是受害人故意或者不可抗力，而减责事由是被侵权人对损害的发生有重大过失。

（四）高度危险活动损害责任

《侵权责任法》第73条规定："从事高空、高压、地下挖掘活动或者使用高速轨道运输工具造成他人损害的，经营者应当承担侵权责任，但能够证明损害是因受害人故意或者不可抗力造成的，不承担责任。被侵权人对损害的发生有过失的，可以减轻经营者的责任。"

高度危险活动损害责任，是指从事高空、高压、地下挖掘活动或者使用高速轨道运输工具造成他人损害的，经营者应当承担的侵权责任。这里的高速轨道运输工具包括铁路、地铁、城铁、有轨电车等通过轨道行驶的交通运输工具，不包括游乐场所的小火车等轨道运输工具。承担高度危险活动损害责任的责任主体是经营者，即从事高空、高压、地下挖掘活动的作业人或从事高速轨道运输的运输企业。

按照《侵权责任法》第73条的规定，高度危险活动损害责任的免责事由是受害人故意或者不可抗力，而减责事由是被侵权人对损害的发生有过失，非重大过失。

【引例分析】

引例1分析：法院依法审理后认为，公民享有生命健康权，从事高空、高压、易燃、易爆、剧毒、放射性、高速运输工具等对周围环境有高度危险的作业造成他人损害的，应当承担民事责任；如果能够证明损害是由受害人故意造成的，不承担民事责任。本案中的地铁应属于高速轨道运输工具，现被告未能举证证明受害人李某对于其摔倒致骨折存在故意以免除自己的赔偿责任，亦不能证明李某对于摔倒存在过失以减轻自己的赔偿责任，故被告应对李某在地铁二号线车厢内摔倒而致骨折所产生的损失承担全部的赔偿责任。但对于原告所主张的因李某死亡而产生的相关损失，原告若要求被告全部赔偿则需证明李某的死亡与其在地铁车厢摔倒具有直接的、必然的因果关系，依据原告现所提交的证据，尚难以认定该因果关系。而原告虽申请委托鉴定机构对李某的股骨颈骨折与肺动脉栓塞之间的关系作出死亡分析鉴定，但未能提交鉴定所需材料而致鉴定未能进行，由此产生的后果应由原告自行承担。虽如此，法院同时认为若无在地铁车厢摔倒，李某亦不会因骨折而住院治疗，也将不会导致右肺动脉血栓栓塞而死亡，李某死亡与被告行为之间的因果关系有一定的相当性，故原告虽不能举证证明李某的死亡与被告的行为之间的直接的、必然的因果关系，但依据经验法则，法院对于原告所主张的因李某死亡而导致的损失，可以酌定由被告承担适当比例的数额，酌情确定该比例为45%。

引例2分析：本案是遗失或抛弃高度危险物的责任。《侵权责任法》第74条规定："遗失、抛弃高度危险物造成他人损害的，由所有人承担侵权责任。"氢氟酸虽然不是剧毒化学品,但仍然是具有高度危险性的化学品。杨某某未妥善处置废弃氢氟酸,造成邱某某身体损害,杨某某应当对邱某某承担侵权责任。《侵权责任法》第16条规定:"侵害他人造成人身损害的,应当赔偿医疗费、护理费、交通费等为治疗和康复支出的合理费用,以及因误工减少的收入。"最后法院判决,被告杨某某赔偿原告各种费用总计16 511.40元。案件受理费247.00元,由被告负担。

【相关法律】

1. 《侵权责任法》第69~77条;
2. 《民法通则》第123条;
3. 《民通意见》第154条;
4. 《中华人民共和国民用航空器法》第124~125、157~172条。

【思考与练习】

1. 试述高度危险责任的构成要件。

2. 如何认定民用核设施发生核事故损害责任、民用航空器损害责任、高度危险物损害责任和高度危险活动损害责任及免责事由。

3. 案例分析:

上海盛帆房地产开发有限公司诉韩国大韩航空有限公司案①:

原告上海盛帆房地产开发有限公司于1992年经政府批准,在闵行区沪杭铁路以南、春申塘以北、沪闵路以西、中春路以东建设沁春园住宅小区。1999年4月15日,被告的一架MD-11大型货机坠毁在由原告开发的上海闵行区沁春园地块,致使该地块的在建房屋以及工地相关财产受到不同程度的损害。从规划批准至坠机事件发生,原告对该地块进行了巨额投资,完成了该区域内所有土地的征地、动迁和"七通一平"等前期工作。坠机事故后,被迫停工,给原告造成巨大损失,故提出诉讼,要求被告赔偿原告因坠机事件而导致的部分经济损失人民币2亿元。

问:原告的诉讼请求是否能得到法院的支持?法律依据是什么?

项目十 饲养动物损害责任

【引例】

刘乙诉刘甲等饲养动物损害责任纠纷案②:

2011年9月14日,刘甲将自己的一批牛运输到倪某经营的养牛场,刘甲将其中三头牛拴在倪某的养牛场外的一棵树上。随后,蒋某经龙某介绍到养牛场买牛,经过挑选,蒋某选中了刘甲所有的拴在养牛场外的两头牛和饲养在养牛场牛栏内的三头牛。刘甲与蒋某协商确定,蒋某以26 200元的价格购买刘甲所有的五头牛,蒋某当场向刘

---

① 案例来源:www.fabang.com。
② 案例来源:北大法律信息网。

甲支付了6 200元购牛款。之后，刘甲与蒋某一同去吃饭，但没有安排人看管拴在养牛场外的牛。拴在树上的其中一头牛挣脱绳子后跑脱，刘甲等人听说牛跑脱后四处寻找。刘甲找到牛后，在将牛往回牵的途中，牛被龙某骑行的摩托车惊吓后又跑脱。牛在奔跑的时候将刘乙和胡某致伤。刘乙受伤后在重庆恒生手外科医院住院治疗，经诊断为"左手压伤"，经重庆市永川司法鉴定所鉴定，刘乙左中指皮肤裂伤、左环指中节指骨开放性骨折伴伸肌腱损伤、左小指皮肤裂伤伴甲床损伤造成左手丧失功能10%以上，伤残评定为十级。现刘乙到法院起诉，要求刘甲、蒋某、倪某和龙某赔偿。

问：刘甲、蒋某、倪某和龙某是否都应负赔偿责任？

【基本理论】

一、饲养动物损害责任的概念和特征

饲养动物损害责任，是指饲养的动物造成他人人身或财产权益损害时，动物的饲养人或者管理人依法承担的侵权责任。饲养动物损害责任具有以下特征：

1. 致害动物是饲养的动物

饲养的动物不仅包括私人饲养的动物，也包括动物园饲养的的动物；不仅包括处于饲养人现实管领下的动物，也包括遗失和逃逸期间曾被饲养的的动物。除此之外的其他动物，如野生动物等，若造成损害，《侵权责任法》并不调整。

2. 责任形态为对物的替代责任

《侵权责任法》第78条规定的责任主体为动物的饲养人或管理人。其特点是，造成损害的是饲养人或管理人饲养的的动物，而承担责任的是饲养人或管理人。

3. 归责原则以无过错责任为原则，过错推定责任为例外

按照《侵权责任法》的规定，除动物园的动物损害适用过错推定责任外，其他适用无过错责任原则。

二、饲养动物损害责任的构成要件

1. 饲养动物的加害举动

饲养动物实施了加害举动，而且该举动具有一定的独立性，即是动物自身的举动而非受人的意志支配，如恶狗咬伤行人。如果是受人驱赶、促使伤人，则属于一般侵权行为。

2. 损害的存在

这种损害包括人身损害和财产损害，人身损害如致人死亡、残疾和一般伤害，财产损害如致伤他人所有的动物、侵入他人土地造成庄稼的损坏等。同时，该损害也包括妨碍，如恶狗立于某学童上学必经之路，导致学童因害怕而不敢上学等，此时学童可以请求恶狗之饲养人、管理人排除妨碍。

3. 因果关系

即被侵权人的损害与动物的加害举动之间具有引起和被引起的关系。被侵权人应对该因果关系负举证责任。

具备以上构成要件，按照《侵权责任法》第78条的规定，动物饲养人或者管理人应当承担侵权责任。但如果损害是因为被侵权人故意或者重大过失造成的，动物饲养

人或者管理人可以不承担或者减轻责任。

三、各种具体的饲养动物损害责任

（一）未采取安全措施的饲养动物损害责任

《侵权责任法》第 79 条规定："违反管理规定，未对动物采取安全措施造成他人损害的，动物饲养人或者管理人应当承担侵权责任。"

这一条并未规定免责事由，因此，即使被侵权人对损害的发生有过错，如果动物饲养人或者管理人未对动物采取安全措施，也不能减轻或者免除其责任。

（二）禁止饲养的危险动物的损害责任

《侵权责任法》第 80 条规定："禁止饲养的烈性犬等危险动物造成他人损害的，动物饲养人或者管理人应当承担侵权责任。"

禁止饲养的危险动物除藏獒等烈性犬外，还应包括野猪、狼、豺、虎、豹、狮等野生动物。禁止饲养的危险动物造成他人损害的，适用无过错责任原则，并且没有规定免责事由，即使受害人对损害的发生有过错，该动物饲养人或管理人也不能主张责任减免。

（三）动物园动物损害责任

《侵权责任法》第 81 条规定："动物园的动物造成他人损害的，动物园应当承担侵权责任，但能够证明尽到管理职责的，不承担责任。"

动物园动物损害责任，除需具备饲养动物损害责任的一般构成要件外，还应具备主观过失要件，但对过失的证明实行过错推定规则，即动物园的动物造成他人损害，首先推定加害人（动物园）具有过错，加害人（动物园）主张自己无过错的实行举证责任倒置，必须证明自己已尽到管理职责。如果证明已经尽到管理职责的，为无过错，免除侵权赔偿责任；不能证明的，为有过错，应当承担赔偿责任。

（四）遗弃、逃逸动物损害责任

《侵权责任法》第 82 条规定："遗弃、逃逸的动物在遗弃、逃逸期间造成他人损害的，由原动物饲养人或者管理人承担侵权责任。"

遗弃动物，既包括抛弃动物，也包括遗失动物。抛弃动物，是所有人对自己财产的事实处分，等于抛弃了动物的所有权。对于抛弃动物，应区别两种不同情况处理：首先，被抛弃的动物无人占有，造成他人损害的，应当由其原饲养人、管理人承担责任。这是因为，尽管原饲养人、管理人已经放弃对该动物的所有权，但是这种损害的事实正是由于这种放弃所有权的行为造成的，因此，被抛弃动物的原饲养人、管理人应当承担损害赔偿责任。其次，被抛弃动物已经被他人占有的，动物的占有人已经在事实上管领了该动物，是该动物事实上的占有人，造成损害的，应当由占有人承担民事责任。

遗失动物、动物逃逸，并不是所有人放弃了自己的权利，而是暂时丧失了对该动物的占有，所有权关系并没有变化。因此，遗失的动物、逃逸的动物造成他人损害的，应当由动物所有人或管理人承担侵权责任。

（五）第三人过错造成的饲养动物损害责任

《侵权责任法》第 83 条规定："因第三人的过错致使动物造成他人损害的，被侵权人可以向动物饲养人或者管理人请求赔偿，也可以向第三人请求赔偿。动物饲养人或者管理人赔偿后，有权向第三人追偿。"

"第三人过错"中的"第三人"是指动物饲养人、管理人、被侵权人之外的人。第三人的过错通常表现为第三人挑逗、投打动物或毁坏安全设施放走动物等。在因第三人的过错致使动物造成他人损害时，被侵权人一方有权选择由动物饲养人或者管理人承担全部责任，或者选择由第三人承担全部责任。由于饲养动物致人损害责任为无过错责任，饲养人或者管理人不能因第三人的过错而免责，仍需向被侵权人一方承担侵权责任。但饲养人或者管理人承担的此种责任只是表面责任而非最终责任，动物饲养人或者管理人承担责任后有权向有过错的第三人追偿。

【引例分析】

法院认为，饲养的动物造成他人损害的，动物饲养人或者管理人应当承担侵权责任。本案中，刘甲与蒋某达成口头买卖协议时，对牛的交付约定不明，因此，双方对蒋某购买的牛都有管理义务，刘甲与蒋某作为动物的管理人没有采取安全措施，其管理的动物造成原告损害，应当承担侵权责任。刘甲和蒋某的行为造成同一损害，根据本案情况，由刘甲和蒋某平均承担赔偿责任。因倪某和龙某对损害的发生没有过错，故原告要求倪某和龙某承担赔偿责任的理由不能成立，法院没有支持。

【相关法律】

1. 《侵权责任法》第 78 ~ 84 条；
2. 《民法通则》第 127 条。

244

【思考与练习】

1. 试述饲养动物损害责任的构成要件。

2. 未采取安全措施的饲养动物、禁止饲养的危险动物、动物园动物、遗弃逃逸动物和第三人过错造成的饲养动物造成损害应分别如何承担责任。

3. 案例分析：

贵阳市黔灵公园管理处人身损害赔偿纠纷案①：

2008 年 8 月 1 日下午，任某与其父任甲到贵阳市黔灵公园购票游玩。2 时许，父女俩游玩到动物园"狒狒"馆时，任甲虽紧随任某，但放松了注意。任某即从"狒狒"馆正面钻过护栏走近笼舍，当其将右手中的食物递给"狒狒"吃时，被"狒狒"拉进笼内咬伤手指。此时，任甲在距离出事地点约 5 米处观赏其他动物。任甲发现后，当即将任某送往贵阳铁五局中心医院救治。经诊断，任某右手食指末节断离，食指二节软组织严重挫裂，任某出院时，医院出具一份疾病证明书，"建议必要时行二期整形术"。事后，任某要求公园进行赔偿，公园认为其无过错，拒绝赔偿。于是任某到法院起诉，要求公园赔偿各种费用共计 2 万元。

问：本案中公园是否要对任某负损害赔偿责任？若需赔偿，是全部责任还是部分责任？

---

① 案例来源：www.findlaw.cn。

项目十一　物件损害责任

【引例】

引例 1：去年冬天的一个夜晚，王先生送女朋友回家，两人正在楼下道别，突然一只烟灰缸从楼上的一个窗口飞了出来，这只烟灰缸先是落到马路边搭建的售货摊的玻纤瓦棚上，随后又砸中王先生的脑袋，结果烟灰缸完好无损，王先生的脑袋却顿时血流如注。王先生随即被送医院抢救，虽然生命无碍，但住院治疗了 3 个多月，共花去医疗费 5 万多元，为此王先生还耽误了婚期。事后公安机关进行了现场侦查，但由于那只惹祸的烟灰缸被很多人摸过，指纹已经无法鉴别；而烟灰缸下落时被玻纤瓦棚挡了一下，想进行力度实验以确定一个大致的致害范围也不可能。无奈之下，王先生便将该楼 2 至 15 层的所有住户都告上法庭，要求被告共同赔偿各项费用共计 10 万余元。①

问：谁该为这只烟灰缸造成的损害负赔偿责任呢？

引例 2：王某、刘某某诉河南神火煤电股份有限公司、河南华盛建设集团有限公司地面、公共场所施工损害赔偿纠纷案②

王某某是原告王某、刘某某之长子，2010 年 9 月 4 日下午 5 时许，王某某在永城市刘河乡崔庄南地公路西侧的排水沟旁游玩时，不慎掉入深坑，经本村村民崔某某、王某甲和陈官庄乡左寨村村民左某某数次潜入水中打捞上岸，后经医院诊断，王某某因溺水时间太长，不幸死亡。经查，2005 年 3 月，被告河南神火煤电公司与被告河南华盛建设公司签订公路承包合同，由华盛公司承包神火煤电公司高芒公路茴刘段的改扩建工程，华盛公司因修筑该公路需要水，将永城市刘河乡崔庄南地（公路西侧）的排水沟挖成一个宽 2.3 米、深 3.9 米的深坑。从 2005 年至事发，承包方与发包方对所挖深坑没有回填，也没有设置安全警示标志和采取必要的安全防范措施进行隔离。原告认为被告对施工后的深坑没有尽到管理职责，致使王某某溺水死亡，二被告对王某某的死亡后果应承担责任。请求法院判令二被告赔偿原告各种费用共计 155 818 元。

问：本案究竟应由谁承担损害赔偿责任呢？

【基本理论】

一、物件损害责任的概念

物件损害责任，是指物件的所有人、管理人或者其他主体对其所管领的物件致人损害承担的侵权责任。

---

① 吴春岐，项先权. 身边的侵权法. 北京：法律出版社，2010. 300～303.
② 案例来源：www.flssw.com。

二、物件损害责任的构成要件

1. 建筑物等设施发生危险事件

对这种危险事件，《侵权责任法》规定了脱落、坠落、倒塌、抛掷、折断等主要方式，但这并不是全部，如索道崩断、表面剥落等也是致害方式。

2. 损害事实

物件损害事实，既包括人身损害，也包括财产损害。

3. 因果关系。

即建筑物等设施发生危险事件与损害事实之间具有引起和被引起关系。

4. 物件所有人、管理人或者使用人有过错

这种过错主要是过失，是不注意的心理状态，是违法注意义务的过失。故意以物件致人损害行为是直接侵权行为，属于一般侵权责任，应当适用《侵权责任法》第6条第1款规定，不构成这种特殊侵权责任。这种过失的心理状态采用推定方式。凡物件致人损害，首先推定该物所有人或管理人有过失，认定其未尽注意义务，无需受害人证明，即实行举证责任倒置。物件所有人或者管理人只有证明自己已尽相当注意，即无过失，才能免除自己的赔偿责任；不能证明自己没有过失的，则应承担赔偿责任。但建筑物缺陷损害责任，属于无过错责任。

具备以上要件，构成物件损害责任，物件的所有人、管理人或者其他主体要承担侵权责任。

三、各种具体的物件损害责任

（一）建筑物、构筑物或者其他设施及其搁置物、悬挂物损害责任

《侵权责任法》第85条规定："建筑物、构筑物或者其他设施及其搁置物、悬挂物发生脱落、坠落造成他人损害，所有人、管理人或者使用人不能证明自己没有过错的，应当承担侵权责任。所有人、管理人或者使用人赔偿后，有其他责任人的，有权向其他责任人追偿。"

本条所规定的即是建筑物、构筑物或者其他设施及其搁置物、悬挂物损害责任。该责任中的建筑物、构筑物或者其他设施的概念范围很广，包括房屋、烟筒、水塔、电视塔、电线杆、纪念碑、桥梁、涵洞、窗户、天花板、楼梯、电梯等。这些物件上的搁置物、悬挂物是指离开地面，附着或悬挂在这些物件上的物品，如花盆、吊扇、清洁用具等。"造成他人损害"中的"他人"，是指所有人、管理人或者使用人之外的人。

该责任的性质是"建筑物管理瑕疵损害责任"，发生损害的原因是所有人、管理人或使用人对于建筑物、构筑物或者其他设施及其搁置物、悬挂物疏于管理，存在"管理、维护瑕疵"，致建筑物、构筑物或者其他设施及其搁置物、悬挂物发生脱落、坠落，造成他人损害，当然应由所有人、管理人或使用人对受害人承担侵权责任。对于所有人自己管理情形，由所有人承担责任；所有人委托他人管理情形，由管理人承担责任。

因建筑物管理瑕疵损害责任，属于过错推定责任。人民法院审议建筑物管理瑕疵损害案件，原告（受害人）只须证明自己遭受损害的事实，及证明被告所有或者管理

的建筑物等造成自己受损害即可，原告无须证明被告有过错（"管理瑕疵"）。被告（所有人或者管理人）不能证明自己没有过错（不存在"管理瑕疵"），即应当承担侵权责任。

所有人或者管理人承担赔偿责任后，如有其他责任人，有权向其他责任人追偿。所谓"其他责任人"，是指造成建筑物存在"管理、维护瑕疵"的人。例如，委托装修公司对建筑物等进行装修、修缮、维护，存在装修、修缮、维护的质量瑕疵情形，是指"装修公司"；所有人或者管理人自己进行装修、修缮、维护，所使用的材料存在质量瑕疵情形，是指瑕疵材料的生产者或者供应商。

（二）建筑物、构筑物或者其他设施倒塌损害责任

《侵权责任法》第86条规定："建筑物、构筑物或者其他设施倒塌造成他人损害的，由建设单位与施工单位承担连带责任。建设单位、施工单位赔偿后，有其他责任人的，有权向其他责任人追偿"。"因其他责任人的原因，建筑物、构筑物或者其他设施倒塌造成他人损害的，由其他责任人承担侵权责任。"

本条规定的即是建筑物、构筑物或者其他设施倒塌损害责任。该责任的性质是"建筑物缺陷损害责任"。建筑物缺陷损害责任的根据是"建筑物缺陷"。所谓"建筑物缺陷"，是指建筑物未达到有关法律、法规、规章规定的安全标准，致建筑物存在对于他人人身、财产的"不合理危险"。

建筑物缺陷损害责任，属于无过错责任，并无任何免责事由，是绝对的无过错责任。凡建筑物、构筑物或者其他设施倒塌造成他人损害，即应由建设单位与施工单位承担连带责任，不允许建设单位和施工单位免责。"造成他人损害"中的"他人"，泛指因建筑物倒塌遭受损害的一切人，包括建筑物所有人、管理人在内。

建设单位、施工单位对受害人承担赔偿责任后，如有其他责任人，有权向其他责任人追偿。这里的"其他责任人"，在建筑物因"设计缺陷"导致倒塌的情形，为"设计人"；在因监理人"未尽监理职责"导致建筑物存在缺陷的情形，为"监理人"；在因"不合格建筑材料"造成建筑物缺陷的情形，为该不合格建筑材料的"生产者"或者"供应商"。

按照本条第2款的规定，因其他责任人的原因，导致建筑物、构筑物或者其他设施倒塌造成他人损害的，应当由其他责任人承担侵权责任。此所谓其他责任人的"原因"，是指建筑物缺陷之外的"原因"，例如，因建筑物所有人、使用人拆除承重墙导致建筑物倒塌，因相邻地挖坑施工、地铁施工动摇地基致建筑物倒塌，或者因犯罪分子进行爆破导致建筑物倒塌。因此，本款所谓"其他责任人"，是指拆除承重墙的建筑物所有人或者使用人，或者是指挖坑施工和地铁施工的相邻地使用人，或者是指实施爆破的犯罪分子。这里的"其他责任人"不包括设计人、监理人、材料生产者或者销售者。

（三）抛掷物坠落物损害责任

《侵权责任法》第87条规定："从建筑物中抛掷物品或者从建筑物上坠落的物品造成他人损害，难以确定具体侵权人的，除能够证明自己不是侵权人的外，由可能加害的建筑物使用人给予补偿。"

此条规定的即是抛掷物、坠落物损害责任，在司法实践中确定该责任，应遵循以下规则：

1. 可能加害的建筑物使用人作为赔偿责任主体

建筑物的抛掷物、坠落物致人损害，难以确定具体加害人的，应当由可能加害的建筑物使用人（所有人、承租人、借用人等）承担责任。

2. 承担的责任是补偿责任

补偿责任不是赔偿责任，意味着确定抛掷物、坠落物损害责任不是按照损失的数额全部赔偿，而仅仅根据实际情况，做出适当补偿。

3. 能够证明自己不是加害人的免除责任

该责任实行过错推定规则，举证责任倒置。如果能够证明自己没有实施使建筑物中的物抛掷或者坠落的行为，即可不承担责任。如证明自己在损害发生的时候不在该建筑物之中；自己所处的位置无法实施该行为；自己即使实施该行为，也无法使抛掷物或坠落物到达发生损害的位置等。

4. 使用人即是侵权人的

能够确定致害物的使用人即侵权人的，应由致害物的所有人或管理人承担责任。

（四）堆放物损害责任

《侵权责任法》第88条规定："堆放物倒塌造成他人损害，堆放人不能证明自己没有过错的，应当承担侵权责任。"

此条规定的即是堆放物损害责任。"堆放物"是指堆放在土地上或者其他地方的物品。堆放物须是非固定在其他物体上动产，例如，建筑工地上堆放的砖块、木料场堆放的圆木等。这里所说的"倒塌"，包括堆放物整体的倒塌和部分的脱落、坠落、滑落、滚落等。例如，码头堆放的集装箱倒塌、建筑工地上堆放的建筑材料倒塌、伐木场堆放的圆木滚落等。"堆放人"是指将物体堆放在某处的人。堆放人可能是所有人，也可能是管理人。堆放人应当合理选择堆放地点、堆放高度，要堆放稳固并看管好堆放的物品，防止被他人随意挪动，防止他人特别是限制行为能力人和无行为能力人攀爬等。该责任实行过错推定规则。堆放人不能证明自己没有过错的，承担侵权责任。堆放物的倒塌是因不可抗力、第三人的过错或受害人的过错造成的，堆放人不承担侵权责任。

（五）妨碍通行物损害责任

《侵权责任法》第89条规定："在公共道路上堆放、倾倒、遗撒妨碍通行的物品造成他人损害的，有关单位或者个人应当承担侵权责任。"

此条规定的即是妨碍通行物损害责任。妨碍通行物，是指堆放、倾倒、遗撒在公共道路上的物品，这种物品在公共道路上妨碍通行。该妨碍通行物只能是动产，而不是不动产。设置妨碍通行物的行为人主观心理状态可能是间接故意，也可能是过失。

确定妨碍通行物损害责任的归责原则是过错责任原则，但实行举证责任倒置。只要具有在公共道路上设置妨碍通行物，造成受害人人身或财产损失，并且设置妨碍通行物与受害人人身或财产损失事实之间具有因果关系的，就无需受害人证明，直接推定妨碍物设置人或管理人有过错，认定其未尽到注意义务；如果行为的有关单位或个人主张自己无过错，则需自己承担举证责任。能够证明自己无过错的，不承担侵权责任；不能证明自己无过错的，过错推定成立，应当承担损害赔偿等侵权责任。

妨碍通行物损害责任的责任主体是"有关单位或者个人"，通常，责任人应该是实施堆放、倾倒、遗撒等行为的人，被侵权人无法找到行为人时，对公共道路负有管理、维护义务的单位或者个人也应当承担侵权责任，但其承担责任后，有权向行为人追偿。

（六）林木损害责任

《侵权责任法》第90条规定："因林木折断造成他人损害，林木的所有人或者管理人不能证明自己没有过错的，应当承担侵权责任。"

此条规定的即是林木损害责任。林木损害责任中的"林木"，既可以是人工种植栽培的，也可以是自然生长的。通常，致人损害的林木是处在公共场所、街道路旁的树木，但也包括旅游景点的林木、成片森林、农村房前屋后的零星树木。林木致人损害的原因是折断，既可以是林木从某处折断、整体折断，也可以是林木倾倒但未折断。至于果实坠落伤人的情形，可以类推适用林木损害责任。①

林木损害责任实行过错推定规则。如果损害的发生是由于第三人的过错，则由第三人承担责任。对于林木损害，被侵权人有过失时，应适用过失相抵规则。如果损害的发生是由于不可抗力，则可依此减轻或者免除所有人的责任。

（七）地面施工和地下设施损害责任

《侵权责任法》第91条规定："在公共场所或者道路上挖坑、修缮安装地下设施等，没有设置明显标志和采取安全措施造成他人损害的，施工人应当承担侵权责任。""窨井等地下设施造成他人损害，管理人不能证明尽到管理职责的，应当承担侵权责任。"

本条第1款规定的是地面施工损害责任，第2款规定的是地下设施损害责任。

1. 地面施工损害责任

地面施工，是指在公共场所或者道路上挖坑、修路、修缮安装地下设施等。公共场所是不特定人聚集、通行的场所，在这些场所施工，很有可能对他人造成损害，因此，需要更加注意保护他人的安全。在公共场所或者道路上施工，应当取得有关管理部门的许可，必须设置明显的警示标志和采取有效的安全措施。设置明显标志和采取安全措施，包括以下几个方面的内容：

（1）设置的警示标志必须具有明显性。施工人设置的警示标志要足以引起他人对施工现场的注意，从而使他人采取相应的安全应对措施，如减速、绕行等。例如，在高速公路上施工，必须在距离施工现场较远的地方就要设置警示标志，而不能只在直接施工的地点设置警示标志；阴天或者夜间施工，应当设置必要的照明设备等。

（2）施工人要保证警示标志的稳固并负责对其进行维护，使警示标志持续地存在于施工期间。例如，应当保证警示标志牢固，防止被风刮走；在警示标志毁损时，应当及时修复等。

（3）仅设置明显的标志是不足以保障他人的安全的，施工人还应当采取其他有效的安全措施。例如，在道路上挖坑，通常应当将施工现场用保护设施围起来，而不仅仅是提醒行人注意道路上的坑。施工人采取的措施，在正常情况下必须足以保证他人的安全。

地面施工造成损害的，由施工人承担责任。施工人直接控制着施工场地，因此应当承担对施工场地的管理和维护义务，保障他人的安全。施工人是指组织施工的单位或者个人，而非施工单位的工作人员或者个体施工人的雇员。施工人一般是承包或者

---

① 杨立新．侵权责任法．北京：法律出版社，2010.595.

承揽他人的工程进行施工的单位或者个人，有时也可能是工程的所有人（或管理者）。地面施工损害责任采用过错推定规则，实行举证责任倒置，由施工人对已经设置明显标志和采取安全措施负举证责任。能够证明，说明其没有过错，施工人不承担侵权责任。不能证明，说明其有过错，应对其过错造成的损害承担责任。

2. 地下设施损害责任

地下设施是指窨井等地下设施。窨井是指上下水道或者其他地下管线工程中，为便于检查或疏通而设置的井状构筑物。其他地下设施包括地窖、水井、下水道以及其他地下坑道等。地下设施损害责任的常见情形是其欠缺覆盖物或者覆盖物有缺陷而发生行人、车辆跌入地下设施造成损害。比如窨井盖被偷，行人跌入下水道。

地下设施的管理人应认真履行管理职责，确保窨井等地下设施的安全，保护公众合法权益。如果地下设施管理人没有尽到管理职责造成他人损害，应当承担侵权责任。该责任也同样采用过错推定规则，实行举证责任倒置，由地下设施的管理人员尽到管理职责的举证责任。

【引例分析】

引例1分析：本案是抛掷物损害责任。公安机关经过现场侦查，已经排除了一楼住户扔下烟灰缸的可能性，但仍然不能确定具体是谁家扔下的烟灰缸。因此根据《侵权法》第87条规定，二楼以上住户均可能是加害建筑物的使用人，应由二楼以上的住户对王先生的损失予以补偿。但二楼以上住户能够证明自己确实不是加害人的，比如说三楼朱家能够证明事发当天全家都在外地度假，无人在家，就可以不承担补偿责任。

引例2分析：河南华盛建设公司作为施工人，为施工用水在道旁挖一深坑，没有设置警示标志和采取安全措施的不作为行为，致使王某某溺水死亡，应负主要责任；而河南神火煤电公司与河南华盛建设公司签订了《公路承包合同》，将工程承包给了河南华盛建设公司，故作为发包方的河南神火煤电公司不承担责任；原告王某、刘某某作为王某某的监护人，没有尽到监护之责，对其子溺水死亡结果应承担相应的责任。最后法院判决被告河南华盛建设公司承担80%责任，原告王某、刘某某承担20%责任。

【相关法律】

1. 《侵权责任法》第78~84条；
2. 《民法通则》第127条。

【思考与练习】

1. 试述物件损害责任的构成要件。
2. 试述物件损害责任的类型及责任承担。
3. 案例分析：

（1）原告雷某系被告某中心学校所属油涵村小学的学生。2010年3月4日13点55分左右，原告雷某等小学生午饭后返回学校经过校门时，不幸被校门口铁大门之中脱落的小铁门砸伤脑部，随后被送往嘉禾县人民医院住院治疗。因伤情重，原告于2010年3月7日转郴州市第一人民医院住院治疗，2010年6月9日出院。原告出院后，其伤情经郴州市科诚司法鉴定所鉴定，颅脑损伤目前评定为九级伤残，双眼视力为0.3、

0.6，目前评定为九级伤残，颅骨骨折评定为十级伤残。现原告雷某向法院起诉，要求被告某中心学校、某村委、某幼儿园赔偿原告医疗费等各项损失 42 697.9 元。

另查明，除油函小学外，被告某村委也在学校教学楼办公。教学楼由某村委出资修建，所有权属村委，油涵小学负责日常教学管理。2005 年 8 月至今，被告某村委将教学大楼一楼的教室、食堂、套间共 3 间房子出租给某幼儿园办学。某幼儿园教学方式实行全方位封闭式管理。学校大门一般不关闭，也无专人管理。

问：本案中谁应对原告雷某负损害赔偿责任？为什么？

（2）崔某为远东一小的学生，2010 年 6 月 22 日下午 5 时左右，其在远东一小校园内教学楼玩耍经过楼梯道，因楼梯口堆放的装修学校大门用的铝塑板突然倒塌，砸伤其腿部。事发后，学校老师将其送往西安市红十字会医院住院治疗 17 天。远东一小学仅支付了医疗费，其他均未赔偿。现诉至法院，要求被告远东一小赔偿各种费用共计 96 632 元。

问：远东一小是否要承担损害赔偿责任？为什么？

【拓展阅读】

1. 曾世雄．损害赔偿法原理．北京：中国政法大学出版社，2001.

2. 张俊浩．民法学原理．北京：中国政法大学出版社，2000.

3. 王泽鉴．侵权行为法（第一册）．北京：中国政法大学出版社，2001.

4. 张新宝．中国侵权行为法（第二版）．北京：中国社会科学出版社，1998.

5. 张新宝．侵权责任构成要件研究．北京：法律出版社，2007.

6. 肖永平．侵权法重述第三版——产品责任（美国法律重述汉译丛书）．北京：法律出版社，2006.

7. 杨立新．侵权责任法．北京：法律出版社，2010.

8. 王利明．侵权行为规则原则研究．北京：中国政法大学出版社，2003.

9. 王利明．中国民法案例与学理研究·侵权行为篇．北京：法律出版社，1998.

10. 胡平．精神损害赔偿制度研究．北京：中国政法大学出版社，2000.

民事责任实训

【情境设计】

西安秋林公司、温州市百乐电器公司人身损害赔偿案①

某日原告赵甲以其父赵某某名义在被告秋林公司购买一台由被告百乐公司生产的"乐帝"牌 35 立升热水器，并由被告百乐公司服务人员予以安装。当月 25 日，四原告之父母赵某某、侯某某在卫生间洗浴时遭电击死亡。公安碑林分局于次日对现场予以勘查并拍摄了照片，同时委托西安交通大学法医室对四原告父母死因进行了鉴定，结论为，赵某某、侯某某系遭受电击死亡。

死者四子女赵甲、赵乙、赵丙、赵丁到法院起诉，称其父母在使用由被告百乐公

---

① 案例来源：www.findlaw.cn。

司生产、秋林公司销售的热水器时遭电击死亡，现要求赔偿丧葬费、误工费、交通费、尸检费及死亡赔偿金 193 065 元，精神损失 15 万元。

被告百乐公司辩称，所生产之热水器质量符合国家有关标准，从无漏电现象发生，造成原告父母死亡原因有多种可能性，无法确定漏电出现于何处，现四原告就所生产之热水器是否存在质量问题以及与四原告父母死亡有无必然因果关系，无充足之证据予以证明，故不应承担任何责任，并应驳回原告之诉讼请求。

被告秋林公司辩称，所销售之上述热水器系合格产品，在销售中亦无任何过错，四原告父母死亡与销售的热水器并无必然因果关系，因而不同意四原告的请求。

四原告向法庭提供了购热水器的发票、情况说明、法医鉴定报告、照片一组、宣传单、各项费用票据。经质证，两被告对法医鉴定无异议外，对其余证据表示了异议。经确认，购货发票、情况说明、照片、法医鉴定服务费票据、现场法鉴费票据、交通费非连号部分、运尸费票据、购货收据、赵丁及赵甲误工损失证明，由于具备真实性、合法性、关联性，被法院采信。

被告百乐公司向法庭提供了电工产品认证合格证书、安全认证检验报告、荣誉证书、贵州都市报、安装说明、使用说明书。经质证，原告表示了异议，经确认，上述证据不能直接证明本案争议的事实，没有被法院采信。

被告秋林公司向法庭提供了购销合同、发票、检验报告、安全认证检验报告、电工产品认证合格证书。经质证，原告仍表示了异议。经确认，上述证据不能直接证明本案争议的事实，没有被法院采信。

【工作任务】

1. 理解产品责任的构成要件。

2. 明确产品责任的责任主体和责任方式。

3. 掌握产品责任的免责事由与诉讼时效。

【实训步骤】

步骤 1. 确定案件责任性质，援引相关法律。

步骤 2. 该责任的构成需具备哪些要件，原告需从哪些方面证明。

步骤 3. 被告可从哪些方面提供证明减免责任。

步骤 4. 如果被告需承担责任，其赔偿范围应如何确定。

参考文献

1. 温世扬. 物权法要义. 北京：法律出版社，2007.
2. 梁慧星. 中国物权法研究. 北京：法律出版社，1998.
3. 马俊驹，陈本寒. 物权法. 上海：复旦大学出版社，2007.
4. 谢在全. 民法物权论（上、下）. 北京：中国政法大学出版社，1999.
5. 王利明. 中国民法案例与学理研究·物权篇. 北京：法律出版社，2003.
6. 陈华彬. 建筑物区分所有权研究. 北京：法律出版社，2007.
7. 许明月. 抵押权制度研究. 北京：法律出版社，1998.
8. 张广兴. 债法总论. 北京：法律出版社，2003.
10. 崔建远. 合同法（第三版）. 北京：法律出版社，2003.
11. 韩世远. 合同法总论. 北京：法律出版社，2004.
12. 王利明. 中国民法案例与学理研究·债权篇. 北京：法律出版社，1998.
13. 王泽鉴. 债法原理（第一册）. 北京：中国政法大学出版社，2001.
14. 王泽鉴. 债法原理（第二册）. 北京：中国政法大学出版社，2002.
15. 程啸. 保证合同研究. 北京：法律出版社，2006.
16. 张平华，刘东耀. 继承法原理. 北京：中国法制出版社，2009.
17. 史尚宽. 继承法论. 北京：中国政法大学出版社，2000.
18. 杨立新. 人格权论. 北京：高等教育出版社，2003.
19. 杨立新. 中国人格权立法报告. 北京：知识产权出版社，2005.
20. 王利明. 人格权法. 北京：法律出版社，2003.
21. 张新宝. 中国侵权行为法（第二版），北京：中国社会科学出版社，1998.
22. 张新宝. 侵权责任构成要件研究. 北京：法律出版社，2007.
23. 肖永平. 侵权法重述第三版——产品责任. 北京：法律出版社，2006.
24. 王利明. 侵权行为规则原则研究. 北京：中国政法大学出版社，2003.
25. 王利明. 中国民法案例与学理研究·侵权行为篇. 北京：法律出版社，1998.
26. 杨立新. 侵权责任法. 北京：法律出版社，2010.
27. 王泽鉴. 侵权行为法（第一册）. 北京：中国政法大学出版社，2001.
28. 胡平. 精神损害赔偿制度研究. 北京：中国政法大学出版社，2000.
29. 王泽鉴. 民法学说与判例研究（2）. 北京：中国政法大学出版社，1998.
30. 李双元，温世扬. 比较民法学. 武汉：武汉大学出版社，1998.

图书在版编目（CIP）数据

民法原理与实务（下）/邓岩，熊小琼主编；但小红副主编．—广州：暨南大学出版社，2013.9（2020.7 重印）

（高等法律职业教育系列教材）

ISBN 978 - 7 - 5668 - 0712 - 0

Ⅰ．①民…　Ⅱ．①邓…②熊…③但…　Ⅲ．①民法—中国—高等职业教育—教材
Ⅳ．①D923

中国版本图书馆 CIP 数据核字（2013）第 180121 号

民法原理与实务（下）
MINFA YUANLI YU SHIWU（XIA）

主　编：邓　岩　熊小琼　副主编：但小红

出 版 人：张晋升
责任编辑：武艳飞　刘晓婷
责任校对：方俊聪
责任印制：汤慧君　周一丹

出版发行：暨南大学出版社　（510630）
电　话：总编室（8620）85221601
　　　　营销部（8620）85225284　85228291　85228292　85226712
传　真：（8620）85221583（办公室）　85223774（营销部）
网　址：http://www.jnupress.com
排　版：广州市天河星辰文化发展部照排中心
印　刷：湛江日报社印刷厂
开　本：787mm×1092mm　1/16
印　张：16.25
字　数：385 千
版　次：2013 年 9 月第 1 版
印　次：2020 年 7 月第 10 次
定　价：33.00 元